U0462774

中国哲学原著
导读

INTRODUCTION TO
CHINESE
PHILOSOPHY ORIGINAL WORKS

周海春　姚才刚　主　编
肖　雄　曹元甲　龚开喻　副主编

社会科学文献出版社
SOCIAL SCIENCES ACADEMIC PRESS (CHINA)

凡 例

一、本书以原创性为选文的第一原则，将历代有原创性的哲学著作、文章尽量选入。所选原著历史跨度为从先秦至现代，不仅具有全面性，而且具有典型性，是历代哲学著作中的精华。所选原著版本主要是点校精良的古今通行本，不再额外做版本校勘工作。

二、本书内容主要由正文与后记两部分构成。正文由导读、选读、简析三部分构成。导读部分简单介绍作者的生平、著述，以及所选原著的创作背景、基本内容与版本依据；选读部分全选或节选历代重要哲学著作、文章的原文；简析部分先疏解字句文义，然后结合历史背景阐发原著中的哲学思想。后记主要交代了湖北大学哲学学院中国哲学教研室的各位老师所负责编撰的篇章情况。

三、本书虽最后由一人统稿，但在具体著作、篇章的思想主旨的理解与阐发上，尊重各位老师的学术观点。全书仅在导读的方法论原则上具有相对的统一性。

四、本书是为了加强湖北大学哲学一流本科专业建设而编撰的哲学本科教材，主要目的在于打牢学生的专业基础知识，使学生了解中国哲学的发展历史与特点，但对于原著中所涉及的重要学术问题与争论还需要学生通过学习其他相关课程和阅读其他相关文献来加深认识和理解。

目 录
Contents

先秦编

《诗经》 ……………………………………………………………… / 3

《尚书》 ……………………………………………………………… / 6

《周易》 ……………………………………………………………… / 17

《国语》 ……………………………………………………………… / 28

《左传》 ……………………………………………………………… / 37

《论语》 ……………………………………………………………… / 39

《易传》 ……………………………………………………………… / 71

《五行》 ……………………………………………………………… / 83

《中庸》 ……………………………………………………………… / 87

《大学》 ……………………………………………………………… / 93

《孟子》 ……………………………………………………………… / 96

《荀子》 ……………………………………………………………… / 116

《道德经》 …………………………………………………………… / 119

《庄子》 ……………………………………………………………… / 125

《管子》 ……………………………………………………………… / 143

《墨子》 ……………………………………………………………… / 146

《公孙龙子》 ………………………………………………… / 150

《韩非子》 …………………………………………………… / 155

汉唐宋明清编

司马谈：《论六家要旨》 ………………………………… / 165

董仲舒：《春秋繁露》 …………………………………… / 168

扬雄：《法言》 …………………………………………… / 185

王符：《潜夫论》 ………………………………………… / 197

刘安：《淮南子》 ………………………………………… / 202

王充：《论衡》 …………………………………………… / 206

王弼：《周易略例》 ……………………………………… / 210

裴颁：《崇有论》 ………………………………………… / 212

郭象：《庄子注》 ………………………………………… / 216

僧肇：《不真空论》 ……………………………………… / 218

慧能：《坛经》 …………………………………………… / 223

韩愈：《原道》《原性》 …………………………………… / 233

李翱：《复性书》 ………………………………………… / 238

周敦颐：《太极图说》 …………………………………… / 245

张载：《正蒙》 …………………………………………… / 247

程颢：《识仁篇》《定性书》 ……………………………… / 252

程颐：《易传序》《语录》 ………………………………… / 256

朱熹：《大学章句序》《朱子语类》 ……………………… / 261

陆九渊：《与曾宅之》《语录》 …………………………… / 268

罗钦顺：《困知记》《与王阳明书》 ……………………… / 277

王守仁：《大学问》《传习录》 …………………………… / 286

王艮：《心斋语录》 ……………………………………… / 304

聂豹与王畿：《致知议辩》 ……………………………… / 311

许孚远与周汝登："九谛""九解" ……………………… / 322

刘宗周：《学言》 ………………………………………… / 330

黄宗羲：《明夷待访录》 ················· / 335

顾炎武：《日知录》 ····················· / 341

王夫之：《周易外传》 ··················· / 346

颜元：《四存编》 ······················· / 350

戴震：《孟子字义疏证》 ················· / 357

近现代编

龚自珍：《壬癸之际胎观第一》《壬癸之际胎观第二》 ········· / 363

张之洞：《劝学篇》 ····················· / 368

何启、胡礼垣：《新政真诠》 ············· / 373

康有为：《大同书》 ····················· / 377

严复：《论世变之亟》 ··················· / 382

王国维：《释理》 ······················· / 385

梁漱溟：《东西文化及其哲学》 ··········· / 389

熊十力：《新唯识论》 ··················· / 395

冯友兰：《新理学》《新原道》《新原人》《新知言》 ········· / 399

牟宗三：《心体与性体》《现象与物自身》《历史哲学》 ········· / 411

后　记 ······························· / 424

先秦编

《诗经》

【导读】

《诗经》是经过长期、广泛的搜集编辑工作而成书的，除了少数篇目的作者可以考定或已有署名，绝大部分篇目的作者已不可考。一般认为，《诗经》是由各诸侯国协助周王室搜集，而后由史官和乐师整理而成，后经孔子编辑删定。

《诗经》是中国最早的诗歌总集，最初一般称为《诗》，到汉武帝设立五经博士，正式有了《诗经》之名。《诗经》体裁分为"风""雅""颂"三部分。"风"是各诸侯国的民歌，包括十五国风；"雅"主要是贵族诗歌，有赞颂，有怨刺，包括"大雅"和"小雅"；"颂"为王室庙堂颂歌，包括《周颂》《商颂》《鲁颂》。《诗经》中的内容所涉时间上至殷周，下至春秋，现存305篇。孔子曾经删定《诗经》。汉代《诗经》的今文写本及诗说，有鲁诗、齐诗和韩诗三家。齐国辕固所传的《诗》叫"齐诗"，鲁国申培所传的《诗》叫"鲁诗"，燕国韩婴所传的《诗》叫"韩诗"。古文写本及诗说，只有毛诗一家。鲁国毛亨所传的《诗》叫"毛诗"。东汉时，毛诗得到了官方和学者们的认可，逐渐盛行。至南宋，今文三家诗皆亡佚，只存古文毛诗。

灵台

【原文】

经始灵台，经之营之。庶民攻之，不日成之。经始勿亟，庶民子来。

王在灵囿，麀鹿攸伏；麀鹿濯濯，白鸟翯翯。王在灵沼，於牣鱼跃。虡业
维枞，贲鼓维镛。於论鼓钟，於乐辟雍。於论鼓钟，於乐辟雍。鼍鼓逢逢，
蒙瞍奏公。①

【简析】

《灵台》是《诗经·大雅·文王之什》中的一篇，其主要内容可以从
如下几个部分来理解。

其一，与民偕乐。开始筑灵台，经营复经营，大家齐努力，很快便落
成。王说不要急，百姓更卖力。文王受命而作邑于丰，立灵台，在现陕西
西安市西北。经，有线条的意思，也就是说从理性分析的角度开始谋划设
计建造灵台。"经"是谋划设计，而"营"则有实践、建造的意思了。攻，
则是具体地建造。"不日"是古人的时间概念，指一些天，是不确定多长
时间的时间表示方式，有较快的意思。"庶民子来"，说明人民是怀着自愿
的、自由的、自主的心情，像完成自己的父母布置的任务一样的心情来完
成文王交给的任务的。这里表达了君臣关系应该像良好的父子关系一样的
思想。这段话重点在展现君臣关系，文王是理想的君臣关系中君主的典
范。民对待君主如父母，具有非常丰富的内涵，说明君主和政治已经非常
好了。也说明，真正的王和百姓的关系是百姓自愿为其出力，百姓希望王
快乐。这样一来表面上看来是奴役的关系就最大限度地变成了"仁"的关
系。否则，如果人与人之间，尤其是君主和百姓之间产生了不可调和的矛
盾，那么君主即便有物质财富也是没有办法享受的，同样也没有办法获得
快乐。

其二，人与自然和谐之乐。麀鹿，雌鹿。濯濯，娱游。翯翯，肥泽。
牣，满。文王游观到灵沼，鱼儿满池喜跳跃。此时不仅达到了君主和百姓
的和谐，而且还达到了人与自然的和谐。

其三，礼乐之乐。虡业维枞，挂钟鼓的直柱横梁上的木板，上刻着牙
形。虡，直柱。业，木板。枞，牙形。贲鼓，大鼓。镛，大钟。辟雍，古
代的大学。蒙瞍，盲人。鼍鼓，用鳄鱼皮做的鼓。在牙形的直柱横梁上挂
上大钟。鼓钟，表示喜悦，表示尊重，表示人民爱戴君主，表示礼乐文

① （宋）朱熹集传《诗经》，上海古籍出版社，2013，第353—354页。

化，表示宣示。辟雍，大学教育是教育人知礼乐和快乐幸福的。蒙瞍虽然有形体上的缺陷，却有丰富的精神生活。蒙瞍也可以有贡献，文王把整个社会导向了礼乐文化，导向了精神生活的快乐和幸福。

按照现代的学科分类，《诗经》往往被认为是文学书籍，但就古代的分类而言，《诗经》是儒家经典，是经学的重要文本。受学科分类所限，《诗经》的哲学地位不高，其哲学思想没有得到应有的重视。《诗经》的第一篇《关雎》就点出了欲求的主题。尽管其中欲求的对象是形而下的，但其中已经蕴含了"求之不得"的无奈感。当这种无奈感转化为对何种欲求才可得的追问的时候，个体就从形而下的困境中挣脱出来，跃迁到形而上学之境。《关雎》还提到了两种求的方式，第一种是思求，即"寤寐思服""寤寐求之"（《诗经·关雎》）。第二种是用文化的手段，即"琴瑟友之""钟鼓乐之"（《诗经·关雎》）。

到了《汉广》这种形而上之境就逐渐展现出来了。如果说游女、乔木还比较具体的话，到了汉广、江永则变得更富有变动性和宏大性。到《汉广》已经不是"求之不得"的问题了，"求之不得"毕竟还有求的希望，到了"不可求思"（《诗经·汉广》）的时候，这种希望随着对与所求对象的距离的认识而破灭了。认识到不可求，是一个重要的过渡，当人返还自身的时候，就发现了可求之求。

《樛木》描绘了另外一番景象，君子不但不去求别人，反而是别人求他。就像樛木一样树枝向下弯曲，野葛来缠住它，来萦绕着它。"乐只君子，福履绥之。""乐只君子，福履将之。""乐只君子，福履成之。"（《诗经·樛木》）快乐的君子自然有福报和幸福来到他身边。

人之所以有很多欲求，并且不得不忍受所求不得带来的痛苦，原因就在于未见君子。"未见君子"则"忧心忡忡""忧心惙惙""我心伤悲"；等到见了君子，"我心则说""我心则夷"（《诗经·草虫》）。人思念圣人与妻子思念丈夫相似，这个"君子"即是圣人，当有圣人来指点人生道路的时候，生命也就获得了安宁。君子也可以是自我的，当人的本性觉醒时，就会把心灵活动聚焦在自我成为君子的目标上，也就会停止对外在事物的追求了。

《尚书》

【导读】

一般认为《尚书》为孔子所编。《尚书》具体篇章形成于不同的年代，其中多数篇章的作者应为上古史官。

《尚书》也叫作《书》或《书经》，《尚书》有"上古之书"的意思。《尚书》的内容分为《虞夏书》《商书》《周书》三大部分。《尚书》的体裁有"典""谟""诰""誓""命"。大部分是号令，就是向大众宣布的话，小部分是君臣相告的话，也有记事的。号令多称为"誓"或"诰"，平时的号令叫"诰"，有关军事的叫"誓"。君告臣的话多称为"命"，"命"即册命或君命。臣告君的话，偶尔有称为"谟"的。

《洪范》①

【原文】

惟十有三祀，王访于箕子。王乃言曰："呜呼！箕子，惟天阴骘下民，相协厥居，我不知其彝伦攸叙。"

【简析】

有，又。祀，年，商朝如此称呼。王，周武王。访，寻访，包括有礼

---

① 本书所引《洪范》参见江灏、钱宗武译注《今古文尚书全译》（修订版），贵州人民出版社，2009，第181—191页。

貌地、尊重地问。阴，覆也。骘，定也，升也。箕子，殷纣时的太师，纣王的叔父。厥，其。攸，所以。叙，次序，引申为制定、规定。

周武王克商后，拜访箕子，征询治国道理。周武王说："箕子，天普遍地并且默默地暗中保护人类，使得他们居有在这个世界上，使得人们彼此和谐相助，我不知道其背后的道理是什么？"其实，周武王提到的这个问题表面看来是一个政治问题，但同时也是一个哲学问题。如果我们转换成西方哲学的语言，那就是：人是怎样存在于这个世界上的呢？人与人相互帮助，人居有、持存在这个世界上，但是人存在的基础是什么呢？人作为存在者存在的意义和理由是什么呢？"彝伦攸叙"，人伦恒常的秩序在古人那里同样就是天地的自然秩序，政治秩序、文化秩序、经济秩序、人类秩序和自然秩序是有机的整体，没有明确的分野。

【原文】

箕子乃言曰："我闻在昔，鲧堙洪水，汨陈其五行。帝乃震怒，不畀洪范九畴，彝伦攸斁。鲧则殛死，禹乃嗣兴，天乃锡禹洪范九畴，彝伦攸叙。"

初一曰五行，次二曰敬用五事，次三曰农用八政，次四曰协用五纪，次五曰建用皇极，次六曰乂用三德，次七曰明用稽疑，次八曰念用庶征，次九曰向用五福，威用六极。

一、五行：一曰水，二曰火，三曰木，四曰金，五曰土。水曰润下，火曰炎上，木曰曲直，金曰从革，土爱稼穑。润下作咸，炎上作苦，曲直作酸，从革作辛，稼穑作甘。

二、五事：一曰貌，二曰言，三曰视，四曰听，五曰思。貌曰恭，言曰从，视曰明，听曰聪，思曰睿。恭作肃，从作乂，明作晢，聪作谋，睿作圣。

三、八政：一曰食，二曰货，三曰祀，四曰司空，五曰司徒，六曰司寇，七曰宾，八曰师。

四、五纪：一曰岁，二曰月，三曰日，四曰星辰，五曰历数。

五、皇极，皇建其有极。敛时五福，用敷锡厥庶民，惟时厥庶民于汝极。锡汝保极：凡厥庶民，无有淫朋，人无有比德，惟皇作极。凡厥庶民，有猷有为有守，汝则念之。不协于极，不罹于咎，皇则受之。而康而色，曰："予攸好德。"汝则锡之福。时人斯其惟皇之极。无虐茕独而畏高明，人之有能有为，使羞其行，而邦其昌。凡厥正人，既富方谷，汝弗能使有好于而家，时人斯其辜。于其无好德，汝虽锡之福，其作汝用咎。无偏无陂，遵王之义；无有作好，遵王之道；无有作恶，遵王之路；无偏无党，王道荡荡；无党无偏，王道平平；无反无侧，王道正直。会其有极，归其有极。曰：皇，极之敷言，是彝是训，于帝其训。凡厥庶民，极之敷言，是训是行，以近天子之光。曰：天子作民父母，以为天下王。

六、三德：一曰正直，二曰刚克，三曰柔克。平康正直，强弗友刚克，燮友柔克。沉潜刚克，高明柔克。惟辟作福，惟辟作威，惟辟玉食。臣无有作福作威玉食。臣之有作福作威玉食，其害于而家，凶于而国。人用侧颇僻，民用僭忒。

七、稽疑：择建立卜筮人，乃命卜筮。曰雨，曰霁，曰蒙，曰驿，曰克，曰贞，曰悔，凡七。卜五，占用二，衍忒。立时人作卜筮。三人占，则从二人之言。汝则有大疑，谋及乃心，谋及卿士，谋及庶人，谋及卜筮。汝则从，龟从，筮从，卿士从，庶民从，是之谓大同。身其康强，子孙其逢。吉。汝则从，龟从，筮从，卿士逆，庶民逆，吉。卿士从，龟从，筮从，汝则逆，庶民逆，吉。庶民从，龟从，筮从，汝则逆，卿士逆，吉。汝则从，龟从，筮逆，卿士逆，庶民逆，作内吉，作外凶。龟筮共违于人，用静吉，用作凶。

八、庶征：曰雨，曰旸，曰燠，曰寒，曰风。曰时五者来备，各以其叙，庶草蕃庑。一极备，凶；一极无，凶。曰休征：曰肃，时雨若；曰乂，时旸若；曰晢，时燠若；曰谋，时寒若；曰圣，时风若。曰咎征：曰狂，恒雨若；曰僭，恒旸若；曰豫，恒燠若；曰急，恒寒若；曰蒙，恒风若。曰王省惟岁，卿士惟月，师尹惟日。岁月日时无易，百谷用成，乂用明，俊民用章，家用平康。日月岁时既易，百谷用不成，乂用昏不明，俊民用微，家用不宁。庶民惟星，星有好风，星有好雨。日月之行，则有冬有夏。月之从星，则以风雨。

九、五福：一曰寿，二曰富，三曰康宁，四曰攸好德，五曰考终命。六极：一曰凶、短、折，二曰疾，三曰忧，四曰贫，五曰恶，六曰弱。

【简析】

鲧，禹的父亲。堙，堵塞。汩，乱。畀，给予。致，败坏。殛，诛，流放。

箕子这个人物有助于确定《洪范》创作年代。关于《洪范》创作年代，有各种说法，有殷商说，认为"惟十有三祀，王访于箕子"可能是后加上去的；另外《左传》当中引用《洪范》则说"《商书》曰"。有周初说，本书在这里认同此说，因为目前所见文本如此。其中的内容则反映了商朝的文化理念、治国理念，周王并没有完全按照这个理念治国，后来周公实际对这个理念进行了大幅度的改造。比较流行的观点是《洪范》作于战国，原因是文本中有"皇"，古代不用此称呼王。箕子说"我闻在昔"，是箕子的追述，明显本文的思想很久前就存在，当时或许还有文本。

帝，是指唯一神"天"或"帝"。郭沫若认为这是承认人格神，神权和政权合一。这里是把帝和五行联系在一起，帝的秩序就是五行的秩序，鲧采取堵塞的方法治理洪水，乱了五行的陈列秩序，导致帝的震怒，而帝惩罚鲧的办法也是不赐给他洪范九畴，让鲧的智慧被蒙蔽，不能理解洪范九畴的道理，更谈不上去实行了，结果自然是彝伦因此而败坏。其结果是鲧被流放。鲧被流放表面上是人所为，但背后的根据是"帝"。"帝"关联着五行、洪范九畴，关联着人对五行的智慧领悟和行为实践，关联着彝伦，关联着人的命运。禹因为继承先人之德，上天又赐给禹洪范九畴，让禹能够理解洪范九畴的道理，从而使得彝伦有秩序。伦常秩序不应简单地理解成现代汉语中的伦常秩序。现代汉语中的伦常秩序不涉及自然秩序，这里的伦常秩序是包含人与自然的关系以及自然的秩序在内的，是所有人的生存世界的合理秩序。《洪范》更多是作为一种有意识形态色彩的哲学存在的，基本的价值追求就是和谐世界。

五行范畴处在第一位，显然是逻辑起点。五行、五事、八政、五纪等之间是否构成了五行的思想体系呢？也就是说，后面内容是否都可以归结到五行之中呢？关于这一问题，学者有不同的看法。如果从后来五行对应的基本逻辑关系来看，对应关系不是很严格。五事可以和五行构成如下对应关系，貌对应木，言对应金，视对应火，听对应水，思对应土。这个对应关系还是说得过去的，但后面有的内容对应起来就有一定困难了。

比较难以理解的是敬、农、协、建、乂、明、念、向、威。农，努力，勉也。协，合。建，建立。乂，治。念，经常思虑，常思也。向，劝勉，导向，方向。威，使畏惧，威信。一般情况下常常理解为认真做好五事，努力施行八种政务，合用五种记时方法，建事使用皇极，治理任用具备三种品德的人，尊用以卜考疑的方法，经常注意各种征兆，凭五福鼓励臣民，凭六极警诫臣民。敬，是恭敬地用，还是为了让人尊敬，获得人格的尊严需要某种条件？在这里本书是按照后者是前者的条件的方式来解读这些句子的。敬用五事，就是靠五事获得敬。用八政获得农，使得政治勤勉、制度完善；用五纪达到协和；用皇极来建设，来发展，有确定的方向。用三德实现对人的治理，用稽疑方法获得智慧，用庶征来判断吉凶，用五福规定明确的、正面的价值导向，并用六极来使得人们畏惧负面的价值导向。

水向下润湿，火向上燃烧，木可以弯曲、伸直，金属可以顺从人意改变形状，土壤可以种植百谷。水对应咸味，火对应苦味，木对应酸味，金对应辣味，土对应甜味。作，可以理解为产生，也可以理解为只是起到一般的联结作用。五行说明当时的物质生产和生活可利用的资源已经比较丰富了，如水资源利用、灌溉等问题，火的使用，木质工具的生产，青铜冶炼，农业生产等。如果认为五行和五事、五纪等有严格的对应关系，则五行为根本原则，为其他范畴之起点和标准，一切都用五行，形成了一个五行系统。

五行顺序在不同文本中并不相同，五行概念内涵也不相同，要注意鉴别。如郭店楚墓竹简中的五行是仁、义、礼、智、圣。在这里，五行关系既不是相生的关系，也不是相克的关系。后来形成的五行生克关系为：金生水，水生木，木生火，火生土，土生金；金克木，木克土，土克水，水克火，火克金。这一五行范畴体系体现了中国哲学范畴的基本特征。范畴，归类范围，具有价值规范、制度法则的意义，具有指导和规范思考的意义。五行范畴系统具有如下特征：其一，经验的分类和综合、抽象有机统一，具有具体性。以应用为动力进行类比延伸（广延化）和抽象化。范畴与经验互摄和统一。其二，反映自然宇宙中事物的机体性关联，范畴间具有一种机体性关联的结构。表现为一定的系统化和整体化倾向。其三，具有落实性和应用性。每一范畴均通过个别体验者的体验而获得新的意义，或发展为相关的意义。整体的经验及实用需求决定并丰富了范畴的意义及内涵。其四，范畴的规范性与价值性。每一基本范畴均为一种具有规范性的价值，故能直接或间接地规范思考和行为，并因之发展了一套有关实用的解释学或指导个人的修养论。中国哲学的范畴不仅具备了范畴应具备的认识真实之意，而且也具备了规范行为、广泛应用等意义，更成为一切其他多元范畴系统之根本，进而把其他范畴看作其应用，以及在不同层次上具体的变化。其五，一元和多元之间可以实现有机统一。每一个"行"，具有无限的拓展空间，是"多"，但均可归结为一"行"。

在五事中，容貌要表现出内心的恭，并能够让他人产生恭敬之心，从而达到整肃的效果；言论要顺从内心，并有力量，能够让别人遵从，从而达到治理的效果；问题要看清楚，内心要保持智慧，把内心的智慧表现于外，让人感觉到就是明；内心的智慧表现在听上面，就是聪；能够让人感觉有谋略就是哲；理性的思考和感性的思念在智慧本性的基础上得到有机的统一，就是睿，做到了这一点就是圣了。有人认为这是对领导素质的要求，其实不然，结合后面来看，其包括对如下人的要求：王、卿士、师尹、庶民、个人。这段话回答了一个人拥有正向影响力的德性条件。《诗经·小雅·小旻》里面也有类似的表述，哪个更早一些呢？总的来说，《诗经·小雅·小旻》中的文本不足以作为证明《洪范》在《诗经》之后的证据。

食，管民食的官。货，管货财的官。祀，管祭祀的官。司空，管理居民的官。司徒，管教育的官。司寇，治理盗贼的官。宾，管理朝觐的官。师，管理军事的官。食，掌握民食之官，主管生产；货，掌管手工业生产和商业贸易：二者合起来对应生产过程、社会基础。祀，掌握意识过程，主管思想上层建筑。司空、司徒、司寇，管理内政，包括土地、军队训练、人才选用和社会治安。宾、师，管理外交和军事，他们合起来掌握政治上层建筑。《洪范》已经开始按照经济基础、思想上层建筑和政治上层建筑，由内到外的思路来理解社会基本分层和基本结构了。不过古代哲学一直未能抽象出类似于经济基础和上层建筑一类的概念来对社会进行细致的说明。如果按照严格的五行对应关系来思考，八政很难和五行对应起来。如果一定要对应的话，食、货可以对应水，祀可以对应火，司空、司徒可以对应木，司寇可以对应金，宾、师可以对应土。

岁，木星；又岁，遂也，一周年而万物毕成所以谓之岁。从天文而言，岁星的周次运动可以作为纪年的根据。星辰，星，指二十八宿；辰，日月所交会者，十二辰，一说辰为日、月、星的统称，以纪日月所会。历数，日月运行经历周天的度数。计算它们的历数，可以确定闰月，调和季节。

如果一定按照五行映射或者对应关系来理解，岁可以对应木，月可以对应水，日可以对应火，星辰可以对应金，历数可以对应或者映射土。国家对应历数，王对应岁，卿士对应月，师尹对应日，庶民对应星。

"皇"的原意是"大"和"美"，不作名词用。战国末，因上帝的"帝"字被作为人主的称呼，遂用"皇"字来称上帝，如《楚辞》中的"西皇""东皇""上皇"等。在《周礼》、《吕氏春秋》与《庄子》中也有指人主的"三皇五帝"，《管子》对皇、帝、王、霸四者的不同意义也都做了解释，但都未实定其人名。所以，此处的"皇"不应仅仅解释为君主，主要是"大"和"美"的意思。建，也不是指建立制度，而是建立皇，建设皇。如何能够大和美呢？就像一栋建筑一样，关键是建筑的顶端有一个美好的极限，作为追求的最高点，作为标准和尺度供人追求。皇极，因为有极，所以可以有皇，皇是极的结果，皇不是极的定语和限定词，所以不可简单理解为"大中至正的准则"。在《洪范》看来，要想大和美，需要有极。

那么，应该以什么为极呢？《洪范》提出了价值主张，内容就是五福。敛，采取。时，这。五福，就是后文所说的寿、富、康宁、攸好德、考终命。从这里可以看出，《洪范》提出的国家价值主张是幸福主义的。《洪范》要求把这五福普遍地赏赐给臣民，这样，臣民就会尊重君主的法则。

不可忽略"汝"字透露出来的信息，从"汝"字的使用来看，汝有具体的意义，就是周武王。"汝极""锡汝保极"等使用方法说明，"汝"和"极"是不同的，"汝"是事实性的世界，"极"和"皇"是价值性和意义性的概念。《洪范》强调统一的价值观的重要性，庶民要唯皇作极，如果有其他极，就是"比德"，因为这个极而形成一定的交往人群，就成了"淫朋"。如果有人能够在五福价值观方面有创造性的贡献，在行为上有所作为，能够坚守这个价值观，那么就要加以表扬。行为不合五福的法则，但还没有遭受祸患，对这样的人要宽容接受。如果有人外表和颜悦色地说："我遵行美德，您就赐给他们好处。"于是，臣民就会思念君主的法则。

皇极对人也是有效的。只要人以皇极为价值准则，不虐待无依无靠的人，又不畏显贵，臣下的行为受到五福价值观的约束，形成内在的羞耻感，在五福价值观的指导下有作为，国家就会繁荣昌盛。

"比德""攸好德""无好德"这些用法说明在《洪范》中"德"还具有一定的中性的性质，需要加上限定语来说明"德"的褒贬价值意义。"三德"，可以透露出"德"的意思。"德"是就对正面价值的接受而言的。

克，胜，克服。友，亲。强弗友，刚强不可亲。燮，和。燮友，和而可亲。忒，作恶。针对五福价值偏离的情况需要采取一定的应对办法。五福价值的实现有三种情况：第一种情况是中道，恰到好处地实现了五福的价值，这是正直；第二种情况，承担五福的价值过于拘谨、刚强，就会使人难于亲近，这就要使得这种刚有所抑制，这就是沉潜刚克；第三种情况，对于实现五福的价值有些力不从心，过于柔弱，这就要求用鼓励的办法，这就是高明柔克。总的来说，君王需要能够在价值方面有领导和指引的能力，需要在价值观方面进行开辟性的工作，并树立价值权威，因而给予一定的物质鼓励。臣子不许提出价值指引。假若臣子有作福、作威、享用美食的情况，就会害及您的家，乱及您的国。百官将因此倾侧不正，百姓也将因此做事出差错和产生疑惑。也就是说，只有王可以作福、作威、享用，这个权力是不可侵犯的。本书认为这里讲的是追求五福，但不能作福，拥有权力、财富，如果自大、炫耀，会有害处。

要谨慎地选择建立、掌管卜筮的官员，教导他们卜筮的方法。卜，用龟甲占吉凶；筮，用蓍草占吉凶。命，教。命卜筮，教以卜筮之法。雨，兆之体气如雨。霁，如雨止而云气在上。蒙，气郁郁冥冥。驿，有色泽而光明。克，如祲气之色相犯。贞，内卦。悔，外卦。忒，变化。时人，这种人，指卜筮官员。逢，昌盛，大。作内，作于境内。

在人的认识中，解决选择的疑难的时候，自己的心、卿士、庶人、龟、筮中最重要的是什么呢？怎样按重要性排序呢？龟（内）—筮（外）〔作〕—汝—卿士—庶民—人〔静〕。这里主要讲述的是龟、筮和人的关系，自己和他人的关系。在自己和他人的关系中有了一定的远近的关系。在认识分析的展开中包含了两个大的关系，天人关系和人人关系。在这个大框架中分析认识现象。中国的认识论追求共识，注重不同的认识因素在决断过程中的地位的分析和各要素的参考作用。最好的原则是"大同"，一致同意，达成共识。这里的"大同"概念是一个认识论的概念。从这里来看，对人的重视度还不是很高。

庶征，郭沫若解释为借助天时来吓唬人。旸，晴天。燠，暖和。庑，茂盛。星有好风，箕星好风。星有好雨，毕星好雨。日月之行，则有冬有夏：冬夏者，天之所以成岁功也，而日月之行循乎黄道以佐成岁功，以喻臣奉君命而布之民。按比喻群臣须成王功。一些征兆：一为雨，一为晴，一为暖，一为寒，一为风。一年中这五种天气齐备，各根据时序发生，百草就茂盛，一种天气过多就不好，一种天气过少也不好。君王行为美好的征兆：一为肃敬，就像及时降雨一样喜人；一为修治，就像及时晴朗一样喜人；一为明智，就像及时温暖一样喜人；一为善谋，就像及时寒冷一样喜人；一为通圣，就像及时刮风一样喜人。君王行为坏的征兆：一为狂妄，就像久雨一样愁人；一为不信，就像久晴一样愁人；一为逸豫，就像久暖一样愁人；一为严急，就像久寒一样愁人；一为昏昧，就像久风一样愁人。君王之所视察，就像一年包括四时；卿士就像月，统属于岁；众尹就像日，统属于月。假若岁、月、日、时的关系没有改变，百谷就因此成熟，政治就因此清明，杰出的人才因此显扬，国家因此太平安宁。假若日、月、岁、时的关系全都改变，百谷就因此不能成熟，政治就因此昏暗不明，杰出的人才因此不能得到重用，国家因此不得安宁。百姓好比星星，有的星喜欢风，有的星喜欢雨。太阳和月亮运行，就会有冬天和夏天。月亮顺从星星，就要用风和雨润泽他们。把自然现象和人事行为进行整合就成了天人感应的模式：

（休征）时雨—肃·貌·狂—恒雨（咎征）

（休征）时旸—乂·言—恒旸（咎征）

（休征）时燠—哲·视·豫—恒燠（咎征）

（休征）时寒—谋·听·急—恒寒（咎征）

（休征）时风—圣·思·蒙—恒风（咎征）

在《洪范》中，"福"包括了"德"，"福"和"德"产生了关系，但这里的关系不同于中国文化后来发展的德为福之基础的德福关系。在中国传统思想当中，公平正义思想是由一系列词语表达的，其中核心的是正、直、义、平等概念。在中国传统观念中，"正"是一个影响力的概念，是一个权力概念，也就是对他人的影响，对他人的矫正。政者，正也，帅也，帅之以正。这就是政治，就是领导。这样一来，"正"就有两个不同的领域，一个是个人的知识、道德等影响力，从而可以正人；一个是制度本身形成的权力和角色结构本身带来的影响力（中国文化中的"势"概念），从而可以产生正人的效果。这个意义上的"政"是官僚制的职能运作。

"正"有两种方式。其一是所谓的道德的方式，也就是通过个人品德修养形成的人格吸引力实现的对别人的"正"；其二是武力、刑罚等的强制的方式。"政"和"正"在古代包含用武力、强制的刑罚等手段进行征讨的意思，一般意义上的"政府""统治"和这个意思相近。"政"的同源头字是"征"，包含强迫服从、强迫就范的意思。在甲骨文中，政就是武力征伐，通过武力迫使别人改正错误。"政"还包括使用刑罚来使人遵守秩序的意思。

如果正人的效果实现了就是"直"。由于"正"有两种方式、两个领域，"直"也有不同的情况：个人对他人的实现的道德方式的"直"，个人对他人强制的"直"；制度本身对人道德方式的"直"，制度本身对人强制的"直"。这些不同的"直"的效果显然是不同的。在中国传统文化中，更重视道德方式的"直"，而且希望个人对他人的实现的道德方式的"直"构成其他形式的"直"的基础。政治主要是正人，要正人就要自己先"正"，或者是用已经正了的人正不正之人，这就是"直"。"正"是"直"的延伸，都是"正"。孔子所说的"正"不是一般理解的征服意义上的"正"。"义"和"正"的搭配，在先秦往往不是"正义"，而是"义正"，并对应"力正"，尤其是在墨子那里。这说明，靠思想和道德实现的"正"，被称呼为"义正"。"义"涉及的是"正"的合理性问题、"正"的根据问题。"和"涉及的是"正"的结果问题。"平"涉及的是"正"的状态问题。

义正和公正概念有相通之处。"公"的概念实际上是"正身"概念的逻辑延伸。"正"总是发生在公共生活之中，而"公"的概念就是一个对发生在公共生活中的"正"的活动进行反思的概念范畴。儒家和道家都依据道或者天道来表达社会公正及和谐的理想，但二者之间还是有一定的差异的。儒家的政治大公往往是与宗教祭祀礼仪的主持、操办紧密联系着的。金文公字从八，从口，"口"恐为表示宫庙中朝廷大礼或宗教祭祀的场所。"八"大概是屏障一类，"公"则是举行祭祀的场所。奏乐而祀，歌颂曰颂。颂从"公"。"公"者谓神圣之斋宫之语。如殷代有公宫、血宫等"公",以举行神事祭祀于其中者称"公",故能够参加此礼仪者亦常常称"公"。祭祀礼仪的主持、操办从社会的角度来说,本身就是一种公共的生活。

"公正"就包含了两个根本含义。其一是个体的品德,个体可以借助这一品德进入公共生活,进而可以对他人产生影响,从而取得正人的效果。这就类似于现代人的"公德"的概念。君主自身的"正",或者对君主的"正"永远是儒家关注的事情。个体是特殊的领域,公共生活是普遍的领域,"公"就是要求对特殊性有所限制,要求个体的特殊性能够起到普遍的作用和效果。

其二是官僚和公共制度系统的制度正义。西周封建制中分公、侯、伯、子、男五级爵位。"嗟嗟臣工,敬尔在公。"(《诗经·周颂·臣工》)公,就是君的意思,中国古人把政府活动看成君的代表。《诗经·召南·羔羊》:"退食自公,委蛇委蛇。"退朝而食,就是指从公门入私门。"雨我公田,遂及我私。"(《诗经·小雅·甫田》)公,指国家朝廷。另有"巾车掌公车之政令。"(《周礼·春官·巾车》)公,犹官也。《左传》中多有"公室""公门""公家"等用语,为诸侯国君及君王之称呼,并衍生出公家、官家、朝廷、君王等含义。公正,就是要求公共权力的运用是"公"的,具有最大限度的普遍性。

公正必然导致公理范畴的诞生。因为一个人的品德和思想一旦要对他人产生影响,必然要他人承认和认可,一定要有他人的呼应。这样一来,这种品德和思想就成了公理和共识。一个官僚机构要想对人有普遍的影响,也需要有公理。公具有公共意味的社会规范与律则的意思。如"公"引申为或直接扩展为"公法""公义""公理"等概念。普遍利益和公共权力的需要,必然推动具有普遍性的思想的产生。

《周易》

【导读】

关于《周易》的作者，传统观点认为上古伏羲画八卦，中古周文王演六十四卦并作卦爻辞（一说文王作卦辞，周公作爻辞）。但现代多数学者认为，《周易》的基本素材是西周初年或前期的产物，其书非一时一人之作，而是陆续形成的作品。

《周易》作为书名，在古代的历史著作《左传》及《周礼》中就已经提到。《周礼·大卜》中提到"三易"，即《连山》、《归藏》和《周易》。

《周易》称"周"，是说其中所讲道理"周普无所不备"，也有说取周代的意思，或取岐阳地名而来。易，有说取象蜥蜴，意义为变化、简易、变易、不易；也有说取象日月，意义为阴阳。

《周易》内容的基本单位是卦，相当于篇或章。《周易》整部书共由六十四卦构成。这六十四卦又分前后两部分。第一卦到第三十卦为上篇，第三十一卦到第六十四卦为下篇。战国时代已有这种分法。西晋初年从战国魏襄王墓中挖出的《易经》就是分作两篇的。朱熹的《周易本义》中曾记载《卦名次序歌》：乾坤屯蒙需讼师，比小畜兮履泰否。同人大有谦豫随，蛊临观兮噬嗑贲。剥复无妄大畜颐，大过坎离三十备。咸恒遁兮及大壮，晋与明夷家人睽。蹇解损益夬姤萃，升困井革鼎震继。艮渐归妹丰旅巽，兑涣节兮中孚至。小过既济兼未济，是为下经三十四。①《序卦》把六十四

---

① （宋）朱熹：《周易本义》，廖各春点校，中华书局，2009，第8—9页。

卦之间的关系理解成了万物产生之后的囤积，从小到大的关系。孔颖达认
为，从卦象上来看，六十四卦的排列是"二二相耦"，就是说每两卦为一
个对子，互相配合。变化的方式非覆即变。①"覆"的意思是说两卦的卦象
完全颠倒，"变"的意思是说两卦的卦象六爻完全相反。

泰

【原文】

"泰"，小往大来，吉，亨。

初九，拔茅茹，以其汇，征吉。

九二，包荒，用冯河，不遐遗，朋亡，得尚于中行。

九三，无平不陂，无往不复。艰贞无咎。勿恤其孚，于食有福。

六四，翩翩，不富以其邻。不戒以孚。

六五，帝乙归妹，以祉元吉。

上六，城复于隍，勿用师。自邑告命，贞吝。②

【简析】

《易经》哲理极其丰富，这里只是以泰卦为例进行阐发。抛开《易传》
的内容不谈，《易经》共有六十四卦，每一卦由卦名、卦画、卦辞、爻题
和爻辞构成。如泰卦中的"泰"就是卦名，☰☰ 就是卦画。

在卦名之后的内容是："泰，小往大来，吉，亨。"这是卦辞。对此，
虞翻解释说："阳息坤，反否也。坤阴诎外为'小往'，乾阳信内称'大
来'，天地交，万物通，故'吉亨'。"③ 在这里，虞翻也有他解释经典的
"理"，这个"理"就是下卦为"内"，上卦为"外"。而且以阳爻进入坤
卦初爻、二爻到三爻的过程来解释泰卦的来源。复卦后是临卦，然后就是
泰卦。泰卦这个状态和"否"卦是"反否"的关系。

---

① 北京大学《儒藏》编纂中心编《儒藏》（精华编）第 2 册，北京大学出版社，2009，第
257 页。

② 《泰卦》卦爻辞参见北京大学《儒藏》编纂中心编《儒藏》（精华编）第 2 册，北京大
学出版社，2009，第 336—339 页。

③ 北京大学《儒藏》编纂中心编《儒藏》（精华编）第 2 册，北京大学出版社，2009，第
336 页。

而胡瑗强调了礼的重要性。胡瑗引用《序卦》，认为行礼能够获得安泰。"盖言凡人既能行其礼典，则必获其安泰。泰者，安也。"[1] 胡瑗把乾在下、坤在上的关系理解成君以礼下臣，臣以忠事君。"以人事言之，君以礼下于臣，臣以忠事于君，君臣道交而相和同，则天下皆获其安泰也，故曰泰。"[2] 显然，这个解释有强烈的主观意愿，有政治建言的意味。从《易经》本身的道理来看，这个解释有一定的不足。乾为君，乾在下、在内，而下位不是天位，坤为臣在上位，不存在君在上礼下的情况。不过，也可以把下卦的乾理解成君主呈现礼的姿态，坤理解成是臣子以道事君的姿态，道相当于乾，礼相当于臣，这样就和《易经》本身的道理比较吻合了。胡瑗除了将"小"和"大"理解成坤和乾以外，还将其理解成"小人"和"君子"。"以人事言之，则大为君子也，小为小人也。大者来居于内，是君子进用于朝廷。小者往而处外，是小人退黜于严野也。君子既进，小人既退，则君臣之道交而上下之心和同，成治于天下，而天下之民皆得其吉而亨通也。"[3] 把"乾"理解成君子是可以的，但是这里乾在下，显然不是在朝廷；坤在上，显然不是在野。这里是小人居于高位，君子居于下位，不过君子居于下位能够给大地带来文明，并且终究是要回到上位的，小人居于上位终究是要回到下位的。如果胡瑗想劝导君主重用君子，应当告诫君主，目前是小人当道，君子隐藏在民间，君主需要从民间发现君子来提拔；朝廷有小人，需要罢黜小人：这样才能安泰。

泰卦初九爻辞说："拔茅茹，以其汇，征吉。"[4] 初九是爻题。至于是九还是六，则根据阴阳来确定。阳爻就用九，阴爻就用六。排列顺序是由下向上依次为初、二、三、四、五、上。虞翻的解释比较尊重文本，更希望能够结合卦象卦辞进行合理的解释。这一解释方向是值得肯定的。虞翻说："'否泰反其类'，否巽为矛。茹，矛根。艮为手。汇，类也。初应四，

---

① 北京大学《儒藏》编纂中心编《儒藏》（精华编）第3册，北京大学出版社，2009，第95页。

② 北京大学《儒藏》编纂中心编《儒藏》（精华编）第3册，北京大学出版社，2009，第95页。

③ 北京大学《儒藏》编纂中心编《儒藏》（精华编）第3册，北京大学出版社，2009，第95页。

④ 北京大学《儒藏》编纂中心编《儒藏》（精华编）第2册，北京大学出版社，2009，第337页。

故'拔茅茹以汇'。震为征。得位应四,'征吉'。'外'谓四也。"① 虞翻用"反类"来解释泰卦的卦辞,总的思维方向是认定爻辞的提出有其合理性,每一句话都和卦象相对应,与其有一种严格的逻辑关系,不是任意提出的,也未脱离卦象、卦画来单独解释爻辞。泰卦每一个爻都换成相反属性的爻就变成了否卦。否卦中的三、四、五爻构成了巽卦,二、三、四爻构成了艮卦,二者形成了手拿茅根的形象。初爻和四爻相应,是"汇"。"泰"卦中的三、四、五爻构成了震卦,三爻如果得位的话就到四爻这里了,这是"征"。

关于初爻必须运动的解释,胡瑗的解释更好一些。胡瑗说:"乾本在上,今居于下,必务上进,若君子将进用于朝廷,以佐君泽民而兴天下之泰也。"② 胡瑗对"征吉"的解释多少与其政治立场有关。"茹者,相续之称也。汇者,类也。征者,进也。夫茅之为物,拔之则其根牵连而起,若此初九之君子,既进用于朝廷,则天下之贤必皆引类而进,则是君子之道长之时也。君子之道得长,则天下之民受其赐,如此则吉莫大也。"③

"九二,包荒。用冯河,不遐遗。朋亡,得尚于中行。"④ 虞翻解释说:"在中称'包'。荒,大川也。冯河,涉河。遐,远;遗,亡也。失位,变得正,体坎。坎为大川,为河。震为足,故'用冯河'。乾为远,故不遐遗。兑为朋,坤虚无君,欲使二上,故'朋亡'。二与五易位,故'得上于中行'。震为行,故'光大'也。"⑤ 虞翻认为,九二在泰卦下卦的中间,所以是"包"。二爻是阳爻居于阴位,应该得正,所以虞翻参照了明夷卦来解释这个爻辞。明夷卦的二、三、四爻成坎卦,这解释了"河"。三、四、五爻成震卦,这是足,可以解释"冯河"。坎卦包在明夷卦的六二之中,所以是包荒。"遐遗"指的是泰卦的下卦乾。泰卦的二、三、四

① 北京大学《儒藏》编纂中心编《儒藏》(精华编)第 2 册,北京大学出版社,2009,第 337 页。
② 北京大学《儒藏》编纂中心编《儒藏》(精华编)第 3 册,北京大学出版社,2009,第 96 页。
③ 北京大学《儒藏》编纂中心编《儒藏》(精华编)第 3 册,北京大学出版社,2009,第 96 页。
④ 北京大学《儒藏》编纂中心编《儒藏》(精华编)第 2 册,北京大学出版社,2009,第 337—338 页。
⑤ 北京大学《儒藏》编纂中心编《儒藏》(精华编)第 2 册,北京大学出版社,2009,第 338 页。

爻构成兑卦，这是"朋"。三、四、五爻是震卦，这是"行"。上卦坤六五是"无君"，坤是"虚"。二爻和五爻易位后就变成了水火既济，这是"中行"。二上五成了"朋亡"，水火既济五爻为大，下卦为光明。

胡瑗则采取了一贯的思路，用君子是否被重用来解读这个爻辞。"九二以刚明之德居中，而上应于六五之君，为六五之所任，是君子见用于时，为兴泰之臣也。"[1] 胡瑗用包藏荒垢来解释"包荒"，以任用暴猛之人来理解"用冯河"，用不遗弃退远者来解释"不遐遗"，以中道"故必不亲己之所亲而亲其朋类。"来解释"得尚于中行"。[2]

"九三，无平不陂，无往不复。艰贞无咎。勿恤其孚，于食有福。"[3] "陂，倾。谓否上也。平谓三，天地分，故'平'。天成地平，谓'危者使平，易者使倾'。'往'谓消外，'复'谓息内。从三至上体复，'终日乾乾，反复道'，故'无平不陂，无往不复'。"[4] 虞翻把"否上"定位为"陂"，把三爻定位为"平"。九三恰好是泰卦的天地上下卦之间，是天地相分之际，这是"平"。乾卦从初爻开始依次变成阴爻过程是"消外"；由坤到泰卦，是复，是息内。地天泰三、四、五、上爻是复卦，"从三至上体复"。"二之五得正，在坎中，故'艰贞'。坎为忧，故'勿恤'。阳在五孚。险坎为孚，故'有孚'。体噬嗑，食也。二上之五据四，则三乘二，故'于食有福'也。"[5] 二爻回到五爻的位置就成了既济卦，上卦坎是险，是"艰"，九五正位是"贞"。坎是"恤"，九五是"孚"。水火既济卦五爻下到初爻，在三爻阳变阴的情况下就是噬嗑卦，这是"食"。既济卦五爻下是四阴爻，这是据的关系；二阴爻承三阳爻，这是承的关系。周边有四阴爻，代表着口福的享受。这里的"往"显然指上卦坤，"复"指坤应该回到下卦。"平"，显然是"坤"；"陂"，显然是"乾"；"孚"，显然是

① 北京大学《儒藏》编纂中心编《儒藏》（精华编）第 3 册，北京大学出版社，2009，第 97 页。
② 北京大学《儒藏》编纂中心编《儒藏》（精华编）第 3 册，北京大学出版社，2009，第 97 页。
③ 北京大学《儒藏》编纂中心编《儒藏》（精华编）第 2 册，北京大学出版社，2009，第 338 页。
④ 北京大学《儒藏》编纂中心编《儒藏》（精华编）第 2 册，北京大学出版社，2009，第 338 页。
⑤ 北京大学《儒藏》编纂中心编《儒藏》（精华编）第 2 册，北京大学出版社，2009，第 338 页。

俘获。

胡瑗认为："此一爻圣人因天地将复之际，故设为之戒也。"① 在艰困的情况下守护正道则有福。胡瑗的认识比较侧重于爻辞自身的哲学内涵。

"六四，翩翩，不富以其邻。不戒以孚。"② 虞翻说："二五变时，四体离飞，故'翩翩'。坤虚无阳，故'不富'。兑西震东，故称'其邻'。"③ 二爻变到五爻的位置后，变成既济卦，三、四、五爻构成离卦，是飞，是翩翩。泰卦上卦是坤，没有阳爻，是"不富"。泰卦二、三、四爻是兑卦，三、四、五爻构成震卦，这是"其邻"。"谓坤。'邑人不戒'，故使二升五，信来孚邑，故'不戒以孚'。二上体坎，中正，《象》曰'中心愿也'。与《比》'邑人不戒'同义也。"④ 虞翻这里还引入了比卦来说明。

胡瑗对六四爻的解读为阐述理想的君臣关系进行了铺垫。"翩翩者，自上而下疾飞之貌也。夫九三以阳居乾卦之极，是三阳同志皆务上进也。六四以阴居坤卦之初，是三阴同志而皆欲下复也，故此所以翩翩然与上二阴具复其本，所以无有凝滞也，故曰'翩翩'。"⑤ 胡瑗说："此六四不待富盛而自然能用其邻，不须戒备而自孚信也。"⑥ 并说这是"众心之所共愿也"。⑦ 显然胡瑗依然希望君主能够"下复"，而君子能够"皆务上进"，并认为君主只有这样才能获得臣民的信任。

"六五，帝乙归妹，以祉元吉。"⑧ 虞翻说："震为帝，坤为乙。帝乙，纣父。归，谓嫁也。震兄兑妹，故嫁妹祉福也。谓五变体离，离为大腹，

① 北京大学《儒藏》编纂中心编《儒藏》（精华编）第3册，北京大学出版社，2009，第97页。
② 北京大学《儒藏》编纂中心编《儒藏》（精华编）第2册，北京大学出版社，2009，第338—339页。
③ 北京大学《儒藏》编纂中心编《儒藏》（精华编）第3册，北京大学出版社，2009，第338—339页。
④ 北京大学《儒藏》编纂中心编《儒藏》（精华编）第2册，北京大学出版社，2009，第339页。
⑤ 北京大学《儒藏》编纂中心编《儒藏》（精华编）第3册，北京大学出版社，2009，第98页。
⑥ 北京大学《儒藏》编纂中心编《儒藏》（精华编）第3册，北京大学出版社，2009，第98页。
⑦ 北京大学《儒藏》编纂中心编《儒藏》（精华编）第3册，北京大学出版社，2009，第98页。
⑧ 北京大学《儒藏》编纂中心编《儒藏》（精华编）第2册，北京大学出版社，2009，第339页。

则妹嫁而孕。"① 泰卦二、三、四爻为兑，三、四、五爻为震。这个互卦就是归妹卦。归妹卦三、四爻下降就是泰卦。泰卦五爻变成阳爻，这是祉元吉，其中的离卦是大腹。胡瑗在解释六五爻的时候也强调："即君降志而接其臣，所以兴泰道者也。"②

"上六，城复于隍，勿用师。自邑告命，贞吝。"③ 虞翻说："否艮为城，故称'城'。坤为积土。隍，城下沟。无水称隍，有水称池。今泰反否，乾坏为土，艮城不见而体复象，故'城复于隍'也。"④ 否卦的二、三、四爻是城，泰卦三、四、五爻成复象。虞翻说："谓二动时体师。阴皆乘阳，行不顺，故'勿用师'。坤为自邑，震为言，兑为口，否巽为命。今逆陵阳，故'自邑告命'。命逆不顺，阴道先迷，失实远应，故'贞吝'。"⑤ 二爻变成阴爻，就成了明夷卦，明夷二爻到上爻构成师卦。否卦中的巽卦是命，到了泰卦中是从上爻到下爻构成巽卦。

胡瑗利用上爻警诫君主。在胡瑗看来，上六的意思就是居安思危。在自己缺乏条件的情况下使用军事力量不能得到天下人的服从，是自取灭亡之道。在安泰时不能居安思危就会导致号令无法行之于天下。"'自邑告命，贞吝'者，夫威赏政令行之于天下则可，今上六既无所戒备，又不可用师，威德不足以及远，告命不能及天下，但可号令于己邑之中而已。"⑥ 胡瑗思想的政治劝诫意味浓厚。"君必有民，民必有君，所以为天下也。"⑦ 黄百家认定宋朝的理学从"宋初三先生"开始。黄百家说："宋兴八十年，安定胡先生、泰山孙先生、徂徕石先生始以师道明正学，继而濂、洛兴

---

① 北京大学《儒藏》编纂中心编《儒藏》（精华编）第 2 册，北京大学出版社，2009，第 339 页。

② 北京大学《儒藏》编纂中心编《儒藏》（精华编）第 3 册，北京大学出版社，2009，第 98 页。

③ 北京大学《儒藏》编纂中心编《儒藏》（精华编）第 2 册，北京大学出版社，2009，第 339 页。

④ 北京大学《儒藏》编纂中心编《儒藏》（精华编）第 2 册，北京大学出版社，2009，第 339 页。

⑤ 北京大学《儒藏》编纂中心编《儒藏》（精华编）第 2 册，北京大学出版社，2009，第 339—340 页。

⑥ 北京大学《儒藏》编纂中心编《儒藏》（精华编）第 3 册，北京大学出版社，2009，第 100 页。

⑦ （清）黄宗羲原著，全祖望补修《宋元学案》（一），陈金生、梁运华点校，中华书局，1986，第 36 页。

矣。故本朝理学虽至伊洛而精，实自三先生而始。"① 所谓的"宋初三先生"就是胡瑗、孙明复和石介。胡瑗的理解符合其思想的总体诉求。

比较虞翻和胡瑗对泰卦的解释可以明显地看出差异。同样是解释经典，虞翻认为卦爻辞不过是卦象的一种说明而已，而胡瑗则注重阐发卦辞能够引申出来的对现实生活的价值。也可以说虞翻以象为核心，辞不过是象的注脚；而胡瑗是以辞为中心，象是辅助。在二者之间保持一定的张力才是恰当的解读方向。虞翻易学思想的局限是忽略了卦爻辞本身的独立性。爻辞本身可能来自生活的经验或者个人的体验，具有独立的哲学思想，当变成爻辞以后，虽然和卦象有对应关系，有互相限制和补充的关系，但还是有自身的独立意义的。但爻辞完全独立出来也是不可以的，一个爻辞在卦中某个位置一定是有某种哲学考虑的，一定是考虑了卦象的。

虞翻的解读引出一个以本卦为主解释卦辞还是更多地借用其他相关的卦象来解读卦辞的问题。另外还有一个问题就是以卦为主还是以爻为主。虞翻以卦为主，把卦辞和卦进行了一一对应，并且较多地引入其他卦来进行解释。在一个卦本身的卦象能够解释卦辞的情况下，应该以本卦为主，而不是引入反否等关系。虞翻的解释很有想象力和逻辑性，不过有些地方有待商榷。

以泰卦本身的爻为主来解释卦辞是完全解释得通的。卦辞从本体的角度来看，天来到地上，天地相交共谱文明曲。"地界"文明的核心来自"天界"，来到地界的乾终究要回到天界，"天""地"之运动是一个循环，是一次左右震荡的运动，是一次回到原点的运动。

茅，草；茹，草根。茅草及其同类之物，有害于庄稼，必须连根拔掉。上下均为阳爻，所以是同类，前进遇到同类的制约，但是必须前进。从日常经验来看，这个爻辞显然基于农业经验：需要除掉庄稼身边的杂草，尽管这样有可能会伤害到庄稼，但是也必须这样做。这个经验比较适合泰卦的初爻。从泰卦本身来看，"茅"应该就是初爻本身，而不是否巽。拔茅的手是否需要以艮来解释，则可以探讨，不过不用它解释也是可以的。"汇"应该是二爻，二爻也是阳爻，和初爻都是阳爻，属于同类。而

---

① （清）黄宗羲原著，全祖望补修《宋元学案》（一），陈金生、梁运华点校，中华书局，1986，第 73 页。

且二者相邻，当初爻运动的时候，二爻也运动才行，否则二爻就成了初爻上升的障碍。二爻需要初爻推动才能运动，这是"征吉"。"征"不用震卦来解释也是可以的。《易经》的原始精神，包含着大利和小害的权衡，以及基于慈悲胸怀对无法避免的伤害的坚忍。另外还包含对自然规律的服从，对进步的肯定。

虞翻对泰卦二爻的解释有一些地方值得商榷。泰卦三、四、五爻为震卦，二爻回到五爻，就变成了坎卦。泰卦二、三、四爻为兑卦。有人走到河边，看见个大葫芦，便把它绑在腰间，浮水渡河，又不愿舍弃他的朋友，甘心冒着危险，带着朋友一起渡河，结果两人都没有被淹死。朋友就是初九和九三，只有带上这两个朋友才是"乾"，否则就不是"乾"了。因为此人做了见义勇为的行为，在途中得到了他朋友的馈赠。在这里，二爻在中间，用包荒比较合适。这里的"朋"应该是指初爻和三爻，三者性质相同，都是阳爻，并且三者合在一起才是"乾"。如果二爻自己运动了，而初爻和三爻不运动，那么就不是"乾"的整体运动，就没有乾的地位。"河"显然是天地之间的河界，也就是上下卦之间的河界。

三爻处于过渡的极端边缘，所以地位并不稳定。爻辞是说宇宙间的事物没有平而不陂的，没有往而不返的，所以占到此爻，占问艰难的事则无灾患，艰难将去而平坦即将到来。不要担心被人掠夺，在饮食上将有口福可享受。因为三爻再前进就要到四爻的位置上，所以此爻辞显然有鼓励前进的意味。平是坤，陂是乾。坤要被乾代替，乾的位置要由坤来代替。坤总是要回复到下卦的位置。显然这里的往复不需要用"息"来解释。

六四爻辞是说，这个游荡的人本来是富人，现在不富有了，其原因是他生活放荡，不注意戒备，财物都被他的邻人掠夺走了。四爻刚刚越过界限，到不属于自己的地方，所以叫作"翩翩"。邻居是九三，九三是阳，这一爻很快就要侵犯六四了。

帝乙，殷帝名乙，纣的父亲。爻辞是说殷帝乙把他的女儿嫁给了周文王，因而得福，是大吉的事情。六五和九二相应，可以解释"归妹"。此爻辞警诫处于高位者如果不当位需要以谦卑的态度对应该处于高位而实际处于低位者。

上六，此爻辞可能是古代故事，说的是某国君下令军士出征，已攻破城墙，城墙倾覆填塞了城下的护城河，继续进攻就可以攻进去，但从邑里传来了命令——停止前进。上爻没有前进的地方了，要回到原来的位置，原来的位置发出了指令。下卦本来为坤的位置，这是"邑"，从这里发出了指令，需要上爻回到下卦的位置。

胡瑗对泰卦的解释是有一个中心思想的，这就是君子应该积极上进，君主应该礼贤下士，这样就是吉祥的。君主在安泰的情况下应该居安思危，获得臣子的信任，这样政令才能通行。否则不管是"用师"，还是施以刑罚都不会奏效。胡瑗的解读也是符合泰卦卦辞的含义的，不过更偏向于引申的意义。虽然胡瑗也关注到卦象问题，但并没有着力寻找卦辞和卦象之间的逻辑联系。

从泰卦来看，卦辞本身是有独立意义的。卦辞来自生活经验，来自历史故事，即便独立出来也是有一定的哲理内涵的。抛开卦象，这些卦辞依然具有人生的启迪意义。这些卦辞如果不和卦象结合在一起，在应用的时候需要进行抽象，然后将抽象理论和具体实践情景相结合，中间缺少技术性的环节。当卦辞和卦象结合以后，就有了抽象和具体进行结合的技术手段。象和辞结合定位了某个个体所处的爻位，从而也就定位了所应当应用的卦辞，从而可以用卦辞对个体所处的状态以及未来发展趋势进行解释。这恰好是《周易》的优势所在。

泰卦反映的内容包括农业生产，包括见义勇为，包括战争和政治更迭。从爻辞提到帝乙来看，泰卦爻辞更可能诞生于周朝。这并不影响把泰卦的思想当成中国哲学原生体系的一个组成部分来叙述。泰卦中有天、地、人，其中的天、地更多是形式性的存在，实际的存在是人。天的形式性使得泰卦中的天没有明确人格性或者物质性，甚至其中包含的义理也是模糊的。这使得关于天的思想可以通过其他文本来充实。

泰卦中的乾，可以说明《尚书》中的贤人的境遇。贤人立于大地，要求积极进取，要求和同类同心同德，要求具有担当的精神，努力提高他人的道德水平。贤人要求不断进取，为了进取，要克制自己的慈悲心。

泰卦中的坤，则对应身居高位但却处于危险境地的统治者。如果不积极修德，不能重用贤人、关注民生，则会重新回到较低的地位。这就要求统治者有自谦和无我的美德。

天和地不同，一个为阳爻的集合，一个是阴爻的集合，善恶的对立、圣贤和小人的对立都可以结合天地来加以讨论。

乾与坤之间是不断循环的。这种循环的意义何在？显然经过这样循环，地到了天的位置上，天到了地的位置上，地提升了自身，天经历了忧患，重新丰富了自身。经过天地的循环，天、地、人提升为更高的文明境界。

《易传》以德位关系讨论《易经》，这一思路是有意义的。爻存在位的问题，阴阳爻占据的爻位不同，所要求的德行并不相同。每一个卦还有上卦和下卦之分，上下卦相对于爻位来说，是更为宏观的位，是带有整体性特征的位。六十四卦的每一个卦还有一个不容忽视的要素，就是上下卦之间的河界。河界区分了形而上和形而下，处于河界两侧的三爻和四爻处于极不稳定的状态。

泰卦的上述思想要素可以从其他文本中发现具体的论述。中国哲学的原生系统，当以《易经》为基础进行阐发。

《国语》

《国语》以"国"分目，记"语"为主，故书名《国语》。《国语》的作者一般认为是左丘明，也有观点认为不是左丘明。在众多与经书相关的典籍中，《国语》与《左传》同源异流，且二书成书年代相近，《国语》却始终没有成为"经"。但仍有人把《国语》当经典来看，希望将之提升到"经"的地位。在三国吴韦昭看来，《国语》属于史学著作。关于《国语》的性质，一般情况下人们都承认它是一部史学著作，认为它是先秦时期三部历史名著《左传》《国语》《战国策》之一，是中国最早的一部国别史著作。在这种观点看来，研究春秋时代的历史，总离不开《左传》和《国语》。从历史著作的视角来看，《国语》反映了前后五百余年的史事，反映了这一漫长历史时期诸侯各国的交往、争战等情况。也有人认为《国语》是各国史料的汇编，是一部历史文集汇编。《国语》在叙述历史事件的时候着眼于表达某种思想，也可以认为它是一部哲学著作。另外，《国语》书名也表示是以"语"为主。《国语》所记载的历史事件除了《周语》相对连贯以外，其余各"语"只是重点记载了个别历史事件，各国史事的详略多寡也相去甚远。这说明《国语》的重点并不是历史，而是思想。《国语》一书的性质，如果仅仅就"语"本身来考察，则可以定位为文化思想的著作。这也可以从"语"的功能得到印证。"语"在古人那里是为了明德、治国、启迪智慧的，所以其中包含很多诤言谏语，而不是简单地记载历史事实。《国语》基本上也采用了通过遣词用语来表现"褒贬善恶"的历史书写方法。《国语》通过历史事件的取舍剪裁、语言措辞上的字斟句酌、史实的详略安排来体现人事的褒贬。

把《国语》定位为思想史或者哲学著作是和《国语》的内容相吻合的。《国语》展现了先秦时期中国人的思想发展状况、文化发展状况,记载了"前诸子时代"的神话传说、伦理观念、宗教信仰、礼仪文化、社会思想等等,也可以说那就是"前诸子时代"中国哲学思想发展的真实记载。《国语》在内容上有很强的伦理倾向,弘扬德的精神,尊崇礼的规范,认为"礼"是治国之本,而且非常突出忠君思想。《国语》的政治观比较进步,反对专制和腐败,重视民意,重视人才,具有浓重的民本思想色彩。《国语》记录了春秋时期的经济、财政、军事、兵法、外交、教育、法律、婚姻等各种内容,对研究先秦时期的文化和哲学思想非常重要。

《国语》共二十一卷,《周语》三卷、《鲁语》二卷 、《齐语》一卷、《晋语》九卷、《郑语》一卷、《楚语》二卷、《吴语》一卷、《越语》二卷。《国语》共七万余字,按周、鲁、齐、晋、郑、楚、吴、越八国,分别记载了上自西周穆王征犬戎(约前967,或前990),下至战国初年赵、魏、韩三家灭智氏(前453,或前440)年间的部分历史人物的言论和史事,时代大致与《春秋》《左传》相同而稍长。《周语》三卷,记载了西周穆王、厉王直至东周襄王、景王、敬王时有关"邦国成败"的部分重大政治事件,反映了从西周到东周的社会政治变化的过程。《鲁语》二卷,则着重记载鲁国上层社会一些历史人物的言行,反映了春秋时期这个礼义之邦的社会面貌。《齐语》一卷,主要记载管仲辅佐齐桓公称霸采取的内政外交措施及其主导思想。《晋语》九卷,占全书近半篇幅,它比较完整地记载了从武公替晋为诸侯、献公之子的君权之争、文公称霸,一直到战国初年赵、魏、韩三家灭智氏的政治历史,从前678年到前453年,时间长,分量重,所以有人把《国语》称为"晋史"。《郑语》一卷记周太史伯论西周末年天下兴衰继替的大局势。《楚语》二卷,主要记灵王、昭王时的历史事件。《吴语》一卷、《越语》二卷记春秋末期吴、越争霸的史实。《国语》关于春秋八个国家史事的记载详略不同,文风迥异,通过上层统治阶级士大夫的言论、辩论来反映历史事件,探讨兴衰治乱之根源,史论结合,因而具有思想史价值和哲学价值。

周语上·祭公谏穆王征犬戎

【原文】

穆王将征犬戎，祭公谋父谏曰："不可。先王耀德不观兵。夫兵戢而时动，动则威，观则玩，玩则无震。是故周文公之《颂》曰：'载戢干戈，载櫜弓矢。我求懿德，肆于时夏，允王保之。'先王之于民也，懋正其德而厚其性，阜其财求而利其器用，明利害之乡，以文修之，使务利而避害，怀德而畏威，故能保世以滋大。昔我先世后稷，以服事虞、夏。及夏之衰也，弃稷不务，我先王不窋用失其官，而自窜于戎、狄之间，不敢怠业，时序其德，纂修其绪，修其训典，朝夕恪勤，守以敦笃，奉以忠信，奕世载德，不忝前人。至于武王，昭前之光明而加之以慈和，事神保民，莫弗欣喜。商王帝辛，大恶于民。庶民不忍，欣戴武王，以致戎于商牧。是先王非务武也，勤恤民隐而除其害也。夫先王之制，邦内甸服，邦外侯服，侯、卫宾服，蛮、夷要服，戎、狄荒服。甸服者祭，侯服者祀，宾服者享，要服者贡，荒服者王。日祭、月祀、时享、岁贡、终王，先王之训也。有不祭则修意，有不祀则修言，有不享则修文，有不贡则修名，有不王则修德，序成而有不至则修刑。于是乎有刑不祭，伐不祀，征不享，让不贡，告不王。于是乎有刑罚之辟，有攻伐之兵，有征讨之备，有威让之令，有文告之辞。布令陈辞而又不至，则增修于德而无勤民于远，是以近无不听，远无不服。今自大毕、伯士之终也，犬戎氏以其职来王。天子曰：'予必以不享征之，且观之兵。'其无乃废先王之训而王几顿乎！吾闻夫犬戎树，惇帅旧德，而守终纯固，其有以御我矣！"

王不听，遂征之，得四白狼、四白鹿以归。自是荒服者不至。①

【简析】

祭公谏穆王征犬戎一事大约发生在前 967 年周穆王满十二年。征，上讨下叫作征。古代汉语有一个特征，就是同一件事，但是涉及不同的主体，涉及在礼仪格局中的地位不同，叫法就不同。祭公谋父，姓姬，字谋

---

① 《国语》，陈桐生译注，中华书局，2013，第 2—8 页。

父，周公后代，封于祭，今河南荥阳东北。另外一种说法认为谋父是名。
"耀"解释为"明"不够传神。耀，光明外显，以至于别人能够受到影响。
"观"解释为"示"是主动，解释为被动比较好。"兵"不能让人"观"到。

《国语·周语上》记载的内容主要是从周穆王开始的。《春秋史》评
说："如果可信，那么穆王不但有武功，并且有相当的文治了。"[①] 不过从
《周语上》来看，穆王是被批评的对象。穆王要征伐陕西泾渭流域的一支
少数民族犬戎，当时西周的卿士，也就是周公的后代祭公谋父对其进行了
劝导。

《国语·周语上·祭公谏穆王征犬戎》第一个值得关注的思想是可以
窥见西周衰落的原因，以及西周的"德"思想。西周的衰落显然是违背了
"国际关系"中的道德准则，在武力和道德的关系上忽略了"德"的力量。
"德"是与"兵"相对应的一种影响力量。在这里，"德"和"兵"是两
种不同的力量。在祭公谋父看来，"德"要"耀"，要彰明，要表现出来；
"兵"则不可炫耀，不可被人看见。在牟宗三看来，以往的政道"即以开
始之德与力及后继之世袭两义为中心而论之"。[②] "政道者，简单言之，即
是关于政权的道理。无论封建贵族政治还是君主专制政治，政权皆在帝王
（夏商周曰王，秦汉以后曰帝）。而帝王之取得政权而为帝为王，其始是由
德与力，其后之继续则为世袭。"[③] 德其实也是一种力，不过是软权力。
"稳定、均衡与综合正是'有德'的最佳表达方式。"[④] "权力是一个人实
现其意图或者目标的能力。"[⑤] "德"和"力"的差别大致相当于软权力和
硬权力的差别。"军事实力和经济实力都是典型的'硬'权力，可用于要
求他者改变其地位。"[⑥] "软权力（使得他者期望你所期望的目标）吸引民
众，而不是迫使他们改变。"[⑦] 祭公谋父讲这段话是在劝导周穆王不要用武

---

① 童书业：《春秋史》，上海古籍出版社，2006，第10页。
② 牟宗三：《政道与治道》，广西师范大学出版社，2006，第1页。
③ 牟宗三：《政道与治道》，广西师范大学出版社，2006，第1页。
④ 〔美〕约瑟夫·格伦治：《"齐物之论"——以此纪念郝大维》，参见〔美〕郝大维、安乐哲《先贤的民主：杜威、孔子与中国民主之希望》，何刚强译，江苏人民出版社，2004，第238页。
⑤ 〔美〕约瑟夫·S. 奈：《硬权力与软权力》，门洪华译，北京大学出版社，2005，第112页。
⑥ 〔美〕约瑟夫·S. 奈：《硬权力与软权力》，门洪华译，北京大学出版社，2005，第6页。
⑦ 〔美〕约瑟夫·S. 奈：《硬权力与软权力》，门洪华译，北京大学出版社，2005，第6页。

力征讨犬戎，而要靠"德"。这说明，在祭公谋父看来，"德"这种影响力不单纯是"个人"拥有的，还可以是国家、民族拥有的力量。"德"是处理国与国、民族与民族的关系的方式。用软权力理论来看，他更为看重软权力，而不是硬权力。

戢，收藏，一说为聚。时，时机，古人春夏秋三季务农，冬季讲武，只有冬季才出兵。周文公，周公旦，文王之子、武王之弟。《颂》，指《诗经·周颂·时迈》。载，挂起来。干，楯，横梁。囊，弓韬，即弓袋。肆于时夏，一种解释是将美德广布于华夏大地；一种解释是乐章大的是夏，夏的乐章歌颂武王的美德。把"时"解释为"是""这个"不够好。"是"为一时空的当下。

祭公谋父引用了周公为颂扬武王伐纣而作的周文公之《颂》。周公在歌颂武王的《诗经·周讼·时迈》一诗中说："收起兵器干戈，藏起强弓劲矢，我王寻求美德，让它发扬光大，遍及全中国。相信我王一定能永葆这种美德。"懿，美好的意思，显然这里面已经有了"美德"的概念。祭公谋父引用了"懿德"并且把其与干戈、弓矢对立起来，说明祭公谋父的伦理思想中已经出现了追寻"美德"的思想。而这个美德是民族的、国家的美德，也是个人的美德。

懋，勉励。性，情性。阜，增大。求，一种解释认为是"财"。"用"解释为兵器。"求"和"用"解释为要求和使用更好。乡，一种解释认为是"方"，解释为"向"更好。滋，一种解释认为是"益"，解释为滋养更好。

如何保民呢？在祭公谋父看来，建立在"德"的基础上的关系是最合理的君民关系，《国语》中的"德"思想逐渐表现出一种民本主义的思想倾向。君主的"懿德"体现在如何对待民众方面，包括如下几个方面。

其一，发展民众的"德性"。要让民众努力正其品德，发展人性。二者合起来就是"德性"的概念，显然这里面有类似于品德和品格的含义。君主的一个重要任务是使得民众拥有美德，鼓励民众发扬道德，追求美德。这就是"怀德"，拥有道德。

其二，鼓励民众发展生产，满足其消费需要。这就是"阜其财求"。

其三，发展科学技术，发展先进的生产工具和生产手段，这就是"利其器用"。

其四，树立正确的价值观，尤其是合理地追求利益的价值观，能够区分是非利害，"明利害之乡""使务利而避害"。

其五，发展文化，而不是发展武力，"以文修之""畏威"。如果要探讨西周衰落的原因的话，这里是说要合理处理国内政治和国际关系。在内政和对外武力扩张之间，显然要更为重视内政。这是中国古代政治一贯坚持的古训。

世，世袭。后稷，周人起于西方，是姬姓，传说姜嫄因为没有儿子去祷告，路上看到了上帝的脚印，踏上去感应怀孕，生了后稷，后稷在陕西武功县附近建立了自己的国家。历史上常常有这类好像荒诞不经的故事，不过却说明了古人的一种哲学思想，就是认为生命的诞生是感应的结果，现实男女两性结合有感应才会生小孩，人和神之间也可以产生感应，自然可以生出孩子。这样生出的孩子人性的品质较少，而神性的品质较多。或许感应思想更根深蒂固一些，自然感神而生的思想也会被后来的"文明人"接受。后稷幼小的时候就懂得种植，并能教人耕种。古人将很多创造发明都归结为圣人所创制，可以说是圣人史观。不过圣人之所以为圣人，在这类的故事里面，是因为圣人是神子，有神性，而少了人性。圣人史观几乎就是神人史观。不过这种历史观把人类的历史和发明创造放在了一个更广大的范围里面来看，历经历史变迁，其却始终是中国文化的基本思维取向。历史学家从这个"传说"或者"神话"中看出了一些所谓"现实"的历史事实：姜嫄说明周人起源于羌族，后稷说明周人是从农业起家的。周人是西方的或者是夏统治下西方的氏族。

稷，农官。不窋，周人先祖，为公刘的祖父。戎、狄之间，尧封周人始祖于邰，邰在陕西武功。奕世，累世。忝，辱没。帝辛，殷纣王。商牧，商郊牧野，在今河南淇县。

后稷是大禹的臣子。夏朝衰落的时候，对于农业不太重视了，不窋也就失去了世代相传的农官，隐居在戎、狄之间。周国的兴盛，人们认为始于太王。太王有三个儿子：长子太伯，次子虞仲，少子季历。这个故事经常被儒家所称道。太王把王位传给了季历，也就是王季，王季据说被商王杀死。王季的儿子是子昌，也就是周文王。如果讨论西周衰落的原因，大致可以看出，从周穆王已经开始违背国家和民族的既有的文化尤其是政治传统了。

如果讨论"德"的问题，从这里可以看出，"德"的关系还是较为合理的代际关系的基础。祭公谋父认为周先王"时序其德""奕世载德"，要经常叙说先王的德行，世世代代继承先人的美德，不辱没前人。除此以外，如果仔细去分析，还可以发现，品格性的德性概念是从职业性的分工中演化出来的。"不敢怠业，时序其德，纂修其绪，修其训典，朝夕恪勤，守以敦笃，奉以忠信，奕世载德，不忝前人。"（《国语·周语上·祭公谏穆王征犬戎》）这里说明德是和"业"相关的。在失去了农官之后，周人祖先还是坚持发展农业，并且把农业经验和道德经验总结成典章制度，用自己的道德品质守护这一"业"。"勤""敦笃""忠信"表现为对道德规范和发展农业典章的遵守。这里的德性有如下意义："一个履行社会指派给他的职责的人，就具有德性。"① 不过，在这里，"德"概念已经发展出了一定的品格概念。"德性现在不表示履行专门职责所依靠的那些品质。"② 中国德性思想的发展在这里也表现出了与西方伦理思想发展的某种一致性。政治领袖个人的"懿德"体现在对待"民"和"神"两个方面。武王的美德表现为慈和，还体现在世代关系和君民关系、神人关系的处理上。

邦内，方圆千里之内。甸，王田。邦外，邦界线外方圆五百里内。蛮、夷、戎、狄，王城外方圆三千五百里为蛮圻，方圆四千里为夷圻，方圆四千五百里为戎，方圆五千里为狄。古代王畿外围的地方，以方圆五百里为率依次分为五等，由王直辖的方圆千里区域为甸服；甸服以外方圆五百里为侯服，由王分封给诸侯；侯服以外方圆五百里为宾服，是介于诸侯和边疆之间的区域；宾服之外为要服、荒服，是王城影响能及的边地。修德和礼制是什么关系呢？显然修德是礼制的内在要求。在后文中，祭公更加具体地申明了这一点。戎狄之地离国都最远，以其荒野，顺应其风俗而使之服事天子，故称荒服。"荒服者王。"（《国语·周语上·祭公谏穆王征犬戎》）荒服地区臣服于天子，在天子继位的时候朝见一次，各以其珍贵的特产为礼品。"有不王则修德。"（《国语·周语上·祭公谏穆王征犬戎》）荒服有不来朝见的，天子就要内省自己的德性。若还不来朝见，对

---

① 〔美〕阿拉斯代尔·麦金太尔：《伦理学简史》，龚群译，商务印书馆，2003，第31页。
② 〔美〕阿拉斯代尔·麦金太尔：《伦理学简史》，龚群译，商务印书馆，2003，第33页。

于"不王"也只不过是"告不王"（《国语·周语上·祭公谏穆王征犬戎》），也就是仅仅局限于用文辞通告，而不动用武力或者刑罚。"布令陈辞而又不至，则增修于德而无勤民于远，是以近无不听，远无不服。"（《国语·周语上·祭公谏穆王征犬戎》）在这里，祭公强调周文化是用修德的方式来维护礼制的运行的。

如果要问西周为什么会衰落，应该和五服礼制的固有缺陷相关。这一制度在演化的过程中，自身陷入了一定的运转困境。当然，作为理论家用于劝诫的话，肯定包含了某种理想性和某种政治设想的意义在内。

五服制度有很强的道德意义，但从政治管理的角度来看，也存在着很大的缺陷。在这个制度当中，天下直辖的王城及其周围的千里区域是甸服。甸服对应着祭，供给天子每天一次的祭祖考所需的物品。如果有不履行这项义务的，天子则要"修意"，也就是要省察内心。而在邦外，甸服外方圆五百里的区域，是侯服，对应的是祀，也就是供给天子每月一次祀高祖、曾祖的祭祀品。如果侯服不履行这项义务，天子就要"修言"，也就是检查发布的号令。侯、卫，也就是诸侯和边疆之间，是宾服，对应的是享，也就是供给天子每季度一次祭祀始祖的贡献物品。如果有不履行这个义务的，天子则要"修文"，也就是要检查法律政令。蛮夷地区则对应着要服，主要义务是恭，也就是供给天子每年一次祭祀远祖和天地之神的贡品，如果有不履行义务的情况，天子则要"修名"，也就是匡正名分。戎狄地区则对应着荒服，主要义务是王，也就是一生一次的朝见天子之礼。如果有不履行义务的情况，天子则要"修德"，也就是修养德行。

"修刑"中的"修"不单纯指现代意义上的修宪、修改法规的意思，还包括了保证法规实施的意思。依次做到以上五个方面的自我检查，仍有不来贡献朝见的，就可以动用刑罚了。因此，才有惩罚"不祭"、讨伐"不祀"、征讨"不享"、责让"不贡"、晓谕"不朝"的各种措施。这样，才有惩罚的刑法、攻伐的军队、征讨的武备、责让的命令、晓谕的文辞。如果发布了责让的命令、晓谕的文辞，诸侯还是不来朝贡臣服，那天子就要进一步修明文德，切不可劳民远征。这样，近处的诸侯没有不听从的，远处的诸侯没有不臣服的。

五服制度有不可克服的内在矛盾。其一，在内外有别的组织原则中，"内"也就是离周王最近的国都及其周围地区承担了较重的物品供给的任务，而对"外"的物品供给等义务缺乏硬性的约束。这自然体现了一种道德伦理的考量，但一旦"外"的方面拒绝按照礼制履行其义务的时候，"内"就要承担更重的义务。这自然很容易发生"国人"暴动事件，从而使周王失去统治的最坚实的基础。

其二，在内外有别的组织原则下，从内到外，是靠内心、号令、法律政令、名分和品德影响力来维持的，缺乏刚性的制度约束，有责于己的原则优先。这在礼制还很有效的时候是可以的，如果礼制本身出现了无序状态，政治管理就会出现较大的问题。

其三，在措施方面，对内有惩罚的刑法，有攻罚的军队，对远处则只有责让的命令和晓谕的文辞，自然缺乏有效的威慑力。

大毕、伯士，犬戎的两个君主。树惇，立性淳朴，也有说"树"是犬戎君主之名，惇，勉也。帅，让德统帅。

德行本身具有防御的作用。孟子提出的"仁者无敌"有文化传统的根源。民族、国家关系会随着德性和德行而起伏变化。这是古人很有智慧的国际关系理论。

中国古人也讲因果，不过不是西方的讲法，而是历史性的讲法。尽管其中建立的因果关系有的时候是粗线条的，但重点在于进谏。

《左传》

【导读】

《左传》原名《春秋左氏传》，或者称《左氏春秋》，它与《春秋公羊传》《春秋穀梁传》合称"春秋三传"，是配合《春秋》的编年史。其传记的方法，或说明《春秋》的"书法"，或补充《春秋》的史实，或订正《春秋》记载的错误，也有《春秋》不载而记述的史实，即所谓"无经之传"。《左传》的作者，司马迁和班固都认为是左丘明。《春秋》与《左传》本来是各自单行的，后来才合为一书。《左传》记载了春秋时期许多思想家的活动与言论，具有重要的哲学价值，其中有关孔子的史料可以补充《论语》的不足，其他如叔向、子产等人的哲学思想显示了中国哲学在春秋时期的开拓。

《晏婴论和同》(节选)

【原文】

齐侯至自田，晏子侍于遄台，子犹驰而造焉。公曰："唯据与我和夫！"晏子对曰："据亦同也，焉得为和？"公曰："和与同异乎？"对曰："异。和如羹焉，水、火、醯、醢、盐、梅，以烹鱼肉，燀之以薪。宰夫和之，齐之以味，济其不及，以泄其过。君子食之，以平其心。君臣亦然。君所谓可而有否焉，臣献其否以成其可。君所谓否而有可焉，臣献其可以去其否。是以政平而不干，民无争心。故《诗》曰：'亦有和羹，既戒既平。鬷嘏无言，时靡有争。'先王之济五味、和五声也，以平其心，成其政也。声亦如味，一气，二体，三类，四物，五声，六律，七音，八风，九歌，以相成也；清浊、小大、短长、疾徐、哀乐、刚柔、迟速、高下、出入、周疏，以相济也。君子听之，以平其心。心平，德和。故《诗》曰：'德音不瑕。'今据不然。君所谓可，据亦曰可；君所谓否，据亦曰否。若以水济水，谁能食之？若琴瑟之专一，谁能听之？同之不可也如是。"①

【简析】

齐景公从打猎的地方回来。至，到达。自，从。晏子，晏婴，齐国大夫。遄台，薄姑城内的高台，在今山东临淄。子犹，梁丘据。醯，醋。醢，肉酱。燀，饮烧。鬷，总。嘏，大。二体，舞有文体和武体两种。三类，风、雅、颂。六律，黄钟、大簇、姑洗、蕤宾、夷则、无射。七音，宫、商、角、徵、羽、变宫、变徵。九歌，赞美"九功"之歌。六府三事为九功。六府是指储藏水、火、金、木、土、谷六种物质的处所。三事是指正德、利用、厚生。在这里，晏婴的和同思想包括如下一些哲学内涵。

其一，实践基础上的和谐存在论。"和"是一个实践性的概念，是指"齐之以味，济其不及，以泄其过"，有选择，有肯定，有否定。"和"是进行目的选择，在选择的基础上进行肯定和否定。

其二，和谐辩证法。和谐辩证法就是以和谐为价值追求的辩证法。一个事物有肯定和否定两个方面。君"可"，是对肯定方面的说明；臣子说明否定的方面：这样对事物的认识就全面了。在此基础上成就了一个新的包含肯定和否定两个方面的新的"可"，是否定之否定后达到的新的肯定。

其三，和谐政治学。和同在此文本中主要讲的是君臣关系，"君臣亦然"；也包括民众和领导者之间的关系，"政平而不干"；也可以理解为包括民众之间的关系，"民无争心"。"君子食之，以平其心"，讲的是人和物质财富以及人和人化的自然的关系，这种关系的和谐是心灵和谐的基础；"君子听之，以平其心"，讲的是人和精神财富之间的关系，这个关系和谐了也会带来心灵和谐。"心平，德和"，和谐最终归结为心和人性、人格的和谐，最终落脚在和谐的政治境界。

---

① 《左传》（下），郭丹、程小青、李彬源译注，中华书局，2012，第 1902—1903 页。

《论语》

【导读】

　　孔子（前551—前479），名丘，字仲尼。鲁国人。其生平事迹主要见于《史记》中的《孔子世家》《仲尼弟子列传》。《论语》书名何义？古往今来，人们提出了很多种解释，其争论的焦点是"论"字。"语"是答述的意思，这一点已基本为大家所公认。关于"论"，人们提出论纂、讨论、议论、伦次、条理、选择、编录、编纂、经世、次序、整理、普遍的道理等内涵。人们比较多地侧重于"论"包含的某一个方面意义。就中国语言文字的基本特征来讲，"论"字是一个开放的意义体，上述说法均有其成立的合理性，或许可以不去探究编纂者使用这一名字时的本义。《论语》这一名称可以从不同角度来解读。从编辑过程来说，"论语"两个字的使用说明对孔子及其与弟子们的谈话，是进行了选择、整理这一过程的，在选择整理的过程中自然涉及议论、分析、衡量、推测。从文本的性质来看，既然是经过议论、整理的，自然就具备"选集"性质了。从文本的内容来看，任何一个被编辑的文本自然都有一定的次序和条理，至于这个次序和条理是否完善，是否存在着自相矛盾的地方。任何一个编辑的文本都会有一定的主导思想和理则，突出显现某些道理，自然可以从不同的角度概括《论语》文本所要展现的道理。

　　至于《论语》与孔子的关联，以及《论语》对孔子思想的代表性，基本上是被公认的。《论语》的主要内容就是孔子应答弟子以及当时人说的话，尽管其中包含着其弟子的言论，甚至就是孔子自己言论本身也许被修饰过，但这一点都不会损伤其现代价值。即便是怀疑《论语》真实性的学者也基本承认其绝大多数内容是真实的。如清代乾嘉年间的崔述，就认为从《学而》到《乡党》内容最纯粹，最后五篇就问题比较多。

《论语》基本上反映了先秦儒家思想的面貌，这一点是被公认的。从《论语》命名的争论来看，除部分人认为《论语》一名定于汉代以外，大部分人都认为是弟子所题或起于孔子门人。这说明，《论语》文本基本上保留了先秦儒家思想的基本特征。从《论语》可以窥见先秦中国儒家哲学的核心要素和基本结构。

《论语》文本当然也具有历史合理性与历史性价值。历代对《论语》进行了大量的研究。除此之外还进行了两次大的修订。一次是西汉张禹修订的，一次是东汉郑玄修订的。关于《论语》的注释，受到学者重点关注的有王弼《论语释疑》、郑玄《论语注》、皇侃《论语义疏》、何晏《论语集解》、朱熹《论语集注》、刘宝楠《论语正义》等。这些注解充分展现了文本的理论内容与历史价值，延展了《论语》的生命力，使其更具有历史合理性。

学而第一[①]

《论语》是总名，《学而》是第一篇别目。第一篇为什么是"学而"呢？这显示了儒学的特征。《荀子》首篇为《劝学》，《论语》首篇为《学而》。古人已经注意到这一点，认为以学为首，是因为人必须学，或者说圣人以下的人都需要通过学习才能成为君子，成为贤人。如结合《季氏》一篇，圣人以下也可说得通。因为《季氏》中有"生而知之"和"不学"之分。以"学"分人之高低上下，约略三等，《论语》显然着眼于中间部分。第，古人解释为"审第"或者"顺次"。经过审定确定《学而》为第一篇。下文在适当的时候会进一步详述，"学"之受重视，意味着师生伦常在社会中地位的提高，也意味着"教"和"学"的关系在儒学中占据了重要地位。

---

① 《学而》全文选自杨伯峻译注《论语译注》，中华书局，1958，第1—10页。

子曰："学而时习之，不亦说乎？有朋自远方来，不亦乐乎？人不知，而不愠，不亦君子乎？"

子：这里的"子"是指孔子，这没有异议。然而为什么称呼为"子"则有疑问。有说是丈夫或者男子的通称，有说是有德者之称，有说是对老师的称呼。"子"本来是公、侯、伯、子、男五等爵之一。"春秋自僖文以后，执政之卿始称子。其后匹夫为学者所宗亦得称子，老子、孔子是也。"① 称子不成辞，所以称为"夫子"。周朝的男子在十五岁的时候将头发束起来并戴上发簪，并进入大学学习。"夫"字即描述这种情况。"夫子"有成人的意味。"夫子"意即可以帮助别人成人的人，用这个词来称呼老师最好不过了。"夫子"曾经用来指代父亲、大夫、太子、君。在孔门中，"夫子"即指代孔子，后来沿袭渐渐成为师长的通称。"子"或者"夫子"包含一定的思维背景。"子"对"父"，称呼为"子"即把人置于一个创生的链条中，或者为天所生，即为"天子"；为某个家族中的成员，则成"孔"子或者"周"子；等等。"子"相对于"父"本地位低下，然也会因为有一种高贵的来源和传承而提高地位，成为尊贵的称呼。同样一个人，一个事物，以何种语言称谓，显示了一种文化，一种思想，也开辟了一种意义空间。

曰：说，叫作，为，是，或者起到纯粹的语助的作用。"曰"比"说"好。"曰"何意？一说开口吐舌谓之为曰；一说从乙在口上，乙象气，谓口上有气；一说从口，乙声；一说发语之端。也有解释为上面一个"司"，下面一个"言"字。如果按照这一解释，"曰"不单纯是"言"，而是靠语言来说理的过程。"说"似有主动之意，有个"我"在说，而"曰"则人如传声筒，传递"天命"。"大道赋予终有一死的人以栖留之所，使终有一死的人居于其本质之中而能够成为说话者。"②

学：从臼从爻从冖从子。孩子在屋中练习写字。"学"有学习、学问、学说、学派、练习、模仿、觉悟、教授等诸种含义。此处的"学"是何种意思？这里笔者坚持以"觉"训"学"说。清毛奇龄有虚实说，虚说之"学"有对象，"学"相当于一个动词谓语，如学《诗》。实说则"学"是

---

① 程树德：《论语集释》，程俊英、蒋见元点校，中华书局，1990，第1页。
② 孙周兴选编《海德格尔选集》（下），上海三联书店，1996，第1140页。

独立的，本身成为目的和目标，成为对象。按照实说，"学"本身就应该具有较高的价值。然毛奇龄解释实说时却陷入虚说。他把"学"说成是道术的总名，其中包括修齐治平，包括学经。训为"觉"，则"学"可"志"，也值得"志"。蕅益大师坚持以觉训学。"今'学'即是始觉之智，念念觉，于本觉无不觉时。"①

学，多解释成学习做人的道理。

学的一个含义是"效"。对此辜鸿铭觉得"不当作'效'字解，使后之为学者只求其当然，而不求其所以然，所谓依样画葫芦者是也"。② 辜鸿铭的理解当然是有感而发，因为现实生活中很多效仿的行为只是模仿表面，而不得精神和精髓。辜鸿铭还讲了一个故事来佐证。他说中国乾嘉时期，海禁开放后，有一个来到中国的洋人西服破旧了，但中国又没有会做西服的。不过一个中国成衣说有西服的样子就可以做。的确这个成衣还做得挺像，就是背后剪去了一块，同时又补上了一块。其实"效"的全部内涵不一定就等于现代意义上的"仿效"一词表达的内涵。"效"，包含对某种积极的价值的追求和追随，这种追求总是由外入内的，如果被某种事物的外表所吸引，而欲罢不能，必然会求其精髓，效仿也可以达到"神似"。朱熹所说的"效"，肯定不是这个成衣这样的，而是包含了所以然和当然两个方面的。虽然，这里不把"学"解释成"效"，但不完全否认"效"。人生在世就怕"效"坏不"效"好，或者自以为是和自我封闭，完全生活在自我的世界里。能够效仿有道的人，追求健康积极的价值，表示自我的心灵是开放的，是积极的，是向上的，自我是谦卑的。"学"与"绝四"具有思想的一贯性。人生的进步需要从他人那里获得好的启迪，并获得人生的警示，这是儒家很强调的一个方面。个人的好离不开共同体的善。不过，辜鸿铭借此针砭世风，也是一种阅读的方法。即便解释成"效"，就像刘宗周理解的那样，也要结合"觉"来理解"效"："学所以求觉也，觉者心之体也。心体本觉，有物焉蔽之，气质之为病也。学以复性而已矣。"③

---

① （明）蕅益大师：《四书蕅益解》，江谦补注，雷雪敏点校，中国水利水电出版社，2012，第53页。
② 《辜鸿铭讲论语》，天津社会科学院出版社，2014，第2页。
③ 吴光主编《刘宗周全集》第1册，浙江古籍出版社，2007，第270页。

而："'而'者，因仍也。"① 学需要有"习"来承续。有的观点解释成假如、如果。

时：一说时代；一说当其可为时（时机，在适当的时候，在一定的时候）；一说时时；一说身中为时，年中为时，日中为时，不同年龄段学不同的东西，活到老，学到老；一说随时。甲骨文和金文的"时"都是下面一个"日"，上面一横，两个向外延伸的像一条道路一样的竖线，竖线上又有一条斜线。"时"从日从之。"之"字表示人们由一处往另一处前行时的足趾，也就是出发点和道路。以太阳和人足出发处会意的"时"字，表明"时"说的是光明后一个新的道路开始了。这可以具体指称太阳在天空中的运行；或者天亮了，人开始起来工作或者出发；或者是人觉悟了，走在一个新的人生旅途上。海德格尔认为时间包含内在的源始的时间性和日常公共化的时间，真正的时间公共化是在计时中到时的。如果把词句中的"时"理解为时时、时代、时常、时机等等还是一种外在性的、公共化的时间性概念。"学"作为"觉"本身就包含一种内在的时间性，也就是意义领会上的时时沟通，"觉"成为一个人生的分界点，一个新的时间和人生道路的开端。"学"的时间性意义当然也包括在日常公共化时间含义上的勤奋、时时刻刻精进于"学"的事业。但如果没有内在的"觉"的时间性，这种努力和精进是不可能保证的，因为缺乏一种内在的持久的动力。没有了内在的动力自然就会厌倦。孔子赞扬那种"不厌"的状态。如何保持生命的活力和内在的动力是很多哲学流派关心的主题。佛教六度之一就是精进。当生命花费在公共性的工具时间中的时候，需要和内在生命体会的时间相配合，然后才会觉得花在某事情上的时间是值得的，是有价值的，这个时候人才会有内在的动力去做事情。否则就会感到懈怠和不满足，自然也不会感到快乐。相反，则有自由感。内在生命的时间对工具性时间的调控不意味着一定要积极从事社会事务，其中有进有退，生命不息。中庸表达了这一生命的意味。蕅益大师认为，于本觉无不觉时就叫作时习。刘宗周说："学则觉矣，时时学则时时觉矣。"② 蕅益大师说："盖人

① 黄怀信主撰《论语汇校集释》（上），上海古籍出版社，2008，第16页。
② 吴光主编《刘宗周全集》第1册，浙江古籍出版社，2007，第270页。

人本有灵觉之性，本无物累，本无不说……无时不觉，斯无时不说矣！"①

当小篆和石鼓文把"时"字演化为左右结构，并在"之"字的下边增添了一个表示手臂的"寸"字，以表示手拿圭表测量日影来测量时间的时候，说明中华民族的"时"的概念极大地社会化了、概念化了。《论语》中的"时"尽管也可能包含了这种公共化的时间概念，但其深刻的哲学意义要靠古人生命的深层体验来阐发。

"习"：一说诵习，一说温习，一说实习，一说练习，一说采用、应用、实践。"习"在甲骨文中下面是个"日"字，上面是"羽"字。一般认为，"习"是说鸟数飞。学之不已，就像鸟数飞一样。"习"和"时"下面都有"日"，"习"是"时"的延续，是对"时"的补充说明，其哲学意义是说在意义领悟的道路上走得好，走得熟练。

不亦：不也。也有学者认为不能都翻译成"不也"，可译为"当是、那就、当然"。"玩本文三'不亦'字，便见循循善诱之意。"②

说：同"悦"，喜悦。有说是内心的快乐，南怀瑾解释为会心地微笑，有得于心。黄侃分析了"悦"和"乐"的不同。他说："悦则心多貌少，乐则心貌俱多。"③刘宗周说："时习而说，说其所觉也。"④

在《论语》首章的这句话中，另一个重要的核心范畴是"说"，或者是"悦"。赵纪彬在《论语新探》中对"说"字在《论语》中的内涵进行了详细的分析，认为"说"包括解说、理解、推理、情感等方面的含义，⑤读者可以参考。"说"，由言和兑组成。"兑"在甲骨文和金文乃至小篆中都是写作"八"下面一个"兄"。"兄"是已经会说话的大孩子，借为人之说。八是发大声，显示出来。在孔子的《论语》那里，天不言，但是人言的一个前提是人要畏天命和圣人之言。人的"说"在《论语》那里也包含了一个本体前提。说是一种显示，"道说即显示"。⑥一个人致力于觉悟

---

① （明）蕅益大师：《四书蕅益解》，江谦补注，雷雪敏点校，中国水利水电出版社，2012，第53页。

② （清）陆陇其：《松阳讲义——陆陇其讲〈四书〉》，周军等校注，华夏出版社，2013，第111页。

③ （梁）皇侃：《论语义疏》，高尚榘校点，中华书局，2013，第4页。

④ 吴光主编《刘宗周全集》第1册，浙江古籍出版社，2007，第270页。

⑤ 参见赵纪彬《论语新探》，人民出版社，1976，第257页。

⑥ 孙周兴选编《海德格尔选集》（下），上海三联书店，1996，第1137页。

的事业，这本身就是世界和人生意义的显露和言说，具有和"人"的显性的言说同等的价值。一个人是不能很好地显示出来的。觉悟成果的显示和意义的表彰恰恰是在同类意义领悟者那里得到实现的。"说"是心之"说"、"道"之"说"，觉悟的成果的显现反倒加深了心灵的自我安慰和满足感，"说"和"悦"的同源和混用极大地说明了这一点。"学"本身就起到一种教化的作用，这是不言之教。

有：一说友，一说为有无之"有"。有朋，有的版本为"友朋"。一说同门为朋，同志为友。皇侃用有无的"有"解释友谊的"友"，是恰当的，彼此没有共同的东西就不能成"友"。

朋：同门，同类；一说弟子。甲骨文和战国古文中的"朋"字都是一横或者一个椭圆形的线把两个丰字样的图画连接在一起，像是有共同的东西把两串贝连接在一起。仿效有道者也是一种学，这就是通过好学来与有道者进入一个世界，所以说"朋"。"朋"就是两个人有一致的世界。现实的朋友不一定是朋友，孔子所说的朋友是彼此走在一条进步的人生道路上的人，尽管彼此并不相识，也可以是朋友。

远：一般理解成是远方来的，意思是德影响到远方，虽然很远也来。"《论语》不是这个意思，他这个'远'字是形容知己之难得。"[1]

乐：李泽厚引申出乐感文化、使用理性，把"悦"和"乐"理解成是世间性的，却又是很具精神性的，精神性超越了世间，但又不离开世间。这一说法需要辩证地看待。学之成觉，人本身就超越了，有同样体验的人相聚，本身就不是世间的事情。世间的人相聚在一起，更多是因为钱财，因为心理的不安，因为思想的困惑，因为缺乏安全感，等等。人因为觉悟人生成超越的态势，具有同样人生经验的人相聚也具有超越性，就像两个相同民族的人在另外一个国度相遇，彼此自然心有灵犀一点通。"'悦'仅关乎一己本人的实践，'乐'则是人世间也就是所谓'主体间性'的关系情感。"[2] 蕅益大师说："此觉原是人所同然，故朋来而乐。"[3] 刘宗周说：

[1] 南怀瑾：《论语别裁》，复旦大学出版社，1990，第13页。
[2] 李泽厚：《论语今读》，中华书局，2015，第4页。
[3] （明）蕅益大师：《四书蕅益解》，江谦补注，雷雪敏点校，中国水利水电出版社，2012，第53页。

"友来而乐，乐其与天下同归于觉也。"①

人不知：有人认为孔子教导弟子成名，"人不知"，也就是没有成名。

愠：一说怒，一说闷闷不乐，一说怨。"愠"是什么？这个需要结合自己的人生经验来丰富，来具体化。有的学者理解成悲观丧气、怨天尤人。"愠"，是心中的怨恨没有发出来，在内心中有烦厌、厌恶、怨恨等感觉。清简明亮说："夫愠，有蕴之义焉。蕴怒于心，若《书·无逸篇》所谓含怒也。"②

如果"愠"是怀才不遇的那种感觉，这个感觉没有什么不好啊！但这种感觉也有局限，就是不能很好地认识目前自己的处境实际上是最好的安排，不能欣赏自己的生活状态，从中找到应该学习到的东西。另外，怀才不遇还有"遇"的渴望，还对这个世界有渴望、有期待。清黄式三说："学在孔子，位在天命，天命既无位，则世人必不知矣，何愠之有？"③ 陆陇其用心不动来解释"不愠"有可取之处。"'不愠'，不要看做置之度外一般，不屑教诲，亦是不愠；息邪距淫，亦是不愠；居夷浮海，亦是不愠；三月无君，皇皇如也，亦是不愠；此心不动，只在道理上，便是不愠。"④ "人不知而不愠，不隔其为天下之觉也。"⑤ 此觉原无人我对待，故不知而不愠。

这应理解为觉悟以后，然后再加以练习，保持觉悟和意义理解的状态，走在领会存在和人生的意义的道路上，这不也是一种世界和生存的意义的显示吗？有同样觉悟的人从远方来，这是一件快乐的事情，这完全是得道的快乐。如此看来，"学"不是"习"，"习"是觉后精进的事业。"有朋自远方来，不亦乐乎？"就是说通过觉建立了与他人一致的世界，因而是快乐的。"人不知而不愠，不亦君子乎？"是自己独得的一个超越的世界。

关于这三句的前后逻辑关系，李泽厚理解成一种递进的关系。也就是

① 吴光主编《刘宗周全集》第 1 册，浙江古籍出版社，2007，第 270—271 页。
② （清）简明亮：《论语集注补正述疏》上册，唐明贵、赵友林校注，华东师范大学出版社，2013，第 61 页。
③ （清）黄式三：《论语后案》，张涅、韩岚点校，凤凰出版社，2008，第 2—3 页。
④ （清）陆陇其：《松阳讲义——陆陇其讲〈四书〉》，周军等校注，华夏出版社，2013，第 114 页。
⑤ 吴光主编《刘宗周全集》第 1 册，浙江古籍出版社，2007，第 271 页。

说先讲学习做人，然后进入群体生活，再讲在群体生活中不失去个人的价值和尊严。"'学'者，学为人也。学为人而悦者，因人类即本体所在，认同本体，'悦'也。友朋来而乐，可见此本体乃群居而非个体独存也。'人不知，而不愠'，则虽群却不失个体之尊严、实在与价值也。此三层愈转愈深，乃'仁'说之根本，乐感文化、实用理性之枢纽，作为《论语》首章，不亦宜乎。"①

杨朝明把首章各句的关系理解成孔子学说被社会接受的程度，先是普遍性比较高的接受，然后是特殊人群的接受，然后是没有人接受孔子的态度。"孔子说：'如果我的学说被社会普遍接受，在社会实践中加以应用它，那不是很令人感到喜悦吗？即使不是这样，有赞同我的学说的人从远方而来，不也是很快乐吗？再退一步说，不但社会没采用，而且也没有人理解，自己也不怨愤恼怒，不也是有修养的君子吗？'"② 关于这一章三个部分的关系，也就变成了孔子讲自己的学说的三种社会处境。

赵又春把本章的句子关系理解成从理论到实践，个人社会影响的正反关系。③ 皇侃按照人生幼年到成年到为君为师的顺序理解这段话。④ 李零也按照个人、同学、师门以外的逻辑来理解各个句子的关系。⑤

从伦常的角度看，这段话包含三种人伦关系，其一是教育和学习关系（师生关系的本质），其二是朋友关系，其三是人己关系。《论语》首重学习和教育关系，朋友关系和人己关系都要建立在学习和教育关系的基础上。而且这些关系的逻辑起点是"己"之"学"和自修以成就"君子"。以觉来贯通三者，刘宗周的理解比较到位："故学以独觉为真，以同觉为大，以无往而不失其所觉为至。"⑥

此段未说"己"，而只提到"人"，可补充之。"人不知而不愠"并不是对他人判断对自己的影响的拒绝，更是对人我关系构成的自我的拒绝。"己"是一个具有反思性的自我。"我"是由他人的影响和经验构建成的自

① 李泽厚：《论语今读》，中华书局，2015，第5—6页。
② 杨朝明主编《论语诠解》，山东友谊出版社，2015，第4页。
③ 参考赵又春《论语名家注读辩误》，岳麓书社，2014，第102页。
④ （梁）皇侃：《论语义疏》，高尚榘校点，中华书局，2013，第2页。
⑤ 李零：《丧家狗：我读〈论语〉》，山西人民出版社，2007，第52页。
⑥ 吴光主编《刘宗周全集》第1册，浙江古籍出版社，2007，第271页。

我，这个自我总是希望得到他人的认可和赞美。而"己"则要超越这个受他人影响和制约的自我，要反思这个自我，保持一定的"旁观者"的姿态。如果由他人组建起来的自我是一个"剧中人"的话，"己"就是一个"剧作者"，这个剧作者并不受剧情以及由之而引起的情感和认知影响。

孔子重视师生教化关系，重视朋友关系和人己关系，拉开了自己的思想和传统五伦秩序的距离。师生和朋友关系形成了一个追求人生意义的团体，并且赋予父子等伦常以教化的意义。

人生当汲汲于觉，内以安其心，外以成其身，无待而成德，无求乐、悦于外物。"乐"自中出，天理流行；及至成"说"，德化流行；及至君子，天理凝聚成德，人生价值得以最终实现。至于友朋，不过是成德的助缘，有之与无，无关紧要。

孔子说："近而愈明者，学也。"[1] 大学之道就是明明德。把握住"明"就把握住了"学"，无论"学"是何意，不"明"学即无意义也！"'学'字是孔门第一义。'时习'一章是二十篇第一义。"[2] 何谓儒学？仁义当然很重要，伦常也很重要，但更要明"学"之一字。无学即无儒。学以明为要义。"学所以求觉也，觉者心之体也。心体本觉，有物焉蔽之，气质之为病也。学以复性而已矣。"[3] 依刘宗周，时就是时时觉，朋友就是同归于觉。"故学以独觉为真，以同觉为大，以无往而不失其所觉为至。此君子之学也。说学不愠，即是仁体。"[4]

如何从宏观上把握《论语》呢？罗哲海提出了一个习俗和后习俗的视角。"当时，中国迈进所谓的'轴心时期'意味着超越习俗伦理而向后习俗思维转变。"[5] 罗哲海还说："伦理和道德这两大伦理学支柱却不断相互冲突，它们之间的紧张关系便贯穿在《论语》的教学场景中。"[6]《论语》中有两个支点，一个支点是君子，这与美德有关；一个支点是伦常，这与

---

① 郭沂编撰《子曰全集》，中华书局，2017，第 540 页。
② 吴光主编《刘宗周全集》第 1 册，浙江古籍出版社，2007，第 270 页。
③ 吴光主编《刘宗周全集》第 1 册，浙江古籍出版社，2007，第 270 页。
④ 吴光主编《刘宗周全集》第 1 册，浙江古籍出版社，2007，第 271 页。
⑤ 〔德〕罗哲海：《轴心时期的儒家伦理》，陈咏明、瞿德瑜译，大象出版社，2009，第 338 页。
⑥ 〔德〕罗哲海：《轴心时期的儒家伦理》，陈咏明、瞿德瑜译，大象出版社，2009，第 61 页。

伦理有关。在《论语》中，这两个支点之间不是截然分开的，君子的追求影响了对伦常的理解，使得《论语》中的伦常并不拘泥于习俗性的伦常，而有了新的内容，并赋予了习俗性伦常以新的意义。

学而上达，心得超绝。心如无超绝，心没有回到自身，生命就不会快乐。心明觉回复生命本身，而无一丝一毫附着外物之心，而得恒久的生命快乐。这是本章的灵魂。

有子曰："其为人也孝弟，而好犯上者，鲜矣；不好犯上，而好作乱者，未之有也。君子务本，本立而道生。孝弟也者，其为仁之本与！"

上章言学，本章言孝悌，孝悌是学否？是，也不是。说孝悌是学，因为孝悌的灵魂是在下者学在上者，在上者教化在下者。孝悌是上下关系中的学。说孝悌不是学，是因为学不拘泥于孝悌，孝悌只是辅助人完成尽性之功；能孝悌者，已经致尽良知，自然是学。上下可以是先天法的上下，孝悌者下学上达，自然不犯价值意义上的"上"，对一切有价值的事物不怀疑、不否定，而认其为真，真切地追求。如果上下为后天法的上下，也就是自然界和人类社会地位的高下，孝悌者认可人伦中时间先后和地位高低的秩序，自然也不犯上作乱。前者可以看成表达对后天秩序的尊重，这是尊位；后者是对人不受地位限制的人性向善潜能的尊重，是尊德，是先天法。先天法在后天法之后，后天法孕育先天法。尊德和尊位既可以一致，也会有矛盾，但在根本上是统一的。

上：一说是己上者，一说是君上。如"上"为君上，则此段的核心逻辑是家国关系。孝敬父母，对兄弟敬顺的人很少有冒犯君上的。家庭伦理对于国家伦理具有非常重要的意义和价值。如果这样来理解，显然有子比较重视现实的人伦关系，而且有由家庭人伦上推到政治关系的思维倾向。一说到犯上的问题，好像有子反对犯上就有集权主义倾向。其实不然。"上"字本来就是两个横，后来加了个向上的符号。上下是相对的，这个秩序具有一定的恒常性。关键还在于"好"字。秩序是固定的，具体到谁上谁下则是可以变化的。下承载上，上引领下，二者缺一不可。"犯"不是一般意义上的下对上的反抗。当上失去其为上的合理性的时候，下自然要代替上。这样的替代并不是"犯"。"犯"字本来就是一只狗欺负一个弯腰的人的形象，是负面的价值欺负正价值和正能量。上还未失去价值的引领力量的时候，下替代上即犯。君子为什么不应"好犯上"呢？从君子为己而言，社会秩序本身就是次要的，对于君子来说，天下有道的时候可以出来做事，但也可以让位给贤人；天下无道可以出来担当责任，也可以独善其身。所以君子不会把心思完全放在社会秩序上面，自然无"好"的问题。"好犯上者"无法接受任何的上下秩序，又不能专注于自己的君子事业，自然是不值得肯定的。

如采用文本内部互证法来理解"上"，上即道，即仁，这一意义上的"上"是一种价值，而不单单指具体的某种社会地位的人。本段结构如下："孝弟"对应"犯上""作乱"，连接二者的是"不好"。"孝弟"，可以理解为个人具有了孝悌的价值追求和相应的德性品质，也可以理解为拥有孝悌的行为能力。有了这样的价值观和这样的行为能力，自然就能处理好私人领域（包括和长辈以及兄弟之间的关系）的事情。喜欢仿效别人的人，自然就会遵守某个具体场域下的"上"。至于"上"的具体内容是什么，应该说不同的场域下都有相对单一的"上"。"上"是"经"的要求，不同的具体条件下有不同的"上"。所以要权变。比如读书的场合，读书就是至上的价值。"孝弟"的价值观本来就是一种积极的价值观，自然就是"上"的价值观。如果在事实上的上位者符合"上"，也就是积极的价值观的要求，自然没有"犯"上的必要。这说明，个人拥有积极的价值观是非常重要的。个人拥有积极的价值观可以保证一个人在自己生存的领域做出符合价值要求的事情来，进而可以起到稳定社会关系的效果。在这里，显然有子降低了个人价值观要求的标准，降到了所谓正面价值的底线，也就是类似于人们所说的"底线伦理"。如果人连这样一个底线伦理都没有了，这个人就不再能够给予社会以积极的价值影响，自然人与人之间的关系也就没有什么"伦理"可谈了。不过，如果这样理解，依然可以说有子有依礼论仁的思想倾向。孝悌的落实总是和具体的人伦情境相关，并更多地受到人伦情境的限制；而仁则有突破人伦情境限制从而把人普遍化的倾向。

子曰："巧言令色，鲜矣仁！"

"巧，好。令，善也。好其言，善其色，致饰于外，务以说人，则人欲肆而本心之德亡矣。"① 巧言：造作巧饰之言。令色：貌似恭敬。鲜：少也，不是，无。

到底是有一部分巧言令色的人少仁，还是所有巧言令色的人都少仁？古人有两种不同的认识，一种认识是有一部分巧言令色的人是有仁德的，一种认识是所有巧言令色的人仁德都是不全的。这里从后。

前面讲"学而时习"即"说"，已经显示了《论语》对语言的限制。说话不如不说话，沉默是最丰富的语言。沉默有肯定、否定和未决定三种状态。静默是体认天命的前提。仁者在静默中涵养仁。语言和人之间有一种紧密的关系。

人不得不言，语言首先要符合内心，要聆听内心，然后是符合当下的要求，有实际的功效，能够揭示事物的本来面貌。巧言并不是能言善辩，不是辩才无碍。巧言是脱离内在智慧和内心调控的语言，是脱离当下要求和能够带来实际结果的语言。用语言来吸引人，用外表取悦于人，这样的人很少是可以用"仁"来称呼的。"仁"有一种内在吸引力和内在沟通力，仁者拥有的彼此一体感使得人与人之间不会陷入外在关系的泥淖之中。所以，一个人需要靠语言和外表的修饰才能吸引人的时候，还很难称得上是有仁德的人。"仁"可以表现为不言，也可以表现为"言"，仁可以表现于"色"，也可以不表现于"色"，关键在于"言"和"色"是由仁自然所发，还是因取悦于人而发。好言善色，本人之常情，然进入这一过程中，"己"就进入我取悦于人，或者我为他人所取悦的对象性关系的境遇中，"己"的反思性和旁观性就被破坏了。

孔子的"仁"是否也有不言的倾向？应该是有的。仁和语言以及外表表现的一个层次是：仁和语言无关，仁表现为不言和无言。语言为他人而生，一旦进入语言之境，难免外向，被外在环境和他人所吸引，就不能更好地关注内心深处。另外，语言是不完善的，人们对语言的反映也是多样的。这里的不言，包括人心里的无意见和无想法，不进入情境之中，人就成为一个旁观者和超越者。第二个层次是仁外表表现为语言和"色"。这样的语言充满仁爱，外表成为仁德的"喻"。这样的语言也可以巧，也可以不巧，可以有好的外表表现，也可以没有。这里的巧言、令色应该不属

---

① 程树德：《论语集释》，程俊英、蒋见元点校，中华书局，1990，第17页。

于这个层次。第三个层次是专注于取悦于人，内心的仁德常常被忽略了。

具体到生活之中，什么样的言是巧言，什么样的色是令色呢？这需要有一种生活和生命的领悟。有一丝一毫的私心，有一丝一毫的取悦于人之心，不管言是否巧，色是否令，都是巧言令色。冷脸对人也是令色。关键在于心纯，一颗无功利的纯心，一个快乐充满活力的灵魂，一颗向上不息的心，一颗包容万象的心，一颗慈悲心，随顺世事，自然而应，即非巧言令色。刘宗周解释这段话的时候认为不要从外面做起，① 甚有见地。

巧言令色，不应单纯从"仁"来看，也要从"学"来看。巧言令色之所以害仁，主要在于丧失了从内在向他人学习的动力。如果他人为不善，巧言令色讨好他人，则是向恶学习或者向恶低头；如果他人是善，巧言令色则可能掩盖了自己内心，内心或许并不真心学习他人的善。当内心有明觉，能够正确辨别善恶的时候，是否巧言令色就不重要了。

曾子曰："吾日三省吾身——为人谋而不忠乎？与朋友交而不信乎？传不习乎？"

省：视。身：一说自身、自己。从文本来看，实际上是自己的行为，而且这些行为都关系到人际关系，反省的逻辑点是自己在这些关系行为中的德性表现。谋，一说咨难为谋。忠，一说爱利出中曰忠。忠：在这里，"忠"是与"谋"联系在一起的。曾子要求一个人在为他人出谋划策的时候，有智慧，能够从自己的心性智慧出发。在人际关系中带入智慧是作为个人品德的"忠"和伦理关系的"忠"的必然要求。朋友："朋友"和"信"是互相规定的，"朋友"就是彼此能够产生"信"的人，同样建立了朋友关系以后，朋友关系的发展依然依赖于彼此"信"的关系的发展。信：一说期果言当为信。传：先秦古汉语常常未明示主动和被动，未明示主语和宾语，一说专，专业；一说授之于师；一说教给别人东西。

曾子的思想和第一章相呼应，不过顺序是颠倒的：教学关系在最后，人己关系在最先，朋友关系居中。

在什么情况下替别人出谋划策才是"忠"呢？其一，内在的智慧确认自己知道事情的走向；其二，智慧能够确认自己可以把这种认知告诉别

---

① 吴光主编《刘宗周全集》第 1 册，浙江古籍出版社，2007，第 271 页。

人；其三，告诉别人的意见和建议恰好是对方内心深处所想，但又是自己不能确定的。

诚信包含很多方面，其一是做人要诚实；其二是因为自己的诚实而取得他人的信任，并且信任他人；其三是守约。人生是脆弱的，需要依赖别人，人对他人都有一定的诚信期待，因为这样社会才有序、安全。而要证明他人是可以信赖的，需要的条件是一个人要适度地敞开自己，需要一定的透明性和公开性，这就是中国人所说的"开诚布公"。信誉是诚信的良好的担保。在无法确定他人是否可以信任的时候，考察他人的信誉就是一个较为可靠的办法。信誉包含着一组稳定的表现，信誉背后总是有高概率为人诚信支撑的。在与陌生人打交道的过程中，信誉总是较好的诚信担保。人们在日常生活中常常可以预测出一个人是否会做出失信的事情，有的时候则不能。人也需要拥有通过他人的外表的信息来判断一个人是否诚信的能力。有人说，可以通过双臂交叉、身体后倾、触摸脸、触摸手来判断一个人的想法和态度。直觉或者预感比有意识的评价稳定。能力和一定的专业知识也是很重要的，缺乏相应的能力，诚实也无济于事，所以诚实包含了对自己能力的理性评估。验证也是需要的，不过，人不可能对他人的言行一一进行验证，还是需要个人的直觉。诚信的人不会因为他人的不诚信行为而改变自己。诚信的人对他人的不诚信行为有一定的宽容度。诚信往往有一种内向的特征，如果别人看出一个人是诚实的人，骗子可能会利用这一诚实进行欺骗，从而使得诚信者受到伤害，这种情况往往会引发诚信者做出机制性的自保行为，从而导致社会诚信程度下降。想要维护诚信要克服两大障碍：其一是要不断自我反省，克服自欺。一个诚信的人也可能是不诚信的。这就是自欺。一个自认为自己诚信的人可能因为看不到自己行为的真实面而实际上在做不诚信的行为。同样不道德的事情，别人做了，他们会谴责别人；而自己做了，他们就会为自己开脱，让自己免于内疚和自责的困扰。人们有为自己的不诚实的行为找借口的自欺欺人的倾向。其二，要克服私利的自我膨胀。人们对物质利益和资源有较高的期待，觉得有钱就能买来服务，因而不需要太多人的帮助，也能够承受他人失信带来的影响。很多人不诚实在很大程度上是为了获利。这样一来，诚信的一个核心内容就变成了自我调控能力，即为了带来长远利益需要抑制当前的欲望。诚信首要的要件是把握内心的信，然后是把内心的信用语言表达出来，并保持语言和内心的一致。紧接着就要求语言和行动一致，这要有一定的理性评估能力和对事物的敏锐洞察力，确信说出来的话是可以实现的。这样一个人就成了可以被信任的人，并获得信誉。

一日一定要三省，三是虚指，就实处说，一省是必要的。反省之深者为忏悔，反省之浅者是离析。每日不一定有交友之事，不一定有传习之事，不一定有为人谋之事，三事可以合并为两事，即与人打交道和与书本、知识、信息打交道。反省之意就是要问自己在这些情境中是否保持了真我，是否走在善的道路上，是否走在积极的人生道路上，有一点点的良知亏欠感都要通过心忏来抹平，让心灵归于宁静和平和。曾子未必有离析的想法，但从实践来说，反省要离析，即外离相，内不乱。心由向外的关注，返回观照内心，反省之意自成。依据后来宋儒的经验，反省既要检索，更要勿忘勿助长，唤醒良知是要害。"日日提省，毫无渗漏，方足为学问立根基。"① 不止为学问立根基，也为人生立根基。省身也是学，传习和与人谋、与朋友交也是学。学有三义：省身，学习他人的好，教化和读书。

子曰："道千乘之国，敬事而信，节用而爱人，使民以时。"

道：一说为之政教，一说治，一说大路，一说引导。引导解释为优。千乘，一千辆四匹马拉的兵车。

敬事：与官吏之"吏"有关，包括文书记录、职位以及相应的权利、利益、决策和行为等等。事与物不同，事依赖于人，人重视之即为一事，不重视之就不是一事。虽然事有客观性，但相对于某人而言，因重视程度和方向不同而有不同的事。此处的事，显然是政治事务，是公共事务。事需要敬才成为事，成为事后，在事中也需要敬。"敬"字本有执鞭敲打之意。事涉及众人，众人集会总是有一种庄严肃穆之感。众人之事难成，需要付出心力。事对人而言就是一种敲打，是对人的能力和德性的考验。

信：一人站在他所说话的旁边。信，在现代汉语环境中有相信、信任、信心、信息、诚信等含义。"信"是对语言的另一种表达。比如日常生活中人们会说"捎口信"，其中的"信"就是语言，就是说的话，不过

---

① 吴光主编《刘宗周全集》第 1 册，浙江古籍出版社，2007，第 271 页。

这个所说的话由于距离较远传递给另一个人就是成了"信"。如写信，其中的"信"的内容是语言文字。人类的语言文字本身是信息的一个部分，语言文字以外的信息也可以在广义上被称为语言。当一件事情有足够的信息量的时候，人们的信心就会增强，事情的成功率也就更高。与此同时，人的语言承诺也就越容易达成，从而表现出诚信来，而诚信的人则更容易给人以信心和信赖。"信"组建了"事"。一件事情之所以称为事情，其中的核心是命令，事情有命令的意味，命令着人必须去完成。如何发布语言命令和如何领会别人发布的命令左右着事情的成功与否。所以事需要"敬"，也需"信"。

节用：官员要节俭从政。节俭从政包括两个方面的内容：其一是在官位上的时候，要行为和心理简单，有平常心，以平常心从政，不盲目追求政绩，在行为和政策上不烦琐，尽量少举行会议，关心能够解决的问题，提高行政效率。尤其是在涉及民众的相关问题上，尽量减少民众的钱财开支，减少民众的体力消耗。其二是不在官位上的时候，也要保持平常心，保持节俭的生活。这才是大简。一名官员只有养成简单、节俭的生活习惯，才能在扮演官员角色的时候，保持平常心。节俭是具有道德完备性的德行，而骄奢是不完备的品行。节俭是中国文化比较推崇的美德，从各种情形来看，节俭是完备的美德。而相反，追求财富的增长或者浪费则具有不完备的善性。

爱人，一说"人"是民，一说"人"是指士大夫以上各阶层的人，一说"人"是指国都中的平民，一说"人"是指一切人群。要想弄清楚"爱人"的内涵，当然可以从《论语》中的其他资料寻找线索，不过其他文献中的"子曰"也有很重要的价值。"爱人"中的"人"是一般的人、特殊的人还是个别人，还是兼容一般人与个别人，或者是就不应该用一般和个别的逻辑来分析，"楚人遗弓"的故事是很有启发意义的。孔子评价"楚人遗弓"的故事见于多种文献，如《吕氏春秋》《说苑》《公孙龙子》《孔丛子》《孔子家语》。这里先从《吕氏春秋》中的记载开始进行讨论。"龙闻楚王张繁弱之弓，载忘归之矢，以射蛟兕于云梦之圃。反而丧其弓，左右请求之。王曰：'止也。楚人遗弓，楚人得之，又何求乎？'仲尼闻之曰：'楚王仁义而未遂。亦曰人得之而已矣。何必楚乎？'若是者，仲尼异楚人于所谓人也。夫是仲尼之异楚人于所谓人，而非龙之异白马于所谓马，悖也。"（《孔丛子·公孙龙第十二》）公孙龙子认为这是孔子"异楚人于所谓人"，也就相当于白马非马。不过，如果联系孔子回答樊迟的问题来看，孔子这句话的意思是：完美的仁爱是爱所有人，而不仅仅是爱楚国人。不计较是自己找到弓，还是被楚国人捡到，或者被其他哪个国家的人得到，这样对人的爱是普遍的爱，是较高层次的仁的要求。用西方伦理学分析模式来看，爱一切人是仁爱原则。仁爱是说要有爱心，希望行善避恶，是希望或准备行善避恶。但爱人总涉及爱具体的人，这就有了矛盾，需要有先后和轻重缓急之分。这就要求以功利原则来加以补充说明，当不能实现百分之百的爱的时候，应该选择最大的善，也就是最大的爱。

使民：如果人是一般的人，民也是人，不过是相对于君的人。爱人是无差别的，使民则是有等差的。等差的关系最讲究情境性，不同的情境有不同的等差。爱人则应是不分任何情境都要实现的价值。使民则讲究时，只能在某时使用民，把人置于某种相对的角色关系中。

中国古人关于人"伦"的把握最基本的是"五伦"。"使契为司徒，教以人伦：父子有亲，君臣有义，夫妇有别，长幼有叙，朋友有信。"（《孟子·滕文公上》）其他关于人伦的表述基本上都可以归入"五伦"之中。如君义、臣行，父慈、子孝，兄爱、弟敬，这是"六顺"。兄弟一伦和长幼有序，基本上可以并入一伦。《王制》"七教"中有父子、兄弟、夫妇、君臣、长幼、朋友、宾客。其中兄弟和长幼可以合并，朋友和宾客可以合并。《礼运》的"十义"是父慈、子孝、兄良、弟悌、夫义、妇听、长惠、幼顺、君仁、臣忠。其中没有朋友一伦，可以把兄弟和长幼一伦合并。本段涉及个人和国家的关系，涉及个人和社会职务的关系，涉及领导和民众的关系，涉及人己关系。

孔子这里讲治国，这句话对所有人都适用。做事要敬，做事要信。做事要信，就是要根据事情本身的信息和信心来做事，信至事易成；做事要敬，做事如战场，注意力需要高度集中，对人保持敬畏和恭敬之心，并且要求人转事，而非人被事转。

子曰："弟子，入则孝，出则弟，谨而信，泛爱众，而亲仁，行有余力，则以学文。"

弟子：学生，求学之人，为少者，后生，"命士"以上的人。一般认为和父兄相对，即人幼少为弟为子之时。"弟子"是否仅仅指代受爵命的士则是可以讨论的。不过《论语》中论"士"的时候，的确讲过"弟"。"弟子"有时间限制，大致是八岁到十多岁的人。这个年龄应该是具备了一定的理性能力，具备了一定的独立生活的能力。对于这样年龄段的孩子来说，需要开始学习如何对待他人，学习如何给予他人，包括德性上的和物质上的，并继续在更广阔的生活空间中学习成人的艺术。这一时间点的选择是很有意义的。德性是人在活动的全部范围内学习和实践的。人的全部活动范围从成长历程来看，大约有三个主要的阶段。第一个阶段是家庭成员，第二个阶段是学生，第三个阶段是社会人。"出则弟"显然属于第一个阶段到第二个阶段的关节点。在第一个阶段，父母的培养和教育需要取得一些关键的成果。这些成果使得孩子初步具备了角色转换的能力，具备了在更大的社会范围内活动的能力。首先，在更大的社会范围内活动的一个挑战来自对身体及其相关需要的管理。只有具备了有效管理身体及其相关需要的能力才能很好地和他人和谐相处。要很好地履行"弟"道，孩子需要能够反思自己的欲望，并进行一定的约束，以便更好地与他人相配合。能够对身心进行约束意味着理性能力的发展。人能够明确了解自己行动的理由，并通过学习改变这种理由，或者选择坚持自己的理由是成人的重要标志。这就要求人具备一定的学习能力。从狭义的角度来看，模仿别人或者通过他人获得自己行动的原则不是学习文化，但具有学习的意义，可以说是广义的"学"。能够从欲望中抽身是能够受教育的前提，并且必然伴随着推理能力的提高，推理能力的提高使小孩获得了一定的独立性，并为其进入更广阔的生活领域准备了条件，这同时也就产生了一种新的依赖性关系。在之前，孩子依赖的对象主要是父，进入第二个阶段以后，同学和老师等就显得愈发重要了，因为在这个环境中学习技巧，相当于"行有余力，则以学文"，除此以外，更重要的是在其中培养与人打交道的德性。这一德性首要的就是"弟"。

出和入：上文用"入"和"出"来说明"弟"，父母为入，兄弟为出。若依据乡党一文，宗族为入，乡党为出。也有说十年出就外傅，居宿于外，或者说八岁而出就外舍，学小艺，履小节；进而束发，学大艺，履大节。也有人说"入"是"入父宫"，"出"是"出己宫"。"子曰：'出则事公卿，入则事父兄，丧事不敢不勉，不为酒困，何有于我哉！'"（《论语》）在这里，"出"与政治领域相关联，"入"则与亲情领域相关联。需要注意的是这里人处理与不同领域的关系是"出"和"入"的关系，而非"内外"，"内外"容易有轻重缓急之分，有价值高下之分，容易形成"内外有别"的价值格局，而"出入"则要求在不同的领域均奉献一己之力。"出"和"入"涉及角色的转换。而和父亲一起承担一定的照顾更加幼小的弟妹们的责任，则是"孝"所要讨论的。"出"则涉及兄弟关系和教育关系。对于"弟"来说，一个重要的内涵就是角色转换的能力以及展现相应的德性能力。在成年早期，随着社会交往范围的扩大，家庭培养起来的道德判断会遇到较大的挑战。面对不同的人、不同的事，面对不同道德表现的人，人需要学会选择自己的道德坚持，并针对不同的情况进行调整，这样才能有德性地行动。面对不同的情境要能够进行相应的道德反应，如知道何时可以冒险，何时应当谨慎；何时将一项工作交给他人，何时要由自己承担；何时不吝惜赞美，何时不去指责；何时对自己或他人要求严格，何时可以放松；何时需要玩笑，何时应当发怒。另一方面需要具备一种德性的品质保证自己能够进行合理的实践推理。获得这种能力需要有人进行道德指引，并有人为自己提供一定的道德共鸣上的支持，尤其是那些优秀的德性更需要外在的保护的力量和来自他人的认同和支持。每个特定的情境都有不同的好，也有不同的恶，在实践中需要认识到特定情境下的好，并坚持这种好，抵制恶，这就要求选择一种自己认为的好，并把这种好当成行动的前提，认为自己这样行动就是正当的，并能坚持这种正当。具备了角色转换的能力，并且一以贯之地坚持以仁爱之心对待不同情境中的人，人的德性修养就达到了一种更高的境界，即"泛爱众，而亲仁"（《论语·学而》）。

谨而信，可以对应"朋友有信"，这将在另外朋友一伦中加以讨论。"弟"的另一德性要求是"谨而信。"（《论语·学而》）。进入新的社会领域的人，"信"的要求更加重要了。其中有如下几个层面的关系需要"信"德来加以维系。其一是经常面临的角色转换，如面对父兄和面对他人，需要表现孝德和悌德。不同的角色的德性要求之间不总是一致的，而往往是会发生冲突的，如果没有一贯的仁德来化解这种角色冲突，就会养成"见人说人话，见鬼说鬼话"的虚伪德性。其二，内心的意见与社会角色和社会关系的价值判断之间的矛盾和冲突要求自我很好地加以协调，并按照内心的意见来行事或者认真地接纳社会价值判断并以之来行事。否则就构成了"自欺"。

泛爱众，而亲仁，"己"和"人"与"己"和"群"略有差异。群有"羊"，有"君"，包含了领导和众人。在众人中有人带头和领导，把众人凝聚在一起，就构成了"群"。己与群不完全等同于己与众人，众人可以是一盘散沙，由不确定的个人组成的，群则有一定的秩序性和团体性。而己与人中的人，既可以指代"群"，也可以指代"众"，也可以指代抽象的"人类"。如果人己关系中的"人"指代抽象的人，则人己关系就不能与五伦相并列。

总体上看，这段是父子关系、兄弟关系、己群关系、师生关系。学有两个关键的要义：读书和向他人学习。因而人伦和政治生活均为学习的过程。

子夏曰："贤贤易色；事父母，能竭其力；事君，能致其身；与朋友交，言而有信。虽曰未学，吾必谓之学矣。"

"贤贤易色"有很多解释方式。如解释成对妻子，重视品德，不重视容貌；能够看出他人之贤德，从而生起尊重之心，并改变自己的容貌；以好色之心好贤。其中的争议主要是抽象地理解还是具体地理解"贤贤易色"的问题。如果具体地理解，贤，就是贤人，与父母等相对应；如果抽象地理解，"贤贤易色"的要求就会涵盖"事父母，能竭其力"，好贤之心构成了"竭其力"的条件。这段话中包含了父子关系、君臣关系、朋友关系和师生关系。父子关系、君臣关系、朋友关系不同于师生关系，但是如果实现了善的价值，也相当于师生关系。父子关系中涉及理性判断之道的时候涉及师生关系，涉及体力的付出和情感的投入的时候则不涉及师生关系。

随着子女的成年，父母则逐渐变成了弱者。这个交替的时期是最容易发生父子冲突的时期。子女成为理性独立者，父母也是理性独立者，彼此之间不再是强者和弱者的关系，而是两个强者之间的关系。这个时候会产生很多伦理问题。在现代社会中，一个成年人"事父母"的难题主要有三：其一是"色"，即肉体需求以及相应的功利和福利。为了实现这一福利需要更多地服务社会而不是服务父母。成年子女需要对"色"保持一定的超越态度。其二是对民族、国家和社会的回报和给予，社会提出的给予要求，需要进行回应。其三，是自己也是父母，需要承担生养子女的责任和义务。《论语》中有资料涉及第一点和第二点。

子曰："君子不重，则不威；学则不固。主忠信。无友不如己者。过，则勿惮改。"

重，重字初作"倲"。周代金文就是如此。"重"和"种"的意义是通行的，是异体字。"重"在"种"下面加了土。不重，就是没有种子，失去了根基。没有根基则不能长大，自然不威。"学"不管是模仿、读书、练习、学说还是觉悟，都是提供了一种种子和人生的广博的大地根基。要想巩固这种成果，就是要重，要威，使学习和觉悟达到厚重的地步。其中包括行动、风度威重，内心的态度严肃真诚，功利化的原则会影响学的方向和质量。

主忠信，在这样一个句子中，仅就"主忠信"三个字是很难明确定位"忠信"的意思的，其意思可以通过后面的句子来确定。"忠信"还要求对自己的过错有敏锐的智慧判断，对自我可能出现的否定性倾向有敏锐的把握，并祛除过错。"忠"的另一层意思是用自我的正面价值来引导他人。

友，"'友'在古代汉语中既与'有'同音，又被'有'一语双关地加以规定，'有'表示'手边有'。'友'就是有这样一个人在身边，你可以尊重他，以他为自己的榜样。'友'是与某人携手共进，你能受益于他，向他学习，就像这个字的字形本来表示的，它包含的一个意思是代表人的手。"① 对方超越你，这是差异性；你可以学习对方，这是趋同性的要求。

从实践角度来说，学要达到坚固的程度才好。学如何才算达到坚固的程度呢？"重"和"威"是标志。"重"和"威"是一种气宇。什么样的生命是厚重的生命呢？厚德之人的生命是厚重的。学至于明觉，也可以让生命获得厚重。厚德的人自成一种气宇，一种威严和温煦的气宇。

---

① 〔美〕安乐哲（Roger T. Ames）：《自我的圆成：中西互镜下的古典儒学与道家》，彭国翔编译，河北人民出版社，2006，第502页。

　　从实践的角度来说，如何才叫"主忠信"呢？如果一个人忠于他人，如果一个人专心于对他人的诚信，生命已经被他人牵引去了，如何能"主"呢？忠信是生命主体的自我挺立。人因为学和觉悟而有明慧，下学上达，坚定一个目标自然有"忠"，心有中心性智慧曰"忠"。因对生命的明觉有信心，生命与天地大化相往来，而曰"信"。"信"如信息，为道信，道信在人，成人的信心和诚信，诚即天人一贯，诚即天道，也是人道。

　　"主忠信"意味着明觉已经很坚固了，重威的气宇、坚定的信念，自然在应对善恶的时候更有能力、更坚定、更有方向性。对于向下拉的力量有一种警觉，自然"无友不如己者"；生命的明觉能够发现生命的局限，即"过"，从而实现生命的不断超越。"过"的发现依赖于明觉的发展，明觉发展一分，就会发现一分"过"；而改了任何一个"过"，生命的道路就展开一步，前进一步。

曾子曰："慎终追远，民德归厚矣。"

　　终，一说父母之丧，一说言行的结果。远，一说父母去世已经久远，一说祖父母以至历代祖先，一说言行的深远影响。

　　在曾子看来，一个人一旦想到死亡，德性就会有进步。"终"，逝者将近去世和去世后的一段时间，生者当检视身心。其中要完成的基本工作是告别，从内心中了悟逝者的生命是自己同意逝去的，生者也应当同意和承认。哀悼表示我们记得逝者在生者生命里的意义，生者记得自己亏欠他们什么。

　　基本要求包括如下几项：其一，时刻保持对逝者的爱心，在爱中与逝者分离，以让自己的生命更为完满；其二，让过去的成为过去，让过去的事物安息，在生者的心中成为往事；其三，带着对逝者祝福管理他们的遗物，并把这些遗物看成一种祝福；其四，感恩，承认并且尊敬和荣耀逝者给予生者的好，生者会继续把这些好延续下去，让这些好继续在生者这里得以延续和荣耀，生者以积极的心态工作和生活让逝者继续活在生者的心目中。

　　需要防止的不良倾向是：其一，认为逝者的离开是违背生者愿望的结果，否认生命是带着爱出生和死亡的；其二，把逝者的过世怪罪于某个人，这会削弱生者哀悼与道别的能力；其三，需要摒弃对逝者的罪恶感，尽管生者可能对逝去的人生前有不良的行为，或者对死亡负有责任，但都应放下无能为力感、无法弥补感；其四，尤其是对逝去的人有怨恨感；其五，对逝者的遗产争论不休，对逝者依然有所期待，有索取的心，这是尤其需要警惕的。

追远，逝者远离了生者，越来越远。但这种遥远并不遥远，逝者活在生者的心中，并且继续在生者这里活着。

子禽问于子贡曰："夫子至于是邦也，必闻其政，求之与？抑与之与？"子贡曰："夫子温、良、恭、俭、让以得之。夫子之求之也，其诸异乎人之求之与？"

求和得：可以从很多角度来把握人与人之间的关系，并思考相关的伦理道德问题。其中得到的方式以及如何去追求是很关键的部分。从康德的角度来看，《论语》也有知性能力、欲求能力和审美能力三个层次问题的划分，不过划分的时候有不同于康德思想的特点。这里就是讨论人的欲求能力问题的。

子禽：名亢，姓陈，又字子禽，小孔子四十岁。子贡（前520—前456）也是孔子的弟子。姓端木，名赐，字子贡，卫人，性情温和，举止文雅，能言善辩。孔子周游列国到鲁国，专心教学，所以学生都是年轻人。

钱穆把此段话放在齐景公问政之后来理解。因为孔子有盛德气象，所以君主，包括齐景公自愿求教政治方面的事情。孔子在齐国做高昭子家臣，景公想要给孔子一些封地，但是遭到晏婴的阻挠。孔子并不是来抢夺权力、财富和名望的，但是由于其才能和道德，给人这种感觉，所以在推行自己的政治理想的时候，遇到了很大的阻力，甚至自己的弟子对此也不是很了解。

其一温。"温"是温和的、平和的。到一个地方，看社会风气，就可知道它的文教思想。温柔敦厚，表示有诗情，对待事物有艺术感，不完全陷在功利的层面来思考问题。一个人温和、平和就有亲和力。中国人愿意以镜子和水来比喻。温和的人，就像镜子和水，每个人都希望亲近，以便照出自己的样子。人通过镜子和水来把握自我，认识自己，美化自己。温和的人就是镜子，帮助人们认识自我，能够让人头脑清醒。温和的人自然就有一种影响力，能够从事政治活动，能够让人帮助自己。

其二良。"良"是善良的、道德的。良，本来的意思是供人享受的食品。从政就是要通过音乐、艺术、文艺、运动等等培养人，让人由坏变好，平易而善良。尤其是养成帮助别人的习惯，尽可能给人提供帮助，使得社会成为一个互助的社会。

其三恭。"恭"是恭敬的，也就是严肃的。最重要的恭敬是什么呢？一个人有钱，可能会得到恭敬；一个人有权，可能会得到恭敬；一个人有学问，可能会得到恭敬。这些恭敬，恭敬的是钱，恭敬的是权，恭敬的是名。恭敬不是要从一个人的社会角色去选择恭敬的对象。恭敬不仅仅恭敬身体，更重要的是恭敬心灵，恭敬人本身。一个人是穷人，一样值得恭敬。孔子的恭敬是尊重别人的意志与愿望。孔子能够倾听当政者的愿望，倾听民众的心声，所以可以了解一个国家的政治状况，可以得到政治人物的信任。因而齐景公向他求教政治智慧。

其四俭。"俭"是节制的、不浪费的。节俭有很多种类，如节俭使用外在的资源和财富，比如节电、节水、节食等等。而这些节制都要有内心的节制才会在没有人监督和约束的时候发挥作用。孔子也要求"非礼勿视""非礼勿言""非礼勿听""非礼勿动"。

其五让。"让"是谦让。听取一切积极的建议，去掉自己不好的想法。赞美有价值的（上）事物，谴责不好的现象和事物。

欲求能力是一个大问题，欲求能力和知性能力相对。欲求能力回答和得的问题。在中国哲学的语境中，欲和求往往是分开的。什么才是人欲求就能得到的呢？或者说是普遍必然具有实践性的能力的呢？在西方哲学的思维下，完全的欲求能力就是自由意志，人不具备完全的欲求能力。康德区分了两种欲求能力——高级的和低级的。高级的求就能得，但是这个得是空的形式，在孟子是求则得之，是四端之心，是天爵。而对功名利禄的求，则是求之有道，得之有命的，是不具备普遍必然性的。求天爵可以得人爵，温良恭俭让之求，其实是不求，是高级的欲求，只是对道德律本身的符合和敬畏。孔子的求是高级欲求，一般的欲求是低级欲求。

温、良、恭、俭、让之意深矣。人修为到无寒冷之气，彼时仁慈之和煦之风充满生命，仁木生礼火，而一派纯阳之气，成温和气象，让人不感到悲观、失望，不感到人情冷漠。良则要求本性纯净，一派纯洁之象，而无一毫染污，性本净得以实现出来。温良成，则恭自成。温良成，生命得以挺立，自然高高在上，有伟大崇高气象，让人生起恭敬之心。自己恭，他人恭。温良成内，一切世俗要求自然成低下之态势，人对其无仰望之心，自然俭、让矣！

子曰："父在，观其志；父没，观其行；三年无改于父之道，可谓孝矣。"

其：一说指代父亲，一说指代儿子。

道：风政、国法，大小事务，行为准则，道路。

孝：孝延续到了父死之后。"父在"有无时间点？显然，对于幼年的子女，观其志行虽然也可以了解父母的品行，然其志行尚不是一个理性独立者的志行。此段可以看成对已经成为理性独立者的成年人来说的。

此段，多解释为子女对父母的态度：子女需要对父母尽孝，子女在"志"和"行"方面都要走在父母的道上面。本段暗示了"志"和"行"之间可能存在分离。目标方向不一定总是能够产生相应的行为。另外，短暂的热情也是经常产生的，能够持续坚守父道，则是很重要的。

要注意这里讲的是父之道，"父"是一个事实，父之"道"则包含了父亲这一角色所包含的积极的价值内容，这一价值内容是丰富的，需要不断细化和增加。理性的发展结果之一就是自己对他人的感觉和判断的认知恰好就是符合对方的感觉和判断。这样人我之间的界限就没有了，就一体了。理解对方，领会对方的志行，贯穿在人与人的关系中。子女领会父道，就从父子之间时间先后和地位高低的紧张关系中解脱出来了。孝一点都不违背自由的精神。就像梁漱溟说的那样，人与人的关系有障碍的是"他心"，自己的心不理解他人的心，他人的心是他心，彼此不同，彼此斗争，从而彼此束缚。一个人能够理解对方的道，彼此就自由了。

这"其"到底指谁呢？一种情况人们说还是指"父"。那就是说观父之志、观父之行。父不在了，还能观父之行吗？显然只能观父在世的时候的行为。这样这个"观"显然就是回忆、记得。回忆或者记得父亲在世的时候的行为，并用这种行为来指导自己的人生。

"其"如果是指代儿子，就说父亲在的时候看儿子的志向，看儿子追随谁，是否追寻父亲那些比较好的方面。父不在的时候呢，看儿子的行为。因为父亲不在了，没有约束力了，儿子就很容易狂荡放肆。

"三年"的说法意义重大，反映了人生的一个基本的情况。这个"三"是一个虚数。"父之道"不是说按照父亲的行为一点都不动，而是要学习父母优秀的价值。这里的父子关系是一个价值上的父子关系。这段话强调了要从父母那里学习。《论传统》和麦金太尔一样，都强调了一个人是在家庭环境中慢慢成为一个有理性的人的。不尊重传统不意味着理性。启蒙的学说强调启蒙就要打倒传统，这才代表有个性，有理性。其实也不尽然，理性的另一个视角是：认识到传统，认识到我们是从哪里来的，这样才能够知道生命的根源是什么，这更加理性。

有子曰："礼之用，和为贵。先王之道，斯为美；小大由之。有所不行，知和而和，不以礼节之，亦不可行也。"

和，一说和谐，一说中和，一说恰当。小大，一说小大事情；一说人，君子无小大。由，一说从，一说自。

规范和变动的实践和利益之间总是会产生一定的紧张关系。在利益变动的时候，需要和利益保持一致，这样才能"和"，但是如果完全忽略了规则也是不行的。有子说的"和为贵"并不是现代人经常说的"和为贵"。让自己的言行符合新的时代的规范，符合新的时代流行的规矩，自然"和"了。礼要符合新的时代的要求，然后有所损益，这是"和"。礼用要和，礼之体则要坚守。坚守礼之体就是"先王之道，斯为美；小大由之"，就是"以礼节之"。有子的"和为贵"回答的是交往合理性的问题，是礼的合法性问题。"先王之道，斯为美；小大由之"是说先王之道是有高度的合理性的，要坚持具有合理性的事物。但是合理的东西也会随着时代的变化而丧失部分合理性，从而失去合法性。"有所不行"就是规范的合法性的削弱导致的，不行之礼自然失去了合法性，失去了情感的认同和支持。有子的"和为贵"是一种历史观和社会观，而非简单的人与人交往的准则。

有子曰："信近于义，言可复也。恭近于礼，远耻辱也。因不失其亲，亦可宗也。"

复：一说验，一说反本要终，一说践言，一说反复。因：一说靠近，一说依，一说婚姻。亲：一说亲和力，一说亲近，一说亲人。宗：一说宗族；一说主，依靠。

有子的思想总体上来说比较重视人伦关系，尤其是父子、兄弟关系以及人伦亲情与国家的关系，他希望找到一个平衡点。另外他也比较注重在先王之道与当时新的需求之间找到一个平衡点。他重视这种关系，看来并不是像曾子一样立足在内心之上。他这里理解的"信"，跟孔子还是有差距的。基本上就是把信理解成说话可以实行这个层次，就是言行一致、表里如一。这个层次上的信用，或者是信誉，或者是诚信就是一个人如果他说的话能够履行，就是比较接近于"义"的。他理解的"恭"跟孔子也是有距离的，更多指自己外表上恭恭敬敬，对别人有所尊敬。当我们比较尊重别人的时候，别人当然不容易去侮辱我们。有子更多还是从功效上来谈的。

子曰："君子食无求饱，居无求安，敏于事而慎于言，就有道而正焉，可谓好学也已。"

"有道而正"的结果就是我就有道而得以"正"。这里强调的是"学"的模仿性、外在性、获得性，学具有被动的性质。然，并不是所有人都认识谁是得道者，自然也不是所有人都会"就有道而正"。"就有道而正"需要一定的内在觉悟的前提。

事是由人规定的，敬事，这个事就成为一件事；不敬事，事就不成为一件事。如果对事情有一种敏感，这件事就变成了一件事。当然敏感过头了也会有问题，会无事生事、没有事找事。

人要想健康，吃饭八分饱。还有一种饮食的智慧就是感恩。食物是人们付出劳动获得的，要感谢别人给我们提供了这些食物。

学包不包括向他人学习呢？不论是跟父母、兄弟、朋友，还是说跟众人学，其实有一个价值上的规定，就是"有道"。到底谁有道谁没道？这个在实际上判断的时候是很困难的。孔子的区分不是说好与不好的两个概念，只是说这些人当中有正面的有不正面的，我们要学习那些正面的，这叫择善。不学习别人不好的方面，是改过迁善。即便是向人学习，也是需要觉悟的，只有觉悟了，才能区分出谁好谁坏，才能让不好的方面影响不了自己，才能让自己不被污染，才能有坚定的力量维持正面的发展方向。

子贡曰："贫而无谄，富而无骄，何如？"子曰："可也；未若贫而乐，富而好礼者也。"子贡曰："《诗》云：'如切如磋，如琢如磨'，其斯之谓与？"子曰："赐也，始可与言《诗》已矣！告诸往而知来者。"

"乐"更难，人常常停留在世俗价值层面，不管是拒绝还是接纳，都在世俗价值的层面来运作。"贫而无谄"虽好，却不如"贫而乐"超拔。"富而无骄"虽为美德，却不如"好礼"更有利于社会和他人。从子贡的提问中可以看出，子贡问的是如果一个人可以不因为社会流行的价值观念影响自己的人格和价值观念，是否就可以了。在孔子看来，这样还不够，还需要有积极的价值追求。因为不受社会流行价值观念的影响还是消极的，需要有积极的价值追求的保障才可以。"乐"和"好礼"才触及自我。

儒家对于富贵也好，名声也好，有不同的态度。孟子说要做大丈夫。大丈夫富贵不能淫、威武不能屈。富贵、威武实际上是三个主要的社会比较流行的价值尺度。贵是等级的尺度，是说人与人之间一种等级上的差别、层次上的差别，这是贵贱之别。富是一种财富的尺度，有的人有钱，有的人没有钱。社会当中还流行一个尺度，武力更高，人更多，体力更好，掌握了武器，掌握了刑罚的手段，这都属于威武。这是古往今来，比较流行的价值尺度。马克思把这些尺度划分出不同的时代。封建社会流行的价值尺度是贵的尺度，资本主义社会流行的价值尺度是金钱资本的尺度。作为一个君子自然就面临如何对待社会流行的价值尺度的问题。儒家并不排斥富贵，不过孟子说这是小体之养，但是落实到仁政中，恒产的地位就更高了。宋明理学说要"存天理，灭人欲"。朱熹讲得很清楚，天理人欲其实是个交界。这跟孟子的思想是一致的，就是先立其大者，小者不可夺，就是谁是主宰的问题，而不是要消灭谁的问题。

《庄子》里面也讲过宋荣子这个人。天下人都说他不好，他也不沮丧；天下人都赞美他，他也不会很高兴，为什么呢？他分出了荣辱的内外之境。他不会受这种社会流行的价值观左右。但是大家要知道，庄子认为宋荣子还不够好，因为他还有"我"，宋荣子的做法还是一种消极的做法。有的人瞧不起别人有钱，实际上内心非常渴望有钱，内心有一种贫困感，这就是"谄"了。内心有一种富足感和满足感，才能不那么羡慕别人。"乐"者的内心已经超越了对富贵的追求，已经获得了内在的满足与快乐，这个时候贫与富对他的影响已经不大了。

子曰："不患人之不己知，患不知人也。"

"不己知"中的"己"虽然是"知"的对象，但由于处在"知"的前面，就比较强调了"知"对于别人知与不知"己"都有某种"知"的作用在里面。"不己知"中的"己"在现代语法体系中往往被归结为宾语。"己知"既包含有别人"知我"的含义，同时也包含有我知道别人知我的含义。即便是客体性的"己"也被赋予了一定的主体性意义。进一步说，《论语》当中的"己"并不单纯是一个对象性的主体概念，而更多的是一个超越对象性关系的行为和认知的发动者和承担者性质的概念。《论语》中使用的"己"包括如下一些语言结构：不己知、己欲立、己欲达、己所不欲、莫己知、己任、不如己、求诸己、为仁由己、行己、恭己、修己、厉己、洁己、为己等等。《论语》在使用这些语言结构的同时，赋予了其不同的哲学意义。就现代汉语的语法结构来说，作为主体的"己"处于主语的位置，作为对象的"己"可以处于宾语的位置。根据这一语法理解的习惯，"不己知""莫己知""修己""厉己""洁己"中的"知""修""厉""洁"等等是谓语，"己"是宾语。按照这样理解，"己"是一个对象性的概念。这个对象的主体包括"他人"和自我。自我修"己"，他人"知""己"。"己"既然不包括"自我"，"己"就不具有主体性，就需要探讨"己"背后的另一个"我"。"己"能够承担、观察和反思并调控他人与自我关系所塑造的自我形象；他人不是他者，他者具有外在性和超越性，他者是一个"己"，能够旁观自我的形象，承担自我的形象，这一形象与他人有关。在关系中的自我和他人，如果具体化就变成了五伦。正因为己能够承担角色，并调整关系，才能赋予角色以德性的内涵，并进行自我人格的塑造。对于他者而言，自我变成了多元的个体，他者和自我的关系就像父子关系，他者产生了多个自我，而自我之间则如兄弟之间的关系。这样一来，主体之间就由毫无关系的关系变成了亲缘关系。

本篇儒学之大义已明，立足点是为己，目标是君子，方法是省身、学文、就有道而正。省身包括重威、敏事、慎言，包括居食之修为，包括温、良、恭、俭、让，包括改过，包括安贫乐道。学文，本篇则突出了学诗的重要性。就有道而正则包括孝悌、交友、贤贤、治国等等。

为什么孔子不说"不知己"而是"不己知"呢？除了语言习惯以外，其实还暗含了一种孔子的思维模式。我们想这样一个问题：我们自己在别人心目中的形象到底是什么？其实有的时候，我们自己也不是很清楚。但是我们能够想象，我们通过别人对我们的态度，通过别人的脸色，通过别人跟我们交往的时候的反应，相互的亲疏关系，等等，大概判断出来。有的时候，他人会有所描绘。这个时候我们会大概知道我们自己在别人心目当中的形象。

这个形象和自己了解的自我，实际上是有距离的，有的时候一致，有的时候不一致。这个时候人会陷入一种困境和困难，我们是应该努力把自己塑造成一个别人喜欢的形象呢，还是说我更应该按照我自己内心的我来塑造我自己的形象呢？这两种选择各有各的局限和风险。

人实际上有一个能力，有一个"己"，有一个自己能够认识自己内心的我，同时还能够管理在别人心目当中的形象的那个"己"。别人心目中的"己"，如果和自己内心中的"己"不一致，重点当然是内心的"己"。当一个人能够把自己的内心呈现为一种对象的时候，也就具有了把别人的内心呈现为一种对象的能力，这样人就超越人己关系，而成为一体的人，作为人的本质的人，作为类本质的人。生命的觉醒的第一个阶段就是作为自己和别人内心的东西，成为能够观察、体验的对象，如此才能真正产生彼此的同情和感应，才有感同身受，才有万物同一体。只有如此，才意味着人具有了反省和反观的能力。

《论语》整个第一篇合起来，我们会发现它讨论的关系无非就是师生教育学习关系、朋友关系、父子关系、兄弟关系、君臣关系、人己关系，最终落脚点在人己关系。而人己关系最终的落脚点是成为君子。这构成了儒家思想的一个整体的脉络和途径。人己关系和五伦关系是互补的。现代社会人们强调人与人之间的陌生人关系。陌生人关系考虑的是个体和个性，是个性的人之间的一种交往关系，这个关系当然能讲出人的个性自由和平等。五伦的关系能讲出等级秩序，讲出位格角色。到底哪个才是人的实情？显然要兼顾两面。如果我们想到对方这个人是人伦链条上的人实际上我们能够最大限度地减少对对方的伤害。因为我们伤害的不是对方一个人，而是对方连带的很多人。人己的观念和五伦的观念都是人需要具备的。

《易传》

【导读】

《易传》共七种十篇，它们是《彖》上下篇、《象》上下篇、《文言》、《系辞》上下篇、《说卦》、《序卦》和《杂卦》，被称为"十翼"。很难确定《易传》的具体作者。

《系辞上》节选

【原文】

天尊地卑，乾坤定矣。卑高以陈，贵贱位矣。动静有常，刚柔断矣。方以类聚，物以群分，吉凶生矣。在天成象，在地成形，变化见矣。是故刚柔相摩，八卦相荡。鼓之以雷霆，润之以风雨；日月运行，一寒一暑。乾道成男，坤道成女。乾知大始，坤作成物。乾以易知，坤以简能。易则易知，简则易从。易知则有亲，易从则有功。有亲则可久，有功则可大。可久则贤人之德，可大则贤人之业。易简，而天下之理得矣。天下之理得而成位乎其中矣。

圣人设卦观象，系辞焉而明吉凶，刚柔相推而生变化。是故吉凶者，失得之象也。悔吝者，忧虞之象也。变化者，进退之象也。刚柔者，昼夜之象也。六爻之动，三极之道也。是故君子所居而安者，《易》之序也。所乐而玩者，爻之辞也。是故君子居则观其象而玩其辞，动则观其变而玩其占。是以自天祐之，吉无不利。

象者，言乎象者也。爻者，言乎变者也。吉凶者，言乎其失得也。悔吝者，言乎其小疵也。无咎者，善补过也。是故列贵贱者存乎位，齐小大者存乎卦，辩吉凶者存乎辞，忧悔吝者存乎介，震无咎者存乎悔。是故卦有小大，辞有险易。辞也者，各指其所之。

《易》与天地准，故能弥纶天地之道。仰以观于天文，俯以察于地理，是故知幽明之故；原始反终，故知死生之说；精气为物，游魂为变，是故知鬼神之情状。与天地相似，故不违。知周乎万物而道济天下，故不过。旁行而不流，乐天知命，故不忧。安土敦乎仁，故能爱。范围天地之化而不过，曲成万物而不遗，通乎昼夜之道而知，故神无方而易无体。

一阴一阳之谓道。继之者善也，成之者性也。仁者见之谓之仁，知者见之谓之知。百姓日用而不知，故君子之道鲜矣。

显诸仁，藏诸用，鼓万物而不与圣人同忧，盛德大业至矣哉！富有之谓大业，日新之谓盛德。生生之谓易，成象之谓乾，效法之谓坤，极数知来之谓占，通变之谓事，阴阳不测之谓神。

夫《易》广矣大矣。以言乎远则不御，以言乎迩则静而正，以言乎天地之间则备矣。

夫乾，其静也专，其动也直，是以大生焉。夫坤，其静也翕，其动也辟，是以广生焉。

广大配天地，变通配四时，阴阳之义配日月，易简之善配至德。

子曰："《易》其至矣乎！夫《易》，圣人所以崇德而广业也。知崇礼卑，崇效天，卑法地。天地设位而《易》行乎其中矣！成性存存，道义之门。"

圣人有以见天下之赜，而拟诸其形容，象其物宜，是故谓之象。圣人有以见天下之动，而观其会通，以行其典礼，系辞焉以断其吉凶，是故谓之爻。言天下之至赜而不可恶也，言天下之至动而不可乱也。拟之而后言，议之而后动，拟议以成其变化。

"鸣鹤在阴，其子和之。我有好爵，吾与尔靡之。"子曰："君子居其室，出其言善，则千里之外应之，况其迩者乎？居其室，出其言不善，则千里之外违之，况其迩者乎？言出乎身，加乎民；行发乎迩，见乎远。言行，君子之枢机。枢机之发，荣辱之主也。言行，君子之所以动天地也，可不慎乎！"

"同人，先号咷而后笑。"子曰："君子之道，或出或处，或默或语。二人同心，其利断金。同心之言，其臭如兰。"

"初六，藉用白茅，无咎。"子曰："苟错诸地而可矣，藉之用茅，何咎之有？慎之至也。夫茅之为物薄，而用可重也。慎斯术也以往，其无所失矣。"

"劳谦，君子有终，吉。"子曰："劳而不伐，有功而不德，厚之至也。语以其功下人者也。德言盛，礼言恭；谦也者，致恭以存其位者也。"

"亢龙有悔。"子曰："贵而无位，高而无民，贤人在下位而无辅，是以动而有悔也。"

"不出户庭，无咎。"子曰："乱之所生也，则言语以为阶。君不密则失臣，臣不密则失身，几事不密则害成。是以君子慎密而不出也。"

子曰："作《易》者，其知盗乎？《易》曰'负且乘，致寇至。'负也者，小人之事也。乘也者，君子之器也。小人而乘君子之器，盗思夺之矣。上慢下暴，盗思伐之矣。慢藏诲盗，冶容诲淫。《易》曰：'负且乘，致寇至。'盗之招也。"

大衍之数五十，其用四十有九。分而为二以象两，挂一以象三，揲之以四以象四时，归奇于扐以象闰；五岁再闰，故再扐而后挂。天数五，地数五，五位相得，而各有合。天数二十有五，地数三十，凡天地之数五十有五，此所以成变化而行鬼神也。

乾之策，二百一十有六；坤之策，百四十有四。凡三百有六十，当期之日。二篇之策，万有一千五百二十，当万物之数也。是故四营而成易，十有八变而成卦，八卦而小成。引而伸之，触类而长之，天下之能事毕矣。显道神德行，是故可与酬酢，可与祐神矣。

子曰："知变化之道者，其知神之所为乎？易有圣人之道四焉：以言者尚其辞，以动者尚其变，以制器者尚其象，以卜筮者尚其占。"

是以君子将有为也，将有行也，问焉而以言，其受命也如响。无有远近幽深，遂知来物。非天下之至精，其孰能与于此？参伍以变，错综其数，通其变，遂成天地之文；极其数，遂定天下之象。非天下之至变，其孰能与于此？易无思也，无为也，寂然不动，感而遂通天下之故。非天下之至神，其孰能与于此？

夫易，圣人之所以极深而研几也。唯深也，故能通天下之志；唯几也，故能成天下之务；唯神也，故不疾而速，不行而至。子曰"易有圣人之道四焉"者，此之谓也。

天一，地二；天三，地四；天五，地六；天七，地八；天九，地十。

子曰："夫易何为者也？夫易，开物成务，冒天下之道，如斯而已者也。"是故圣人以通天下之志，以定天下之业，以断天下之疑。

是故蓍之德圆而神，卦之德方以知，六爻之义易以贡。圣人以此洗心，退藏于密，吉凶与民同患。神以知来，知以藏往，其孰能与于此哉？古之聪明睿知，神武而不杀者夫！是以明于天之道，而察于民之故，是兴神物以前民用。圣人以此齐戒，以神明其德夫。

是故阖户谓之坤，辟户谓之乾，一阖一辟谓之变，往来不穷谓之通，见乃谓之象，形乃谓之器，制而用之谓之法：利用出入、民咸用之谓之神。

是故易有太极，是生两仪，两仪生四象，四象生八卦，八卦定吉凶，吉凶生大业。

是故法象莫大乎天地，变通莫大乎四时，县象著明莫大乎日月，崇高莫大乎富贵；备物致用，立成器以为天下利，莫大乎圣人；探赜索隐，钩深致远，以定天下之吉凶，成天下之亹亹者，莫大乎蓍龟。

是故天生神物，圣人则之；天地变化，圣人效之；天垂象，见吉凶，圣人象之。河出图，洛出书，圣人则之。《易》有四象，所以示也；系辞焉，所以告也；定之以吉凶，所以断也。

《易》曰："自天祐之，吉无不利。"子曰："祐者，助也，天之所助者顺也，人之所助者信也，履信思乎顺，又以尚贤也。是以'自天祐之，吉无不利也。'"

子曰："书不尽言，言不尽意。"然则圣人之意，其不可见乎？

子曰："圣人立象以尽意，设卦以尽情伪，系辞焉以尽其言，变而通之以尽利，鼓之舞之以尽神。乾坤，其易之缊邪？乾坤成列，而易立乎其中矣。乾坤毁，则无以见易。易不可见，则乾坤或几乎息矣。"

是故形而上者谓之道，形而下者谓之器；化而裁之谓之变，推而行之谓之通；举而错之天下之民谓之事业。是故夫象，圣人有以见天下之赜，而拟诸其形容，象其物宜，是故谓之象。圣人有以见天下之动，而观其会通，以行其典礼，系辞焉以断其吉凶，是故谓之爻。极天下之赜者存乎卦，鼓天下之动者存乎辞，化而裁之存乎变，推而行之存乎通，神而明之存乎其人，默而成之，不言而信，存乎德行。

《系辞下》节选

八卦成列，象在其中矣；因而重之，爻在其中矣。刚柔相推，变在其中矣；系辞焉而命之，动在其中矣。

吉凶悔吝者，生乎动者也。刚柔者，立本者也；变通者，趣时者也。吉凶者，贞胜者也；天地之道，贞观者也；日月之道，贞明者也；天下之动，贞夫一者也。

夫乾，确然示人易矣；夫坤，隤然示人简矣。爻也者，效此者也；象也者，像此者也。爻象动乎内，吉凶见乎外，功业见乎变，圣人之情见乎辞。

天地之大德曰生，圣人之大宝曰位。何以守位？曰仁。何以聚人？曰财。理财正辞，禁民为非，曰义。

古者包牺氏之王天下也，仰则观象于天，俯则观法于地，观鸟兽之文，与地之宜。近取诸身，远取诸物。于是始作八卦，以通神明之德，以类万物之情。作结绳而为网罟，以佃以渔，盖取诸离。

包牺氏没，神农氏作。斫木为耜，揉木为耒，耒耨之利以教天下，盖取诸益。日中为市，致天下之民，聚天下之货，交易而退，各得其所，盖取诸噬嗑。

神农氏没，黄帝、尧、舜氏作。通其变，使民不倦；神而化之，使民宜之。《易》，穷则变，变则通，通则久。是以自天祐之，吉无不利。

黄帝、尧、舜垂衣裳而天下治，盖取诸乾、坤。

刳木为舟，剡木为楫，舟楫之利以济不通；致远以利天下，盖取诸涣。

服牛乘马，引重致远，以利天下，盖取诸随。

重门击柝，以待暴客，盖取诸豫。

断木为杵，掘地为臼，臼杵之利，万民以济，盖取诸小过。

弦木为弧，剡木为矢，弧矢之利，以威天下，盖取诸睽。

上古穴居而野处，后世圣人易之以宫室；上栋下宇，以待风雨，盖取诸大壮。

古之葬者，厚衣之以薪，葬之中野，不封不树，丧期无数；后世圣人易之以棺椁，盖取诸大过。上古结绳而治，后世圣人易之以书契，百官以治，万民以察，盖取诸夬。

是故易者，象也。象也者，像也，彖者，材也。爻也者，效天下之动者也。是故吉凶生，而悔吝著也。阳卦多阴，阴卦多阳，其故何也？阳卦奇，阴卦耦。其德行何也？阳一君而二民，君子之道也。阴二君而一民，小人之道也。

《易》之兴也，其于中古乎！作《易》者，其有忧患乎！

是故履，德之基也；谦，德之柄也；复，德之本也；恒，德之固也；损，德之修也；益，德之裕也；困，德之辨也；井，德之地也；巽，德之制也。

履，和而至；谦，尊而光；复小而辨于物，恒杂而不厌，损先难而后易，益长裕而不设，困穷而通，井居其所而迁，巽称而隐。

履以和行，谦以制礼，复以自知，恒以一德，损以远害，益以兴利，困以寡怨，井以辩义，巽以行权。

《易》之为书也不可远，为道也屡迁。变动不居，周流六虚，上下无常，刚柔相易，不可为典要，唯变所适。

其出入以度，外内使知惧。又明于忧患与故，无有师保，如临父母。初率其辞而揆其方，既有典常，苟非其人，道不虚行。

《易》之为书也，原始要终以为质也。六爻相杂，唯其时物也。其初难知，其上易知，本末也。初辞拟之，卒成之终。

若夫杂物撰德，辩是与非，则非其中爻不备。噫！亦要存亡吉凶，则居可知矣。知者观其彖辞则思过半矣。

二与四同功而异位，其善不同。二多誉，四多惧，近也。柔之为道，不利远者，其要无咎，其用柔中也。三与五同功而异位。三多凶，五多功，贵贱之等也。其柔危，其刚胜邪？

《易》之为书也，广大悉备。有天道焉，有人道焉，有地道焉。兼三才而两之，故六。六者，非它也，三材之道也。

道有变动，故曰爻；爻有等，故曰物；物相杂，故曰文；文不当，故吉凶生焉。

《易》之兴也，其当殷之末世、周之盛德邪？当文王与纣之事邪？是故其辞危。危者使平，易者使倾；其道甚大，百物不废。惧以终始，其要无咎。此之谓《易》之道也。

夫乾，天下之至健也，德行恒易以知险；夫坤，天下之至顺也，德行恒简以知阻。能说诸心，能研诸侯之虑，定天下之吉凶，成天下之亹亹者。是故变化云为，吉事有祥。象事知器，占事知来。

天地设位，圣人成能；人谋鬼谋，百姓与能。八卦以象告，爻象以情言，刚柔杂居而吉凶可见矣。变动以利言，吉凶以情迁。是故爱恶相攻而吉凶生，远近相取而悔吝生，情伪相感而利害生。凡易之情，近而不相得则凶，或害之，悔且吝。

将叛者其辞惭，中心疑者其辞枝；吉人之辞寡，躁人之辞多；诬善之人其辞游，失其守者其辞屈。①

【简析】

《系辞》上篇第一章讲了世界的产生及其根本原理。

乾—天：尊—高，贵—动，刚—成象—变—成男—知大始—易—知—有亲—可久—贤人之德。

坤—地：卑—卑，贱—静，柔—成形—化—成女—作成物—简—从—有功—可大—贤人之业。

在这个链条中，都涉及哪些方面的问题呢？涉及"道""器""人""易理"等不同层面。

由器到道：从现代哲学立场来看，"天尊地卑"是器层面的，也就是具体事物层面的，天在上，地在下，这是人从自己所处的地球表面可以观察到的经验事实。天在上，为高，为尊；地在下，为卑。这里的尊、卑从现代哲学角度看是一个价值判断，在这里既有价值判断的意义，也有事实判断的意义。从这段话来看，《系辞》一开始就表明作者的观察视角是人所能观察到的这个经验世界。一般人们可能据此就认为，既然《系辞》一开始就是从经验世界出发来阐发易理的，那么易理一定是建立在这个经验事实基础上的了。恰好相反，《系辞》是从经验世界中引申出一个抽象的

---

① 参见绍南文化编《易经》，厦门大学出版社，2000，第149—181页。

道理，而这个道理要反过来解释这个经验世界，并认为这个经验世界是后天的，抽象原理所描绘的世界才是先天的。这样一来，所谓的天地经验世界只是起到了一种过渡的作用。

"乾坤定矣。"这句话很难解释，因为这个乾坤在现代哲学立场上必须区分是哪个意义上的乾坤，是《易经》中作为一种学说的乾坤，还是同时也是世界的本体或者本原的乾坤呢？一种理解就是《易经》的乾坤，也就是说乾卦象征天，坤卦象征地。

"卑高以陈，贵贱位矣。"天地有高低，那么我们就可以在哲学上提出一个新的说法，就是"位"的概念。我们在哲学上把事物的高低自然序列用"位"这一哲学概念来描述，并把高的用价值概念"贵"来描述，"卑"的用价值概念"贱"来描述。如此一来，显然"乾"是由天引申出来的，"坤"是由"地"引申出来的，显然乾从逻辑地位上讲居于贵位，坤处于贱位。

"动静有常，刚柔断矣。"自然现象有动有静，并表现出一定的规律性。比如天上的日月给人动的感觉，地给人静止的感觉。所以可以用刚柔两个哲学范畴表示动静关系。

"方以类聚，物以群分，吉凶生矣。"自然事物有不同的类别，每一个类别都有其和其他类别不同的特点，并结合成不同的群体。彼此之间有一定的矛盾和冲突。为了描述这种情况，可以使用吉凶的范畴。

"在天成象，在地成形，变化见矣。"成象之谓乾，效法之谓坤。宇宙在天上，呈现日月星辰、昼夜以及季节气候等现象；在地上，形成山河、动植物等各种形体。可以用变化范畴来表示这些现象。

这样一来，《系辞》作者就确定了自己解释《周易》的基本的哲学概念，这就是乾坤、贵贱之位、刚柔、变化。有了这些哲学范畴基本上就可以解释世界了，也可以给人提供人生的指导了。

由道到器世界的相关范畴及其原理具有对自然现象、世界生成的解释能力。刚爻和阴爻相摩，乾向左荡，初爻变成阴爻为巽，上爻阳荡阴成为坎。乾向右荡形成兑。坤向右形成艮，向左形成震和离。对自然的解释力表现为可以解释日月运行和寒暑转换。

为了论述这些范畴及其原理对人生的指导力，《系辞》作者紧接着对范畴的基本原理做了又一次补充说明。这个原理就是："乾道成男，坤道成女。乾知大始，坤作成物。乾以易知，坤以简能。"乾道产生阳性，坤道产生阴性。乾道主持、掌管生化万物的开始，为创始万物的根源；坤道的功能是继承乾的创始功能，最终完成有形的生命的创造。乾是以生生的力量来主持掌管万物的；坤是以顺从的力量，从最终结果上成就事物的实体的。

知，有作、为、掌管等意思。易，一般翻译为"容易"，后文解释为"生生"，可以取生生这个意思。简有简单、简易、竹简等意思，也有讼狱的实情的意思。可以取实情这一意思。

"乾以易知，坤以简能。"本体论、认识论的合一性，乾的创生性功能，是本体论问题，但在中国哲学中，这同时是一个认识论问题。"乾"是如何"知大始"的呢？是"以易知"，也就是说，乾不断的生生力量本身就可以突破一切障碍，使得事物不断产生，从而管理了事物，通达事物。这个过程是本体论过程，同时也是一个认识论过程。乾的认识能力达到了事物那里，就像箭射中了靶子一样。

由器世界到人：本体论问题不仅与认识论问题具有合一性，而且与道德论问题是一个问题。可以用同一个逻辑规则得出。

从万物或者人这个角度来看，人和万物是易或者乾坤之理产生的一个结果，自然是集合了乾坤的功能的。这个本体论或者本原论地位决定了人和其他生命与乾坤之间的认识上的相应关系。"易则易知，简则易从。"（《系辞》上）乾的创生力伴随着认识论上的认知力同时就成为人和其他生命的本质，从而使得人和其他生命可以很容易领会把握这个乾；同样，坤也是如此，可以从顺从来领会坤。

这样一来，本体论问题就过渡到了道德论问题。"易知则有亲，易从则有功。有亲则可久，有功则可大。"（《系辞》上）生命如果想把握自己的本质，自己最亲近的东西就是乾，因为乾和生命有容易的知性关系，所以是可以得到乾这个亲人的。

生命之所以有功业，能够创造事物，成就有形的事物，就是因为坤的能力。这个能力就是顺从乾的功能自然成就。这样一来，生命虽然是短暂的，但是依据一个形而上学的原理，可以获得永恒性的"久"，并创造事物"大"。同样对于乾坤也是如此。概括起来就是"易简，而天下之理得矣"（《系辞》上）。这是就圣人之道而言的。如果就形而上学而言，易简可以概括天下所有的道理。易就是生生创造力，简就是顺着这个创造力最终落实、成就具体的实体。

从内圣学的角度来看，从认识论的角度来说，"天下之理得而成位乎其中矣"（《系辞》上）。人如果可以获得一定易学形而上学的道理就可以获得人的现实的和形而上学的地位。一方面确立现实的相对于天地的地位，另一方面确立形而上学相对于天地之理的地位。

从道德的角度说，"可久则贤人之德，可大则贤人之业"（《系辞》上）。也就是说，人可以知道获得永福（德）的办法，可以为获得永福积累资本；同时也不丢掉一切现实的生活、实现功业的生活，成为大人。

从此以后的关于乾坤的论述，基本上是谈《易经》的乾坤的，但是某些表述可以理解为是说《易经》的道理的。《系辞》上下对于《易经》中的乾坤的说明也有不同的层面，包括卦及卦辞、人的行动、器、基本原理等。

乾坤是《易经》的精髓，基本涵盖了《易经》的各个方面。乾坤排列，那么《易经》就可以象征天地造化，《易经》才成立。没有乾坤就没有《易经》，没有《易经》就没有乾坤。乾坤是《易经》的门，那么入门也是要从乾坤开始。

乾坤之所以可以涵盖天地之道就在于其类推的方法论。乾坤从具体的层面来看，是阳物和阴物。从抽象的义理层面来看是阴阳。阴阳本质上不可分，是一种德性的两面，就像一体有刚柔一样。乾坤以天地的创造性功能为体，表达了神明造化的本质。从具体被归入乾坤中的现象或者事物来看，它们可以有很多，甚至有些杂乱，但不超出阳物和阴物的类别。并且，从时代特征来看，这些事物的类别大致不出殷末周初衰败时代的情形。

《乾》《坤》二卦就是对上述的乾坤道器人层面问题的描述。其中也有道、器、法、神层面。从道的层面来看，《易经》中的《乾》《坤》就是讲道的，"广大""变通""阴阳"这些道都被《乾》《坤》表示出来了。从器的层面来看，《易经》中的《乾》《坤》也是讲器的，其中天地、四时、日月也表示出来了。由道到器的过程由"变""通""象""形"范畴来表示。从人生的角度来看，《易经》中的《乾》《坤》也是讲人生的，人生的至德，通过易和简被揭示出来了。乾表示静专动直的力量，表示大，虽然乾本身也有静，但总体上看是开辟的力量。坤表示静翕动辟的力量，但总体上是翕，是阖。乾中有坤，坤中有乾，二者构成一个整体。

"往来不穷谓之通"是说乾坤的力量是往来无穷的，这种力量是可以显现出来的，也是存在于器之中的，并且可以为万物和人使用，如果能够很好地利用乾坤就是"神"。

从对人的指导意义这个角度来看，乾是健，勇往直前，是永恒的生生的力量，对于人而言就是要指导险难所在，而不轻进；坤是顺，其德性表现为恒常的实在性，所以可以启迪人知道阻碍所在，才能戒备。简有简单，简易，竹简的意思，也有讼狱的意思。所以从哲学的角度把其理解为实在性。

《易经》实际上是以"乾坤"之方式充满和交织天地之道的。乾的系列为：天—天文（仰观）—明（故）—始—生—游魂—变—神—昼道。坤的系列是：地—地理（俯察）—幽—终—死—精气—化—鬼—夜道。《易经》与"天地"的关系是"准""相似""不违"。《易经》与"天地之道"的关系是"弥纶"。《易经》与"天地之化"的关系是"范围"和"不过"。《易经》与"万物"的关系是"曲成"和"不遗"。《易经》与"昼夜之道"的关系是"通"和"知"。《易经》与"天下"（属人世界）的关系是"道济"。《易经》的智慧（神）是圆融的智慧（无方），是没有实体的事物却有实体一样的智慧（"而易无体"）。

道是人的价值地位和存在地位的基本根据。人是承接道才有了自己的价值地位，人也是因为成道才具有了自己根本的存在地位。"大德""至德"由两部分组成：相应于"乾"的一面是"盛德"，相应于"坤"的一面是"大业""广业"。

变通实际上是由道到器的过程，以及人利用易道创造生产的过程。"俯则观法于地"，"法"有认识和实践双重意义。鬼神，对应乾坤，一个为伸展，一个为归。合起来就是变化。

卦，相当于篇或章。《系辞》认为卦有大有小，设卦是为了观象、尽情伪、定吉凶。《周易》的基本要素是"爻"。爻分刚柔，是用刚柔相推来表示变化的。变化是表示进退的，刚柔是表示昼夜的。系辞是为了明吉凶。占则是明吉凶的具体办法。

《系辞》上下篇的吉凶观包括如下内容：从客观事物层面上来看，吉凶是怎样产生的呢？事物相杂，如果相互之间出现摩擦就有吉凶。一类事物聚成一方，占据一个地方，并形成独有的特性，形成彼此不能协调的群体，彼此就会产生冲突和协调的关系，从而产生吉凶的现象。如何才能产生摩擦呢？显然运动才会产生摩擦。什么叫作"文不当"呢？当与不当肯定需要一个理论视角。后来中国文化强调阴阳五行之间的相生相克关系。如果整体有机就当，相反则不当。从《系辞》提到刚柔来看，《系辞》比较强调"阴阳""柔刚"这一层面。要鉴别当与不当，要看"阴阳""柔刚"关系。谈论吉凶总是会涉及人的情感偏好。所以《系辞》说"吉凶以情迁"（《系辞下》）、"是故爱恶相攻而吉凶生"（《系辞》下），这些都是表示这个意思的。每一个爻的情意各不相同，使吉凶也随着变迁。所以在上下两爻之间，异性相吸，同性相斥，产生爱与恨，在爱恶的相互激荡中，产生吉与凶。"凡易之情，近而不相得则凶。"（《系辞》下）"近"是离"人"（主体）近，可以得到，没有得到就凶。离自己比较近，又不配合、不合适，就凶；远则不会互相危害。就《易经》表现来说，从《易经》上看就是看相近两爻的关系。如果相近两爻不能互相亲近，其产生的一种可能性就是凶险。

《五行》

【导读】

子思（前483—前402），姓孔，名伋，孔子之孙。一般认为《五行》为子思所作。

出土文献《五行》有帛书和竹简两个版本。竹简《五行》篇全篇文字从内容上分析，可分为五个部分：一为概论五行和善德，二为论圣智仁之思，三为论聪明圣智，四为论仁义礼端绪，五为论心与慎独。

《五行》节选①

【原文】

五行：仁形于内谓之德之行，不形于内谓之行。义形于内谓之德之行，不形于内谓之行。礼形于内谓之德之行，不形于内谓之行。智形于内谓之德之行，不形于内谓之行。圣形于内谓之德之行，不形于内谓之德之行。

德之行五，和谓之德。四行和，谓之善。善，人道也；德，天道也。

【简析】

其一，《五行》别内外，仁、义、礼、智、圣有"行"和"德之行"

---

① 本书所引《五行》参照《郭店楚墓竹简〈五行〉》［《儒藏》编纂中心编《儒藏》（精华编）第281册，北京大学出版社，2007，第7—12页］并综合其他版本略有改动。

之别。二者的区别就是"形于内"和"不形于内"的差别。如何叫作"形于内"呢?"形成"于内,而"形成"最好按照"成形"来理解,要让仁、义、礼、智、圣在人的内部"形成""成形"。

其二,作为"德之行"的仁、义、礼、智、圣有天人之分,圣德贯通天人,圣是最高的道德,圣的行事,无处不符合道德的要求。作为"德之行"的仁、义、礼、智之和,是善,达成人道;在人道的基础上,外加作为"德之行"的"圣",成就天道。

其三,善的人道有始终,而天道有开始,没有终点。

【原文】

君子亡中心之忧则亡中心之智,亡中心之智则亡中心之悦,亡中心之悦则不安,不安则不乐,不乐则无德。

【简析】

《五行》重点论述了形上道德的认识论,也就是如何认识形上道德这一问题。《五行》所使用的概念是:志、为、思、清、长、安、悦、戚、亲、爱、玉色、玉音、形、智、乐、直、肆、果、简、见、知、行、敬等。

内在的德的形成机理是按照如下步骤完成的。其一是"中心之忧"与"见君子"。《五行》强调要有"中心之忧"。为何要"忧"呢?是忧患,还是什么?是道体流浪引起的自我思念的心灵深处的忧。有此忧才能升起道智,才会有形上道之德,得到形上道之德。

"不仁不智,未见君子,忧心不能惙惙"。(《五行》)忧心要成长才能见"君子","忧心"成长为"仁"和"智",才能得到安顿。"忧心"就是对"见君子"的"忧心","见"了"君子",忧心也就得到了满足,也就是"惙惙"。

"不仁不智,未见君子,忧心不能忡忡"。(《五行》)见君子,忧心才能"忡忡",也就是心立了起来,有了主心骨,有了自信,有了尊严感,有了目标。

"见君子"可以理解成"看见君子",也可以理解成"出现了君子",这里的"君子"是内在的"君子",是人生命的自我主宰,是内在的自我。没有见君子,忧心就不能得到化解,忧心的好处就在于促使自我的"君子"出现。

其二是"中心之智",也就是内在的视觉功能的运用、能看的本性的运用、观光的功能及其运用。"智形于内谓之德之行,不形于内谓之行。"(《五行》)"明明,智也。""明明在下"。(《五行》)显然,在《五行》篇看来,智就是明觉。什么是"明"呢,就表现在见贤人上面。"见贤人,明也。"(《五行》)"未尝见贤人,谓之不明。"(《五行》)"见而知之,智也。"(《五行》)见,出现,或者看见。在自己的本性中出现或者看见贤人,并从而获得了对贤人的真实理解,就是智慧。"智之思也长,长则得,得则不忘,不忘则明,明则见贤人,见贤人则玉色,玉色则形,形则智。"(《五行》)"圣之思也轻。轻则得,得则不忘,不忘则聪,聪则闻君子道,闻君子道则玉音,玉音则形,形则圣。"(《五行》)"中心之智"就是在人的中心让贤人成长起来,成为有形有象的存在。智是仁的基础,"不智不仁"。(《五行》)但见君子容易引起自大,所以"智"还要有进一步的发展。"既见君子,心不能降。"(《五行》)"既见君子,心不能悦。"(《五行》)

其三是"中心之悦"。"颜色容貌温变也,以其中心与人交,悦也。中心悦旃,迁于兄弟,戚也。戚而信之,亲也。亲而笃之,爱也。爱父,其攸爱人,仁也。"(《五行》)"不变不悦,不悦不戚,不戚不亲,不亲不爱,不爱不仁。"(《五行》)"闻道而悦者,好仁者也。"(《五行》)

其四是安。得到德有几个中心环节,思之清、长、轻,得到的察、得、形。"思不清不察,思不长不形,不形不安,不安不乐,不乐无德。"(《五行》)形就会安,安就会乐。"仁之思也清。清则察,察则安,安则温,温则悦,悦则戚,戚则亲,亲则爱,爱则玉色,玉色则形,形则仁。"(《五行》)

其五是乐。但其前提有时又说"闻道而乐者,好德者也。"(《五行》)"行之而时,德也。"(《五行》)"和则乐,乐则有德,有德则邦字。"(《五行》)

怎样才能认识到形上本体的道德内容呢?子思使用的概念,颇让人费解。其基本的内容如下:这种认识是在中心成长起来的。基本环节和过程是忧、智、悦、安、乐、德。子思认为仁、义、礼、智、圣前四行之和是善,如何得到和认识善呢,这就是"善弗为无近"(《五行》)。如何才能得智呢？这就是"智弗思不得"（《五行》）。如何得到圣呢？这就是"德弗志不成"；"不仁，思不能清；不智，思不能长"；"不仁，思不能清；不圣，思不能轻"；"闻而知之，圣也"（《五行》）。

《中庸》

【导读】

子思（前483—前402），姓孔，名伋，孔子之孙。一般认为《中庸》为子思所作。

《中庸》内容大致分上、下两篇，以"中庸"为核心，并深化"至诚"的哲学范畴。《中庸》原本是《礼记》中的一篇。朱熹撰《四书章句集注》，使其成为"四书"之一。

《中庸》节选

【原文】

天命之谓性，率性之谓道，修道之谓教。道也者，不可须臾离也，可离非道也。是故君子戒慎乎其所不睹，恐惧乎其所不闻。莫见乎隐，莫显乎微，故君子慎其独也。喜怒哀乐之未发，谓之中；发而皆中节，谓之和；中也者，天下之大本也；和也者，天下之达道也。致中和，天地位焉，万物育焉。

诚者，天之道也；诚之者，人之道也。诚者不勉而中，不思而得，从容中道，圣人也。诚之者，择善而固执之者也。博学之，审问之，慎思之，明辨之，笃行之。有弗学，学之弗能弗措也；有弗问，问之弗知弗措也；有弗思，思之弗得弗措也；有弗辨，辨之弗明弗措也；有弗行，行之弗笃弗措也。人一能之己百之，人十能之己千之。果能此道矣，虽愚必明，虽柔必强。

自诚明，谓之性；自明诚，谓之教。诚则明矣，明则诚矣。

唯天下至诚，为能尽其性；能尽其性，则能尽人之性；能尽人之性，则能尽物之性；能尽物之性，则可以赞天地之化育；可以赞天地之化育，则可以与天地参矣。

其次致曲。曲能有诚，诚则形，形则著，著则明，明则动，动则变，变则化。唯天下至诚为能化。

至诚之道，可以前知。国家将兴，必有祯祥；国家将亡，必有妖孽。见乎蓍龟，动乎四体。祸福将至，善，必先知之；不善，必先知之。故至诚如神。

诚者自成也，而道自道也。诚者物之终始，不诚无物。是故君子诚之为贵。诚者非自成己而已也，所以成物也。成己，仁也；成物，知也。性之德也，合外内之道也，故时措之宜也。

故至诚无息。不息则久，久则征。征则悠远，悠远则博厚，博厚则高明。博厚，所以载物也；高明，所以覆物也；悠久，所以成物也。博厚配地，高明配天，悠久无疆。如此者，不见而章，不动而变，无为而成。天地之道，可一言而尽也；其为物不贰，则其生物不测。天地之道：博也，厚也，高也，明也，悠也，久也。①

【简析】

其一，"诚"和"易"一样，是涵盖宇宙万物的根本道理。《易传》说易："范围天地之化而不过，曲成万物而不遗。"《中庸》中也说："唯天下至诚，为能经纶天下之大经，立天下之大本，天地之化育。"诚道就是天地万物的化育和死亡，终始循环之道。子思和孔子之不同在于把"易"换成了"诚"。所以说"诚者，天之道也"。这里的天之道中的天，不是与地对应的天，而是指涵盖天地万物的宇宙本体性的道。这个"道"就是研究万事万物从哪里产生出来的，又到哪里去，包括人的生死的道。所以《中庸》说："诚者，物之终始。"

---

① （宋）朱熹：《四书章句集注·中庸章句》，齐鲁书社，1992，第1—22页。

子思在《中庸》中对形上本体运动规律的阐发与《易传》有相似之处，需要结合《易传》来理解。《易传》认为易的运动是由太极分出阴阳、乾坤两仪来，这两仪各有不同的功能。乾的功能是使宇宙万物开始产生，"乾知大始"（《系辞上》）。乾是创生万物的，这就使宇宙本体自我伸展开来，这就是易的自直之道。因为创生出了万物，所以是有，万物创生就是形成万物，使万物成为一种象。"成象之谓乾。"（《系辞上》）乾的创生是不停息的，是专注不停的，是专是真，所以宇宙万物才能长久存在。子思在孔子的思想基础上进一步做了阐明。这就是"故至诚无息，不息则久，久则征，征则悠远"（《中庸》）。宇宙创生的过程是永不停息的，这就像宇宙生命的永远的远征一样。这个过程是自成的，所以"诚者自成也；而道自道也。诚者物之终始，不诚无物"（《中庸》）。

《易传》认为宇宙本体的创生功能的另一面就是坤的功能。《易传》认为坤是成形的："在天成象，在地成形。""坤作成物……坤以简能……简则易从……易从则有功……有功则可大。"（《易传》）是屈是无是来。坤的运动是翕辟。子思把坤道也纳入对诚的解说当中。这就是他所说的载物，博厚。乾道悠久，"悠久，所以成物也。……高明配天，悠久无疆"（《中庸》）。坤道"博厚，所以载物也。""博厚配地。"这个过程是"其次致曲。曲能有诚，诚则形，形则著，著则明，明则动，动则变，变则化。唯天下至诚为能化"（《中庸》）。

二者的关系是什么呢？诚中的两部分的关系是什么呢？"悠远则博厚，博厚则高明。"总体上，"如此者，不见而章，不动而变，无为而成"（《中庸》）。子思比孔子更进一步的地方在于使用了"中和"这一概念。易产生万物，易是中心，诚也是中心，是一个中心产生出万物，万物是杂，又不脱离这个中心，能够凝结住，这就是中和："中也者，天下之大本也；和也者，天下之达道也。致中和，天地位焉，万物育焉。"（《中庸》）

其二，子思对孔子的形上道德学说进行了充分的发挥，形成了较为完备的形上道德学和形上美学。这里之所以叫形上道德学，而不称为道德形上学，是因为道德形上学是由道德来把握本体，它其实是联系道德形下学和道德形上学的一个桥梁，也就是如何由一般人的道德行为上升到宇宙本体的道德内容。本书这里讲的是宇宙创生万物本身的价值和意义。在先哲看来，宇宙万物的创生就是最道德、最善、最美的事情了。这在西方哲人看来，应该是一种自然主义的善。宇宙创生的价值和意义在子思那里是使用仁、义、礼、智、圣、德、性的范畴来说明的。那么如何分别形上道德学和形下道德学呢？在孔子那里，形上之德和形下之德的划分还很不明显，到了子思那里就已经很明显了。看来孔子还是有所传授的，这些传授可能不见于《论语》。子思的划分就是上下和内外之分。在《中庸》那里，形上的道德学就是上，自上而下，自形上到形下才是道德，否则就不是。《中庸》别上下，上就是来自道体本身，来自宇宙创生的总部才是真善。其范畴之别是天道和人道之别、诚者和诚之者之别。诚之者是体会到形上道德的情况，其也是遵守社会道德的楷模。"诚者，天之道也；诚之者，人之道也。……诚之者，择善而固执之者也。"（《中庸》）二者的区别也是性和教的区别。形上的道德是万物包括人的本性，形下的道德则是觉悟认识和学习教育的产物。形上的道德是万物产生出来以后得之于道的本性，是诚本身化生出来的，从诚那里可以弄明白性是怎么回事，"自诚明，谓之性；自明诚，谓之教"（《中庸》）。"诚则明矣，明则诚矣。"（《中庸》）

本性只有追根溯源才能明白知晓，才能被照出来、被显现出来。诚本身就能显现万物，所以是"诚则明矣，明则诚矣"。性是万物一贯的本性。"唯天下至诚，为能尽其性；能尽其性，则能尽人之性；能尽人之性，则能尽物之性；能尽物之性，则可以赞天地之化育；可以赞天地之化育，则可以与天地参矣。"（《中庸》）《中庸》形上道德学的典型的说法是："诚者非自成己而已也，所以成物也。成己，仁也；成物，知也。"（《中庸》）

其三，形上认识论。形上认识论在中国哲学那里包含两部分内容，在不同人那里展开和关注的程度不同。一是道和宇宙本体创生成物本身的过程，在先哲那里就被认为是一个认识过程，宇宙本体产生了万物，万物和本体之间存在着认识上的联系。这种联系在不同哲学家那里讲法不一。孔子的《易传》是讲感通，是"说"，是讲阴阳不测的神。《易传》载："易无思也，无为也，寂然不动，感而遂通天下之故。非天下之至神，其孰能与于此？""乾以易知"也是说本体有自我认识能力，就像父母知道自己的儿子、了解自己的儿子一样，万物变化纷纷，都不超出本体观照的范围，所以是"不遗"，观照万物而没有遗漏，曲成万物而不遗。乾坤的易道包含八卦之一的兑，兑是说的意思："兑，说也。"（《易传》）这种观照是本体自我的本体语言是道言、大言，是《道德经》中说的"不可道"之"道"。道是人走路，需要言语的引导。在子思《中庸》中，本体的自我认识，本体认识观照万物，万物认识和观照本体是明、知、前知这样一些概念。"著则明""成物，知也"。"至诚之道，可以前知。国家将兴，必有祯祥。国家将亡，必有妖孽。见乎蓍龟，动乎四体。祸福将至，善，必先知之；不善，必先知之。故至诚如神。"（《中庸》）

涉及万物和本体的认识上的联系，具体到人的认识就是涉及人认识宇宙本体的形上认识论问题了。这是形上认识论的第二个方面。对于对本体认识的侧重点不同，在先哲那里，也大致会出现三种差别：侧重于认识本体的创生过程，这是形上本体的认识论；侧重于认识本体的道德内容，这是形上道德的道德认识论；侧重于认识本体的认识论的内容，这是形上认识的认识论。在子思那里，形上本体的认识论和形上道德的认识论是他要着力阐发的。有时三者的界限并不很明显。本来本体是一，真、善、美是本体的内容，不可强分，为了认识的方便只好强分，对本体的认识也是如此。

思之是一种对象。这些概念包含了两个方面的内容。一般我们理解的认识论，都是一种对象性的认识论，说认识某种事物就是有一种事物，这种事物为我们的主体所认识，但在中国传统哲学那里，认识既含有对象性认识的含义，也有自我认识和自我长成的含义。前文所述思之、辨之、行之、问之中的"之"既是指本体这一对象，又是自我的本体本智周万物。因为在中国古人那里，本体（形上）和形下之间没有阻隔，人的本体和宇宙的本体是一个本体。宇宙本体的自我认识也是人的自我认识，人认识宇宙本体的原貌或者宇宙本体的道德或者美学的内容。虽然是一种对象意识，但如果从内在去寻求就不是对象意识了，而是一种反思的认识。博学、慎思、明辨、审问，其实是一种内在的觉、内在的思、内在的辨、内在的问，对总体自我的觉、思、辨和行。这样一来，形上认识论或者形上道德认识论、美学认识论其实就是内在明觉本性，认识能力的自我成长和定向的活动，而不仅仅是对外物的认识。知是一种认识的能力，知之和不知之都是一种认识的能力，是一种对象性的认识，生的认识是知的能力本身的功能和活动。对象性的认识认识到的"德"要悟到非对象性认识的"德"上面，并受之统御，才能得以善。博学是否就等于广博地学习外在的事物的知识呢？慎思是否就是谨慎地思考、审问，明辨是否就是清楚地分辨呢？它们的意思其实不仅仅是这些。博学是说学之博，也就是觉悟之大、之厚，觉悟得大当然道体显现得也大；觉悟大了，慎，在中庸那里主要是"慎独"。因为即使有觉悟还是有不知的地方，靠外在的对象不能认识的地方；对象性的认识能力是有限的。"是故君子戒慎乎其所不睹，恐惧乎其所不闻。莫见乎隐，莫显乎微，故君子慎其独也。"（《中庸》）明辨是内在精神和道体自我认识能力的明，在明的前提下分辨，辨别以后决定精神的行动方向，向前走。得之于道的"性"是道，本身就有认识能力。性可以明，和明有关系。认识前，其实就是性之自明、道和诚的自明。

《大学》

【导读】

曾子（前505—前436），名参，字子舆，孔子弟子。

《大学》原本是《礼记》中的一篇。朱熹撰《四书章句集注》，《大学》是"四书"之一。《大学》的作者一般认为是曾子。通行本《大学》的主要内容提出了儒家政治伦理学说的纲要，即"三纲领""八条目"。"三纲领"为"明明德""亲民""止于至善"；"八条目"是"格物""致知""诚意""正心""修身""齐家""治国""平天下"。

《大学》节选

【原文】

大学之道，在明明德，在亲民，在止于至善。知止而后有定，定而后能静，静而后能安，安而后能虑，虑而后能得。物有本末，事有终始，知所先后，则近道矣。古之欲明明德于天下者，先治其国。欲治其国者，先齐其家。欲齐其家者，先修其身。欲修其身者，先正其心。欲正其心者，先诚其意。欲诚其意者，先致其知。致知在格物。物格而后知至，知至而后意诚，意诚而后心正，心正而后身修，身修而后家齐，家齐而后国治，国治而后天下平。自天子以至于庶人，壹是皆以修身为本。其本乱而末治者否矣。其所厚者薄，而其所薄者厚，未之有也。

所谓诚其意者，毋自欺也。如恶恶臭，如好好色，此之谓自谦。故君子必慎其独也。小人闲居为不善，无所不至，见君子而后厌然，掩其不善，而著其善。人之视己，如见其肺肝然，则何益矣。此谓诚于中，形于外，故君子必慎其独也。

所谓修身在正其心者：身有所忿懥，则不得其正；有所恐惧，则不得其正；有所好乐，则不得其正；有所忧患，则不得其正。心不在焉，视而不见，听而不闻，食而不知其味。此谓修身在正其心。

所谓齐其家在修其身者：人之其所亲爱而辟焉，之其所贱恶而辟焉，之其所畏敬而辟焉，之其所哀矜而辟焉，之其所敖惰而辟焉。故好而知其恶，恶而知其美者，天下鲜矣。①

【简析】

关于修身、齐家、治国、平天下的说法后来成了人们解读儒家思想的一个主要逻辑，这个逻辑过程在《论语》当中孔子弟子那里已经大致成形，《孟子》中也有这一逻辑的模型。但这一逻辑过程是否是孔子的主要思路，需要进一步研究。另外，其中涉及的格物致知等问题宋明理学家多有讨论，歧义甚多。在这里，只是从文本本身的自足性的观念出发进行解释。也就是说，后人的解释有抽象化的倾向，这里则是具体的解释。"物有本末，事有终始，知所先后，则近道矣。"这段话中的"物""事"显然具体就是指代后来所说的修身、齐家、治国、平天下，其中修身是本，齐家、治国、平天下是末；修身是先，齐家、治国、平天下是后。"知所先后"强调需要认识它们之间的轻重缓急，认为认识了这一点就接近"道"了。首先需要知道事物的先后本末。

所以《大学》所说的格物，没有抽象的意义，只是具体地强调需要区分修身、齐家、治国、平天下之间的本末先后。"自天子以至于庶人，壹是皆以修身为本。"

知道先后本末，自然就需要把认知的能力主要放在本上，而不是放在末上。"其本乱而末治者否矣。其所厚者薄，而其所薄者厚，未之有也。"

---

① （宋）朱熹：《四书章句集注·大学章句》，齐鲁书社，1992，第1—8页。

放在本上就是知之至，也是知之止。认识能力停留在修身上面，而不是在末上面浪费，当然就会专心于修身，心自然容易获得安定。"知止而后有定，定而后能静，静而后能安，安而后能虑，虑而后能得。"心安于修身，自然就能静，就能安，这提供了恰当思虑的基础。下一步就是思虑然后有所得的问题了。

诚意就是不自欺。"恶恶臭""好好色"就是对好和坏、是和非的认知，按照《大学》的这一看法，其实是肯定了每个人具备知道是非的能力，这个在《孟子》那里是"智"的事情，"是非之心，智也"。人有是非之心，所以需要按照这个是非之心去行动。人的这个是非之心是不能被欺骗的，"人之视己，如见其肺肝然"，所以需要慎独，这样可以"诚于中，形于外"。

正心就是不把心放在外在的事物上面，从而受到外物的影响从而有忿懥、恐惧、好乐、忧患，要做到"心不在焉，视而不见，听而不闻，食而不知其味"。

修身有成就就是"明明德"，就是"亲民"，就是"止于至善。"

《孟子》

【导读】

孟轲（约前372—前289），今山东邹城人，曾受业于子思之门人，为战国中期儒家学派的主要代表、哲学家、政治家。孟子使儒家学说更为完善，唐宋以后更被看成儒家道统的真正继承人，被后世封为"亚圣"。孟子的思想保存在《孟子》一书之中。《孟子》对中国文化做出了重大的贡献，至南宋，理学家将《孟子》列为"十三经"之一，《孟子》的经典地位遂得以确立。

《告子章句上》①

【原文】

告子曰："性犹杞柳也，义犹桮棬也；以人性为仁义，犹以杞柳为桮棬。"孟子曰："子能顺杞柳之性而以为桮棬乎？将戕贼杞柳而后以为桮棬也？如将戕贼杞柳而以为桮棬，则亦将戕贼人以为仁义与？率天下之人而祸仁义者，必子之言夫！"

【简析】

杞柳，树名，枝条柔韧，可以编制箱筐等器物。桮棬，器名。先用枝条编成杯盘之形，再以漆加工制成杯盘。

---

① 参见杨伯峻译注《孟子译注》（简体字本），中华书局，2008，第195—211页。

《孟子》

　　孟子思想当中，最为引人注目的当数孟子和告子关于人性的那段争论了。争论涉及的问题很多，并且较为复杂。告子一开始就抛出了自己的看法：人之"性"就像杞柳一样，人的"义"就像"桮棬"一样，不能把二者搞混了。认为人性就是仁义，就等于把"杞柳"当成了"桮棬"（用杞柳树加工成的洗澡、盛饭、装酒等的用具）。

　　告子在论证这一主题的时候暴露了他把握人的思维模式。这个思维模式是什么呢？这要从他所使用的比喻方式说起。告子认为"仁义"就像"桮棬"。"桮棬"是用杞柳树等加工成的洗澡、盛饭、装酒的用具。那就是说，在告子心目中，人要成为一个对自己、对他人、对社会有用的人，就像我们使用的那些器具一样。这就是"仁义"。显然，他所说的"仁义"是一个人对一种材质进行改造得到的一个具体的、对人生或社会有一定功能和价值的结果。但是谁来改造、按照谁的意愿来改造呢？是自己，还是别人？显然这些问题是模糊的，也没有明确答案。"仁义"能否用"桮棬"类比？"桮棬"是人对自然材料改造的一个物态的、具体的、有形态的产品。那么，人的"仁义"价值是人对自然材料改造的一个物态的产品吗？显然不完全是。告子把"性"和"杞柳"对举，显然可以从思维模式上推导出告子认为人性就像杞柳一样，是一种物性的价值，可以用一种自然存在物来说明人的价值。

　　用自然存在物、社会存在物是否能说明人的价值呢？既可以也不可以。人是自由存在物，人具有一种普遍性，可以模仿并超越其他一切物类的功能，如像水生动物般"游泳"，像鸟类般"飞翔"。但其中任何一个具体的类别，包括具体的、历史中出现的人生存在样态都不能具体地限定人性是什么。因为这些事物的价值，这些人生价值样态都是人价值赋予的一种结果。从价值赋予来讲，一切已经存在的或者可能存在的心灵的或者物质的价值样态都不能根本说明人的价值。

　　在孟子看来，单纯从是否对他人、对社会有利的角度来看待人、对待人，有的时候会伤害到人的本性。需要换一个角度思考人、对待人。孟子是如何反驳或者和告子展开辩论的呢？实际上，孟子并没有直接回答告子的问题。告子认为不能把"性"说成是"仁义"，"性"的概念和"仁义"的概念各有所指。"性"是材料，"仁义"是认为对材料改造的有价值的成果。孟子自己是认为"性"可以用善的概念来说明，但他没有直接论证这个话题，而是在后面论证的。

孟子抓住了告子比喻中包含的哲学思维进行批驳。孟子重点分析"杞柳"和"桮棬"的关系。明显二者是改造、加工的关系，是一种对象性关系。恰好这个关系反映了告子把握人的价值的思维模式的实质内容。

无论是把"性"和"杞柳"放在一起考虑，还是把仁义和"桮棬"放在一起考虑，都用一个物来比喻人。用一个种类的物来说明人的价值和人的本性，是用人的一个生存对象来说明人本身。这是一种对象性思维把握人的价值方式。孟子指出，用这种思维模式讨论人的价值无疑是对人的极大伤害。对人进行加工改造往往带来的是负面的结果。孟子是从超越对象性、加工性概念、超越物性类比性价值的角度来理解人的价值问题的。

【原文】

告子曰："性犹湍水也，决诸东方则东流，决诸西方则西流。人性之无分于善不善也，犹水之无分于东西也。"孟子曰："水信无分于东西，无分于上下乎？人性之善也，犹水之就下也。人无有不善，水无有不下。今夫水，搏而跃之，可使过颡；激而行之，可使在山。是岂水之性哉？其势则然也。人之可使为不善，其性亦犹是也。"

【简析】

"人性"本身有正面价值吗？告子认为"人性"本身没有正面价值，也没有负面价值。"决诸"依然是一个人为的改造加工性的概念。人为的加工工作导致人有正面价值和负面价值，导致人有善有恶，而就事实上的人而言，无善无恶。

告子提出了一个什么样的问题呢？如果存在一个人，或者存在一些人，这些人能够没有价值追求，没有善恶之心，没有价值判断，对人生没有意义追求，我们就可以认为告子的观点是正确的。但事实上，每个人都有价值追求，都是把自己的生活当作有某种"意义"的生活来"活着"，来"过日子"的。这就是说，每个人都活在意义的追求之中，活在善恶观念之中。从这个角度来看，不可能存在无善无恶的人性。而且，所谓的加工导致善恶，加工本身就是一种价值追求活动，如果是价值追求活动导致了价值的分别，就要承认人本身就有追求积极的人生意义的冲动。

孟子所说的"水性"，水向下流的本性，用现代知识来看，不是水的本质，而是水在地球引力作用下表现出来的现象。在一个既定的环境条件下，水有一个不变的趋势，就是向下流。如果水可以流到高山之上，是改变了地势的高低的结果，是人为的力量造成的改变。并且对于这种概念的结果需要慎重评估。在孟子看来，最基本的结果是不好的。孟子认为人性具有至善的价值，"势"（外在环境）导致人不善，人为的强制的改变导致人不善。

孟子重视考察人的特殊性，不过这里的特殊性概念是就和其他物类的比较而言的。当关注人这个类的时候，孟子更关注"同"的方面、普遍性的方面。孟子希望着眼于普遍性来考虑问题。孟子在思考"义"的问题的时候，有一般和特殊的分别。水就下就像人性趋向善一样，具有普遍性；水向上，就像人性被迫不善一样，是势使然，具有特殊性，是特例。改造是特例，而且是从价值上来讲的，这种思维从根本上来说，就是负面价值的源泉，不仅从价值评价上来看，是应该给予负面评价的，而且本身就会产生负面价值。

【原文】

告子曰："生之谓性。"孟子曰："生之谓性也，犹白之谓白与？"曰："然。""白羽之白也，犹白雪之白；白雪之白犹白玉之白与？"曰："然。""然则犬之性犹牛之性，牛之性犹人之性与？"

【简析】

物性还是人性？告子所说的人性没有正面价值，也没有负面价值，指什么呢？"告子曰：'生之谓性。'"（《孟子·告子章句上》）性有产生、生命、生活、肉体等等不同含义。"性"和"生"是一个逻辑层次的概念。我们把"生"的东西说成"性"，就像我们把白说成白一样。那么有可能得到的结论是什么呢？天下万物都是生命，都有机体，都有生活，有产生和灭亡的过程。那么，就无法区别人性和物性、人的价值和物的价值有什么不同。

"孟子曰：'生之谓性也，犹白之谓白与？'曰：'然。''白羽之白也，犹白雪之白；白雪之白犹白玉之白与？'曰：'然。''然则犬之性犹牛之性，牛之性犹人之性与？'"孟子正是看到告子的这一说法包含的这一可能性，从句子形式上进行了推导。把"生"说成"性"，牛、犬都是

"生"的东西，人也是生的东西，那么他们都是性，就会混淆这些类别存在物的"性"的差别。孟子认为"性"的概念是一个价值概念。

【原文】

告子曰："食、色，性也。仁，内也，非外也；义，外也，非内也。"孟子曰："何以谓仁内义外也？"曰："彼长而我长之，非有长于我也；犹彼白而我白之，从其白于外也，故谓之外也。"曰："异于白马之白也，无以异于白人之白也；不识长马之长也，无以异于长人之长与？且谓长者义乎？长之者义乎？"曰："吾弟则爱之，秦人之弟则不爱也，是以我为悦者也，故谓之内。长楚人之长，亦长吾之长，是以长为悦者也，故谓之外也。"曰："耆秦人之炙，无以异于耆吾炙，夫物则亦有然者也，然则耆炙亦有外欤？"

【简析】

人性是否有内外？耆，同"嗜"。至此，告子无奈，只好强调"性"说的是人的生活，尤其是肉体需要，包括饮食、喜爱美色这些物质生活活动。仁是内心的积极活动，义是内心活动涉及的对象性活动，这是人的价值的来源。

告子认为，人性就是肉体的需要及相关的物质生产活动。而所谓的道德价值是仁义。仁是生自内心的，不是外因引起的；义是外因引起的，不是生自内心的。孟子首先提出了一个问题："凭什么说仁是生自内心而义是外因引起的？"告子的"义"，强调道德来源于一个客观的规定，就像人比我年长，所以我尊重他一样。孟子则提出，如果是这样的话，就会有两个问题需要解决：其一，那么这种尊重是在对象那里，还是在人的内心那里。其二，尊重人和尊重动物是否有差别。孟子既然提到了义是在长者那里，还是在尊敬者那里，对告子提出内的论述就是很有利的一个机会，告子自然不会放过这个好机会。告子认为道德价值当然应该包括内在的规定，不过应该用"仁"来表示。性—仁—义是告子的论说结构，性本身包含仁、义、礼、智是孟子的论说结构。

孟子指出了告子的问题，就是告子所说的爱与不爱的仁心，还不是最根本的心灵本质。因为不管爱与不爱都是"爱心"基础上的一个次要级别的活动、一个表现而已；同样，根据对象条件的不同选择不同的行动方式之所以可能的基础也是某种智慧活动。这就是说，有一个贯通内外的基础，人的根本的认知能力和道德能力的基础。这个基础就是孟子所说的性善。

【原文】

孟季子问公都子曰："何以谓义内也？"曰："行吾敬，故谓之内也。""乡人长于伯兄一岁，则谁敬？"曰："敬兄。""酌则谁先？"曰："先酌乡人。""所敬在此，所长在彼，果在外，非由内也。"公都子不能答，以告孟子。孟子曰："敬叔父乎，敬弟乎？彼将曰：'敬叔父。'曰：'弟为尸，则谁敬？'彼将曰：'敬弟。'子曰：'恶在其敬叔父也？'彼将曰：'在位故也。'子亦曰：'在位故也。庸敬在兄，斯须之敬在乡人。'"季子闻之，曰："敬叔父则敬，敬弟则敬，果在外，非由内也。"公都子曰："冬日则饮汤，夏日则饮水，然则饮食亦在外也？"

【简析】

孟季子，疑是孟仲子之弟也，或说为任国国君之弟季任。尸，古代祭祀时，代死者受祭、象征死者神灵的人，以臣下或死者的晚辈充任。后世改为用神主、画像。孟季子的观点与告子相类似。孟季子指出大哥和乡人相比平时应该敬重谁呢，显然是大哥；但是在饮酒的时候先敬重谁呢，显然是乡人。在公都子看来，对象性关系的条件下，"吾"或"我"自决的价值以及由此产生的正人的效果为"义"。

公都子认为，"义"是不受对象制约自由地表达内心的敬意。公都子把"义"理解为使得"敬"实行出来。从这一点来看，应该是符合孟子的精神的，但当公都子举例子的时候，则可以看出，他的理解和孟子的理解还是有一定的差距的。饮食的需要是一种生理需要，如果把这个例子看作"敬"则是有一定的偏差的，但是如果仅仅是一个譬喻，说明二者有同样的逻辑关系则是可以的。前者在孟子那里是大体，后者在孟子那里是小体，虽然二者有大致相近的逻辑，但就"敬"和"饮食"而言是不同的。把"吾敬"等同于饮食的需要，还是从我的生理需求的角度来理解的，显然和孟子的思想有一定的距离。但这个例子在公都子这里似乎不仅仅起到譬喻的作用。如果结合《孟子·告子章句上》的论证过程来看，譬喻都是被当作类比来看待的。如果是这样，那么公都子的思维方式就和告子有相近之处了。只不过一个强调"义"是外，一个强调"义"是内。而且告子曾经举了"食""色"中包含的内外的对象性关系来说明"仁"和"义"，公都子也举了这个例子，难怪公都子在面对孟季子的提问的时候会觉得很难回答。

或许正是看到这一点，董仲舒把"义"定义为"我"。"以此参之，义，我也，明矣。"① 董仲舒所定义的"我"有什么哲学含义呢？"义之法在正我，不在正人。我不自正，虽能正人，弗予为义。"② 什么叫作"正我"呢？"正我"基本上就是以自我作为元价值的价值自决的含义。"义者，谓宜在我者。宜在我者，而后可以称义。故言义者，合我与宜，以为一言。以此操之，义之为言我也。故曰有为而得义者，谓之自得；有为而失义者，谓之自失。人好义者，谓之自好；人不好义者，谓之不自好。"③ 董仲舒的讲法很好，说到了人的"自好"和"不自好"这一价值之源头和元价值的问题。"义"就是人自己知道什么是好、什么是坏的那个赋予自己和事物义价值的活动，并且从质上看是倾向于好的活动。

那么，公都子的问题出在哪里呢？问题就出在他没有超越对象性思维，没有跳出对象性关系来看待"敬"何以成为"内"。在董仲舒那里同样存在类似的问题。儒家所讲的个体是一个价值之源的个体，同时也是有着一定的价值之物的规定性的个体。就价值之源来讲，儒家的思考集中体现在"为己""贵己""成己""修身"之中。"为己"就是把个体的我作为价值之源，作为元价值，然后在此基础上赋予自己一种价值之物的价值，赋予对象价值，在德性实践的基础上，实现价值的扩充。人的价值根本上是作为价值之源的价值，然后是一个作为受客体价值制约的价值之物的价值。作为价值之源的价值就在于赋予对象以价值之物的属性，这里的对象包括外在的对象，也包括把自己作为对象，把自己和外在对象之间的关系理解为对象性关系。人是价值之源可以理解为元价值："元价值是自决自明之好，而价值无论是好是坏是中，都不能由自己决定，自己证明。所有非人存在物的价值都需要由人来决定、证明，唯独人的价值却不能被

---

① 阎丽译注《董子春秋繁露译注》，黑龙江人民出版社，2003，第148页。
② 阎丽译注《董子春秋繁露译注》，黑龙江人民出版社，2003，第147页。
③ 阎丽译注《董子春秋繁露译注》，黑龙江人民出版社，2003，第148页。

任何非人存在物决定、证明，而只能被人自己决定、证明。"① 但是，董仲舒使用"我"来说明在一定意义上忽略了"我"和"吾"的差别。"我"是人的自我的一个方面，往往有人"我"对应的对象性关系的含义。所以以"我"来说明"自好"和"不自好"还是很容易陷入对象性思维的窠臼。

孟子解决问题的思路和墨子不同。"义"的普遍性问题是就心之理而言的。孟子的"心"具有理性的含义。"心"就普遍性而言是理。但孟子的"心"比较缺乏认知理性的内容，却较多地具有纯粹实践理性的含义。"心之所同然者何也？谓理也、义也。圣人先得我心之所同然耳。"（《孟子·告子章句上》）当普遍的"义"落实到具体的社会关系中的时候，当然也有一定的普遍、必然的规定。在孟子看来，关于是敬重叔父还是敬重兄弟这样的问题，如果单纯抽象地说当然是要敬重叔父；但是如果兄弟在祭祀活动中担任主祭的角色，当然是敬重兄弟。为什么这个时候不敬重叔父了呢？就是因为兄弟处在了主祭的地位。"庸敬在兄，斯须之敬在乡人。"（《孟子·告子章句上》）也就是说，从"位"的角度考虑，普遍的义当然要求敬重叔父，但是这个要求同样可以在具体的情境下要求敬重兄弟。特殊的义不离开普遍的义。

【原文】

公都子曰："告子曰：'性无善无不善也。'或曰：'性可以为善，可以为不善；是故文、武兴，则民好善；幽、厉兴，则民好暴。'或曰：'有性善，有性不善；是故以尧为君而有象；以瞽瞍为父而有舜；以纣为兄之子，且以为君，而有微子启、王子比干。'今曰'性善'，然则彼皆非与？"

【简析】

幽、厉，指周幽王、周厉王，周代两个暴君。微子启、王子比干，微子启，据《左传》《史记》记载，是纣王的庶兄。王子比干，纣王叔父，因劝谏而被纣王剖心而死。人性的同异、善恶的内外因，前面已经讲过。告子的性（无善无不善）—善、仁内—义外的逻辑论说，表面上有仁内的部分，但仔细分析他所说的仁内，其实还是外。为什么这么说呢？"曰：

---

① 王玉樑、〔日〕岩田允胤主编《中日价值哲学新探》，陕西人民出版社，2004，第74页。

'吾弟则爱之，秦人之弟则不爱也，是以我为悦者也，故谓之内。'"
（《孟子·告子章句上》）是自己的弟弟就爱，是别人的弟弟就不爱，看来
是自己的选择，以我的喜爱为准绳，但实际上这里的"以我为悦"实际上
还是受到外在对象和自己的关系牵制的一个被动的对象性关系。人的选择
并没有深入心灵的深处，表面上有自觉的选择，实际上完全被动地被外在
的关系所左右了。这样一来，既然在告子心目中，仁义都受到人和对象的
对象性关系所左右，自然恶也是外在环境导致的结果。这段话其实是说，
人的善恶是外在环境造成的。这个理论的坏处就是给人推卸自己的责任找
到了一个借口，孟子显然是看到了这一理论的危害性。

关于人性还有一种观点，这种观点坚持从表面的现象，从现实出发分
析问题。这段话其实是说，人性是先天的、固定的、不能改变的，是善就
是善，是恶就是恶。如果是这样，人性的改变也会遇到观念的阻碍，孟子
也是不承认的。

【原文】

孟子曰："乃若其情，则可以为善矣，乃所谓善也。若夫为不善，非
才之罪也。恻隐之心，人皆有之；羞恶之心，人皆有之；恭敬之心，人皆
有之；是非之心，人皆有之。恻隐之心，仁也；羞恶之心，义也；恭敬之
心，礼也；是非之心，智也。仁义礼智，非由外铄我也，我固有之也，弗
思耳矣。故曰：'求则得之，舍则失之。'或相倍蓰而无算者，不能尽其才
者也。《诗》曰：'天生蒸民，有物有则。民之秉彝，好是懿德。'孔子曰：
'为此诗者，其知道乎！故有物必有则；民之秉彝也，故好是懿德。'"

【简析】

"《诗》曰"四句出自《诗经·大雅·烝民》。圣人和一般人有什么不
同呢？用简单的几个词语来概括就是：我固有、可以为、求则得。这就是
说圣人和一般人是相同的，都有仁心，都可以为善，圣人不过是把人人都
有的方面充分表现出来罢了。孟子坚持人善恶并没有在事实上被固定下
来，而且人包含为善的可能性。

【原文】

孟子曰："富岁，子弟多赖；凶岁，子弟多暴，非天之降才尔殊也，
其所以陷溺其心者然也。今夫麰麦，播种而耰之，其地同，树之时又同，

浡然而生，至于日至之时，皆熟矣。虽有不同，则地有肥硗，雨露之养、人事之不齐也。故凡同类者，举相似也，何独至于人而疑之？圣人，与我同类者。故龙子曰：'不知足而为屦，我知其不为蒉也。'屦之相似，天下之足同也。口之于味，有同耆也；易牙先得我口之所耆者也。如使口之于味也，其性与人殊，若犬马之与我不同类也，则天下何耆皆从易牙之于味也？至于味，天下期于易牙，是天下之口相似也。惟耳亦然，至于声，天下期于师旷，是天下之耳相似也。惟目亦然，至于子都，天下莫不知其姣也；不知子都之姣者，无目者也。故曰，口之于味也，有同耆焉；耳之于声也，有同听焉；目之于色也，有同美焉。至于心，独无所同然乎？心之所同然者何也？谓理也、义也。圣人先得我心之所同然耳。故理、义之悦我心，犹刍豢之悦我口。"

【简析】

易牙，齐桓公的宠臣，传说他擅长烹饪。师旷，春秋时晋平公的乐师，生而目盲，善辨音律。子都，传说是古代的一个美男子。恶人和善人有什么不同吗？孟子举了个例子说明人的同和异。比如种大麦，播了种，种子相同，耙了地，种的地方相同，种的时间又相同，麦子蓬勃地生长，到夏至的时候，都成熟了。即使有所不同，成熟的时间等等有差别，也是土地的肥瘦、雨露的滋养、人工的管理不一样的缘故。人性也是这样，种子一样，心地一样，都可以按时在一生内成熟。

有的人把这段话归结为是外在环境导致人性恶，其实这不是孟子所要表达的意思。上面所说的例子中的不同都是善的发展程度的差别罢了。另外，对于自然事物看来是外力的东西，比如"地有肥硗，雨露之养、人事之不齐"等等其实都和人的选择、安排有关系。孟子更为看重的是心的陷溺与否的问题。

【原文】

孟子曰："牛山之木尝美矣，以其郊于大国也，斧斤伐之，可以为美乎？是其日夜之所息，雨露之所润，非无萌蘖之生焉，牛羊又从而牧之，是以若彼濯濯也。人见其濯濯也，以为未尝有材焉，此岂山之性也哉？虽存乎人者，岂无仁义之心哉？其所以放其良心者，亦犹斧斤之于木也，旦旦而伐之，可以为美乎？其日夜之所息，平旦之气，其好恶与人相近也者几希，则其旦昼之所为，有梏亡之矣。梏之反覆，则其夜气不足以存；夜气不足以存，则其违禽兽不远矣。人见其禽兽也，而以为未尝有才焉者，是岂人之情也哉？故苟得其养，无物不长；苟失其养，无物不消。孔子曰：'操则存，舍则亡；出入无时，莫知其乡。'惟心之谓与？"

【简析】

恶人和善人有什么不同吗？在根本上也没有什么不同，如果用一句话来概括就是"陷溺其心""放其良心"，就叫作恶人。孟子指出，人变得不好，就像牛山的树木一样，牛山的树木曾经很繁茂。它处在大都市的郊外，常用刀斧砍伐它，还能保持繁茂吗？那山上日夜生长、受雨露滋润的树木，不是没有嫩芽新枝长出来，但牛羊接着又放牧到这里，因此成了那样光秃秃的了。人们见它光秃秃的，就以为这山不曾长过成材的大树，这难道是牛山的本性吗？

在这里，如果陷入简单的思维过程就会认为，牛山及其树木等同于人的本性，大都市的环境，以及人的砍伐、牛羊的破坏不是外在环境吗？继而推导出孟子其实是承认人性变得不好是环境导致的结果。这个思维过程是不符合孟子的思想的。因为如果这样类比，就陷入了告子的思维模式：牛山（性）——"斧斤伐之"（外在环境）导致"恶"。

在这个例子中，大都市的环境，以及人的砍伐、牛羊的破坏都是和人的活动有关的，其实都是人为的结果。孟子的比喻是牛山（仁义之心）—郊于大国，斧斤伐之，牛羊牧之（放其良心），人力的特殊性的改造—濯濯（恶，导致差异性），牛山（仁义之心）—雨露之所润，自然的普遍的生长过程—繁茂（善，人性之同）。

孟子所说的"长"和"消"不只是表面的生命的生长，而更多是在生命的大旅途中的进化和蜕化。比如一个人会从年轻到年老，不需要考虑养的问题，自然就会成长，但却不意味着生命有根本的进步，不意味着道德有进步。如果知道生命的规律，知道生命的根本，并很好地养护生命之根，培育生命的本质力量，那么所有的生命都会成长；如果不能找到生命的根本，没有东西不会消亡、蜕化。对于人而言，生命进化的根本是心。心是"如来"，没有时间，没有出入，即出即入；不知道它最终的故乡在哪里；思考的时候，它显现出来，不思考的时候，它隐身而去。养护就是要养这个心。

【原文】

孟子曰："无或乎王之不智也。虽有天下易生之物也，一日暴之，十日寒之，未有能生者也。吾见亦罕矣，吾退而寒之者至矣，吾如有萌焉何哉？今夫弈之为数，小数也；不专心致志，则不得也。弈秋，通国之善弈者也。使弈秋诲二人弈，其一人专心致志，惟弈秋之为听。一人虽听之，一心以为有鸿鹄将至，思援弓缴而射之，虽与之俱学，弗若之矣。为是其智弗若与？曰：非然也。"

【简析】

缴（zhuó），拴在箭上的生丝绳，这里指代箭。一个人没有智慧，原因很简单，就是不能专心在智慧上面，不能专心致志。其一，智慧是人本来就有的。但是即使天下最容易生长的东西，如果晒它一天，冻它十天，它也不能生长。智慧也是如此，尽管是本来就有的，但是也要有一个好的环境让智慧表现出来。智慧的环境就是肉体感官的环境、大脑的环境，要保持感官环境的健康，让智慧流露出来，使用智慧，依赖智慧，而不是时而用一下，然后就搁置在一旁了。如果只是偶尔关心一下智慧的成长，智慧也是不会成长的。所以一个人要自己关心自己智慧的成长。

其二，就人际交往环境而言，人们不要妨碍别人智慧的成长，否则就会抵消建设的成果。比如孟子说，我见君王的次数很少，我一离开他，那些给他泼冷水的人马上又围上去了，这样，他受我影响刚有的那点善心的萌芽又能怎么样呢？

其三，但最为重要的还是自己的原因，自己要专心，有所要求。好比下棋，下棋作为技艺，是小技艺，不专心致志，就学不到手。弈秋是全国最擅长下棋的人。让弈秋教两个人下棋，其中一人专心致志，一心只听弈秋讲解。另外一人虽然也在听讲，却一心以为有只天鹅要飞来了，想着拿弓箭去射它，虽然他同另一人一起在学，却不如人家学得好，是因为他的智力不如人家吗？当然不是这样。

【原文】

孟子曰："鱼，我所欲也，熊掌亦我所欲也；二者不可得兼，舍鱼而取熊掌者也。生亦我所欲也，义亦我所欲也；二者不可得兼，舍生而取义者也。生亦我所欲，所欲有甚于生者，故不为苟得也；死亦我所恶，所恶有甚于死者，故患有所不辟也。如使人之所欲莫甚于生，则凡可以得生者，何不用也？使人之所恶莫甚于死者，则凡可以辟患者，何不为也？由是则生而有不用也，由是则可以辟患而有不为也，是故所欲有甚于生者，所恶有甚于死者。非独贤者有是心也，人皆有之，贤者能勿丧耳。一箪食，一豆羹，得之则生，弗得则死，呼尔而与之，行道之人弗受；蹴尔而与之，乞人不屑也；万钟则不辩礼义而受之。万钟于我何加焉？为宫室之美、妻妾之奉、所识穷乏者得我与？乡为身死而不受，今为宫室之美为之；乡为身死而不受，今为妻妾之奉为之；乡为身死而不受，今为所识穷乏者得我而为之，是亦不可以已乎？此之谓失其本心。”

【简析】

豆，古代一种盛食物的器皿，形似高脚盘。钟，古代量器，六石四斗为一钟。《孟子》所讲的"欲"，分为"大欲"和"小欲"。"小欲"是要减少的，"大欲"是要发展的。欲求能力在中国古代语言当中包含"欲"和"求"两个方面的能力。在此仅把"欲"作为与"欲求能力"相似的概念范畴，而把"求"看作在实践上促使某事物发生的能力。

关于《孟子》中的"欲"，一般情况下，人们较多地注意到了"心"和"欲"的对立性，而认为孟子实际上否定"欲"和善性之间的关联。要想在人生中达到高等的善，就必须减少"欲"。这一说法不断地被加强。因为孟子讲过"养心莫善于寡欲"（《孟子·尽心章句下》）。人寡欲，不存心的人是少的；人多欲，能够存心的人也是少的。但如果局限在对"欲"的这一阐释上，我们就无法理解"可欲之谓善"（《孟子·尽心章句下》）这一说法。由此看来，我们必须重新梳理孟子对"欲"和"善"的关系的认识。孟子所说的"可欲之谓善"中的"欲"是一种高级的欲求，是与"仁义礼智"四德密切相关的"欲"；而"养心莫善于寡欲"中的"欲"是低级的欲求，是人的各种情欲和功利性"欲求"。前者涉及"心"、善性，而后者涉及"形色"之性。

在孟子看来，有一种超越生死之欲，这就是"取义"。"义"不是一个欲求的对象性的概念，取义不是把义当作对象去追求，而是按照本有的"仁"（路）去行动。

在孟子看来,最根本的"欲"就是对"仁"的"欲":"得其心有道:所欲与之聚之,所恶勿施尔也。民之归仁也,犹水之就下,兽之走圹也。"(《孟子·离娄章句上》)"仁"是"人"的一种必然的使命和责任,人就应该"仁"。

高级的"欲"包含着根本的自律:"无为其所不为,无欲其所不欲,如此而已矣。"(《孟子·尽心章句上》)高级的欲也包含着自我立法:"君子深造之以道,欲其自得之也;自得之,则居之安;居之安,则资之深;资之深,则取之左右逢其原。"(《孟子·离娄章句上》)要把动机严格地限定在能够促使至善发生的条件方面,以道德律为根本的动机:"君子所以异于人者,以其存心也。君子以仁存心,以礼存心。"(《孟子·离娄章句上》)"养心莫善于寡欲"中的"欲"是低级的欲求,是人的各种情欲和功利性"欲求",而后者涉及"形色"之性。《孟子·梁惠王章句上》记载的孟子和梁惠王讨论"欲"的时候,孟子所说的王的大"欲"就是此类:"然则王之所大欲,可知已。欲辟土地,朝秦楚,莅中国而抚四夷也。以若所为,求若所欲,犹缘木而求鱼也。"(《孟子·梁惠王章句上》)

【原文】

孟子曰:"仁,人心也;义,人路也。舍其路而弗由,放其心而不知求,哀哉!人有鸡犬放,则知求之;有放心而不知求。学问之道无他,求其放心而已矣。"

【简析】

孟子说:"仁是人的善心,义是人的正路。放弃了他的正路而不走,丢失了他的善心而不寻找,可悲啊!有人走失了鸡狗还知道去寻找,有人丢失了善心却不知道去寻找。求学请教的道理不在于别的,在于找回他丢失了的善心罢了。"

【原文】

孟子曰:"今有无名之指屈而不信,非疾痛害事也,如有能信之者,则不远秦楚之路,为指之不若人也。指不若人,则知恶之;心不若人,则不知恶,此之谓不知类也。"

【简析】

古希腊哲学精神体现在"认识你自己"这话上了。中国先秦儒家哲学的同样的精神是什么呢？就是"知类"。知道什么是人、人的本质，能够按照人的本质去做事情。而在孟子看来，知类就是识大体。孟子说："如果现在有个人无名指弯曲了不能伸直，虽然既不疼痛也不妨碍做事，但如果有人能使它伸直，那么即使赶到秦国楚国去医治，也不会嫌路远，因为自己的手指不如别人的。手指不如别人，知道厌恶它；心不如别人，却不知道厌恶，这叫不知轻重。"中国哲学讲人的本质，不是抽象的讲法，而是具体的讲法。所谓的知类，还是分成了大体和小体。仅仅关心肉体不算是把握了人的本质，只有把握了人心才算是把握了人的本质。

【原文】

孟子曰："拱把之桐梓，人苟欲生之，皆知所以养之者。至于身，而不知所以养之者，岂爱身不若桐梓哉？弗思甚也。"

【简析】

如何才是爱自己？如何才是真的爱自己？如何才是真正的养身？一个人要想好好地成长，就要知道如何养护自己。一个人如何才算成长起来了呢？内心的成长才是真正的成长，内心的坚定、内心的稳定、内心的自在、内心的自立、内心的满足都是重要的标志。

【原文】

孟子曰："人之于身也，兼所爱。兼所爱，则兼所养也。无尺寸之肤不爱焉，则无尺寸之肤不养也。所以考其善不善者，岂有他哉？于己取之而已矣。体有贵贱，有小大。无以小害大，无以贱害贵。养其小者为小人，养其大者为大人。今有场师，舍其梧槚，养其樲棘，则为贱场师焉。养其一指而失其肩背，而不知也，则为狼疾人也。饮食之人，则人贱之矣，为其养小以失大也。饮食之人无有失也，则口腹岂适为尺寸之肤哉？"

【简析】

身体有重要部分和次要部分，有小的部分和大的部分。不能因为保养了小的部分而损害了大的部分，不能因为保养了次要部分而损害了重要部分。只保养小的部分的，是小人；能保养大的部分的，是君子。

【原文】

公都子问曰："钧是人也，或为大人，或为小人，何也?"孟子曰："从其大体为大人，从其小体为小人。"曰："钧是人也，或从其大体，或从其小体，何也?"曰："耳目之官不思，而蔽于物。物交物，则引之而已矣。心之官则思，思则得之，不思则不得也。此天之所与我者。先立乎其大者，则其小者不能夺也。此为大人而已矣。"

【简析】

进行理性选择，勿以小害大。"官，精神所在也"。[①]"心，君，主官者也。"[②]"心"直接表现出来，澄明出来就是"思"，思的时候，就发现心（"存""得"）；心不表现出来、自我遮蔽、自我逃逸的（"不得""亡"）的时候，就表现为"不思"。其中的一种自我逃逸的方式，不思的方式就表现为耳目的功能被遮蔽。

公都子问道：都是人，为什么有小人和大人之分呢？孟子说，大体左右了人生，一个人的言行表现出来大体的特点，就是大人；相反，小体左右了人生，一个人的言行表现出来的是小体的特点，就是小人。公都子又问：同样是一个人，怎么会表现为大体或者小体的不同的特点呢？

孟子回答说：一个人有感官，有心灵。感官的功能是心灵的工具，靠着心灵感官才会发挥作用。但是感官很多时候都会忘记，以为自己就有认知的功能，过于自大，纷纷向外寻求，缺乏自觉，结果感官和心灵就被外物蒙蔽了。心灵变成了一种物和外物的互相感应，没有了自觉，没有了道德反省的能力，生命就会失去安稳的可能性。这个时候就会去追求欲望和身体的满足，这个时候小体的需要就会左右自己人生，这就是顺从小体。但是心灵也有自觉的力量，自觉的力量表现出来就是思考，这个时候心灵的道德自觉的力量就出现在人生中，成为一种决定性的力量，这就是从其大体。

其实，在表现为"从其小体"的时候，心灵的德性的自觉是被遗忘了的，没有表现出来，是处在抑制的状态，所以只要有自觉，让德性的心灵自行解蔽就可以了。所以"小人"也是可以转化成"大人"的。

---

① 李学勤主编《十三经注疏·孟子注疏》，北京大学出版社，1999，第314页。
② 李学勤主编《十三经注疏·孟子注疏》，北京大学出版社，1999，第315页。

养生之秘诀是以大养小。"先立乎其大者，则其小者不能夺也。此为大人而已矣。"（《孟子·告子章句上》）大人不是没有小体的需要，只是被大体主宰了而已。德性心灵本身就有"操则存，舍则亡"的特征，所以大人的心也是会表现为"思"和"不思"的状态，表现为出场和离场。但是不管出场和离场都能左右人生的大局，规定人生的道德方向。发展人的善性的秘诀就是先立其大。也就是说，只要积极的、健康的方面不断地增长，消极的、否定的方面的作用就很难显现出来。一个大人不是没有口腹之欲了，没有饮食了，身体还是要照顾。但是不因为要照顾身体而损害了心灵的积极的、健康的发展。

孟子区分了两个系列，其中一个系列是"形色"、"小体"、耳、目、口、鼻、四肢及其对象和不同的"小体"之间构成的关系。"耳目之官不思，而蔽于物。物交物，则引之而已矣。"（《孟子·告子章句上》）耳、目、口、鼻、四肢对应的是声、色、味、臭、安逸。"从其小体为小人。"（《孟子·告子章句上》）"小体"之间的事实性关系是父子、君臣、宾主、贤愚、夫妻等等。基于这一事实性的关系构成的等级性范畴是人间的人爵、人禄、人位（富、贵、名）等。从西方哲学的观点来看，这是一种主体的感性存在和感性的关系，是感官的王国。

在孟子思想当中的另一个系列的范畴是心、思、性、善、天、命、大体、仁、义、礼、智、道等等。孟子认为"从其大体为大人"（《孟子·告子章句上》）。那么什么是人的"大体"呢？"孟子曰：大人者，不失其赤子之心者也。"（《孟子·离娄章句下》）"大体"就是赤子之心、本心，就是仁义礼智。"人之有四端而自谓也，犹其有四体也。……凡有四端于我者，知皆扩而充之矣，若火之始然，泉之始达。"（《孟子·公孙丑章句上》）"大体"是己、身、我、心、性和天："万物皆备于我矣，反身而诚，乐莫大焉"；"尽其心者，知其性也。知其性，则知天矣。存其心，养其性，所以事天也。夭寿不贰，修身以俟之，所以立命也"（《孟子·尽心章句上》）。

【原文】

孟子曰："有天爵者，有人爵者。仁义忠信，乐善不倦，此天爵也；公卿大夫，此人爵也。古之人修其天爵，而人爵从之。今之人修其天爵，以要人爵；既得人爵，而弃其天爵，则惑之甚者也，终亦必亡而已矣。"

【简析】

人有两种地位：天爵和人爵。人有相对于自己的内心的个人存在地位，也有相对于社会的存在地位，还有相对于自然和宇宙空间的存在地位。人相对于自然和宇宙空间的存在地位是如何获得的呢？在孟子看来，就是从相对心灵的地位那里获得的。孟子给天爵所下的定义其实只是一个枚举，其深入一点的含义，或者说抽象的含义还要通过理论抽象来拓展。"仁义忠信，乐善不倦，此天爵也。"（《孟子·告子章句上》）人只要深入了内心的善性，做到仁义忠信，并且好善不倦，保持持续精进，那就会获得相对于天的地位。什么是"人爵"呢？"公卿大夫，此人爵也"，抽象地讲，人爵就是人在社会关系中，相对于他人所拥有的比较好的地位，包括政治地位、经济地位和文化地位等。孟子说："有天爵，有人爵。仁义忠信，乐善不倦，这就是天爵；公卿大夫，这些是人爵。"那么，"天爵"和"人爵"二者是什么关系呢？"天爵"的地位更重要一些，并且在修养"天爵"的时候，没有任何功利之心，全心全意为了"天爵"，完全是价值合理性的行为；但是在这种情况下，价值合理性的行为自然而然地符合了工具合理性，自然而然地可以获得功利性的价值，获得人在社会中的好的地位。孟子说，古代的人修养他的天爵，而人爵就随天爵来了。天爵有这个好处，但是如果一开始就抱着追求人爵的目的，抱着一颗功利的心才去修养德性是不行的，最终人爵没有道德保障和道德力来平衡，自然就会失去。孟子说："现在的人修养天爵，是用它来获取人爵；一旦得了人爵，就丢弃了他的天爵。那实在是太糊涂了，最终他的人爵也一定会丧失的。"

【原文】

孟子曰："欲贵者，人之同心也。人人有贵于己者，弗思耳矣。人之所贵者，非良贵也。赵孟之所贵，赵孟能贱之。《诗》云：'既醉以酒，既饱以德。'言饱乎仁义也，所以不愿人之膏粱之味也；令闻广誉施于身，所以不愿人之文绣也。"

【简析】

这里回答了人的尊贵的问题。赵孟，即赵盾，字孟，春秋时晋国正卿，掌握晋国的实权，因而他的子孙后来也称赵孟。"既醉以酒，既饱以

德"出自《诗经·大雅·既醉》，是周代祭祖时祭辞中的两句。今人高亨
认为"德"字当作"食"，古"德"字作"悳"，与食形近而误（说见其
《诗经今注》）。想要尊贵，这是人们共同的心理。有求贵之心，是一件好
事情。这个心可以使人向上。但是仅仅有求高贵的心还不够，还要知道如
何才能使得自己高贵。

因为拥有社会的经济地位，拥有社会的政治地位，拥有名声和学问在
很多人看来是高贵的。有钱、有权、有貌、有名是很多人追求的高贵，但
这不是真正的高贵。为什么呢？其一，这非"良贵"。这种高贵不是最好
的，高贵不是人本来就拥有的，也不是完全由个人的努力来实现的，不是
人的良知良能。其二，因为这些高贵是人在社会关系中的角色，因此要受
到社会关系运行的制约，有别人给予的成分在内。其三，高贵和低贱相伴
而成，并且互相转化，失得相伴。别人给予的尊贵，不是真正的尊贵。赵
孟给予了一个人尊贵，也能使他低贱。不仅如此，其实赵孟本身的高贵也
是别人给予的。其四，社会关系的高贵其实是有人性的基础的，这个基础
就是仁义的高贵。

还有一个属于人自己的高贵，这个高贵就是"良贵"，作为良知良能
的高贵。其一，这个高贵是人人都有的可尊贵的东西，不会因为人的社会
角色、人的社会地位增加或减少。其二，这个高贵，只是不去想到它，就
会发现，不去想就会忽略，但这个高贵本身永远都不会丢失。其三，这个
高贵能够使人得到根本的满足，比拥有社会地位还要满足。其四，这个高
贵可以保护自己，不再去追求社会的高贵。仁义满足了，所以就不羡慕别
人的美味佳肴了；仁义已经使得内心充满荣誉感，感到光荣和伟大，仁义
已经使得内心的名声的追求得到了满足，所以就不羡慕别人的锦绣衣
裳了。

【原文】

孟子曰："仁之胜不仁也，犹水胜火。今之为仁者，犹以一杯水救一
车薪之火也；不熄，则谓之水不胜火，此又与于不仁之甚者也，亦终必亡
而已矣。"

【简析】

这是一个水与火之辨。仁一定会胜不仁，但是要有一定的力量，要到

一定的量，否则就会带来相反的结果。

【原文】

孟子曰："五谷者，种之美者也，苟为不熟，不如荑稗。夫仁，亦在乎熟之而已矣。"

【简析】

荑，即稊，稗类植物。仁在人这里，还处于种子的状态，也需要使它成熟。

【原文】

孟子曰："羿之教人射，必志于彀；学者亦必志于彀。大匠诲人必以规矩，学者亦必以规矩。"

【简析】

彀，把弓拉满。高明的工匠教人手艺，一定要用圆规和曲尺，学手艺的人也一定要使用圆规和曲尺。善不会否定规矩技巧。道德修养就要遵守相应的规矩。就像学习技术和从事其他事情一样，每个领域都有自己的规矩。遵守相应的规矩，才能培养起相应的能力。

《荀子》

【导读】

荀子（约前313—前238），名况，字卿，战国末赵国人。游学齐国稷下，任稷下学宫祭酒。后遭谗适楚，楚相春申君用为兰陵令。春申君死而荀卿废，因家兰陵，嫉浊世之政，发愤著书数万言而卒。

《荀子》，又名《荀卿新书》《孙卿子》。唐代杨倞重排篇次，新编目录，分为二十卷，改题为《荀子》，其名其制遂相沿至今。光绪年间，王先谦撰为《荀子集解》。

《性恶》节选①

【原文】

人之性恶，其善者伪也。今人之性，生而有好利焉，顺是，故争夺生而辞让亡焉；生而有疾恶焉，顺是，故残贼生而忠信亡焉；生而有耳目之欲，有好声色焉，顺是，故淫乱生而礼义文理亡焉。然则从人之性，顺人之情，必出于争夺，合于犯分乱理而归于暴。故必将有师法之化，礼义之道，然后出于辞让，合于文理，而归于治。用此观之，然则人之性恶明矣，其善者伪也。

---

① 《荀子》，方勇、李波译注，中华书局，2011，第375—382页。

　　凡性者，天之就也，不可学，不可事；礼义者，圣人之所生也，人之所学而能，所事而成者也。不可学、不可事而在人者谓之性，可学而能、可事而成之在人者谓之伪。是性、伪之分也。今人之性，目可以见，耳可以听。夫可以见之明不离目，可以听之聪不离耳，目明而耳聪，不可学明矣。

　　所谓性善者，不离其朴而美之，不离其资而利之也。使夫资朴之于美，心意之于善，若夫可以见之明不离目，可以听之聪不离耳，故曰目明而耳聪也。今人之性，饥而欲饱，寒而欲暖，劳而欲休，此人之情性也。今人饥，见长而不敢先食者，将有所让也；劳而不敢求息者，将有所代也。夫子之让乎父，弟之让乎兄，子之代乎父，弟之代乎兄，此二行者，皆反于性而悖于情也。然而孝子之道，礼义之文理也。故顺情性则不辞让矣，辞让则悖于情性矣。用此观之，然则人之性恶明矣，其善者伪也。

　　凡礼义者，是生于圣人之伪，非故生于人之性也。故陶人埏埴而为器，然则器生于工人之伪，非故生于人之性也。故工人斫木而成器，然则器生于工人之伪，非故生于人之性也。圣人积思虑，习伪故，以生礼义而起法度，然则礼义法度者，是生于圣人之伪，非故生于人之性也。若夫目好色，耳好声，口好味，心好利，骨体肤理好愉佚，是皆生于人之情性者也，感而自然，不待事而后生之者也。夫感而不能然，必且待事而后然者，谓之生于伪。是性、伪之所生，其不同之征也。故圣人化性而起伪，伪起而生礼义，礼义生而制法度。然则礼义法度者，是圣人之所生也。故圣人之所以同于众，其不异于众者，性也；所以异而过众者，伪也。夫好利而欲得者，此人之情性也。假之人有弟兄资财而分者，且顺情性，好利而欲得，若是则兄弟相拂夺矣；且化礼义之文理，若是则让乎国人矣。故顺情性则弟兄争矣，化礼义则让乎国人矣。

　　凡人之欲为善者，为性恶也。夫薄愿厚，恶愿美，狭愿广，贫愿富，贱愿贵，苟无之中者，必求于外；故富而不愿财，贵而不愿势，苟有之中者，必不及于外。用此观之，人之欲为善者，为性恶也。今人之性，固无礼义，故强学而求有之也；性不知礼义，故思虑而求知之也。然则生而已，则人无礼义，不知礼义。人无礼义则乱，不知礼义则悖。然则生而已，则悖乱在己。用此观之，人之性恶明矣，其善者伪也。

直木不待檃栝而直者，其性直也；枸木必将待檃栝烝矫然后直者，以其性不直也。今人之性恶，必将待圣王之治，礼义之化，然后皆出于治，合于善也。用此观之，然则人之性恶明矣，其善者伪也。

【简析】

荀子与孟子关于"性"的概念不同。荀子所言之"性"，是人"生而有好利"，"饥而欲饱，寒而欲暖，劳而欲休"，"目可以见，耳可以听"。孟子之"性"的概念也包括这一点，不过是小体之性，是感官及其需要，每个人都有共同性。孟子认为这个部分应叫作"命"，不叫作"性"，尽管其中也有"性"。就是因为这是天生的，不能改变，所以不叫作"性"。荀子则称其为"性"，有抬高其在人生中地位的倾向，但在后面的价值评价中却予以贬低。

荀子对这部分内容进行了"恶"的评价，而孟子没有明确对人生中的小体进行价值评价，只是强调立大体，从而赋予小体明确的价值指向。而荀子之所以认为其是"恶"的，主要是从社会管理和其导致的社会后果的角度来看的，"必出于争夺，合于犯分乱理而归于暴"。

至于人的另一部分内容，孟子理解的是大体，荀子理解的是"师法之化，礼义之道"，是"圣王之治，礼义之化"，是"辞让"，是"思虑之求"，是"伪"，是"积思虑，习伪故"，是"强学"，是"檃栝烝矫"，是"工人之伪"。显然，荀子认为善是"师法之化，礼义之道"，是"圣王之治，礼义之化"，是"辞让"。如何才能达到这样的善呢？荀子认为通过加工改造，具体就是"积思虑，习伪故"，"强学"。这样的看法和孟子不同，孟子理解的"思"不是思虑之思，而是对"四端之心"的追求。孟子反对通过加工达到善，或者出于一个工具性的目的把人造就成为善。

《道德经》

【导读】

关于老子为何人，大约有三说。其一为老聃，姓李，名耳，字伯阳，楚国苦县厉乡曲仁里人，孔子曾问礼于老子。其二为老莱子，楚人，与孔子生活在同一时期。其三为太史儋，与秦献公同时代。

《老子》有多种版本。1993 年，湖北荆门郭店楚墓出土了郭店简本《老子》，墓主生活在战国中期。关令尹本，即《史记·老子韩非列传》所记载的关令尹喜请老子所著书上下篇五千余言，这是传世通行本的祖本。20 世纪 70 年代马王堆汉墓发现的帛书本。魏晋时期王弼注本，即现通行本。

《道德经》节选①

【原文】

道生一，一生二，二生三，三生万物。万物负阴而抱阳，冲气以为和。（《道德经》四十二章）

天下万物生于有，有生于无。（《道德经》四十章）

无名，天地之始；有名，万物之母。故常无欲，以观其妙；常有欲，以观其徼。此两者，同出而异名。同谓之玄，玄之又玄，众妙之门。（《道

---

① 见（魏）王弼《道德真经注》，《道德经集释》，中国书店，2015，第211—276 页。

德经》一章节选）

谷神不死，是谓玄牝。玄牝之门，是谓天地根。绵绵若存，用之不勤。（《道德经》六章）

故失道而后德，失德而后仁，失仁而后义，失义而后礼。（《道德经》三十八章节选）

【简析】

尽管对《道德经》进行概念式的说明有局限，但这也是阅读这个文本所需要的。《道德经》的基本范畴及其逻辑结构可以概括为：道——一（众妙之门，谷神，天地根，德）—二（无，天地之始，仁；有，万物之母，义）—三—万物（阴阳和合，万物化生，礼）。如果把这一逻辑结构视为一种解释假设，就可以认为，"道"字是直接讲"道"，而一、二、三、万物则是间接地体现"道"。《道德经》的每一篇章，往往会选取其中的某一个或两到三个环节来阐释"道"，展现出一种表达的高度合理性。这种合理性，有如帝网天珠，有如月印万川，层层无尽，无逻辑的机械，而有逻辑的严谨，富有生机与活力，具有无穷之奥秘。

在这里，首先探讨"道"字本身对解释"道"的意义的作用。在唐力权看来，"道"是核心语言，是泰古语言，是中国语言里最具有涵盖性、代表性且含义最丰富的核心语言。[①] "道"最早出现在《尚书》中，其含义是开凿一条河道导引河流，以免河水泛滥。"道"字由两个部分组成——首和足，象征人的整体。"道"就像一个完整的人。所以，道就是人，人就是道。人是走在特定道路上的人，道通过人的求道来显现。但道的真正显现是通过"善为道者"这样的人来实现的。"道"本来指的是身心合一的完整的人，这是"道"的泰古原意，这种意义上的"道"又叫作"道体"。

如果按照这两个部分来分析"道"，一是首（头），其可能的意指对象如下：（1）暗指"道"与人的头部有对应关系，道与人的关联的本质部分在头部，把握"道"也要通过头部的思考。（2）首先（foremost），根本的

---

① 参见唐力权《周易与怀德海之间——场有哲学序论》，辽宁大学出版社，1997，第195—196页。

价值归宿。（3）方向、导向。"首"的这一成分暗含的"引领"（to lead）的意思就是"给出方向"（to give a heading）。"导"（to lead forth）这个词原初就具有动名词性、过程性和能动性，如一个导向（a leading forth）。（4）教导（teachings）、言说（to put into words）、解释（to explain）。"首"暗示人走路依赖于视觉和听觉，依赖于思考。"道"有言说的意思。

二是足或脚。它象征着"经过"、"道"（road）、路（path）。道就是行进于此世界（moving ahead in the world）、勉力前行（forging a way forward）、开创新路（road building）。"道"就是开辟道路（way-making），引申为方法（method）、方式（way）、道义（doctrines）和技艺（art）。

《道德经》中有一部分内容是用"道"字来描述"道"本身的特征的，这可以称之为"大道"。大道如何显现？从人和万物的关系，尤其是成道者那里可以透射出大道。大道是最不显眼的，也是最遥远的，而我们这些终有一死的人终生栖留于其中。

"大道"即是开辟道路本身，从未脱离道路开辟的过程。大道之所以成就其宏大，正在于它是万物最终的归属。这种归属的实现，既需要万物与大道之间道路的畅通，也仰赖大道自身向我们敞开。道路既是通达的载体，也是通向那与我们相关并朝我们延伸之存在的指引。人与存在者虽形态各异，本质上却是具有根本同一性的道路：万物皆为道路的显现。大道作为生成所有道路的本源，"万物"即道路的具体形态，"道"与"万物"在本体层面构成生发关系。大道朝我们延伸，我们得以行于其上——存在者所在之处，必有其与大道贯通的联结。因此，大道既是统摄所有道路的终极道路，又是生成所有道路的母体。万物经历"逝"之远行、"远"之漫游，终将完成"返"之归根，正是这种周行不殆的运动，彰显着大道真正的宏大。

大道开辟道路是通过"道说"来完成的。人成为能够运用语言的存在者，根本依据就在于"大道"。道生一，一生二，二生三，三生万物。此"生"从道向万物的运动角度来看，是一种"失"，"失道"然后是"德"。人作为语言活动中的言说者与语言的本质也是一种"失去"的关系。但人之能够说，是由于人归属于道说，听从于道说，从而能够跟随着去道说一个词语。语言作为寂静之音说。大道在生成万物中运作，大道就与成道密切关联。道路的本质就是成道，成道与道路密不可分。人和道说之间包含着道说的"有与无"的环节，所以要求首先做到沉默和能听，顺从道说而听。只有这样，人才可以成为大道居有的人。

【原文】

视之不见名曰夷，听之不闻名曰希，搏之不得名曰微。此三者，不可致诘，故混而为一。其上不皦，其下不昧。绳绳不可名，复归于无物。是谓无状之状，无物之象，是谓惚恍。迎之不见其首，随之不见其后。执古之道，以御今之有。能知古始，是谓道纪。（《道德经》十四章）

载营魄抱一，能无离乎？专气致柔，能婴儿乎？涤除玄览，能无疵乎？爱民治国，能无知乎？天门开阖，能为雌乎？明白四达，能无知乎？生之，畜之。生而不有，为而不恃，长而不宰，是谓玄德。（《道德经》十章）

昔之得一者，天得一以清，地得一以宁，神得一以灵，谷得一以盈，万物得一以生，侯王得一以为天下贞。（《道德经》三十九章节选）

【简析】

关于《道德经》中的"一"，可以通过分析道生论来把握。《道德经》四十二章说："道生一，一生二，二生三，三生万物。"从词句可知，"一"在"道"和"二"之间，"一"和"道"、"二"、"三"、"万物"的关系是通过"生"连接在一起的。"有"与"无"同出，说明出于"一"，这就是"玄"，"一"同出"有"和"无"，从这个角度看，"一"是"众妙之门"。这个"众妙之门"从另一个层面来看就是"玄牝之门"。"玄牝之门"是"天地根"，有"天地根"才有"天地之始"和"万物母"，才有"万物"。也就是说有了"天地根"才有"无"和"有"。这个"天地根"自然是对"一"的另一种说明。"谷神"就是"一"。就"一"要生"二"而言，可以说"一"是"不死"，或者说此"生"并不会使"一"死，不会使"一"不再内在于"二"和"三"、"万物"之中，万物还本体地具有此不死的"谷神""一"。"玄牝之门"是生天生地生万物之门，只有道才有生天生地生万物的功能。"玄牝之门"就是"道"的门，也是天地万物复归于道的门。无论是天地或人，都从大道中得到滋养，从而"清""宁""灵""生""正"。"道"通过此"门"生养万物，万物通过此门回到"道"，"道"和"一"密不可分，但"一"还不是"道"，只是"道"经由"一"生天地万物的"门"。

关于"一"的哲学内涵，可以参照海德格尔《同一律》的论述。这是海德格尔在 1957 年所做的一次演讲，他在演讲中对"一"的哲学阐释包含了《道德经》中"一"的基本逻辑环节。通过老子和海德格尔的互证，《道德经》中"一"的哲学意义得以有效开显。

"一"是"存在者"的"同一性"。"一"生"万物"后"不死"，说明万物具有此"一"。用现代哲学语言表述，"一"是万物的本体，或者说万物间具有一种根本的"同一性"，或者说万物是其所是，万物与其本身具有统一性。海德格尔把"一"理解为存在者的"同一性"。但这种"同一性"不是一般形式逻辑理解的"同一性"，而是由于归属于"道"而具有的共同性。如果借助"生"的逻辑环节来表达，就是"道"与"存在者"具有同一性。

"谷神"可以借助海德格尔"同一性"的"呼求"来理解。海德格尔揭示的"一"的哲学经验是："无论我们在何处和如何对待哪一类型的存在者，我们都感到自己已被同一性所呼求（angesprochen）。倘若这一呼求（Anspruch）不说话，那么存在者就决不能在其存在中显现。"①"一"是由于"万物"属于"道"而具有的共同性。"共"是从"属"中得到规定的，需要从"属"那里来体验这种"共"。此共属关系从"道生一，一生二，二生三，三生万物"的环节链条来看，贯通了万物（存在者）与"二"和"三"，在"二""三""万物"之间存在。因"一"、"二"、"三"及"万物"皆统属于"道"而获得根本共性，这种由同属"道"所赋予的"共"性，使得"二""三""万物"之间始终维系着本源性的关联。这种关系决定了"二"与"三"、"万物"之间可以相互转让，从而具有"相互归属"的关系。这种"共属"决定了"相互归属"。

在《道德经》中，"道""一""二""三""万物"之间的关联是用"生"来说明的。生是"自生"还是"他生"？从"道"向"有"和"万物"的运动角度看，"道"和"有"的"生"的关系在《道德经》中有一处说明，这就是"生而不有"。海德格尔用"让共属"和"本有"这样的概念奇妙地把《道德经》中"生"的哲学意境讲了出来。"让共属"叫作本有。"让共属"使得"道"的"生"具有一种逼索的特性。"生"的相

---

① 孙周兴选编《海德格尔选集》（上），上海三联书店，1996，第 648—649 页。

互性基础是"门"，门具有进出的功能，但如果主人在家，进入的前提是允许进入。这一点，海德格尔表述为"座架"。"得一"大致相当于"进入同一性的本质来源处"。"抱一"的目的是实现一种跳跃，跳跃到"道"的"本有"中。

《庄子》

【导读】

　　庄子（约前369—前286），名周，宋国人，与梁惠王、齐宣王同时代，年轻时曾任漆园吏。其生平事迹见《史记·老子韩非列传》。《庄子》中的《外物》《山木》《秋水》《列御寇》《徐无鬼》等篇记载了庄子的言行活动。现存《庄子》分内篇、外篇、杂篇三大部分。关于《庄子》的作者问题，学界一般认为内篇为庄子自著，外篇、杂篇为庄子后学所作，或说外篇、杂篇为庄子与后学之著混合在一起，或说外篇、杂篇为后学的不同派别所作。

《逍遥游》①

【原文】

　　北冥有鱼，其名为鲲。鲲之大，不知其几千里也。化而为鸟，其名为鹏。鹏之背，不知其几千里也；怒而飞，其翼若垂天之云。是鸟也，海运则将徙于南冥。南冥者，天池也。

　　《齐谐》者，志怪者也。《谐》之言曰："鹏之徙于南冥也，水击三千里，抟扶摇而上者九万里，去以六月息者也。"野马也，尘埃也，生物之以息相吹也。天之苍苍，其正色邪？其远而无所至极邪？其视下也，亦若

---

　　①　选自陈鼓应注译《庄子今注今译》（上），中华书局，1983，第1—31页。

是则已矣。

　　且夫水之积也不厚，则其负大舟也无力。覆杯水于坳堂之上，则芥为之舟。置杯焉则胶，水浅而舟大也。风之积也不厚，则其负大翼也无力。故九万里，则风斯在下矣，而后乃今培风；背负青天而莫之夭阏者，而后乃今将图南。

【简析】

　　《逍遥游》通常被认为是《庄子》中较早的作品，大多数学者认为该篇为庄子本人所作。除了个别段落可能为后人增补外，全文一气呵成，层层递进，通过神话、寓言等形式，隐喻地表达了深刻的哲学思想。《逍遥游》提出了一个价值理想和目标，并通过隐喻叙事的方式展开理性论辩。其哲学辩论以形象化、情节性的方式完成，同时运用哲学概念和哲学说理，表现出独到的哲学智慧。《逍遥游》有三个主要的逻辑环节。第一节大致可以分为五个层次，它们之间具有一定的内在逻辑关系。首先是关于鲲鹏的故事。从这个文本来看，其中有几个要素：鲲、鹏；北冥、南冥；培风、六月息；等等。这和《圣经》对创世的描述有很大的不同，也和西方哲学主客体的思维逻辑有很大的不同。在这里，鲲鹏和北冥、南冥、培风、六月息等是一个有机的整体。对鲲鹏这一"主体"而言，北冥与南冥并非单纯的"客体"存在，而是构成其生命运动的关联性场域，"培风""六月息"虽然可以归结为"条件"，但也需要用中国哲学的思维来理解这种条件，在这里不是假设性的条件。下面对这个故事中几个要素的哲学寓意进行分析。

　　其一，鲲鹏的哲学寓意。《逍遥游》开篇即言"北冥有鱼"，"有"是《庄子》哲学思想展开的开端。这里的"有"没有时间性。这种鱼名为"鲲"。《逍遥游》一开头选择鲲鹏与《庄子》一书的整体思想有关。关于"鲲"，《尔雅》解释为"鱼"。明末方以智在《药地炮庄》中指出，鲲本来指小鱼，庄子用于指代大鱼。学者们认为，庄子以"鱼"开篇，意味深长。鱼，在《春秋》中常与民意相系，民众受扰犹如虎衔鱼，暗含弱小易遭吞噬之意。作为繁衍力极强的生物，鱼可象征婚恋生殖。鲲本指细小鱼卵（最小者），然《庄子》独指巨鱼（最大者），暗合至大即至小、至小即至大之理。昆含兄长、众多之意，故鲲虽为独立个体，却蕴含群体特质，兼容独特性与共同性。也有学者认为，"鱼"是读者的象征。"鱼"的意象可以起到沟通读者和作者的作用。

"鱼"是象征万物本性的意象，也可以指发现了本性的人或万物。这就是《道德经》中所说的"善为道者"，或者"上士闻道，勤而行之"，或者"亲而誉之"等等那样的人。《逍遥游》的主题正是人如何通过本性实现自我转化。之所以这样讲，是因为"鱼"是一种自由自在的生物，暗指我们的本性就像鱼一样自由。"鱼"是可以被人捉住的生物，这说明每个人可以找到属于自己的那条鱼。这两方面结合起来，便是"善为道者"。"鱼"代表不受拘束的自由、再生的力量，喻指和谐、富庶、文艺卓越。

在这一节中另一个重要的用语是"化"。在本篇中，鱼通过自然之道化而为鸟，鱼拥有自我转化为其他生物的能力。这象征着人的自我转化，或者本性的自我转化。"化"的结果是"鹏"。"鹏"是一种群居的大鸟。鸟也是自由之生物，但其自由度更大，且能飞，象征自由与超越。鱼靠自力实现了自由与超越。由"鱼"到"鹏"，生命的自由度更大，表明生命的生死大化就是一个自由不断扩展的过程。万物的转化是自我完成的，既无明显的外在诱因，亦非源于自身的不满足感。这似乎表明，并非缺陷造就了世界；无论满足与否，生命都要服从于大化的流行，完成自身的变化。

其二，海运、六月息的哲学寓意。转化有外在的时间条件。大的宇宙环境是海运、海风动。海运是自然的时机，是大道的自我变化，是成道的时机，是天地开合的玄枢。其哲学意境与"天地开，贤人出；天地闭，贤人隐"相同。

"去以六月息者也。"之所以可以"去"，可以离开原来的环境，到一个新的环境，是因为"六月息"乃年中阴阳转换之机，亦即一年过半时令更迭所引发的阴阳二气消长之势。《易经》以"六爻"象征事物发展的一个周期。根据阴阳消长理论，六月是阳气发展的顶点，自六月起，阳气开始逐步消退，阴气随之逐渐增长。《圣经》也讲道，上帝创世到第七天就休息了。生命或环境变化的关键转折阶段通常出现在第六个月。

其三，野马、尘埃和天之苍苍的哲学寓意。从价值论来看，《逍遥游》肯定一种高等的价值和价值观。《齐谐》对此做了进一步说明："《齐谐》者，志怪者也。""怪"显示出了另一种价值的独特性。小动物笑话大动物是因为价值观不同，高等的价值观是在低等的价值观中显示出自身的价值的。"下士闻道，大笑之，不笑不足以为道。"（《道德经》四十一章）

以圣人的大智慧和大追求来看，"无极之外，复无极也"（《庄子·逍遥游》）。从高等价值观来看低等的价值观，"其远而无所至极邪？其视下也，亦若是则已矣"（《庄子·逍遥游》）。大鹏俯瞰下方，所见正是这般光景。在这些阐释中，最能直接表明《庄子》论说落脚点的当数价值论解读。

大鹏因翱翔于高空，方得窥见天地之本色。此本色既是苍茫浩渺、高远无极之天色，亦是生命本质的底色——生命本应依存的原初环境与精神家园。

唯有此时，大鹏方能洞察尘世生活的本质。常识的智慧与世俗生活如同野马尘埃，当生命活动被造化的力量所扰动，便丧失自性，幻化出纷繁的人生万象。

关于"野马"的释义，或解为天地间游动之气，或释为浮尘。虽野马确属尘埃范畴，但文本将二者并举，暗示着形态差异：野马乃气与尘埃凝聚运动形成的动态形象，宛如野马奔腾之状。

野马是一个形象化的用语。实际的野马没有教化，十分野蛮；气体变化形成的野马是幻影，它漂浮不定，没有生命的根基。尘埃微小，没有价值。奔腾的尘埃遮住了阳光和光明，蒙蔽人的心灵。

野马和尘埃，一动一静，说明动静都是"生物的主人"（生物）自然无心无为的变化（息）导致（吹）的结果。

如果大鹏没有飞到高处，那么就只能看到野马和尘埃般的生活。同样，如果没有一个恰当的形而上学立场，没有神秘的洞见发生，只是局限于常识的视域，也只能看到尘埃般的生活。只有当大鹏鸟振翅高飞，才能真切感知自我存在，才能洞察真正的生存境遇，从而让心胸与视野同时变得开阔。

从下往上看，只能看到尘土，还要从上往下看。人借助形而上学的立场可以实现从上往下看。常识观念是从下往上看，从内往外看。形而上学则要从上往下看，从外往内看。什么叫作形而上学？"在每一种哲学思想的背后都有作为其存有信托之本的形上姿态——一个哲学家在面对宇宙人生时所采取的基本看法或态度。其实，形上姿态不是只有哲学家才有的。

每一个有思想的人都有作为其思想和行为方式的最后根据的形上姿态。甚至每一个社会、民族或文化也都可以说有作为该社会、民族或文化的存有之本的形上姿态。这个集体的形上姿态所代表的乃是一部分人类所赖以安身立命的智慧之道或生命精神。"[1]

其四，培风和背负青天的哲学寓意。"培"，意思是重、乘、益；"培风"，意为凭借风或增益成倍的风力。如果水不够深，那么就无法承载大船。在堂前的洼地倒一杯水，放一根小草当作船，放上一个杯子就沉下去了，这是水太浅的缘故。风力如果不够强，那么就无法托起大鹏巨大的翅膀。大鹏能够飞九万里，凭借的是不断厚积的风，风托举大鹏鸟翱翔青天而无阻碍，才能飞往南海！

生命在大化过程中，实际上存在一个界限。一面是上，一面是下；一面是超越，一面是堕落；一面是进步，一面是退步。脚下是风，头顶是青天。

主体发生转化或转换的直接条件是"培风"。这个在下面的风是尘风。大鹏要想飞到南海，不能在尘风之内，要在尘风之上，在内就会成为野马、尘埃，就会障碍重重。

其五，北冥到南冥的哲学寓意。转化的结果是居住地的变化：由北冥到南冥。《道德经》以川谷之于江海喻道生万物，又以水善利万物而不争喻道之德性。道的境域在于北冥和南冥。北冥，指北海。有人将"冥"解释为"黑暗"，同"溟"。这是一个造化之地。整体上来看，居住在大道中的人的本性，随着大道的变化而自我转化，此即"物化"之意。转化亦即成道。这一段隐喻可以在哲学上做出如下阐释。

从北冥到南冥的本体论或生成论转化。有"有"，就必然有"化"。这是从形而下场域向形而上境域的天道升华，由有限界域跃迁至永恒无限维度。北冥据《易》理当对应先天坎乾之位，或阴柔的、被遮蔽的地方。"南冥"即天池，象征敞开的地方、高级的地方。

有学者从认识论的角度将"北冥"到"南冥"的转化理解为从无知的黑暗之地到有知之中，即由遮蔽转到澄明。澄明是一种大知，即"无知之知"。存在两类"不知"：其一为原初性的不知（认知能力的根基），恰如

① 唐力权：《周易与怀德海之间——场有哲学序论》，辽宁大学出版社，1997，第8页。

独处时鲜少觉察自身存在，唯在遭遇痛楚或冲突时方生自觉；其二为"无明"式的蒙昧无知。当认知欲求萌动时，原初的"不知"能力被激活，存在意识由此显发。北冥至南冥的转化，正隐喻着从"无明"的混沌状态向"高等无知"（自觉接纳认知界限）的超越历程。

从道德论、人性论的角度来看，"北冥"到"南冥"的转化是从情性自然到自由和幸福的目的地——天池。北冥的隐喻是玄溟大道，鲲的隐喻是大道体中孕育的"大圣胚胎"。关于"冥"，《庄子·天地篇》解释道："致命尽情，天地乐而万事销亡。万物复情，此之谓混冥。"据此，"冥"即万物复归本真之境，北冥便是生命尽性存真之地。而鹏徙南冥，则标志着向更高自由（天池）的超越。

【原文】

蜩与学鸠笑之曰："我决起而飞，抢榆枋而止，时则不至而控于地而已矣，奚以之九万里而南为？"适莽苍者，三餐而反，腹犹果然；适百里者，宿春粮；适千里者，三月聚粮。之二虫又何知！

【简析】

这是一个关于蜩、学鸠的隐喻。蝉和小鸟讥笑大鹏说："我尽力而飞，碰到榆树和檀树就停下来。有时飞不上去就落回地面，何必要飞九万里而往南海去呢？"

蜩与学鸠象征着渺小的学者、怀疑主义者，以及用狭隘眼光观察世界的常人庸众，他们如同缺乏想象力的政治小人物。这类存在者通过喋喋不休的发声来确证自我——不论是故作镇静的絮语还是令人烦闷的低吟，本质上都是认知局限者的"长舌"特质。从认识论维度看，他们遵循常识法则认知世界，属于庄子所言"小知不及大知"（《逍遥游》）中的"小知"者：既具备世俗认知能力，又囿于经验而缺乏创造性理解的小智者。

从生存境域来看，这类生命局限于狭小的世俗生活范围，没有开阔的眼界，生活在形下世界。"小年不及大年。"（《庄子·逍遥游》）小年，即小的生命存在时间；大年，即大的生命存在时间。在庄子看来，最大的生命尺度是"道"，真正的小尺度是世俗生活的尺度。

从道德层面看，这类生命固守道德法则而缺乏深刻反思，是庸人。在《庄子》中，这类人及其代表的价值是低等级的，代表了低等的价值。"此

小大之辩也。"(《庄子·逍遥游》)

大鹏高飞需凭大风，喻示生命欲顺应大环境之变，必先依托环境本身的时运条件（即"大风"），同时更需主体自觉的积累——庄子所谓"三月聚粮"（《逍遥游》）。"三餐"可解为三餐之备，然结合"适千里者，三月聚粮"的完整语境，释作长期储备更为恰切。这种准备机制折射出价值转换的内在逻辑：正如赴郊野者备三餐即返，腹犹果饱；行百里者须储隔宿之粮；适千里者则需三月之蓄。认知层级的跃升同样需要相应积累。蜩与学鸠无法理解的，恰是这种超越性的精神储备——既包含高远的价值图景，亦需系统的方法论支撑。

【原文】

小知不及大知，小年不及大年。奚以知其然也？朝菌不知晦朔，蟪蛄不知春秋，此小年也。楚之南有冥灵者，以五百岁为春，五百岁为秋；上古有大椿者，以八千岁为春，八千岁为秋，此大年也。而彭祖乃今以久特闻，众人匹之，不亦悲乎！

【简析】

这里将朝菌、蟪蛄、众人和冥灵、大椿、彭祖进行了对比。朝菌、蟪蛄、众人，顺应自然变化而生命短暂；冥灵、大椿、彭祖，顺应自然变化而长寿。《逍遥游》把它们进行比照是为了说明"小知不及大知，小年不及大年"。

这个故事显示了两种不同的价值观。每个事物都有自己的时间尺度，并依此来衡量生命的长短、寿夭。每个事物都是按照自身的生命尺度存在的，这种生命节奏不仅塑造其生存方式，更自然形成该类属的价值标尺。当不同维度的生命相互参照时，方知九霄之外更有重霄。那么，究竟哪个尺度才是终极尺度呢？《逍遥游》在这里只是提出了一个问题，并未断言冥灵、大椿、彭祖的尺度是最好的，而是要人们去寻找更大尺度下的生命，让生命焕发光彩。这个最终的"大"在后文有明确的说明。紧接着是两种价值观的对话。

【原文】

汤之问棘也是已：

汤问棘曰："上下四方有极乎？"

棘曰："无极之外，复无极也。穷发之北有冥海者，天池也。有鱼焉，其广数千里，未有知其修者，其名为鲲。有鸟焉，其名为鹏，背若太山，翼若垂天之云，抟扶摇羊角而上者九万里，绝云气，负青天，然后图南，且适南冥也。斥鴳笑之曰：'彼且奚适也？我腾跃而上，不过数仞而下，翱翔蓬蒿之间，此亦飞之至也。而彼且奚适也？'此小大之辩也。"

【简析】

"汤之问棘"这一段被认为是后人增补的，非庄子本人所作。但这段文字依然有其意义，其核心在于突出两种价值观的差异及其对话的张力。汤隐喻浩瀚无垠的极大境界，棘则隐喻如针尖般极致的微小存在。通过极大与极小的问答形式，形成了两种价值观的鲜明对照。

【原文】

故夫知效一官，行比一乡，德合一君而征一国者，其自视也亦若此矣。而宋荣子犹然笑之。且举世而誉之而不加劝，举世而非之而不加沮，定乎内外之分，辩乎荣辱之境，斯已矣。彼其于世未数数然也。虽然，犹有未树也。夫列子御风而行，泠然善也，旬有五日而后反。彼于致福者，未数数然也。此虽免乎行，犹有所待者也。

若夫乘天地之正，而御六气之辩，以游无穷者，彼且恶乎待哉！

故曰：至人无己，神人无功，圣人无名。

【简析】

《逍遥游》确立了一种绝对的本体论指向与价值旨归："至人""神人""圣人"。何谓大？何谓小？《逍遥游》通过层层递进的价值比较，揭示最高层次的价值境界在于无我、无己、无功。所谓"知效一官"的"知者"，其才智足以胜任某一官职；"行比一乡"的"德者"，其行为能顺应一乡之俗情；而那些忠诚能干的官员则困囿于社会推崇的价值体系之中。这三类人物完全顺从社会一般的价值取向，并努力和他人保持一致，缺乏独立的价值反思能力。

超凡脱俗的人物（不受社会舆论和道德习俗束缚，能区分内外差别的人），如宋荣子（约前400—前320，稷下早期人物），能够做到世人都夸赞他却不沾沾自喜，遭受非议也不感到沮丧。他能认定内我和外物的分际，辨别光荣和耻辱的界限。他并没有热衷去追求世俗的声誉。虽然如此，他仍有不足之处。宋荣子虽对世俗价值有所超越与反思，展现了价值观上的独立性，但其超越中仍有"我"的执念，因而难免偏执一端。

如列子这般的仙人乘风游行，轻盈飘逸。旬有五日而后返，对求福之事未尝汲汲营求。这般虽可免于徒行，终究有所凭依。此虽为远离世俗价值观之态，然未能臻于和光同尘之境，亦未能充分体认世俗价值之合理所在。

至人、圣人、神人则体现了绝对价值。至人无我，故能逍遥于一切境遇；神人无功，故能超脱外物束缚；圣人无名，故不为声名所累。非凡与平凡之界限，至此俱已超越。

【原文】

尧让天下于许由，曰："日月出矣，而爝火不息，其于光也，不亦难乎！时雨降矣，而犹浸灌，其于泽也，不亦劳乎！夫子立而天下治，而我犹尸之，吾自视缺然。请致天下。"

许由曰："子治天下，天下既已治也。而我犹代子，吾将为名乎？名者，实之宾也。吾将为宾乎？鹪鹩巢于深林，不过一枝；偃鼠饮河，不过满腹。归休乎君，予无所用天下为！庖人虽不治庖，尸祝不越樽俎而代之矣。"

【简析】

这是尧让天下于许由的故事。至人、圣人、神人所代表的价值就是"尽性"的价值。首先《逍遥游》通过尧和许由的对话，说明至人无己、圣人无名，并进一步揭示两种事物及其价值序列的不可替代性。

尧，儒家道德圣王的代表。许由隐喻接近道的人。"庖人"，指做饭的人，具体工作的人，可以为人提供物质利益的人。"尸祝"，指祭祀的人，即通过仪式为人们提供精神慰藉的人。

"尧让天下于许由"，表示尧想要把世俗价值让渡给"得道"所代表的价值，在庄子看来，这是不可以的。世俗价值不能"购买""得道"的价值。

尧把许由比作"日月"和"时雨"，把自己比作"爝火""浸灌"，认为有了"日月"和"时雨"，还去"爝火""浸灌"就太"难"和"劳"了，认为许由可以治理天下。在庄子看来，这是不现实的。

庄子借许由之口表达的观点是，名实关系中实是主要的，是主体，而名是次要的，是客体。尧已经把天下治理好了，如果再有人来当天下之主，就是有名无实。另外把"得道"的价值和治理天下的价值比较来看，治理天下的价值顶多是"名"，而"得道"的价值才是"实"。

许由的另一个理由是"鹪鹩巢于深林，不过一枝；偃鼠饮河，不过满腹"。许由自比"鹪鹩""偃鼠"。"鹪鹩"是什么呢？说法不一，如"桃雀""工雀""女匠"等，"好深处而巧为巢也"。[1] 在这里，"深林"相当于"天下"，"深处"也就是隐藏得很深，得道的许由在"天下"很小心地得到自己生活的空间，并且从社会上索取得很少，只要有维持基本生活的必需品就可以了。从这个角度来看，许由自然不会接受尧的"美意"，因为那将把自己"曝光"于"天下"，必然要去获得比基本需要还多的利益，将会让自己陷入危险的境地。"偃鼠""常穿耕地中行"。[2] 许由自比"偃鼠""常穿耕地中行"，也就是说在"天下"这个大"田"中所取的东西是有限的。

"予无所用天下为"，不应理解成强势的主体语境，而应该理解为主体在世界出场的语境，也就是"我"对于天下是没有用的。至人无己，以成其大。这种大是大环境，自适之大，自足之大，平凡中的伟大。对于高等价值的代表许由来讲，天下对他也是没有用的。

庖人虽不治庖，尸祝不越樽俎而代之。许由也不能代替尧来治理天下，不同的价值观，不同价值系列的事物都有其自身的价值，要保持适当的价值宽容。万物的主宰者不能代替管理者处理事务。

【原文】

肩吾问于连叔曰："吾闻言于接舆，大而无当，往而不返。吾惊怖其言，犹河汉而无极也，大有径庭，不近人情焉。"

连叔曰："其言谓何哉？"

"曰：'藐姑射之山，有神人居焉。肌肤若冰雪，绰约若处子；不食五谷，吸风饮露；乘云气，御飞龙，而游乎四海之外。其神凝，使物不疵疠而年谷熟。'吾以是狂而不信也。"

---

① （清）郭庆藩：《庄子集释》，王孝鱼校点，中华书局，2004，第25页。
② （清）郭庆藩：《庄子集释》，王孝鱼校点，中华书局，2004，第25页。

连叔曰："然！瞽者无以与乎文章之观，聋者无以与乎钟鼓之声。岂唯形骸有聋盲哉？夫知亦有之。是其言也，犹时女也。之人也，之德也，将旁礴万物以为一，世蕲乎乱，孰弊弊焉以天下为事！之人也，物莫之伤，大浸稽天而不溺，大旱金石流、土山焦而不热。是其尘垢秕糠，将犹陶铸尧舜者也，孰肯分分然以物为事。"

【简析】

《逍遥游》通过肩吾和连叔的对话，转述接舆讲的故事来说明尽性之大。肩吾，隐喻与道并列、缺乏内在联系的人，拘泥于常识经验的人。所以肩吾不能理解接舆的话，认为接舆的话"大而无当"，"往而不返"，"不近人情"。连叔，隐喻与道相关联的次一级存在。连叔具有解释学上的独特地位，能够回溯并阐释不同经验系统，既可解析神秘经验，也能阐释常识经验。接舆，隐喻接近道的人。接舆的话显然有一定的"大话"特征。

接舆说了什么呢？在遥远的姑射山上，住了一个神人，不吃五谷，吸清风，饮露水，乘着云气，驾着飞龙，遨游于四海之外。其精神凝聚，使万物不受灾害，谷物丰熟。

姑射山上的神人，是对得道的人的形象化描述。他的肌肤有若冰雪般洁白，容貌有如处女般柔美。也就是说得道的人有一些特征，如皮肤比较干净，气质更加纯洁，人更加真实。风露、云气等都是道的滋养，也就是说得道的人在饮食方面不主要依赖"五谷"，而是从道中得到滋养。"御飞龙""游乎四海之外"是说得道的人的心智完全超脱世俗。"其神凝，使物不疵疠而年谷熟"是说得道的人的价值是很大的，其精神凝聚可以使万物不受灾害，谷物丰熟。

连叔进一步阐释了这个神人的哲学意蕴。其一，无明的人看不见高等事物的价值。"瞽者无以与乎文章之观，聋者无以与乎钟鼓之声。岂唯形骸有聋盲哉？夫知亦有之。"其二，高等价值事物具有本体论层面的超越性、独立性与一体性。这类事物的生存论本质体现为万物与"一"的有机统一，其根本在于体悟"道"之整全性。"之人也，之德也，将磅礴万物以为一，世蕲乎乱，孰弊弊焉以天下为事！"（《庄子·逍遥游》）从道德维度观之，高等价值事物的德性特质在于其能泽被万物。

高等事物及其价值是不会受到伤害的。"之人也，物莫之伤，大浸稽天而不溺，大旱金石流、土山焦而不热。"

尧舜所代表的价值不过是高等事物及其价值的尘垢秕糠。"是其尘垢秕糠，将犹陶铸尧舜者也，孰肯分分然以物为事。"从价值论来看，高等事物看似无功却实有大功，无用之用恰为实用之根基。《逍遥游》从有之转化开始，落脚于"用"，重点是人生价值的终极追问。

【原文】

宋人资章甫而适诸越，越人断发文身，无所用之。

【简析】

《逍遥游》用几个故事说明无用之用的价值及其在认识论和方法论层面的实现方式。首先是宋人卖帽的隐喻。宋国人到越国贩卖帽子，然而越人剪光头发，身刺花纹，用不着它。"越人"，既可以指现实中的越国人，也可以理解成隐喻性的"超越的人"。对于超越的人而言，一切是淳朴自然的，是和真我在一起的，不用伪装的身体面对人。帽子有礼仪功能、美化作用和实用价值，但帽子是人为的东西。对宋人有价值的东西，对越人却是没有用的。"用"具有相对性，世俗的价值并不是普遍有效，不是放之四海而皆准。

【原文】

尧治天下之民，平海内之政，往见四子藐姑射之山，汾水之阳，窅然丧其天下焉。

【简析】

尧忘天下。这里重点谈有用无用的价值问题，但也包含了一定的道德论、认识论和本原论的思考。对宋人有价值的事物，在另外一个主体和价值体系之中就变成了无价值的事物；当尧还未领悟道时，他把治理天下视为生命的最高价值，而在拜见了得道之士以后，则不再把原来的价值目标视为重要理想。庄子以此申明，无用之有大用。

这里表明了价值的差别性和等级性。就道德论而言，宝贵的礼帽具有特定隐喻功能，其价值体现在：那些被普遍认为有用的礼仪、习惯和道德，若置于更高价值维度审视，实则属于较低层次。道德价值的终极依据，恰恰蕴含于这种更高维度的价值体系之中。就认识论而言，人们日常尊崇的价值认知，不过是拾取了几顶遗落的礼帽。

【原文】

惠子谓庄子曰："魏王贻我大瓠之种，我树之成而实五石。以盛水浆，其坚不能自举也；剖之以为瓢，则瓠落无所容。非不呺然大也，吾为其无用而掊之。"

【简析】

惠施、庄子与大瓠。惠子从魏王那里得到"大瓠之种"，种植之后获得重达五石的果实，但因果实太大，不能盛水，不能做瓢，觉得没用，便把它打碎了。

就事物的本原或者本体而言，此种子暗喻大道之种，是万物的道性、善根本性、先天的认识能力、事物的根本价值依据。

此大道之种的果实就是大瓠，大瓠被打碎了，暗指道性的裂变、分化和具体化。

为什么产生这样的裂变呢？是因为惠子觉得这个大瓠没有用，价值的差异是有认识论和方法论根源的。庄子用"蓬之心"来说明价值差异的认识论根源。蓬心，指心灵茅塞不通，不全，不是一个整体，有漏洞。庄子通过"蓬心"的隐喻揭示，价值判断的狭隘性源于认知主体未能以"道通为一"的整体性思维观照万物，仅从实用维度衡量存在意义，忽视了事物在自然本性中蕴含的无限可能性。

【原文】

庄子曰："夫子固拙于用大矣。宋人有善为不龟手之药者，世世以洴澼絖为事。客闻之，请买其方以百金。聚族而谋曰：'我世世为洴澼絖，不过数金。今一朝而鬻技百金，请与之。'客得之，以说吴王。越有难，吴王使之将。冬，与越人水战，大败越人，裂地而封。能不龟手一也，或以封，或不免于洴澼絖，则所用之异也。今子有五石之瓠，何不虑以为大樽而浮乎江湖，而忧其瓠落无所容？则夫子犹有蓬之心也夫！"

【简析】

"大瓠之种"与"不龟手之药"是对同一对象的不同隐喻。道性和本性是最高的免疫系统，既是一种生理膏药，也是一种心理膏药、道德膏药、生存膏药，是万物的本体和本原，蕴含万物的认识能力和道德能力。它具有巨大的价值，能够保证人的基本生存和发展，是人本有的生命力量和保护力量。它是每个人都有的珍宝，是生存的根本前提。

但每个人对身体和心灵本性的理解和运用并不相同。宋人没有发现自家宝贝的最大价值，在精于算计的理性思维驱使下（以"卖膏药"为隐喻），把此膏药卖给了客人。"洴澼绖"得到"数金"，相当于"福报"。

"吴王"就是"无我之王"。"无我之王"才能真正领会不龟手之药的价值。"吴王"面临双重磨难：一是作为"有我""有功"之人，需在尘世中磨炼，恪守市场交换之法则，由此积累超越有我的资粮——不龟手之药便是明证；二是作为"无我"的主人，完成道的使命，忍受道的逼索，借助不龟手之药完成超越。

吴王靠"不龟手之药"打败了越人。如果把"越"理解为隐喻性的"超越"，那就是说超越的逼索、逼迫，使生命不能停滞于一处，需要不停地进化，不停地前进，不停地超越。这种超越性诉求，实则是对"自我执念"的消解，要求主体突破固有形态的桎梏。吴王如何化解这种逼迫的危机呢？正靠"不龟手之药"。人本质上都追求超越，亦时时刻刻体会超越的逼索，但是人并不会自觉认知这一点。

客人把药卖给了吴王，这个客人因而得到了封地的奖赏。一个人如果了解什么叫"无我"，也就是认识到所谓"我"的存在本质上是暂寄的旅者，是流转的"外乡人"。"客人"需要把自己的一切献给"无我"的价值。客人深谙"不龟手之药"的奥义，将其奉献给至高无上的价值准则，即隐喻吴王的"无用之用"与"无王之王"，以此消解了"有我"所引发的心灵困境，完成对自我执念的超越（暗合越人之喻），最终实现最高价值并建立功业（对应战争胜利与封赏的象征）。

"无我""无己"方能达到无功之功。这种转化是通过理解的行动而达到的。人类通过自身的认知能力实现自我转化，必须以超越那种平庸短视、只顾眼前利益而出卖核心价值的思维定式之境界来思考。

【原文】

惠子谓庄子曰："吾有大树，人谓之樗。其大本拥肿而不中绳墨，其小枝卷曲而不中规矩。立之涂，匠者不顾。今子之言，大而无用，众所同去也。"

庄子曰："子独不见狸狌乎？卑身而伏，以候敖者；东西跳梁，不辟高下；中于机辟，死于罔罟。今夫斄牛，其大若垂天之云。此能为大矣，而不能执鼠。今子有大树，患其无用，何不树之于无何有之乡，广莫之野，彷徨乎无为其侧，逍遥乎寝卧其下。不夭斤斧，物无害者，无所可用，安所困苦哉！"

【简析】

最后是大树、大牛、狸狌的隐喻。大树因为不中绳墨，不中规矩，大而无用。大牛"不能执鼠"。狸狌用尽心智机巧，追求看得见、摸得着的有用的利益和价值，结果陷入网中而死。庄子劝导应该把无用的大树树之于"无何有之乡""广莫之野"，逍遥地寝卧其下，"不夭斤斧，物无害者，无所可用，安所困苦哉！"庄子最后点明了最高的价值就是逍遥于形而上的人生境界。

《逍遥游》透射出了本篇主题：逍遥游。人们在解释"道"的时候指出，"道"是消散于水，徘徊、忘记时间，强调时间中的旅程、时间历程。"遥"是遥远，摇动于空间之中，强调空间中的旅行、空间历程。"游"既如旗帜飘扬般自在，又蕴含交游、游历的生命互动。

关键在于确定"游"的主体和范围，如此才能确定本篇的主题。"游"字在《庄子》中占有很大的比重，在专门研究之后才能对其进行恰当的说明。在此仅就本篇提供的信息进行说明。从文中的逍遥游涉及的主体来看，主要是人。游的主体是人，包括肉体和精神。在《逍遥游》的三个逻辑环节中都有描述逍遥游。其一，至人、神人、圣人"若夫乘天地之正，而御六气之辩，以游无穷者，彼且恶乎待哉！"其二，藐姑射之山之神人"乘云气，御飞龙，而游乎四海之外"。其三，庄子劝导惠施"今子有大树，患其无用，何不树之于无何有之乡，广莫之野，彷徨乎无为其侧，逍遥乎寝卧其下"。由此可以看出，逍遥的地点不是形而下的世界，而是形而上的世界。逍遥就是生活在那里，游就是到达那个逍遥的地方。

该怎样解读《逍遥游》的哲学思想呢？人们做了各种各样的尝试：神话的、宗教的解读，文学和审美的解读，宇宙创造论的解读，认识论的解读等。但最根本的一点是，《逍遥游》讲的是两种不同的人生状态、生存状态，两种不同的人生价值、人生理想，两种不同的人格特征。全文通过两种人格的对比论证了"至人"、"神人"、"圣人""以游无穷"，逍遥于"无何有之乡""广莫之野"是如何可能的问题。《道德经》的核心话题围绕着"古之善为道者"（《道德经》十五章）而展开。这一话题和《道德经》是一致的。每一种人格和生存状态，庄子都用一系列人物或者物品代表。每一个代表都有不同的哲学意义。《逍遥游》重在阐明一种价值哲学，但在阐明这种人生价值时，包含一定生成论、认识论和道德论、人性论的前提。只不过这些论说是通过一系列隐喻的故事来完成的。

《逍遥游》提供了两个明显的人生价值的隐喻系列。其中人生之"小"的系列是：蜩、学鸠（朝菌、蟪蛄、棘、征一国者）、尧、肩吾、尧舜（秕糠）、惠施与大瓠、宋人与不龟手之药、惠子与大树（隐含了狸狌）。人生之"大"的系列是：鲲、鹏（冥灵、大椿、彭祖、汤、宋荣子、列子）、许由、连叔、接舆、藐姑射之山之神人、越人、庄子与大瓠、客人与不龟手之药、庄子与大树（隐含了牛）。

《逍遥游》追求的人生价值理想是无大、无小、又大又小的终极：至人、神人、圣人。至人、神人、圣人的哲学意义往往是在前两者对比时通过肯定后者来显现。但不能完全把至人、神人、圣人等同于后者，否则会认为《庄子》第一篇和第二篇没有逻辑关系或者逻辑上是矛盾的。

在《逍遥游》的第一个逻辑环节中，蜩、学鸠、朝菌、蟪蛄、棘、征一国者对应鲲、鹏、冥灵、大椿、彭祖、汤、宋荣子、列子，二者之差别与对立明显。其结论点出主题：至人、神人、圣人。在第二个环节中，通过尧和许由的故事说明两种价值和人生状态各自的合理性和不可替代性，表现出庄子对社会事物宽容的理解和自然主义的理解。其后又进一步通过尧、肩吾与连叔、接舆、藐姑射之山之神人的对应关系说明尧等所代表的事物及其价值是由前者决定和赋予的。这里点出了更高的价值是另一种低的价值的基础，点出了无用之用的价值。这与《道德经》"故有之以为利，无之以为用"（《道德经》十一章）所表达的思想是一致的。《逍遥游》在第三个逻辑环节中则讲了六个左右无用之用的故事。但原本对立的价值形态转化为同一事物在不同认知维度中的差异化呈现，其中有同也有异。这也就能够说明下一篇为什么叫作《齐物论》了。

　　《逍遥游》阐述了人生的归宿、人的价值目标是逍遥游，其主题是自我转化和如何成就真己。《逍遥游》是《庄子》一书的第一篇，理应得到最高的重视。但事实并非如此，第二篇《齐物论》往往得到高度重视，被认为是《庄子》一书中最重要的一篇，人们对两篇的关系也缺乏系统的理解。第一篇的哲学论辩和理性说明是隐藏在故事之中的，突出了故事性、情节性；第二篇论证的色彩很浓厚。在《逍遥游》所进行的论辩中所运用的概念主要是一与万物、大知、小知、大年、小年、无何有之乡等。《齐物论》中运用的概念则大大拓展了，其在意识层面展开逻辑论证，但论证的内容是第一篇的延续，内容依然是直接发生的、原本的、直觉的意识过程，只不过在逻辑上论证了万物"道通为一"之后，说明了差别、对立的万物如何在"一"的基础上完成了多样性的转化。"三"到"二"到"一"的转换如同梦与醒的转换一般自然而然。

　　从哲理上看，《逍遥游》对"至人""神人""圣人"的描述，对"至人"、"神人"、"圣人""以游无穷"，逍遥于"无何有之乡""广莫之野"是如何可能的问题的回答，包含丰富的哲学意涵。但由于表达方式的隐喻性，有些哲学解释多少带有解释学的色彩。在逻辑上可以假定包含如下方面：本体论、本原论和宇宙创生或生成论层面；道德论、人性论层面；认识论层面；价值论层面。

　　一是逍遥游的认识论。游就是悠然自在，无所挂碍，精神的自由解放，精神桎梏的解除。

　　二是逍遥游的本性论或道德论。逍遥游就是对自由本性的回归，对扭曲天性的批判。逍遥游表现出一种个体性、主动性、轻松性。游者处于固定的和游无止境的交替循环的存在方式之中。游者是特殊的个体。漫游虽然促使个性发展，却也导致个体孤立；但正是这种孤立状态，反而更需要彼此团结协作。游者通过支配与占有的实践，最终实现对自由境界的终极追求。

　　三是自由的价值论。逍遥游强调形而上的世界——"无何有之乡"具有最高的价值。

　　四是逍遥游的形而上学的宇宙论、自由的宇宙论。宇宙和生命是一场漫长的旅行。《逍遥游》给人一种自由、活动、不固定、充满动荡又极富安稳的意境，这种意境包含多种哲学的阐释学价值。

　　《逍遥游》重在阐明一种价值哲学，但在阐明这种人生价值时，包含一定的本原论或者是本体论、认识论和道德论、人性论的前提，或者说，包含更多的哲学根据的论说。在《逍遥游》中，这种论说是通过一系列隐喻的故事来完成的。其中虽然也借助一定的概念范畴来说明，但概念范畴没有成为其主要的说明问题的语言框架。在其他篇章，庄子进一步对这一价值理想进行了哲学概念性的说明。《逍遥游》所肯定的最高价值具有绝对性而非"有对"性，并不仅仅是对世俗价值的超越，高等的价值要在无我、无己的基础上实现并完成。《齐物论》进一步从本体论和认识论、方法论等角度说明了这一点。

《管子》

【导读】

　　管子（？—前645），名夷吾，字仲，谥号敬，故又称管敬仲，颍上人。初事齐公子纠，后经鲍叔牙推荐，被齐桓公任命为卿，尊称"仲父"，辅佐齐桓公执政达四十年。其生平事迹见《史记·管晏列传》和《国语·齐语》，亦散见于《管子》中的《大匡》《中匡》《小匡》诸篇。根据今本《管子》中保存的刘向《叙录》，刘向在校订《管子》时，共得564篇，去其重复，得86篇，现存76篇。《管子》一书作者难以确定，一般认为该书主要记述了管子的思想。

《内业》节选[①]

【原文】

　　凡物之精，此则为生。下生五谷，上为列星。流于天地之间，谓之鬼神。藏于胸中，谓之圣人。是故民气，杲乎如登于天，杳乎如入于渊，淖乎如在于海，卒乎如在于己。是故此气也，不可止以力，而可安以德；不可呼以声，而可迎以音。敬守勿失，是谓成德。德成而智出，万物果得。

　　是故圣人与时变而不化，从物而不移，能正能静，然后能定。定心在

---

　① （唐）房玄龄注，（明）刘绩补注《管子》，刘晓艺校点，上海古籍出版社，2015，第326—330页。

中，耳目聪明，四肢坚固，可以为精舍。精也者，气之精者也。气，道乃生，生乃思，思乃知，知乃止矣。凡心之形，过知失生。

形不正，德不来，中不尽，心不治。正形摄德，天仁地义，则淫然而自至。神明之极，昭乎知，万物中，义守不忒。不以物乱官，不以官乱心，是谓中得。有神自在身，一往一来，莫之能思。失之必乱，得之必治。敬除其舍，精将自来。精想思之，宁念治之。严容畏敬，精将至定。得之而勿舍，耳目不淫，心无他图。正心在中，万物得度。道满天下，普在民所，民不能知也。

我心治，官乃治。我心安，官乃安。治之者心也，安之者心也，心以藏心，心心之中又有心焉。彼心之心，音以先言，音然后形，形然后言，言然后使，使然后治，不治必乱，乱乃死。精存自生，其外安荣，内藏以为泉原，浩然和平，以为气渊。渊之不涸，四体乃固。泉之不竭，九窍遂通。乃能穷天地，被四海。中无惑意，外无邪菑。心全于中，形全于外。不逢天菑，不遇人害，谓之圣人。

【简析】

作者指出，物体背后有个本体或者本原性的根据，即"精"与"气"，"精"是对"气"的细微属性的描述，故而可以代替"气"。"气"是五谷、列星、鬼神、圣人的内在根据。作者对"气"的感受包含两个层面：其一，当人拥有此"气"时便会产生"卒乎"之感即崇高感，内心充满满足、自信与归属感；其二，犹如融入大海般柔润自由。气兼具光明与幽暗之性，有的时候让人感觉敞亮，有时候又让人感觉幽暗，有时候能把握，有的时候不好把握。该如何把握这种"气"呢？把握这种"气"有什么好处呢？作者认为要靠德、音来把握，如果敬守就会成德，从而产生智慧。作者在这里详细说明了气是如何生思、知的，并强调了气和知之间的矛盾关系。形正，心静，将心思全部集中在精气上面，让心宁静下来，不想其他，不多用耳目，"心全于中，形全于外"，就会带来内在和外在的利益。

《心术上》节选①

【原文】

德者，道之舍，物得以生。生知得以职道之精。故德者，得也。得也者，其谓所得以然也。以无为之谓道，舍之之谓德。故道之与德无间，故言之者不别也。间之理者，谓其所以舍也。义者，谓各处其宜也。礼者，因人之情，缘义之理，而为之节文者也。故礼者，谓有理也。理也者，明分以谕义之意也。故礼出乎义，义出乎理，理因乎宜者也。法者，所以同出，不得不然者也。故杀僇禁诛以一之也，故事督乎法，法出乎权，权出乎道。

【简析】

这段话似是对"故失道而后德，失德而后仁，失仁而后义，失义而后礼"（《道德经》三十八章）的进一步说明。从德与道的关系来看，德是对道的"得"的意思；对道而言，德则是道的"舍"。这个解释的新意，是引入了"理"，这就为说明礼和法奠定了基础，为法找到了一个道家式的形而上学根据。"理"就是说明道舍弃自身成为德的道理。道既然舍弃自身成为德，就由普遍变成了特殊，自然就存在如何将自身寓于特殊性事物之中的问题，义就是说道合宜地存在于万物之中。礼则是对人而言的，从人的道舍弃自身成为德的义理这个形而上学的根据出发，因人之情，并对人情有所节制。法亦基于此理，依据人的义理，禁制人情，权衡利弊得失。

---

① （唐）房玄龄注，（明）刘绩补注《管子》，刘晓艺校点，上海古籍出版社，2015，第267页。

《墨子》

【导读】

　　墨子（约前468—前376），名翟，鲁国人（一说宋国人），墨家创始人。《墨子》是阐述墨家思想的著作，一般认为由墨子的弟子及其后学记录、整理、编纂而成。《汉书·艺文志》著录《墨子》共有71篇，现存53篇。《墨子》分两大部分：一部分记载墨子言行，阐述墨子思想，主要反映了前期墨家的思想；另一部分《经上》《经下》《经说上》《经说下》《大取》《小取》等6篇，一般称作"墨辩"或"墨经"，着重阐述墨家的认识论和逻辑思想，还包含许多自然科学的内容，反映了后期墨家的思想。清孙诒让的《墨子间诂》可作为参考。

《墨子》节选①

【原文】

　　故子墨子置立天之，以为仪法，若轮人之有规，匠人之有矩也。今轮人以规，匠人以矩，以此知方圜之别矣。（《天志下》）

　　是故子墨子之有天之，辟人无以异乎轮人之有规，匠人之有矩也。今夫轮人操其规，将以量度天下之圜与不圜也，曰："中吾规者，谓之圜；不中吾规者，谓之不圜。"是以圜与不圜，皆可得而知也。此其故何？则

---

　　①　见谭家健、孙中原注译《墨子今注今译》，商务印书馆，2009，第16—196页。

圜法明也。匠人亦操其矩，将以量度天下之方与不方也，曰："中吾规者，谓之方；不中吾矩者，谓之不方。"是以方与不方，皆可得而知之。此其故何？则方法明也。故子墨子之有天之意也，上将以度天下之王公大人为刑政也，下将以量天下之万民为文学、出言谈也。观其行，顺天之意，谓之善意行；反天之意，谓之不善意行。观其言谈，顺天之意，谓之善言谈；反天之意，谓之不善言谈。观其刑政，顺天之意，谓之善刑政；反天之意，谓之不善刑政。故置此以为法，立此以为仪，将以量度天下之王公大人、卿、大夫之仁与不仁，譬之犹分墨白也。是故子墨子曰："今天下之王公大人、士君子，中实将欲遵道利民，本察仁义之本，天之意不可不顺也。顺天之意者，义之法也。"（《天志中》）

是故子墨子言曰："戒之慎之，必为天之所欲，而去天之所恶。"曰："天之所欲者何也？所恶者何也？天欲义而恶其不义者也。何以知其然也？"曰："义者，正也。何以知义之为正也？天下有义则治，无义则乱，我以此知义之为正也。然而正者，无自下正上者，必自上正下。"（《天志下》）

曰："顺天之意者，兼也；反天之意者，别也。兼之为道也，义正；别之为道也，力正。"曰："义正者何若？"曰："大不攻小也，强不侮弱也，众不贼寡也，诈不欺愚也，贵不傲贱也，富不骄贫也，壮不夺老也。是以天下之庶国，莫以水火、毒药、兵刃以相害也。若事上利天，中利鬼，下利人，三利而无所不利，是谓天德。故凡从事此者，圣知也，仁义也，忠惠也，慈孝也，是故聚敛天下之善名而加之。是其故何也？则顺天之意也。"曰："力正者何若？"曰："大则攻小也，强则侮弱也，众则贼寡也，诈则欺愚也，贵则傲贱也，富则骄贫也，壮则夺老也。是以天下之庶国，方以水火、毒药、兵刃以相贼害也。若事上不利天，中不利鬼，下不利人，三不利而无所利，是谓之贼。故凡从事此者，寇乱也，盗贼也，不仁不义，不忠不惠，不慈不孝，是故聚敛天下之恶名而加之。是其故何也？则反天之意也。"（《天志下》）

既以天为法，动作有为，必度于天，天之所欲则为之，天所不欲则止。然而天何欲何恶者也？天必欲人之相爱相利，而不欲人之相恶相贼也。（《法仪》）

今天下之士君子之欲为义者，则不可不顺于天之意矣。（《天志下》）

曰："顺天之意何若？"曰："兼爱天下之人。何以知兼爱天下之人也？

以兼而食之也。"（《天志下》）

日：且夫义者，政也。无从下之政上，必从上之政下。（《天志上》）

顺天意者，义政也；反天意者，力政也。然义政将奈何哉？子墨子言曰："处大国不攻小国，处大家不篡小家，强者不劫弱，贵者不傲贱，多诈者不欺愚。此必上利于天，中利于鬼，下利于人。三利无所不利，故举天下美名加之，谓之圣王。力政者则与此异，言非此，行反此，犹倖驰也。处大国攻小国，处大家篡小家，强者劫弱，贵者傲贱，多诈欺愚。此上不利于天，中不利于鬼，下不利于人。三不利无所利，故举天下恶名加之，谓之暴王。"（《天志上》）

子墨子言曰："必立仪。"言而毋仪，譬犹运钧之上而立朝夕者也，是非利害之辩，不可得而明知也。故言必有三表。何谓三表？子墨子言曰："有本之者，有原之者，有用之者。"于何本之？上本之于古者圣王之事。于何原之？下原察百姓耳目之实。于何用之？废以为刑政，观其中国家百姓人民之利。此所谓言有三表也。（《非命上》）

【简析】

之所以选择这些段落，是出于整体把握墨子思想体系的考虑。墨子是先秦比较注重按照逻辑假设和概念推理的方式表达自己的思想的学者。从这些段落可以看出，墨子哲学思想的首要范畴是"天"，而对"天"的内涵，墨子一开始并没有直接揭示，而是在逻辑论证的末尾才表达出来。"天"和"天之意"具有"仪法"的方法论功能，是用来衡量事物的方圆的度量标尺。方圆也就是墨子所说的"方法"和"圆法"。

那么，这个标尺衡量什么呢？具体包括三个方面的内容。其一，判定善恶行为与仁者与否："观其行，顺天之意，谓之善意行；反天之意，谓之不善意行。""故置此以为法，立此以为仪，将以量度天下之王公大人、卿、大夫之仁与不仁，譬之犹分墨白也。"墨子强调以天意或某种客观标准作为行为准则，并以此评判人的善恶或仁与不仁。其二，评估政治得失："上将以度天下之王公大人为刑政也。""观其刑政，顺天之意，谓之善刑政；反天之意，谓之不善刑政。"墨子主张刑政应以顺应天意为评判标准，顺天则善，逆天则恶。其三，规范言论文辞："下将以量天下之万民为文学、出言谈也。""观其言谈，顺天之意，谓之善言谈；反天之意，谓之不善言谈。"墨家主张言论应以顺应天意和符合民众利益为标准。

在墨子的思想体系中，存在一定的循环论证，"天"之后的逻辑范畴是"义"和"正"。"义"和"正"强调"无自下正上者，必自上正下"。能够做到用"天"来"正"就是"义"，就是"义正"，这就是"兼"。"义正"对应"力正"，"兼"对应"别"。

那么，"义正"和"兼"的内涵是什么呢？即是"兼爱"。"今天下之士君子之欲为义者，则不可不顺天之意矣。曰：'顺天之意何若？'曰：'兼爱天下之人。何以知兼爱天下之人也？以兼而食之也。'""既以天为法，动作有为，必度于天，天之所欲则为之，天所不欲则止。然而天何欲何恶者也？天必欲人之相爱相利，而不欲人之相恶相贼也。"墨子主张以天意为最高法则，强调统治者须顺从天志施行兼爱，将普遍性的互利互爱作为政治伦理核心，反对暴力与等级压迫。

这样一来，政治的"义"就是符合这个逻辑过程和逻辑结果，而做到"兼爱"。语言的"义"就是符合"三表法"，其基本内容就是"兼爱"。

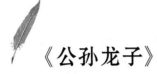

《公孙龙子》

【导读】

公孙龙（约前320—前250），字子秉，赵国邯郸（今河北邯郸）人，名家"离坚白"派代表人物，曾做过赵国平原君的门客。据《汉书·艺文志》记载，《公孙龙子》有十四篇，但现仅存六篇，即《迹府》《白马论》《坚白论》《通变论》《指物论》《名实论》。

哲学就是要发现事物背后包含的逻辑关系。黑格尔认为，哲学之所以被认为难懂，"一部分由于他们不能够，实即不惯于作抽象的思维，亦即不能够或不惯于紧抓住纯粹的思想，并运动于纯粹思想之中"。① 为什么会如此呢？因为在平常的意识里，思想穿上了外衣，这个外衣就是当时流行的感觉上和精神上的材料，思想混合在这些材料里面而难于分辨。而在后思、反思和推理中，思想也往往掺杂在情绪、直观和表象里面。这一点妨碍了人们把思想本身作为一个单纯不杂的思考的对象。比如"这片树叶是绿的"，这句话就是一个描述人的感觉材料的命题。对于这个命题，如何才算进入了哲学的思考领域呢？就是要看到其中包含的范畴。那么这句话中包含了什么范畴呢？显然是个体性范畴和存在范畴。而个体性范畴又是和质量范畴密切相关的。一片绿色的树叶，这是个体性；这个树叶存在着，是存在范畴。"树叶"和"绿色"都是表示质的范畴，而"这片"是一个量的范畴。学哲学的一个初级的功夫就是要学会用概念进行思考，并

① 〔德〕黑格尔：《小逻辑》，贺麟译，商务印书馆，2004，第40页。

且能够从感性的表述中抽象出概念及其逻辑关系。这一点对于学习中西哲学都是基本的功夫，这也是一个人进入哲学之门的重要标志。一般人具有表象，但是却不能理解表象所表现的思想和概念。什么叫作表象呢？"我们所意识到的情绪、直观、欲望、意志等规定，一般被称为表象。所以大体上我们可以说，哲学是以思想、范畴，或更确切地说，是以概念去代替表象。象这样的表象，一般地讲来可看成思想和概念的譬喻。"① 正如公孙龙子于《白马论》中通过"白马非马"之辩，将"白"之色相与"马"之实体剖判分离，迫使思维穿透"名实相耦"的表象迷雾，在"离形而言色"的纯粹概念层面展开逻辑推演。

白马论②

【原文】

"白马非马"，可乎？

曰：可。

曰：何哉？

曰：马者，所以命形也；白者，所以命色也。命色形非命形也。故曰：白马非马。

【简析】

公孙龙通过概念的内涵分析来进行论证：马指代其形态属性，白对应颜色属性，而白马则兼具颜色与形态两种属性。由于颜色属性与形态属性本质相异，所以"白马非马"。

【原文】

曰：有白马，不可谓无马也。不可谓无马者，非马也？有白马为有马，白之非马何也？

曰：求马，黄、黑马皆可致；求白马，黄、黑马不可致。使白马乃马也，是所求一也。所求一者，白者不异马也。（使）所求不异，如黄、黑

---

① 〔德〕黑格尔：《小逻辑》，贺麟译，商务印书馆，2004，第40页。
② 黄克剑译注：《公孙龙子（外三种）》，中华书局，2012，第42—47页。

马有可有不可，何也？可与不可，其相非明。故黄、黑马一也，而可以应有马，不可以应有白马，是白马之非马，审矣。

【简析】

按照另一方的观点，而白马则兼具颜色与形态两种属性，因此白马自然包含马，有白马，自然就是有马。公孙龙从概念外延的角度进行了反驳。他指出马是强调形的，求马，黄色、黑色就可以忽略了，皆可应之；求白马，强调的是色，自然排除了黄马、黑马。如果认为白马等于马，就等于把黄马、黑马等同于白马，实际上是将"白"等同于"马"。黄、黑的同一性是形，所以可以说有马，但不可以说有白马，白马和黄马、黑马之间没有同一性。

【原文】

曰：以马之有色为非马，天下非有无色之马也！天下无马，可乎？

曰：马固有色，故有白马。使马无色，有马如已耳，安取白马？故白者非马也。白马者，马与白也。马与白，马也？故曰：白马非马也。

【简析】

按照另一方的观点，天下是没有无色的马的，如果真有这样的马，也不应该称之为"马"了。按照公孙龙的逻辑，马是可以和色分开的，如果二者相合，就是白马。这一论证从"指"和"物"或"物指"的区别出发，说明白马不是马。"指"是一种独立自存的抽象的共相。"物指"是与具体事物相结合的"指"。

【原文】

曰：马未与白为马，白未与马为白；合马与白，复名"白马"。是相与以不相与为名，未可。故曰："白马非马"，未可。

曰：以有白马为有马，谓有马为有黄马，可乎？

曰：未可。

曰："以有马为异有黄马，是异黄马于马也；异黄马于马，是以黄马为非马。以黄马为非马，而以白马为有马，此飞者入池而棺椁异处，此天下之悖言乱辞也。

【简析】

按照另一方的观点，不能把白马视为"马"与"白"的相"合"。白马是"相与"的结果,而"白"和"马"却是"不相与"的,现在说白马是"白"与"马"的结合就讲不通了。公孙龙认为,马是共名,白马是别名,有白马是单称。如果按照这个逻辑,显然有白马就是有马,而有马又包含有黄马,这样推导下去,有白马就是有黄马,显然这是不合逻辑的。既然有白马不等于有黄马,就意味着有马不等于有黄马,马就不等于黄马,黄马不等于马,当然白马也不等于马了。

【原文】

曰:"有白马不可谓无马"者,离白之谓也;不离者,有白马不可谓有马也。故所以为有马者,独以马为有马耳,非有白马为有马。故其为有马也,不可以谓"马马"也。

【简析】

有白马不可说是"无马",这是一种去掉"白"以后的说法。如果"白"与"马"不离,那么有白马不可说是"有马"。因为白马强调有颜色的马。"有马"仅仅以"马"为根据,而不是以"有白马"为根据。如果"马"还包括"有",就成了"马马"了。

【原文】

曰:"白者不定所白",忘之而可也。白马者,言白定所白也。定所白者,非白也。马者,无去取于色,故黄、黑马皆所以应;白马者,有去取于色,黄、黑马皆以所色去,故唯白马独可以应耳。无去〔取〕者非有去〔取〕也,故曰:"白马非马。"

【简析】

白可以脱离具体的物体而存在,因此需要抛开具体事物来理解白的本质。白马的逻辑在于:白必须附着于具体事物呈现,但这种具体呈现并不等同于白本身。马强调形,所以只要有这个形体的各种颜色的马都可以被视为马。白马限定了颜色,所以其他颜色的马就应该排除。

论证双方实际上坚持的是不同的哲学理念。一方是从现实的事物出发考虑问题:现实的马都是有颜色、有形状的,并没有无色的马。马的概念是一个涵盖现实中各种颜色马匹的普遍概念,这种普遍概念属于理论层面的抽象。白马作为个别存在,显然能被归入"马"的普遍范畴,因此"白马是马"这个判断能够成立——前半句中的"是"用于联结个别与一般，后半句的"是"则指向普遍范畴，本质上是通过判断将个别归纳到一般。根据这一逻辑，马的范畴不能脱离具体马匹（即有颜色的马）来理解，同理"白"也不能脱离具体事物而存在。既然两者都无法独立存在，那么将"白马"简单理解为"马"与"白"的结合便不成立。白马是颜色与实体相融合的具体存在（"相与"），而"白"和"马"单独来看只是抽象属性（"不相与"）。因此，用"白马"简单等同于"白"与"马"的机械叠加在逻辑上是矛盾的。

《韩非子》

【导读】

韩非（约前280—前233），战国末哲学家，出身韩国贵族，其生平事迹主要见于《史记》的《老子韩非列传》《秦始皇本纪》《韩世家》，另散见于《韩非子》的《存韩》《难言》《问田》等篇，以及《战国策》《论衡》等典籍。《韩非子》共55篇，后世之所以称其为《韩非子》，是为了与唐韩愈之《韩子》相区别。

《五蠹》节选①

【原文】

上古之世，人民少而禽兽众，人民不胜禽兽虫蛇。有圣人作，构木为巢，以避群害，而民悦之，使王天下，号之曰有巢氏。民食果蓏蚌蛤，腥臊恶臭而伤害腹胃，民多疾病。有圣人作，钻燧取火，以化腥臊，而民说之，使王天下，号之曰燧人氏。中古之世，天下大水，而鲧、禹决渎。近古之世，桀、纣暴乱，而汤、武征伐。今有构木钻燧于夏后氏之世者，必为鲧、禹笑矣。有决渎于殷、周之世者，必为汤、武笑矣。然则今有美尧、舜、汤、武、禹之道于当今之世者，必为新圣笑矣。是以圣人不期修古，不法常可，论世之事，因为之备。宋人有耕者，田中有株，兔走触

---

① （清）王先慎：《韩非子集解》，钟哲点校，中华书局，2013，第439—447页，个别标点有改动。

株，折颈而死，因释其耒而守株，冀复得兔，兔不可复得，而身为宋国笑。今欲以先王之政，治当世之民，皆守株之类也。

【简析】

五蠹，指当时社会上的五种人，即学者、言谈者、带剑者、患御者、工商之民。蠹，蛀虫。蓏，草本植物的果实。蜯，同"蚌"。蛤，蛤蜊，似蚌而圆。渎，指水道、沟渠，古以长江、黄河、淮河、济水（在山东入海）为四渎。耒，农具，状如木叉。

韩非子从人与自然的关系入手，阐述社会关系的演化。以"人民"指代人类群体，"禽兽"象征自然力量，二者矛盾首先表现为数量多寡的对立（"人民少而禽兽众"），进而推动社会组织形式的变革。矛盾斗争的结果是人力无法抵抗自然力。然而，圣人的出现，增强了人类的力量。圣人是如何增强了人类的力量呢？这主要体现在房屋、火、水利的发明。这里韩非子有些夸大了圣人的历史作用，带有一定的圣人史观色彩。不过也可以认为韩非认识到了社会分工的重要性。在改造自然的过程中，社会逐渐分化，出现了分工，甚至阶级的分别，这就是圣人和民的分别。随着人与自然关系的变化，社会关系也变化了。随着人类征服自然能力的增强，处理社会内部矛盾自然就成为核心问题，掩盖了对人与自然关系的处理，所以到了近古之世，"桀、纣暴乱，而汤、武征伐"。这里韩非子用旧时代的圣有问题，新圣取而代之来说明世代的更迭，有意传达出"法后王"的思想。

韩非用这种论证方式得出结论："是以圣人不期修古，不法常可，论世之事，因为之备。"圣人不应美化历史，也不应借助学习古人或者遵循古法来解决现实问题，而应把注意力放在当世情况的分析上面，采取相应的政策。在表达这个论点之后，韩非从两个方面说明了要创新。一是人与自然的关系变化了，要采取新的办法来应对。从韩非所使用的寓言故事来看，韩非强调要积极发展农业。在《五蠹》的隐喻体系中："兔"既象征"末"（即五蠹所指的社会弊端），又代表自然馈赠（非人力干预的天然资源）；"耒"既对应农耕文明（生产工具），又表征人力创造（主动改造自然的能力）。韩非通过这个寓言告诉我们，要靠人力改造自然，重视农业，而不能舍本逐末。二是社会关系变化了，圣与民的关系变化了，所以不能以"先王之政"治"当世之民"。显然，韩非在这里强调要强化"政"的主动性和能动性，就像宋人使用"耒"一样，因为今日的"民"不会自然而然地接受圣人之政了。另外，韩非也可能强调了要回归"政"的本质内涵，政府要履行其职责，就像宋人种地一样主动，而不是等着兔子送上门来。

【原文】

古者丈夫不耕，草木之实足食也；妇人不织，禽兽之皮足衣也。不事力而养足，人民少而财有余，故民不争。是以厚赏不行，重罚不用，而民自治。今人有五子不为多，子又有五子，大父未死而有二十五孙。是以人民众而货财寡，事力劳而供养薄，故民争；虽倍赏累罚而不免于乱。

【简析】

在这里，韩非对上文的思想进行了具体论证，提出实行法治的历史依据。韩非依然从人与自然的关系入手，只不过使用了一些抽象的范畴如"事力"和"养足"来论述。可以说韩非认识到了两种生产——人口生产和物质财富生产——协调发展的重要性。物质财富充足，也就是"财有余"，人口数量的状况，就是"人民少"，人口增长打破"财有余"与"人民少"的平衡，成为韩非子主张"因时变法"的现实依据——必须在生产与需求间建立新的治理法则。人口生产和物质财富生产之间的关系决定了民众之间是"争"或"不争"，进而决定了统治者和被统治者的关系。由此韩非得出要用刑罚来治理国家的结论。

【原文】

尧之王天下也，茅茨不翦，采椽不斫；粝粢之食，藜藿之羹；冬日麑裘，夏日葛衣：虽监门之服养不亏于此矣。禹之王天下也，身执耒臿，以为民先；股无胈，胫不生毛，虽臣虏之劳不苦于此矣。以是言之，夫古之让天子者，是去监门之养而离臣虏之劳也，古传天下而不足多也。今之县令，一日身死，子孙累世絜驾，故人重之。是以人之于让也，轻辞古之天子，难去今之县令者，薄厚之实异也。夫山居而谷汲者，膢〔腊〕腊而相遗以水；泽居苦水者，买庸而决窦。故饥岁之春，幼弟不饷；穰岁之秋，疏客必食。非疏骨肉，爱过客也，多少之心异也。是以古之易财，非仁也，财多也；今之争夺，非鄙也，财寡也。轻辞天子，非高也，势薄也；

重争土〔士〕橐，非下也，权重也。故圣人议多少、论薄厚为之政。故罚薄不为慈，诛严不为戾，称俗而行也。故事因于世，而备适于事。

【简析】

茅茨不翦，用茅草覆盖屋顶，而且没有修剪整齐。采椽不斫，用柞木做屋椽，而且不加雕饰。粝，粗米。粢，小米。粝粢之食，粗粮饭。藜，藿，皆草名。羹，带汤的蔬菜食品。藜藿之羹，野菜汤。麑，小鹿。葛，麻布。臿，掘土工具，锹。胈，股上之毛。胫，小腿。絜，约束。腰，二月祭，祭饮食之神。腊，腊月祭，祭百神。腰腊，祭名。穰岁，丰年。土，应作"士"，同"仕"，做官；橐，通"托"，依附诸侯。

韩非子通过历史演进的分析框架，结合社会结构分化的现实考察，系统阐释了对传统道德观念的批判立场。其一，历史的变化使得官位和财产的关系发生了变化，所以所谓的"仁"并没有多少值得推崇的道德内涵。"是以古之易财，非仁也，财多也；今之争夺，非鄙也，财寡也。轻辞天子，非高也，势薄也；重争士橐，非下也，权重也。"其二，经济基础和上层建筑的关系发生了变化，使思想观念也会产生变化。在尧的时代，社会结构分化不明显，上层建筑直接建立在经济基础之上，所以人们在思想上并不热衷于追逐官位。但是随着社会结构的分化，上层建筑的利益逐渐扩大，主要从事管理工作，导致人们在思想上也开始追逐官位。

【原文】

古者文王处丰、镐之间，地方百里，行仁义而怀西戎，遂王天下。徐偃王处汉东，地方五百里，行仁义，割地而朝者三十有六国。荆文王恐其害己也，举兵伐徐，遂灭之。故文王行仁义而王天下，偃王行仁义而丧其国，是仁义用于古而不用于今也。故曰："世异则事异。"当舜之时，有苗不服，禹将伐之。舜曰："不可。上德不厚而行武，非道也。"乃修教三年，执干戚舞，有苗乃服。共工之战，铁铦短者及乎敌，铠甲不坚者伤乎体，是干戚用于古不用于今也。故曰："事异则备变。"上古竞于道德，中世逐于智谋，当今争于气力。齐将攻鲁，鲁使子贡说之。齐人曰："子言非不辩也，吾所欲者土地也，非斯言所谓也。"遂举兵伐鲁，去门十里以为界。故偃王仁义而徐亡，子贡辩智而鲁削。以是言之，夫仁义辩智非所以持国也。去偃王之仁，息子贡之智，循徐、鲁之力，使敌万乘，则齐、荆之欲不得行于二国矣。夫古今异俗，新故异备，如欲以宽缓之政，治急世之民，犹无辔策而御駻马，此不知之患也。

今儒、墨皆称先王兼爱天下，则视民如父母。何以明其然也？曰："司寇行刑，君为之不举乐；闻死刑之报，君为流涕。"此所举先王也。夫以君臣为如父子则必治，推是言之，是无乱父子也。人之情性莫先于父母，父母皆见爱而未必治也，君虽厚爱，奚遽不乱？今先王之爱民，不过父母之爱子，子未必不乱也，则民奚遽治哉？且夫以法行刑，而君为之流涕，此以效仁，非以为治也。夫垂泣不欲刑者，仁也；然而不可不刑者，法也。先王胜其法，不听其泣，则仁之不可以为治亦明矣。

【简析】

徐偃王，西周穆王时徐国国君。荆文王，楚文王。有苗，舜时部落，亦称"三苗"。干，盾；戚，斧；皆兵器。执干戚舞，化武器为舞具也。共工，传说为上古主百工事的官。韩非提出了德治局限性的另外三个论证：其一，依然是历史性的论证，只不过这里的角度和前面不同。前面的论证重点说明社会结构的历史性变化，从而怀疑甚至否定所谓的道德仁义；这里则肯定了"上古竞于道德，中世逐于智谋，当今争于气力"，从而说明"是仁义用于古不用于今也"。其二，对家庭伦理关系的道德价值提出了负面评估，即"父母之爱子，子未必不乱也"。父子关系如此，如果把这一伦理内涵扩展到新的政治领域，其问题可想而知。其三，把仁义和法的区别归结为主观愿望和客观行为的关系，"夫垂泣不欲刑者，仁也；然而不可不刑者，法也"，从而论证仁义和治理国家应该分开看待，二者应该遵循不同的原则和方法。"且夫以法行刑，而君为之流涕，此以效仁，非以为治也。"

【原文】

且民者固服于势，寡能怀于义。仲尼，天下圣人也，修行明道以游海内，海内说其仁、美其义而为服役者七十人。盖贵仁者寡，能义者难也。故以天下之大，而为服役者七十人，而仁义者一人。鲁哀公，下主也，南面君国，境内之民莫敢不臣。民者固服于势，势诚易以服人，故仲尼反为臣而哀公顾为君。仲尼非怀其义，服其势也。故以义则仲尼不服于哀公，乘势则哀公臣仲尼。今学者之说人主也，不乘必胜之势，而务行仁义则可以王，是求人主之必及仲尼，而以世之凡民皆如列徒，此必不得之数也。

今有不才之子，父母怒之弗为改，乡人谯之弗为动，师长教之弗为变。夫以父母之爱、乡人之行、师长之智，三美加焉而终不动，其胫毛不改。州部之吏，操官兵，推公法，而求索奸人，然后恐惧，变其节，易其行矣。故父母之爱不足以教子，必待州部之严刑者，民固骄于爱、听于威矣。故十仞之城，楼季弗能逾者，峭也；千仞之山，跛牂易牧者，夷也。故明王峭其法而严其刑也。布帛寻常，庸人不释；铄金百溢，盗跖不掇。不必害，则不释寻常；必害手，则不掇百溢。故明主必其诛也。是以赏莫如厚而信，使民利之；罚莫如重而必，使民畏之；法莫如一而固，使民知之。故主施赏不迁，行诛无赦，誉辅其赏，毁随其罚，则贤、不肖俱尽其力矣。

今则不然。其有功也爵之，而卑其士官也；以其耕作也赏之，而少其家业也；以其不收也外之，而高其轻世也；以其犯禁也罪之，而多其有勇也。毁誉、赏罚之所加者，相与悖缪也，故法禁坏而民愈乱。今兄弟被侵必攻者，廉也；知友辱随仇者，贞也。廉贞之行成，而君上之法犯矣。人主尊贞廉之行，而忘犯禁之罪，故民程于勇，而吏不能胜也。不事力而衣食，则谓之能；不战功而尊，则谓之贤。贤能之行成，而兵弱而地荒矣。人主说贤能之行，而忘兵弱地荒之祸，则私行立而公利灭矣。

儒以文乱法，侠以武犯禁，而人主兼礼之，此所以乱也。夫离法者罪，而诸先生以文学取；犯禁者诛，而群侠以私剑养。故法之所非，君之所取；吏之所诛，上之所养也。法、趣、上、下，四相反也，而无所定，虽有十黄帝不能治也。故行仁义者非所誉，誉之则害功；工文学者非所用，用之则乱法。楚之有直躬，其父窃羊，而谒之吏。令尹曰："杀之！"以为直于君而曲于父，报而罪之。以是观之，夫君之直臣，父子暴子也。鲁人从君战，三战三北。仲尼问其故，对曰："吾有老父，身死莫之养也。"仲尼以为孝，举而上之。以是观之，夫父之孝子，君之背臣也。故令尹诛而楚奸不上闻，仲尼赏而鲁民易降北。上下之利，若是其异也，而人主兼举匹夫之行，而求致社稷之福，必不几矣。

【简析】

韩非提出了德治局限性的另外三个论证：其一，社会性（势）力量高于个人性力量，而道德仁义属于个人性力量，官位属于社会性力量。孔子个人的德性力量不足以和鲁哀公的社会力量相比，所以追随孔子的人很少。其二，人有三类，其中仁义者少，大多数人居于中间，且人性畏惧权势。"且民者固服于势，寡能怀于义。""民固骄于爱、听于威矣。"其三，重点论述了家国之间的伦理界限及其矛盾。仁义道德可以在小的范围发挥作用，但是在更大的政治领域，就会产生伦理价值的矛盾。"今兄弟被侵必攻者，廉也；知友辱随仇者，贞也。廉贞之行成，而君上之法犯矣。""以是观之，夫君之直臣，父子暴子也。"

汉唐宋明清编

司马谈：《论六家要旨》

【导读】

司马谈（？—前110），夏阳（今陕西韩城）人。为汉初五大夫，建元、元封年间任太史令。有广博的学问修养，曾"学天官于唐都，受易于杨何，习道论于黄子"，为《史记》的撰写积累了大量的第一手资料，确定了部分论点。司马谈的学术思想集中体现在《论六家要旨》一文中，该文由司马迁收录于《史记·太史公自序》中。

论六家要旨①

【原文】

《易大传》："天下一致而百虑，同归而殊涂。"夫阴阳、儒、墨、名、法、道德，此务为治者也，直所从言之异路，有省不省耳。尝窃观阴阳之术，大祥而众忌讳，使人拘而多所畏。然其序四时之大顺，不可失也。儒者博而寡要，劳而少功，是以其事难尽从。然其序君臣父子之礼，列夫妇长幼之别，不可易也。墨者俭而难遵，是以其事不可遍循。然其强本节用，不可废也。法家严而少恩。然其正君臣上下之分，不可改矣。名家使人俭而善失真。然其正名实，不可不察也。道家使人精神专一，动合无形，赡足万物。其为术也，因阴阳之大顺，采儒、墨之善，撮名、法之

_____

① 见《太史公自序》，《史记》卷一百三十，中华书局，2003，第3288—3292页。

要，与时迁移，应物变化，立俗施事，无所不宜，指约而易操，事少而功多。儒者则不然。以为人主天下之仪表也，主倡而臣和，主先而臣随。如此则主劳而臣逸。至于大道之要，去健羡，绌聪明，释此而任术。夫神大用则竭，形大劳则敝。形神骚动，欲与天地长久，非所闻也。

夫阴阳四时、八位、十二度、二十四节各有教令，顺之者昌，逆之者不死则亡。未必然也，故曰"使人拘而多畏"。夫春生夏长，秋收冬藏，此天道之大经也，弗顺则无以为天下纲纪，故曰"四时之大顺，不可失也"。

夫儒者以六蓺为法。六蓺经传以千万数，累世不能通其学，当年不能究其礼，故曰"博而寡要，劳而少功"。若夫列君臣父子之礼，序夫妇长幼之别，虽百家弗能易也。

墨者亦尚尧、舜道，言其德行曰："堂高三尺，土阶三等，茅茨不翦，采椽不刮。食土簋，啜土刑，粝粱之食，藜藿之羹。夏日葛衣，冬日鹿裘。"其送死，桐棺三寸，举音不尽其哀。教丧礼，必以此为万民之率。使天下法若此，则尊卑无别也。夫世异时移，事业不必同，故曰"俭而难遵"。要曰强本节用，则人给家足之道也。此墨子之所长，虽百家弗能废也。

法家不别亲疏，不殊贵贱，一断于法，则亲亲尊尊之恩绝矣。可以行一时之计，而不可长用也，故曰"严而少恩"。若尊主卑臣，明分职不得相逾越，虽百家弗能改也。

名家苛察缴绕，使人不得反其意，专决于名而失人情，故曰"使人俭而善失真"。若夫控名责实，参伍不失，此不可不察也。

道家无为，又曰无不为，其实易行，其辞难知。其术以虚无为本，以因循为用。无成埶，无常形，故能究万物之情。不为物先，不为物后，故能为万物主。有法无法，因时为业；有度无度，因物与合。故曰"圣人不朽，时变是守。虚者道之常也，因者君之纲也"。群臣并至，使各自明也。其实中其声者谓之端，实不中其声者谓之窾。窾言不听，奸乃不生，贤不肖自分，白黑乃形。在所欲用耳，何事不成。乃合大道，混混冥冥。光耀天下，复反无名。凡人所生者神也，所托者形也。神大用则竭，形大劳则敝，形神离则死。死者不可复生，离者不可复反，故圣人重之。由是观之，神者生之本也，形者生之具也。不先定其神，而曰"我有以治天下"，何由哉？

【简析】

司马谈把各家视为"务为治者也"，这体现了汉初黄老之学的政治化倾向。同时，他把各家学说视为"同归而殊途"，显示了汉初黄老之学的融合倾向，而对道德家的赞扬，又显示了他以道家思想统一各家思想的倾向。那么，司马谈是如何用道家思想统一各家思想的呢？

其一，以"虚无为本"，"精神专一"，"去健羡，绌聪明"，这是"道之常"。司马谈运用形神范畴来说明这个问题。"大用则竭，形大劳则敝，形神离则死。死者不可复生，离者不可复反，故圣人重之。由是观之，神者生之本也，形者生之具也。不先定其神，而曰'我有以治天下'，何由哉？"治理天下首先要做到的是虚无和精神专一，而其基本原则是神少用，形少劳，先定其神。

其二，"以因循为用"，把"因"作为"君之纲"。其基本原则有三个：一是不为物先，不为物后；二是有法无法，因时为业；三是群臣并至，使各自明也。

其三，核心精神是无为而治。具体而言，要吸纳各家有利于实现无为而治思想的精髓："因阴阳之大顺"；"列君臣父子之礼，序夫妇长幼之别"；"强本节用"；"尊主卑臣，明分职不得相逾越"；"控名责实"。但要避免"使人拘而多所畏"，"博而寡要，劳而少功"，"主劳而臣逸"，"俭而难遵"，"使人俭而善失真"。

董仲舒：《春秋繁露》

【导读】

董仲舒（前179—前104），河北广川（今河北景县广川大董故庄村）人，是西汉著名的儒学思想家、今文经学大师。

董仲舒为人廉直，不慕奢华，潜心于经术之学。《汉书·董仲舒传》称他"三年不窥园"，"进退容止，非礼不行，学士皆师尊之"。董仲舒于汉景帝时任博士官，武帝时以贤良对策拜江都相，后因公孙弘排挤调任胶西王相。公元前121年，他告病辞官，居家至寿终。

据《汉书·董仲舒传》及《汉书·艺文志》记载，汉代存有董仲舒的著作一百二十三篇，今存《春秋繁露》七十九篇。另外，《汉书·董仲舒传》中记载了董仲舒"举贤良对策"的大概内容。"举贤良对策"，后世也称"天人三策"，记录的是汉武帝策问、董仲舒应答的情况。其中，董仲舒不仅从儒学尤其是经学的基本立场，回答了汉武帝提出的政治与伦理问题，而且提出了以"独尊儒术"的方式来统一思想的主张。《春秋繁露》则详尽发挥了董仲舒的经学理论，因而受到历代经学家的关注。《春秋繁露》的书名始见于《隋书·经籍志》，宋本有八十二篇。今传为楼钥本，阙三篇。《永乐大典》抄出楼本，印为聚珍本。其后学者均以聚珍本为基础来校注。主要的校本有：乾隆年间的卢文弨本，嘉庆中凌曙的《春秋繁露注》，以及清末苏舆的《春秋繁露义证》。

以下将导读其中的两篇，其文本依据是苏舆的《春秋繁露义证》。①《楚庄王》篇为《春秋繁露》的首篇，从中可以了解董仲舒的经学观点。在《实性》篇中，董仲舒阐发了其独具特色的人性论。

第一篇 楚庄王

【原文】

楚庄王杀陈夏征舒，《春秋》贬其文，不予专讨也。灵王杀齐庆封，而直称楚子，何也？曰：庄王之行贤，而征舒之罪重。以贤君讨重罪，其于人心善。若不贬，孰知其非正经。《春秋》常于其嫌得者，见其不得也。是故齐桓不予专地而封，晋文不予致王而朝，楚庄王弗予专杀而讨。三者不得，则诸侯之得，殆此矣。此楚灵之所以称子而讨也。《春秋》之辞，多所况，是文约而法明也。问者曰：不予诸侯之专封，复见于陈蔡之灭。不予诸侯之专讨，独不复见于庆封之杀，何也？曰：《春秋》之用辞，已明者去之，未明者著之。今诸侯之不得专讨，固已明矣。而庆封之罪未有所见也，故称楚子以伯讨之，著其罪之宜死，以为天下大禁。曰：人臣之行，贬主之位，乱国之臣，虽不篡杀，其罪皆宜死，比于此其云尔也。

【简析】

夏征舒：郑女夏姬与陈国大夫御叔之子，曾射杀陈灵公，后被楚庄王所杀。其事见《左传·宣公十一年》《国语·周语中第二》。《春秋经》的记载是："冬，十月，楚人杀陈夏征舒。"文：外在表现，此处引申为行为。予：赞同。专讨：擅自讨伐。庆封：齐国大夫。

行：德行。经：与"权"相对，为儒家伦理中的一对概念，有"行事原则"的含义。

嫌：嫌疑。得："得失"之"得"，这里指得到道德上的赞许。见：通"现"。封：指"专封"，未经周天子许可，擅自封地，侵占他国土地。致：招来。况：类比。这里指《春秋经》以不同的用辞记载了两个类似的历史事件：一是楚庄王杀夏征舒，《春秋》的记载是"楚人"，而不是"楚庄

①　（清）苏舆：《春秋繁露义证》，钟哲点校，中华书局，1992，第2—23、310—314页。

王"；二是楚灵王杀齐国的庆封，《春秋》的记载是"楚子"。与上段历史事件中对讨伐者的称呼有别。文：文辞，行文。约：简约。法：记述的手法，即寓褒贬于行文，"大义"贯通于"微言"，于"微言"见"大义"。以上主要通过分析用辞不同的原因，来说明"春秋笔法"。

复：又。陈蔡之灭：陈国、蔡国被灭国，其事见《左传·昭公十三年》。去：省略。著：显明，下"著"同此。杀：通"弑"。贬主之位：使主失其尊。比：例，"仿此为例"的意思。

【原文】

《春秋》曰："晋伐鲜虞。"奚恶乎晋而同夷狄也？曰：《春秋》尊礼而重信。信重于地，礼尊于身。何以知其然也？宋伯姬疑礼而死于火，齐桓公疑信而亏其地，《春秋》贤而举之，以为天下法，曰礼而信。礼无不答，施无不报，天之数也。今我君臣同姓适女，女无良心，礼以不答。有恐畏我，何其不夷狄也？公子庆父之乱，鲁危殆亡，而齐侯安之。于彼无亲，尚来忧我，如何与同姓而残贼遇我。《诗》云："宛彼鸣鸠，翰飞戾天。我心忧伤，念彼先人。明发不昧，有怀二人。"人皆有此心也。今晋不以同姓忧我，而强大厌我，我心望焉。故言之不好。谓之晋而已，婉辞也。

【简析】

鲜虞：春秋时的一个姬姓国，与晋同姓，后改名为中山国。恶：音乌。晋而同夷狄：像称呼夷狄一样称呼晋国，这是以称呼来贬晋。春秋时代，诸夏的称呼连国称爵，如"晋文公"，"文公"即是其爵号。夷狄国则单称国名。

宋伯姬疑礼而死于火：事见襄公三十年夜晚，宋国宫室发生火灾，宫人喊伯姬出宫避火。但坚守礼教的伯姬说："妇人之义，保傅不俱，夜不下堂，待保傅来也。"待保傅来后，不见傅母，宫人再度请伯姬出宫避火，伯姬认为傅母不在，夜里不可出厅堂，结果死于火灾。齐桓公疑信而亏其地：事在鲁庄公十三年，齐桓公与诸侯会盟于柯地。鲁将曹沫持剑胁迫齐桓公要求归还汶阳之田，齐桓公与之订了盟约，并随后践约交出了汶阳之田。《公羊春秋》的评论是："要盟可犯，而桓公不欺；曹子可仇，而桓公不怨。"两"疑"字的含义，都应该结合其相应的历史事实来理解。其大意是，宋伯姬宁愿死于火灾，也不愿做出疑似不合礼教的行为；齐桓公宁愿失去土地，也不愿让人怀疑自己不守信。贤：以……有贤德。举：表彰。之：指上述两事。数：道。

女：通"汝"，你。良：好。以：通"已"，既然。礼以不答：不以礼相待。有：又。于彼无亲：指鲁国与齐国无亲缘关系。与同姓：指鲜虞与晋国为同姓国。我、汝、彼：均为《春秋》设词，即假定回到当时情境，以当事者的身份来叙述。

先人：指周文王与周武王。明发：从晚上到早晨。不寐：不寐，睡不着。此诗句的目的在于怀念亲情，此处用来说明"人道亲亲"之义，晋伐同姓违反了人道亲亲的精神，故《春秋》以"夷狄"视之。望：怨望，怨恨。婉辞：委婉的表达。

【原文】

问者曰：晋恶而不可亲，公往而不敢至，乃人情耳。君子何耻而称公有疾也？曰：恶无故自来。君子不耻，内省不疚，何忧于志，是已矣。今《春秋》耻之者，昭公有以取之也。臣陵其君，始于文而甚于昭。公受乱陵夷，而无惧惕之心，嚣嚣然轻计妄讨，犯大礼而取同姓，接不义而重自轻也。人之言曰："国家治，则四邻贺；国家乱，则四邻散。"是故季孙专其位，而大国莫之正。出走八年，死乃得归。身亡子危，困之至也。君子不耻其困，而耻其所以穷。昭公虽逢此时，苟不取同姓，讵至于是。虽取同姓，能用孔子自辅，亦不至如是。时难而治简，行枉而无救，是其所以穷也。

【简析】

公往而不敢至：鲁昭公启程去晋国，但因不敢而未抵达就返回了鲁国。忧：恐惧。

陵：山由平易渐高，引申为凌驾其上。文：鲁文公。昭：鲁昭公。嚣嚣然：轻率的样子。取：通"娶"。重自轻：不自重。

困：困境，困难。穷：路到尽头、无路可走为穷，引申为找不到摆脱困局的方法。讵：疑问词，怎么，如何。

这段话以设问的方式，解释了《春秋·昭公二十三年》中的一段记述（"公如晋，至河，公有疾，乃复。"）：鲁昭公惧怕晋顷公的淫威，因而

"往而不敢至"。这也合乎人之常情，而《春秋》将其原因解释为"有疾"。由此设问，难道这合乎人情的恐惧也是一种耻辱，因而需要隐瞒吗？下面的解释是，《春秋》以之为耻的原因并非恐惧本身，而是鲁昭公德行不端，治国不力，结果走到穷途末路，不得不依附晋国而听其使唤。

【原文】

《春秋》分十二世以为三等：有见，有闻，有传闻。有见三世，有闻四世，有传闻五世。故哀、定、昭，君子之所见也。襄、成、文、宣，君子之所闻也。僖、闵、庄、桓、隐，君子之所传闻也。所见六十一年，所闻八十五年，所传闻九十六年。于所见微其辞，于所闻痛其祸，于传闻杀其恩，与情俱也。是故逐季氏而言又雩，微其辞也。子赤杀，弗忍书日，痛其祸也。子般杀而书乙未，杀其恩也。屈伸之志，详略之文，皆应之。吾以其近近而远远，亲亲而疏疏也，亦知其贵贵而贱贱，重重而轻轻也。有知其厚厚而薄薄，善善而恶恶也，有知其阳阳而阴阴，白白而黑黑也。百物皆有合偶，偶之合之，仇之匹之，善矣。《诗》云："威仪抑抑，德音秩秩。无怨无恶，率由仇匹。"此之谓也。然则《春秋》，义之大者也。得一端而博达之，观其是非，可以得其正法；视其温辞，可以知其塞怨。是故于外，道而不显；于内，讳而不隐。于尊亦然，于贤亦然。此其别内外、差贤不肖而等尊卑也。义不讪上，智不危身。故远者以义讳，近者以智畏。畏与义兼，则世逾近而言逾谨矣。此定哀之所以微其辞。以故用则天下平，不用则安其身，《春秋》之道也。

【简析】

世：世代，其大概为二十年至三十年。见：其事可亲见，这里指孔子生活的时代，即下文所解释的鲁哀公、定公、昭公的时代。闻：其事当世有人亲见而得以耳闻，指襄公、成公、文公、宣公的时代。传闻：其事可由曾祖辈口耳相传而耳闻，指僖公、闵公、庄公、桓公、隐公的时代。

微：隐微。微其辞：指含蓄委婉的叙述方式。痛：痛恨，伤痛。痛其祸：指将义愤等各种道德情感融入叙述之中。杀：音晒，渐降。杀其恩：在叙述中表现出的情感较前两者为疏离、淡漠。与情俱：将人情之当然、道德之褒贬融入记述之中。屈伸、详略：皆相对而言，即在叙述各种相对待的关系中见屈伸尊卑之义，叙事也有详略之别。如"屈民而伸君，屈君而伸天"（《春秋繁露·玉杯》），"屈天地而伸义"（《春秋繁露·精华》）。应：相应，指上述考虑在《春秋》的叙事方式中都有相应的表现。

近近而远远：以当近则近，以当远则远。前一"近""远"用作动词，以下的句法同此。这段话的主旨在于说明，《春秋》的叙事中包含了各种恰当的伦理考虑、判断是非的标准，它们都是在各种相对待的具体关系中表现的。合、偶、仇、匹：四字含义相近，都有"相配""相对待"的意思。引《诗》的目的在于重申此意。

一端：某一方面，某一类。博：推而广之。达：贯通，明白。温辞：即上文"微其辞"之义，含蓄委婉的叙述方式。塞：隐藏。塞怨：幽怨。道而不显：大恶必书，并委婉表达贬抑之意。讳而不隐：不隐瞒事实，而多避讳之辞。差：区别。等：有序。此段说明《春秋》蕴含"大义"，即"《春秋》，义之大者也"。汉儒认为，《春秋》乃孔子所修，若能窥识孔子笔削《春秋》之意，则能把握儒家经世之大法，此即"春秋大义"。

讪：谄媚。以：因为。以义讳：或讳或显皆以义为标准。以智畏：《汉书·艺文志》载"《春秋》所贬损大人当世君臣，有威权势力，其事实皆形于传。是以隐其书而不宣，所以免时难也"。谨：谨慎。

【原文】

《春秋》之道，奉天而法古。是故虽有巧手，弗修规矩，不能正方员；虽有察耳，不吹六律，不能定五音；虽有知心，不览先王，不能平天下。然则先王之遗道，亦天下之规矩六律已。故圣者法天，贤者法圣，此其大数也。得大数而治，失大数而乱，此治乱之分也。所闻天下无二道，故圣人异治同理也。古今通达，故先贤传其法于后世也。《春秋》之于世事也，善复古，讥易常，欲其法先王也。然而介以一言曰："王者必改制。"自僻者得此以为辞，曰：古苟可循先王之道，何莫相因？世迷是闻，以疑正道而信邪言，甚可患也。答之曰：人有闻诸侯之君射《狸首》之乐者，于是自断狸首，县而射之，曰：安在于乐也！此闻其名而不知其实者也。今所谓新王必改制者，非改其道，非变其理，受命于天，易姓更王，非继前王而王也。若一因前制，修故业，而无有所改，是与继前王而王者无以别。受命之君，天之所大显也。事父者承意，事君者仪志，事天亦然。今天大显己，物袭所代而率与同，则不显不明，非天志。故必徙居处、更称号、改正朔、易服色者，无他焉，不敢不顺天志而明自显也。若夫大纲、人伦、道理、政治、教化、习俗、文义尽如故，亦何改哉？故王者有改制之名，无易道之实。孔子曰："无为而治者，其舜乎！"言其主尧之道而已。此非不易之效与？

【简析】

奉：依托，依据。法：效法。规矩：《淮南子》载"规者，所以员万物也。矩者，所以方万物也"。六律：黄钟、太簇、姑洗、蕤宾、夷则、无射。五音：宫、商、角、徵、羽。知：通"智"。平：治。异治同理：具体的治理方式不同，但其背后的道理、依据则一；这里的"理"可理解为"伦理精神"，按《韩诗外传》载，"圣人以己度人者也。以心度心，以情度情，以类度类，古今一也。类不悖，虽久同理"。善复古：以复古之道为善。易：改变。常：常道。

介以一言：间以一言，即有种不同的观点。僻：偏狭。辞：托辞，言论依据。因：因循，因袭。是闻：这种说法。患：担忧。《狸首》：古时射箭时所奏的一种乐。县：通"悬"。安：哪里。闻其名而不知其实：大意是，只是望文生义而不理解其真正的意思。这段话是以《狸首》之乐设喻，来解释"王者必改制"的含义：《狸首》是一种射御之乐的曲名，若望文生义，以为是指在射狸头的时候会发出乐声，显然就是荒唐而不合情理的。

新王：指新受命、开国之君。继前王而王：指世袭守成之君。仪：表明。徙居处：搬迁居住地，指复位皇城所在地。更称号：更改对新朝代的称呼。改正朔：变更历法，正朔本指正月初一。易服色：改变礼服的颜色。这段话的大意是，改朝换代的合法性在于天命的更改，新王乃天命所归，而不是承继前朝的世袭之君。为了表明这一点，必须在面貌上有所改变，即呈现新气象。《白虎通·三正篇》："王者受命，必改朔何？明易姓，示不相袭也。明受之于天，不受之于人。所以变易民心，革其耳目，以助化也。"大纲：总的纲常，可理解为文化的精神。文义：文字及其解释。效：效果。与：通"欤"。这一大段的主要观点是，"王者有改制之名，无易道之实"。也就是说，就改朝换代而言，具体的制度表现应改革，以革除前朝之弊；但制度精神、文化传统则应保持一贯性。

【原文】

问者曰：物改而天授显矣，其必更作乐，何也？曰：乐异乎是。制为应天改之，乐为应人作之。彼之所受命者，必民之所同乐也。是故大改制于初，所以明天命也。更作乐于终，所以见天功也。缘天下之所新乐而为之文曲，且以和政，且以兴德。天下未遍合和，王者不虚作乐。乐者，盈于内而动发于外者也。应其治时，制礼作乐以成之。成者，本末质文皆以具矣。是故作乐者必反天下之所始乐于己以为本。舜时，民乐其昭尧之业也，故《韶》。"韶"者，昭也。禹之时，民乐其三圣相继，故《夏》。"夏"者，大也。汤之时，民乐其救之于患害也，故《頀》。"頀"者，救也。文王之时，民乐其兴师征伐也，故《武》。"武"者，伐也。四者，天下同乐之，一也，其所同乐之端不可一也。作乐之法，必反本之所乐。所乐不同事，乐安得不世异？是故舜作《韶》而禹作《夏》，汤作《頀》而文王作《武》。四乐殊名，则各顺其民始乐于己也。吾见其效矣。《诗》云："文王受命，有此武功。既伐于崇，作邑于丰。"乐之风也。又曰："王赫斯怒，爰整其旅。"当是时，纣为无道，诸侯大乱，民乐文王之怒而咏歌之也。周人德已洽天下，反本以为乐，谓之《大武》，言民所始乐者武也云尔。故凡乐者，作之于终，而名之以始，重本之义也。由此观之，正朔、服色之改，受命应天制礼作乐之异，人心之动也。二者离而复合，所为一也。

【简析】

物改：指改正朔、易服色。显：彰显。更：重新。制：就上下文看，可理解为礼仪制度。应天：与天命的更改相应。应人：与人心之变相应。见：同"现"，表现。功：效果。天功：天命变易带来的效果，其实指新王的功业可应天命得人心。

缘：顺应，依照。天下之所新乐：天下人新近感到欢乐之事。文曲："文"本义指花纹，引申为修饰，这里指用乐曲修饰对其事的记述，使之更富表现力。和政：与政治、政绩相应和。兴：弘扬。遍：普遍。合：共同。虚：凭空。盈：充满，充实。内：内心。动：动作，舞蹈。《孟子·离娄上》："乐则生矣，生则恶可已也？恶可已，则不知足之蹈之、手之舞之。"成：完成。以：通"已"，已经。本末、质文：是儒家伦理中相对的两组观念。相对地看，"本"可理解为根本、起始，"末"为顺应"本"而生发出的"结果"；"质"为内在的，"文"为由顺应其内自然发生的表现，同时又修饰其"质"，使之具有表现力和感染力。它们主要是针对"人""事"而言。具：具备。《礼·乐记》："王者功成作乐，治定制礼。"《中庸》："非天子，不议礼，不制度，不考文。……虽有其位，苟无其德，不敢作礼乐焉；虽有其德，苟无其位，亦不敢作礼乐焉。"

昭：发扬光大。继：连续不断。端：缘由。反：返。本：起初，指王者兴起之时造福于民的功业。所乐不同事：与民同乐之事不同。安：怎么。世异：随世代而有所不同，这里指改朝换代的新王与民同乐的功业不同。效：效验。风：政教风化。《释文》："风是诸侯政教，所以风天下。"洽：广博，普遍。

作之于终，而名之以始：作乐在功业已成之时，而以当初建功立业与民同乐之事为名。二者：改制与作乐。离而复合，所为一也：二者虽为两事，其道理则一贯，都是为了顺应天命和人心。

在古代典籍中，首篇往往起到概述全书要旨之作用，较为重要。一般认为，《楚庄王》是《春秋繁露》的首篇。它集中表达了董仲舒的经术思想，应引起我们足够的重视。全篇主要论述了两方面的内容：一是讨论"春秋笔法"及其所表达的"春秋大义"；二是澄清对王者改制与作乐的种种误解，以说明儒家的基本政治观念。该篇前四段论述了前一方面的内容，在董仲舒看来，"春秋笔法"及其所表达的"春秋大义"，两者表里一贯，在叙述和评价历史事件中融为一体。其要有二。

其一，《春秋》评价的特点与作用。在董仲舒看来，《春秋》所做的并非单一的评价，而是多元的综合评价，是从多个方面着手的，"文"与"实"即是其中的两个主要方面。就评价历史事件而言，"文"主要指评价对象的行为方式、行为表现，"实"指的是评价对象的行为考虑、出发点及其本身的德性。就第一段看，董仲舒认为，对于楚庄王杀夏征舒，《春秋》的评价是"实与而文不与"，"与"是赞同。夏征舒弑其君乃大逆不道的行为，其恶已为常人所共知。因而杀夏征舒这一行为本身是合乎大义的，楚庄王本人也是个贤君，其行为考虑是要伸张正义。因而《春秋》的评价是其"实"为善，故"实与"。但是，楚庄王采取的方式不恰当，他擅自征伐陈国，违反了"尊王"之大义。因此，"《春秋》贬其文"，不与其"文"，不以其行为方式为善。对于楚灵王杀庆封，《春秋》的评价则相反，是"文与而实不与"。楚灵王征伐而杀庆封，只是他武力扩张、侵伐他国的借口，故《春秋》不与其"实"。但这一点为常人所共知，而庆封之恶却为常人所忽视。为了揭示庆封"贬主位而乱国"之罪，《春秋》赞同楚灵王杀庆封的行为表现，故与其"文"。

由"文与""实与"及"文不与""实不与"组合而成的各种评价，体现了《春秋》评价的特点是，综合对某一事件起作用的各种因素，并依据《春秋》所要表达的道德立场，从表里两方面有所侧重地选择一种书面的叙述方式，将各种评价考虑融入对历史的叙述之中。这种"主观"的历史叙述方式，还必须联系其目的和作用来理解。

总的来说，《春秋》的叙述并不是为重现历史而写史，而是为了"稽古以鉴今"。篇中说，"《春秋》之用辞，已明者去之，未明者著之"。在不违背基本事实的情况下，叙述的侧重、取舍，主要考虑其阅读对象的状况，而给以"经义"的启发，坚守文化传统尤其是政治传统中的基本观念，即"大经""大义"。由此，在董仲舒看来，"《春秋》常于其嫌得者，见其不得也"。换句话说，《春秋》的评价可起到"决嫌疑，明是非"之作用。对此，须联系《春秋》的书面记述来理解。

从书面记述的角度看，"文不与"之"文"可以理解为字面上明确的评价。即使为常人所忽视，大义亦不能不守。因此，楚庄王杀夏征舒，虽然是以贤君诛重罪，人皆知其善，但其专杀之不合大义，则不能不明，必须于叙述中明确地予以道德谴责。故记之为"楚人杀陈夏征舒"而文不与，以"文"贬之。此所以"决嫌疑，明是非"。"实与"则可以理解为一种总体综合的、背景似的评价，它隐含于对整件事的叙述中而不显。其不显的原因，或是前面已经讲明；或是显而易见，无须道出；或是以其他方式来表达；等等。故董仲舒说，《春秋》"文约而法明"。

其二，春秋笔法蕴含的"春秋大义"。所谓"春秋大义"，其实指的是《春秋》通过历史叙述，表达出来的一套文化价值观和社会理想。反过来说，《春秋》的历史叙述并不是价值中立的，而是有其特定的价值立场。董仲舒认为，《春秋》的价值立场体现的是儒家的价值观念。它们不以一种明确的理论系统的形式表达出来，而是蕴含于春秋笔法，即历史叙述的方式，对历史事件、材料的不同处理。分说如下：

首先，由对称号的选择，来表达道德褒贬，进而说明"礼以定名分"之义。司马迁说"《春秋》以道名分"，苏舆说"《春秋》原于礼"，讲的也是这个意思。从地理和历史传统上说，晋国为诸夏之一，但在记述它征伐同姓的不义之举时，却称以"夷狄"之号。其原因在于，伐同姓侵害了"亲亲"的精神，违背了由"亲亲"而来的"尊尊"观念以及宗法政治的制度安排，即"礼制"。因而《春秋》贬其不义为"夷狄之行"，斥其非礼为名实不符。同时，这也是一种"正名"。其行为之"实"不符其"名"，则以其他的称呼取而代之。而名实是否相符，是以礼来判断的。这里的"诸夏""夷狄"之称，所取的是文化标准。

其次，以"婉辞"来表达道德谴责。"婉辞"是指含蓄委婉而非直白的表达方式。据董仲舒的解释，这是出于礼的需要。孟子认为，孔子"不为已甚"。可以说，这种表达除了免受政治压力的现实考虑之外，更多地体现了修史者本人的智识修养。谴责之意以礼为依据表达清楚即可，不走极端，于事中见理，不空说，不以一套抽象的理论来压服人。引申到现在来说，这也体现了历史研究和叙述中应有的一种宽厚严谨的学术态度。但是，《春秋》在"大经""大义"上毫不含糊，或者说价值立场十分明确，因此孟子说"《春秋》修而乱臣贼子惧"。

最后，《春秋》"三世"异辞说。董仲舒认为，孔子修《春秋》，依各世代离己之远近，而采取不同的历史叙述方式，即"异辞"。具体说，就是将春秋时代242年分为十二世，归为三类：离己最远的为所传闻世，对这一时期的历史叙述方式是"杀其恩"，即情感投入较少；中间为所闻世，其历史叙述方式是"痛其祸"，即将强烈的道德义愤融入其中；最近的为所见世，其历史叙述方式是"微其辞"，即以含蓄委婉的方式来表达。当然，这并非意味着对不同世代的历史只采取与之相应的叙述方式，而是指它们之间相比较而表现出的叙述特点。或者说，在某一世代中，特别注重某一方面的表达，而总体上看是"世逾近而言逾谨"。为何如此？董仲舒的解释是"畏与义兼"，即出于敬畏和道义的综合考虑。在我们看来，其中包含了儒家两方面的观念：一是"亲亲"的精神以及由此流变而出的"亲疏有序"的恩报方式；二是政治生活中的"尊尊"观念。

至于为何对所见世"微其辞"，董仲舒的解释是，一方面近世之君于己恩情为厚，故不忍直言其过而为之讳；另一方面是要"以智畏"避祸，即明哲保身。虽然这种解释讲得通，但从孔子一贯的道德精神来看，似乎将孔子的思想境界讲低了。或许可以联系当代的思想来理解。一方面，就历史研究而言，对历史的评价总要经过一段时间的沉淀。一个历史事件的效果如何，表现出来的精神有何意义，都要经得起时间的考验，需要几代人的观察与思考。因此，对于当代事件的记述，应该避免"直言其得失"，而尽量平实地记述。其意义当留待事件的效果充分展现之时，由后人来体会。另一方面，历史评价虽然包含了评价者主观的取舍，但评价者的"主观性"不应与历史文化的精神相背离。对于历史记述者而言，当代的事件感同身受，易起情感共鸣。也正因此，与"所传闻世"和"所闻世"相比，对"所见世"的记述，更应注意避免过多的情感投入。这是一种符合中庸之道的方法。同时，历史记述中的思想表达，应包含某种文化理想，体现某种文化精神，它应该与现实政治保持适当的距离。惟其如此，它才能具有一定的独立性，而起批判和净化现实之作用。

本章后两段是对"王者改制作乐"的解释。它在澄清各种误解的过程中，体现了儒家对政治与伦理、文化之间关系的理解。

其一，王者有改制之名，无易道之实。"王者"是儒家理想中的最高统治者。根据董仲舒的说法，"改制"指的是"徙居处、更称号、改正朔、易服色"，"无易道之实"则指"大纲、人伦、道理、政治、教化、习俗、文义尽如故"。可以说，在此，"制"指的是政治面貌或政治生活中的礼仪，"道"指的是中国文化的基本精神或基本格局。这里的"名"与"实"，可以理解为表里关系。那么，董仲舒的解释中蕴含的主要观点可概括为：政治生活应当建立在伦理与文化的根基之上。伦理与文化有其应该传承下来的基本精神，即使改朝换代引发政治制度的变革，也应当以尊重伦理与文化精神为前提，来做相应的制度安排。

在儒家看来，理想的或者说人道的政治应当是有名有实的。"实"是根基，是鲜活的民族文化精神，是一个民族世世代代积累下来的关于人生安排及社会环境构建的理解。"名"是具体的制度安排方式，也可以称为"礼"。它是因时而变的，其变不应背离其"实"。儒家所讲的"圣王制礼"也是这个意思。"制礼"并非凭空而作，它总要依托历史与文化的基本精神，要依于人情，缘于俗，察时变而后制礼。董仲舒的这一观点，在

《天人三策》中有更为详细的说明。

其二，乐者，作之于终，而名之以始。董仲舒这里所讲的"乐"，是指政治之乐，是歌颂新王功业与德行的乐曲。展开说，这一观点包含以下几层意思。

首先，乐曲所要表达和歌颂的是天下同乐之事。也就是说，所要歌颂的新王功业，必须获得百姓的普遍认可。新王必须切切实实做了有益于民众的普遍福祉之事，所要歌颂的乐曲内容必须合乎实际。由此，所作之乐才能合乎人心，表达人们的感激与敬仰之情，也才能起到道德榜样的作用。因此，董仲舒说"王者不虚作乐"。

其次，作乐是在功业成就之后。这里的先后关系，是相对于制礼而言。改朝换代，必先制礼，以说明天命有所变更，新王要带来新气象，让社会呈现新面貌。作乐，则要基于考察新王所建的功勋之中，哪些最令民众感到高兴，哪些最得民心。孔子说，"兴于礼，成于乐"。"乐"说明的是功业已成。"乐"必须能表达民众的情感共鸣，由此才能达到其目的"和"。作乐的目的是"兴德"和促进社会和谐。

最后，乐曲以民众始乐之事为名。董仲舒说，"作乐之法，必反本之所乐"。乐曲缘事而取名，其事为新王所创的功业之中原本最得民心之事。这也就是要乐曲的名与实即它所反映的内容相符。由此就解释了为什么新王要作新乐：每个王者所建的功业不同，或者说最得民心之事不同。因此，世代变了，新王即位，必有新乐产生。

总之，董仲舒从政治文化的角度对礼乐做出了解释，突出了王者制礼作乐的伦理含义。这也为我们理解传统的礼乐文化提供了一条思路。

第三十六篇　实性

【原文】

孔子曰："名不正则言不顺。"今谓性已善，不几于无教而如其自然！又不顺于为政之道矣。且名者性之实，实者性之质。质无教之时，何遽能善？善如米，性如禾。禾虽出米，而禾未可谓米也。性虽出善，而性未可谓善也。米与善，人之继天而成于外也，非在天所为之内也。天所为，有

所至而止。止之内谓之天，止之外谓之王教。王教在性外，而性不得不
遂。故曰性有善质，而未能为善也。岂敢美辞，其实然也。天之所为，止
于茧麻与禾。以麻为布，以茧为丝，以米为饭，以性为善，此皆圣人所继
天而进也，非情性质朴之能至也，故不可谓性。

【简析】

实性：探究人性之实。该篇在苏舆本中为一整篇，未分段落。这里为
方便分析和解读，依其文义分为四段。孔子曰："名不正则言不顺。"(《论
语·子路》) 它强调了"正名"或者说名与实相符的重要性。这里引此
语，说明该篇意在从区别"性"与"善"的含义出发，来阐发其人性观。
今谓性已善：主要针对孟子的性善论。几：接近。顺：顺应，相合。这句
话的大意是，若径言性本善，则近乎否定教化的必要性，且与治国理政所
需的道德培育机制相悖。对人性的术语界定应当与其所实际表达的内容相
符，而这一内容应说明人性的本质。而人性之质如果不通过教化，怎么能
称之为善呢？也就是说，主张性善，意味着人性的本质就是已然之善。苏
舆解第一句之意为："以名言之，则性为生；以实言之，则性为质。而质
原于生，是名亦实也。"似嫌迂曲。天：天然。外：天然之外，即后天。
"天所为，有所至而止。止之内谓之天，止之外谓之王教"：天对于人性的
作用，只能到一定的程度。在此程度之内，称之为天然的人性，完成人性
之善的，是后天的王教。也就是说，人性之善，不能靠天然铸就，得靠后
天的王教来完成。遂：完成。"此皆圣人所继天而进也，非情性质朴之能
至也"：这些都要靠圣人在天然之性的基础上，通过进一步的教化才能完
成，而不是质朴的情性所能达到。

此处董仲舒以"禾苗成米""桑麻成布""蚕茧成丝"来类比"人性
向善"的过程，由此说明就像前三者必须通过后天的加工，才能成为有益
的成品一样，人性虽然蕴含向善潜质，但必须通过后天的教养才能实现道
德完善。因此，若将人性直接等同于善，不仅名实不符，而且忽视了后天
道德教化的重要性。

【原文】

正朝夕者视北辰，正嫌疑者视圣人。圣人之所名，天下以为正。今按
圣人言中，本无性善名，而有善人吾不得见之矣。使万民之性皆已能善，

善人者何为不见也？观孔子言此之意，以为善甚难当。而孟子以为万民之性皆能当之，过矣。圣人之性不可以名性，斗筲之性又不可以名性；名性者，中民之性。

【简析】

视：看，这里引申为"以……为标准""凭借"的意思。名：说法。正：标准。"善人吾不得见之矣"：孔子的感叹，语见《论语》。

"使万民之性皆已能善"：其大意可理解为，如果一般人的本性都已能凭借自身的努力而成善。当：承受，称得上。斗筲之性：指道德天赋愚钝者，即孔子所谓下愚，或朱熹所谓天生斗量浅狭者。中民：潜质一般的人，亦称中人，中庸之民。最后一句的意思是：所谓的人性，指的应当是一般人的人性，或者说中等潜质的人性，因为圣人之性和斗筲之性都是极少的。在董仲舒看来，这是个如何给人性"正名"的问题。用现在的话说就是，我们该如何界定人性，以进行有效的讨论。

【原文】

中民之性如茧如卵。卵待覆二十日而后能为雏，茧待缲以涫汤而后能为丝，性待渐于教训而后能为善。善，教训之所然也，非质朴之所能至也，故不谓性。性者宜知名矣，无所待而起，生而所自有也。善所自有，则教训已非性也。是以米出于粟，而粟不可谓米；玉出于璞，而璞不可谓玉；善出于性，而性不可谓善。其比多在物者为然，在性者以为不然，何不通于类也？卵之性未能作雏也，茧之性未能作丝也，麻之性未能为缕也，粟之性未能为米也。

【简析】

卵：鸡蛋。覆：孵。缲以涫汤：用沸汤缲丝。后两句的大意是：道德善是通过教化训练而形成的，并非仅凭质朴的人性就能达到，因此，善与性不能混为一谈，亦即不能称"性善"。

待：依靠。无所待：无须外界条件。自：生来。这两句的大意是："性"与"善"是相对独立的两个名称。"性"之名，指的是生来就有的人性；"善"虽然是以人性为根基经过后天教化实现，但它与先天的人性已经不是一回事。

比：类似的情况。"其比多在物者为然，在性者以为不然，何不通于类也？"其大意为，这番道理在讨论物之性的时候可以看得很清楚，在理解人性的问题上却认为不是这样，这其实是不通事理的表现。

【原文】

《春秋》别物之理以正其名，名物必各因其真。真其义也，真其情也，乃以为名。名陨石则后其五，退飞则先其六，此皆其真也。圣人于言无所苟而已矣。性者，天质之朴也；善者，王教之化也。无其质，则王教不能化；无其王教，则质朴不能善。质而不以善性，其名不正，故不受也。

【简析】

因：依据。真：真实、实际的情况。"真其义也，真其情也，乃以为名"：苏舆说，"以事言则为义，以物言则为情，必得其真而后可以为名"。苟：苟且，马虎。质：指人性天然之质。化：教化为善。"质而不以善性"：苏舆说，此句疑作"质不能而以善性"，即人性之质不能仅凭自身而为善，必须经过王者之教化。其名不正：指名不副实。受：接受。

在本篇中，董仲舒条理严密地表达了其独特的人性论。首先，在第一段，董仲舒从名实关系的角度提出了性善论存在的问题。理论上说，他指出"性"与"善"的含义不同，并由此说明了人性发展的先天（天然）与后天之分，以及为人性正名即界定人性这一概念的重要性。实践上说，他指出，孟子的性善论否定了后天教化的必要性，以及政治生活中道德教化的重要意义。

其次，在第二段，董仲舒讨论了如何从理论上来界定人性的问题，并由此提出人性三品之说，即圣人之性、中民之性与斗筲之性。董仲舒认为，应该用中民之性来界定人性。这不仅因为生来具有圣人之性与斗筲之性的人为数极少，而且在一定意义上说，他们是不可移易的。从道德实践的角度说，对于不可移易者的讨论不会产生有意义的结果。

再次，在第三段，董仲舒在上一段对人性界定的基础上，以"丝出于茧""米出于粟""玉出于璞"为喻，说明虽然"善出于性"，但性与善不可混为一谈。无王教之化，单凭人性不足以成善，从而重申了王教之化的重要性。可以说，董仲舒并不否认人性（中民之性）具有一定的道德能力，但认为其能力有限，不足以单凭自身而为善，必须依靠王教之化，顺应其性而完成道德善。

最后，在第四段，董仲舒以《春秋》重"正名"之义，总结了全篇的观点：善与性有别，王教对于成就道德的重要性，以及性善论之不成立。

由此，董仲舒对其人性论做了较为全面的说明。从中国思想史的角度看，其中有三点尤其值得注意：其一，从厘清概念的含义入手，并以条理较为严密的方式说明问题。在儒家思想发展史上，这种说明问题的方式较为独特，可以为讨论中国哲学问题提供方法上的启发。其二，他所提出的"性三品"说是对先秦儒家人性论的一个重要发展，对后世的儒家思想也产生了很大的影响。"性三品"的"性"是从人的先天潜质角度说的。此后，讨论人的潜质、品评人物，成了汉代思想界的一个基本关注面，这在刘劭的《人物志》以及刘义庆的《世说新语》中都有集中的体现。而唐代韩愈的人性观，以及宋代理学关于气质之性的讨论，都与董仲舒的这一思想不无关系。其三，其人性论虽然与孔子的观点并无抵牾，但与孟荀的观点有一定的区别。董仲舒在以中民之性来界定人性的基础上，承认人具有一定的道德能力，王教顺此而可以促使人性成善，这与荀子的性恶论不同。同时，他又认为，人的道德能力有限，单凭自身不足以完成道德善，必须经过王教之化，从而又反对孟子的性善论。应该说，这是儒家思想史理解人性的一条新思路。

扬雄：《法言》

【导读】

扬雄（前53—18），字子云，蜀郡成都（今四川成都）人，西汉末年重要的思想家、文学家和语言学家。

据《汉书·扬雄传》记载，扬雄年少好学，博览群书而淡泊功名。性格沉静，口吃而不善言谈。四十余岁游历京城，经大司马车骑将军王音举荐，为待诏。过了一年多，转为皇帝的守门和随从官。其后历经汉成帝、哀帝、平帝三朝，维持官位不变。王莽篡位后，扬雄凭资历升为大夫，在天禄阁从事校书工作。其间为宫廷内部政治斗争波及，几乎因投阁逃难而至于死。其后免罪复召为大夫，天凤五年去世，享年七十一岁。

扬雄的传世之作主要有：哲学著作《太玄》和《法言》；语言学著作《方言》；文学作品有书、骚、赋、颂、箴、诔等数十篇，其中他的赋在汉代文学史上占有重要地位。

扬雄在《法言自序》中讲道："雄见诸子各以其知舛驰……使溺于所闻而不自知其非也。……故人时有问雄者，常用法应之，撰以为十三卷，象《论语》，号曰《法言》。"也就是说，《法言》在形式上模仿《论语》，其主旨则是针对当时思想界流行的各种观点，进行观念上的澄清，以捍卫儒家学说的正统地位。"法言"之"法"，是孔子以"五经"为中心而树立的治国之道，以及做人和立言的标准。

本部分所选的《问道卷》①，集中体现了扬雄对儒家的护道意识。它在说明儒家之道为正统观念的同时，对诸子关于道的观点做出了回应和批评。

《问道卷第四》

【原文】

或问"道"。曰："道也者，通也，无不通也。"或曰："可以适它与?"曰："适尧、舜、文王者为正道，非尧、舜、文王者为它道。君子正而不它。"

【简析】

通：通达。适：到达。它：其他处，这里指诸子之术。此段首先阐明了扬雄的思想旨归：以儒家学说为正道，百家可视为其旁支与流裔。为学当从正道入手。

【原文】

或问"道"。曰："道若涂若川，车航混混，不舍昼夜。"或曰："焉得直道而由诸?"曰："涂虽曲而通诸夏则由诸，川虽曲而通诸海则由诸。"或曰："事虽曲而通诸圣则由诸乎?"

【简析】

涂：通"途"，道路。川：河流。航：指航行的船。混混：来往不息的样子。夏：华夏，指中国。此段解"曲通"之义：勤力于六经而不辍，则通向圣道。

【原文】

道、德、仁、义、礼，譬诸身乎？夫道以导之，德以得之，仁以人之，义以宜之，礼以体之，天也。合则浑，离则散，一人而兼统四体者，其身全乎！

【简析】

导：引导。得之：使之有所得。《释言语》："德，得也，得事宜也。"

---

① （清）汪荣宝：《法言义疏》（上、下），陈仲夫点校，中华书局，1987，第109—137页。

人之：使之成为真正的人。《中庸》："仁者，人也。"《孟子·尽心下》："仁也者，人也。合而言之，道也。"宜之：使之行事合宜。《释言语》："义，宜也，裁制事物，使合宜也。"体之：使之体现出来。天：天性。浑：浑然一体，完整。此篇设喻：以人的自然生命之四体不可分，来说明人的德性生命或者说人的道德本性包含道、德、仁、义、礼五个方面，五者不可离析来理解，更不可如道家那样，将它们理解为有价值高下的等级之别。

【原文】

或问"德表"。曰："莫知，作上作下。"请问"礼莫知"。曰："行礼于彼，而民得于此，奚其知！"或曰："孰若无礼而德？"曰："礼，体也。人而无礼，焉以为德？"

【简析】

表：表现，表征。作：兴起，引申为道德教化。按晚清学者汪荣宝的观点，此处"礼"字疑出后人增衍。莫知：未意识到，不知不觉。指道德教化的方式是让民众渐进于德而不自知。《孟子·尽心上》："民日迁善而不知为之者。"道德教化的方式当是，为上者做出道德表率，践礼而不违，以德化民。因而在不知不觉中形成良好的社会道德风尚。"礼，体也"：礼就是对道德的亲身践履。后半段驳道家贵德而贱礼的观点，指出礼对于道德实践的重要性。

【原文】

或问"天"。曰："吾于天与，见无为之为矣！"或问："雕刻众形者匪天与？"曰："以其不雕刻也。如物刻而雕之，焉得力而给诸？"

【简析】

天：指天道的作用方式，即生成万物。此句大意是，天道并不具体地雕琢每个事物来成就万物，而是以"无为之为"的自然法则统摄全局。《法言·孝至》篇言"君道"："于事则逸，于道则劳。"和此处扬雄言"天道"可相参证。

【原文】

老子之言道德，吾有取焉耳。乃捶提仁义，绝灭礼学，吾无取焉耳。

【简析】

有取：有所赞同。捶提：攻击，指责。扬雄认为，道家思想有可取之处，但它发展到反对仁、义、礼、学，就不可取了。

【原文】

吾焉开明哉？惟圣人为可以开明，它则苓。大哉，圣人言之至也！开之，廓然见四海；闭之，阒然不睹墙之里。

【简析】

焉：表示反问，可理解为"哪里算得上，怎么能"。开明：使人受启发、变明智。它：其他。苓：当为"苓"，车苓。它则苓：意指其他人只能让人受到极有限的启发，见到如车苓一般的小处。廓然：开阔。阒然：闭塞。四海：指所见者远而广。墙之里：指所见者近而狭。

【原文】

圣人之言，似于水火。或问"水火"。曰："水，测之而益深，穷之而益远；火，用之而弥明，宿之而弥壮。"

【简析】

测：测量。穷：追寻，追溯。宿：留存，积聚。壮：旺盛。此段意在说明，圣人之言意味深长，富于智慧和生命力。与上段一起，盖针对道家"绝圣弃智"的观点而立言。

【原文】

允治天下，不待礼文与五教，则吾以黄帝、尧、舜为疣赘。

【简析】

允：信，实，即"真正"之义。文：文饰。五教：父义、母慈、兄友、弟恭、子孝。疣赘：多余的东西。

【原文】

或曰："太上无法而治，法非所以为治也。"曰："鸿荒之世，圣人恶之，是以法始乎伏牺，而成乎尧。匪伏匪尧，礼义哨哨，圣人不取也。"

【简析】

鸿：通"洪"，大。据历史传说，伏羲始创书契、佃渔、纲纪、人道。

到尧之时而天下大治。匪：通"非"。哨：通"莦"，杂草丛生的样子。礼义哨哨：礼义荒废。

【原文】

或问："八荒之礼，礼也，乐也，孰是？"曰："殷之以中国。"或曰："孰为中国？"曰："五政之所加，七赋之所养，中于天地者，为中国。过此而往者，人也哉。"

【简析】

八荒：荒，远。《说苑·辨物》："八荒之内有四海，四海之内有九州。"八荒，即"海外"之义。殷：正。五政：五常之政或明堂五时之政，即"天子、公、卿、大夫、士"。七赋：五谷、桑、麻。中于天地：人道与天地之道相并为三，王者行之。董仲舒《春秋繁露·王道通三》："取天地与人之中以为贯而参通之，非王者孰能当？"这里扬雄强调所谓"中国"，突出的是它作为礼仪之邦、实践人道的文化含义，而不是地理含义。因此，他接着就以反问指出，不符合这一标准的就不能算是中国之人。

【原文】

圣人之治天下也，碍诸以礼乐。无则禽，异则貉。吾见诸子之小礼乐也，不见圣人之小礼乐也。孰有书不由笔，言不由舌？吾见天常为帝王之笔、舌也。

【简析】

碍：通"凝"，成就。无则禽，异则貉：若没有礼乐，人伦就会退化为禽兽状态；有礼乐，但不依照圣人之规范，就只能过野蛮人的生活，形成"夷狄"之俗。诸子：特指贬低礼乐价值的非儒家学派。小：小看，轻视。天常：既指五常，即仁、义、礼、智、信，又涵盖天道纲常。此段大意是：圣人依照礼乐制度治理天下，礼乐制度是区分文明与野蛮的标志。我只听说诸子轻视礼乐，从来没有听说过圣人轻视礼乐。哪有书不由笔、言不由舌的道理？我听说天道纲常即是帝王的笔舌，也就是说礼乐制度的根据就是天道纲常。此说体现了仁义礼智信的道理。

【原文】

智也者，知也。夫智用不用，益不益，则不赘亏矣。

【简析】

智用不用，益不益，则不赘亏：智力足以用人所不用，就不会显得多余；足以增益还不够充分的东西，就不会显得不足。

【原文】

深知器械、舟车、宫室之为，则礼由已。

【简析】

依历史传说，上古圣王制作器械、舟车及建造宫室，此为礼之始。此段的主旨在于说明：若深知礼之缘起，理解圣王制礼之意，那么对于礼就无所不通了。

【原文】

或问"大声"。曰："非雷非霆，隐隐耿耿，久而愈盈，尸诸圣。"

【简析】

大：强有力。霆：雷之余声。隐隐耿耿：耿耿本用来形容雷声，隐隐耿耿指的是声音内发而充沛的状态。盈：饱满，充沛。尸：主，位于，附着于。尸诸圣：大意是，只有圣人才能发出这种声音。

【原文】

或问："道有因无因乎？"曰："可则因，否则革。"

【简析】

因：因袭，因循。革：变革，变通。

【原文】

或问"无为"。曰："奚为哉？在昔虞、夏袭尧之爵，行尧之道，法度彰，礼乐著，垂拱而视天下民之阜也，无为矣。绍桀之后，篡纣之余，法度废，礼乐亏，安坐而视天下民之死，无为乎？"

【简析】

虞、夏：虞舜、夏禹。袭：继承。爵：天子的爵位。彰、著：明显、明确。垂拱：垂手不动，意指无所指挥。阜：富裕，丰庶。绍、篡：继承，接续。亏：废弃之义。此段辨析治道无为的道理：继善道可以安守而无为，承恶政则不可无为，而必待有为之变革。

【原文】

或问："太古涂民耳目，惟其见也闻也。见则难蔽，闻则难塞。"曰："天之肇降生民，使其目见耳闻，是以视之礼，听之乐。如视不礼，听不乐，虽有民，焉得而涂诸？"

【简析】

涂：堵塞。惟其见也闻也：只因为他们目可见、耳可闻。蔽、塞：互文，均为遮蔽、堵塞之义。此问针对老子的观点：弃绝礼乐等一切人为的文化设计，以使民众无知无欲，而保持素朴。肇：起初，肇始。此段要旨在于：民众既具视听之能，则当以礼乐导其视听——礼乐作为承载正道的文化体系，可正当地节制与规范其感官欲求。更深层的意涵在于：若不以礼乐为视听准则，则民智将因无度而失序，此时即便欲行强行闭塞之策亦不可得。

【原文】

或问"新蔽"。曰："新则袭之，蔽则益损之。"

【简析】

新：新生而有生命力者。蔽：旧，衰败而难以为继者。袭：因袭，顺势发展。益：增补。损：删减。

【原文】

或问："太古德怀不礼怀，婴儿慕，驹犊从，焉以礼？"曰："婴、犊乎！婴、犊母怀不父怀。母怀，爱也；父怀，敬也。独母而不父，未若父母之懿也。"

【简析】

怀：怀念，这里是深入人心的意思。此句大意为：太古之时仅凭天然德性维系族群，尚未形成礼制规范，就像婴儿依恋母亲，小马驹、小牛犊跟着母畜一样，哪里用得着礼呢？父怀，敬也：象征礼制确立后产生的伦理之"敬"。独母而不父，未若父母之懿也：父母双全的伦理结构，比单有母性自然之爱更完备和谐。

【原文】

狙诈之家曰："狙诈之计，不战而屈人兵，尧、舜也。"曰："不战而屈人兵，尧、舜也。沾项渐襟，尧、舜乎？衒玉而贾石者，其狙诈乎！"
或问："狙诈与亡孰愈?"曰："亡愈。"或曰："子将六师，则谁使?"曰：
"御得其道，则天下狙诈咸作使；御失其道，则天下狙诈咸作敌。故有天
下者，审其御而已矣。"或问："威震诸侯，须于征与狙诈之力也，如其
亡?"曰："威震诸侯须于狙诈，可也。未若威震诸侯不须狙诈也。"或曰：
"无狙诈，将何以征乎?"曰："纵不得不征，不有《司马法》乎？何必狙
诈乎！"

【简析】

狙诈之家：兵家或权谋家。尧、舜也：和尧、舜一样。沾项渐襟：鲜
血沾满脖子、染透衣襟。衒：叫卖、炫耀。此句大意：嘴里叫卖的是玉，
其实卖的是石头，说的大概就是像兵家这样的人。亡：败亡。此设问要表
达的意思是：与其用诡计权谋取胜，不如不用而败。御：驾驭。使：使
者。咸作使：都愿意接受驱使。征：征伐。如其亡：难道宁愿不用征伐和
计谋而听其败亡？须：待，需要。《司马法》：为古时的征伐之法，由礼家
所制。汪荣宝注："《艺文志》有《军礼·司马法》百五十五篇，入礼家。
云下及汤、武受命，以师克乱，而济百姓，动之以仁义，行之以礼让，
《司马法》是其遗事也。……周衰礼废，乃由狙诈。"

【原文】

申、韩之术，不仁之至矣，若何牛羊之用人也？若牛羊用人，则狐
狸、蝼蟥不腜腊也与？或曰："刀不利，笔不铦，而独加诸砥，不亦可
乎?"曰："人砥，则秦尚矣。"

【简析】

申：申不害，先秦法家代表人物。韩：韩非子。牛羊之用人：将人视
为可操控的牲畜。也就是说，用严刑峻法来管制民众，如对待动物一般驱
使人、随意处置人的生命。蝼：蝼蛄。蟥：蚯蚓。腜腊：古代两种祭名，
古时贫民待此节方能饮酒吃肉。此句的意思是：申韩之术残忍寡恩，以之
为治国之道，则民众如牛羊一般任其宰割，沦为野兽（狐狸）与虫豸（蝼
蛄）的盘中餐。铦：锋利。砥：磨刀石。此句以"砥"为喻，其大意是：
刀笔的确可以通过在砥上打磨而变得锋利好用，法家的想法，无异于通过
制定出折磨人的严刑峻法，让每个人的行为都完全符合刑法的刑模。如果

这样能行得通的话，那么暴秦之法就该被尊奉为理想的治国之道了。

【原文】

或曰："刑名非道邪？何自然也？"曰："何必刑名？围棋、击剑、反目、眩形，亦皆自然也。由其大也，作正道；由其小者，作奸道。"

【简析】

刑名：法家。因法家主张循名责实，故又称之为形名之学。其术又与老子的思想有较深的渊源，法家的理论根据也可以追溯到老子的自然之道。反目：杂技。眩形：魔术。此句大意是：用自然之大者，可以成正道；着眼于细枝末节来发挥，则会走上邪路。

【原文】

或曰："申、韩之法非法与？"曰："法者，谓唐、虞、成周之法也。如申、韩！如申、韩！"

【简析】

此段意在指出，法家之法不足为治理天下之正法。

【原文】

庄周、申、韩不乖寡圣人而渐诸篇，则颜氏之子、闵氏之孙其如台。

【简析】

乖寡：背离。渐：通过学习而逐步积累。诸：于。篇：指"六经"等儒家典籍。颜氏之子：颜渊。闵氏之孙：闵损。两人均为孔子的得意弟子，以德行著称。台：读为"贻"。如台：奈何。此段的意思是说：庄周、申、韩才智颇高，可惜未用在正道上。

【原文】

曰："庄周有取乎？"曰："少欲。""邹衍有取乎？"曰："自持。至周罔君臣之义，衍无知于天地之间，虽邻不觌也。"

【简析】

少欲：指庄子淡泊世俗功利，而专注于精神追求。自持：指邹衍能坚持，人格当以仁义为根本。觌：相见。汪注："（庄）周明于生死之理，而昧于君臣之义；（邹）衍能窥天地之奥，而不知人事之变。皆杨子所不取也。"

该卷的主旨在于辩护儒家之道。大体上，其内容可分为两方面：一是对儒家作为正道的基本说明；二是通过批评诸子之道，以及厘清关于儒家之道的各种混淆之处，以反衬儒家之道的合理性。以下就此做简要说明。

第一，该卷前两段表明了以儒家学说为正道的基本立场，并做了简要的交代。其要有二：其一，正道当是由尧、舜、周文王确立的儒家道统，由此可以通天下之道，统率诸子学说。诸子学说虽各有所见，但只能是"它道"，可以视为支流。其二，为学不能图简便而走捷径，必须明确学习的目的是指向正道。因此，必须努力学习以领会孔子"五经"所蕴含的道理，从而确立切实的以儒家道统为核心的文化信念。

第二，批评道家思想中不符合儒家的观点。这是该卷第三段到第二十段的主要内容，其要如下：

其一，批评道家贵"道、德"而薄"仁、义、礼"的观点。扬雄认为，道家推崇道、德，这一点是可取的。但是，不应将道、德、仁、义、礼划分为不同的等级，并由此做出高低贵贱的判断。在扬雄看来，道、德、仁、义、礼都根植于人的天性，而不是像道家所理解的那样，"仁、义、礼"只是统治者为了维护社会秩序的需要而建立的后天规范，虽服务于社会，但压抑着人的天性。扬雄认为，对于人的德性完善而言，这些要素相辅相成，缺一不可。这与孟子"仁义内在"的观点相一致。

其二，反驳道家对礼的指责，强调礼乐对于社会治理和个体德性完善的重要性。在道家看来，"礼"是"忠信之薄而乱之首"。扬雄对此做了回应。首先，礼乐出于自然，是顺应人的天性而正人视听之道。礼乐作为教化之道，可以化人入德，引导人们完善其德性。并且这种教化是自然而然地发挥作用，与天道相一致。其次，礼乐是圣王成就天下大治的正道。再次，礼乐的内容以儒家提出的仁、义、礼、智、信"五常"为标准，成就的生活表现为华夏文明特有的伦理生活范式。最后，礼所表达的"尊尊"之义，并不违背人的本性，而是一种恰当的文饰。

其三，厘清舜道无为或者说儒家无为与道家无为之间的区别。道家的无为是要顺其自然，听任民众自生而不加干涉。从政治角度说，其所谓自然状态是"民无知无欲"，其主张的实质，则是要求统治者不干预民生。扬雄指出，儒家的无为是治理天下的正道。其着眼点不在于统治者干预与否,而在于是否治天下以善道:继善道则无须干涉而听其善道之发展,若天下有不合于善道,则统治者必须有为而加以干涉。

其四,驳斥道家"绝圣弃知"的主张。道家认为,有知即有辨,此为世俗是非之所起;儒家的圣人汲汲于开启民智,正是造成社会祸乱的思想之源。扬雄强调知识对于造福人生、造就文明的重要意义,并指出以圣人智慧之高远,在这一文化过程中发挥着积极而重要的作用。

第三,评价兵家或权谋家之道。扬雄指出,兵家所提出的"不战而屈人之兵",看似与尧舜的"以德服人"相类,但其实质内容是诡计权谋。以德服人如何可能,他们并不关心,而使"德"沦为粉饰权力的空洞符号。扬雄进一步指出,不仅治理天下要以儒家正道,而且征伐也要以儒家之道,即"礼"。

第四,指出法家的治理之道不足为法。其要有三:其一,法家主张严而少恩,将重刑苛法视为治国核心手段,其实是一种惨无人道的治理方式;其二,法家的理论根据虽然也可以解释为顺乎自然,但它仅聚焦于权力运作的技术层面,未能触及自然法则的根本要义,终致治道异化;其三,法家之道虽然力主"法度",但和尧、舜、成周之法度不是一回事。

第五,评判庄周和邹衍的学说。扬雄认为,庄周和邹衍的学说各有其可取之处,但在根本上各有所蔽,故不足为天下正道。

就该卷看,扬雄对诸子学说提出了不少批评,其实针对的是其所处时代的思想形势。如道家思想在西汉一直有很大的影响,以道家思想为主体的黄老学说一度在汉初占据思想界的主导地位。因此,该卷对儒家与道家思想的学理辨析尤为深入,其中不乏精辟的见解。其他如法家、兵家、阴阳家等,扬雄也做了较恰当的批评。

扬雄的这些批评,不仅有助于在相互比较中把握各派思想的中心观点,更重要的是,其中表现出的捍卫儒家正道的精神,对于后世儒家道统的建立有着重要的启发作用。他在《法言·吾子》中说,"古者杨、墨塞路,孟子辞而辟之,廓如也。后之塞路者有矣,窃自比于孟子。"在汉代,孟子思想影响不大,扬雄独推孟子,认为他继承了孔子思想的正统。这对后世儒学的发展方向产生了很大的影响。唐代韩愈首创儒家道统说,即以孟子为道统的继承者,并极力推崇扬雄的思想地位,以为其可与荀子平列。他说:"孟氏,醇乎醇者也。荀与扬,大醇而小疵。"他甚至将扬雄归为儒家道统嫡传的世系。"圣人之道……火于秦，黄老于汉。其存而醇者，孟轲氏而止耳，扬雄氏而止耳。"

一直到北宋时期，扬雄都备受尊崇，在儒家思想发展的谱系中享有相当高的地位，其《法言》也有着广泛的影响。苏洵、司马光等视其为儒家正统精神的继承者。诸多学者如司马光、宋咸等为《法言注》作序时，甚至准之以亚圣的地位。至朱熹作《通鉴纲目》时，以春秋笔法批下"莽大夫扬雄死"，扬雄的思想地位始遭贬斥，其影响亦不断削弱。朱子的评断是否公允，当另作别论，但从中国思想史发展的角度看，扬雄面对其时代的思想风气，对儒家之道乃至中国文化精神的思考和探究，无疑具有重要意义。从《问道卷》中，我们可以深入领会扬雄的文化意识和护道精神。

王符：《潜夫论》

【导读】

王符（约85—162），字节信，凉州安定郡临泾（今甘肃镇原县东南）人。王符出身微贱，幼年备受乡人歧视。据《后汉书》，其青年时期曾与后来思想界的著名学者马融、张衡等多有思想切磋。

王符笃志好学，学识渊博。但他性格耿直，且无外家而为人鄙视，终生未能入仕。于是意志蕴愤，隐居著书三十六篇，不署己名，而称之为《潜夫论》。

《潜夫论》的主要内容是评论政治、针砭时弊。《本训》篇不仅较为全面地梳理了汉代流行的"气化宇宙生成论"，而且集中说明了他据以批评现实的理论立足点。

本训第三十二

【原文】

上古之世，太素之时，元气窈冥，未有形兆，万精合并，混而为一，莫制莫御。若斯久之，翻然自化，清浊分别，变成阴阳。阴阳有体，实生两仪，天地壹郁，万物化淳，和气生人，以统理之。

【简析】

训：说教，论说。结合内容看，该篇篇名的意思可理解为，论说宇宙人事之本原。上古之世，太素之时：远古的时候，可理解为宇宙初生之前。元：最初，本原。窈冥：形容尚未分化的混沌状态。莫制莫御：不受他物的制约、驱使，即自生自存的自在状态。斯：这样。若斯久之：元气将上述混沌状态保持了很久。自化：自我分化。两仪：朱熹《周易本义》说，"两仪者，始为一画以分阴阳"。壹郁：纲缊，指阴阳二气交密之状。淳：通"醇"，厚而凝。和气：指阴阳二气相协调而产生的气。统：贯通。理：治理，使之有条理。

【原文】

是故天本诸阳，地本诸阴，人本中和。三才异务，相待而成，各循其道，和气乃臻，机衡乃平。

【简析】

天本诸阳，地本诸阴，人本中和：天由清阳、地由浊阴之气而成，人由阴阳二气相协调的和气而生。三才：又称"三材"，即天、地、人。务：功能，特性。相待而成，各循其道：天、地、人各行其道，又相辅相成。臻：达到，实现。

【原文】

天道曰施，地道曰化，人道曰为。为者，盖所谓感通阴阳而致珍异也。人行之动天地，譬犹车上御驰马，蓬中擢舟船矣。虽为所覆载，然亦在我何所之可。孔子曰："时乘六龙以御天。""言行君子所以动天地也，可不慎乎？"由此观之，天呈其兆，人序其勋，《书》故曰："天功，人其代之。"如盖理其政以和天气，以臻其功。

【简析】

《大戴礼·曾子·天员》："天道曰员，地道曰方。方曰幽，员曰明。明者，吐气者也；幽者，含气者也。吐气者施，而含气者化，是以阳施而阴化也。"为：有为。感通阴阳：感通天地，调和阴阳，亦即沟通天地之道，而赞天地之化育之义。《周易·系辞上传》："感而遂通天下之故。"致：招来。珍异：应德之符瑞，亦即天下太平之象。车上御驰马，蓬中擢舟船：此比喻所要说明的是，人能顺应天地之道而加以发挥。可：汪继培笺《潜夫论笺》说"可"疑为"耳"。朱熹《周易本义》解曰："乘此六阳以行天道，是乃圣人之元亨也。"序：使之有条理。人序其勋：其内容即下文"理其政以和天气，以臻其功"。《书》：《尚书》，引文出自《尚书·皋陶谟》。理其政：指王者当施善政，以顺天地之道。臻：达到，引申为"使之完备"。

【原文】

是故道德之用，莫大于气。道者，气之根也。气者，道之使也。必有其根，其气乃生；必有其使，变化乃成。是故道之为物也，至神以妙；其为功也，至强以大。天之以动，地之以静，日之以光，月之以明，四时五行，鬼神人民，亿兆丑类，变异吉凶，何非气然？

【简析】

根：根源。使：驱使。这段话是从本根的意义上讲"道"与"气"的关系。"道"是宇宙生成之本根，"道"通过气之作用，即第一段所谓由元气分化出阴阳二气，阳气升而为天，阴气降而成地，二气相互作用而化生人与万物。这样，虽然本根仍称为"道"，但其实落到气上，为气化之"道"。对宇宙本原的解释也是一种气化的宇宙生成论。丑：众多。此段意在指出：气化之正道，其用神妙，可以让自然与人事有序运行而不乱，动静变化相得相宜，造就一个生机勃勃的理想世界。亦即《中庸》"天地位焉，万物育焉"之义。

【原文】

及其乖戾，天之尊也气裂之，地之大也气动之，山之重也气徙之，水之流也气绝之，日月神也气蚀之，星辰虚也气陨之。旦有昼晦，宵有，大风飞车拔树，债电为冰，温泉成汤，麟龙鸾凤，蛮蟹蝼蝗，莫不气之所为也。

【简析】

其：指阴阳二气的交互作用。乖：不协调。戾：违背。此句大意是说，若气化之道有偏，阴阳之气失调，则自然界就会发生各种异常现象，出现各种灾异。

【原文】

以此观之，气运感动，亦诚大矣。变化之为，何物不能？所变也神，气之所动也。当此之时，正气所加，非唯于人，百谷草木，禽兽鱼鳖，皆口养其气。声入于耳，以感于心，男女听，以施精神。资和以兆虾，民之胎，含嘉以成体。及其生也，和以养性，美在其中，而畅于四肢，实于血脉，是以心性志意，耳目精欲，无不贞廉洁怀履行者。此五帝三王所以能画法像而民不违，正己德而世自化也。

【简析】

气运：气的运行规律。感动：指阴阳二气交感、相推相激。何物不能：可以成就一切事物。口：当作"和"。生命性情之正，皆源自气运之和。男女听：脱"之"字，当为"男女听之"。怀：怀孕一月。胎：怀孕三月。美在其中，而畅于四肢：见《易·坤·文言》。精：汪注，"精"疑为"情"。贞廉洁怀：廉洁无私。履行：指依正道而行。《盐铁论》："履德行仁。"郑玄解《诗·大东》"君子所履"曰："君子皆法效而履行之。"画法像：《白虎通·五刑篇》"传曰：'三皇无文，五帝画象，三王明刑。'"何休注《公羊传·襄公二十九年》引孔子语："三皇设言民不违，五帝画象世顺机。"这里引此典故，以说明"德治为本、为上，刑赏为末、为次"。

【原文】

是故法令刑赏者，乃所以治民事而致整理尔，未足以兴大化而升太平也。夫欲历三王之绝迹，臻帝、皇之极功者，必先原元而本本，兴道而致和，以淳粹之气，生敦庞之民，明德义之表，作信厚之心，然后化可美而功可成也。①

【简析】

第一句大意为：法令刑赏仅为辅助治理的工具，不足以作为政治的基础、实现理想政治的根据。原元而本本：追溯本原、探寻根本。淳粹：纯粹。敦庞之民：敦厚忠诚之民。《左传·成公十六年》："民生敦庞，和同以听。"化：教化。

本篇的主要内容可概括如下。首先，王符言简意赅地说明了由气化生成宇宙的过程。他认为，宇宙起源于元气的自身分化。在分化之前，曾有漫长的元气混沌状态，可将之理解为世界的本原状态。总体上说，宇宙生成的过程，可以由元气分化来解释，即由元气分化出阴阳二气，由此有天

---

① 《潜夫论》，马世年译注，中华书局，2018，第425—432页。

地之分，二气中和而生人、成物。在此意义上，宇宙之道即气化之道，均表现为阴阳的交感作用。

天、地、人之道虽然是统一的，但分开说，它们又各有所本、各司其职。"天本诸阳，地本诸阴，人本中和。"这是由气化之表现，来说明天、地、人之道虽有别但相通，都本于元气分化出的阴阳之道。只有它们各循其道，才能相辅相成，共同成就一个和谐有序的世界。

其次，"人道曰为"的社会人生观。王符提出气化宇宙论的根本意旨还是为了说明人道的特点。"为"可以理解为人应该积极地行动。这样人道就可以与天道之"施"、地道之"化"相配合，以实现理想的社会。这与道家的"无为"主张形成鲜明对立，但"无为"的观点在汉代思想界占主流地位，且对政治决策有较大的影响。

再次，王符解释了人道之"为"的方式，即人应当用何种方式来积极地行动。从气化的角度看，人道之"为"应该依循中和之道。落到社会人生说，即是道德的方式。

最后，王符提出，政治治理应当以德治为基础，法令刑赏只应起辅助作用。他认为，德治作为政治之道乃是顺应气化之正道。以此为本，可以化万民、理万物，从而成就天下大治。反之，则只能造成社会动乱。显然，这种观点也是以其宇宙观为依据的。

综上所述，王符以其气化宇宙论为基础，对应该如何安排社会人生之道做了系统的阐释，从而为其全书批判现实政治的各种主张奠定了理论基础。从哲学伦理学的角度看，有两点值得注意。

其一，对气化宇宙论的阐释。应该说，气化宇宙论在《周易》中已有所载，在汉代也较为流行。而王符对《周易》中的相关思想做了系统阐释，也较为清晰地说明了宇宙生成图景。这对澄清当时思想界关于气化的各种误解和谬说极有意义，对后世理解这种宇宙观也具有相当的启发性。

其二，对"道"与"气"关系的说明。王符对两者的关系做了明确的说明，可以厘清各种头绪。就中国传统思想而言，"道"是表示本根的概念，为共名，也因此其含义较虚而不固定，诸子百家各有其解释。汉初思想家贾谊在《新书·道术篇》中对此解之甚详。唐代韩愈在《论佛骨表》中也说："道与德为虚位，仁与义为定名。"主张立儒家仁义为道德之正统。王符以明确道与气的关系为基础，其政论也表现出捍卫儒家正道的基本立场。

刘安：《淮南子》

【导读】

　　刘安（前179—前122），江苏沛郡丰（今江苏丰县）人，是汉高祖刘邦的孙子。刘邦在攻打韩王信的时候经过赵国，赵王张敖献给他一美人。大约一年后，赵王张敖被诬谋反，美人也被连累关在牢里，大约这个时候生下刘长。美人转托审食其转告刘邦，刘邦不予理会，于是美人自杀身亡。后来，刘邦封刘长为淮南王，此时刘长只有两岁。刘邦死后，汉文帝继位，以谋反罪将刘长抓进牢里，不久刘长自杀。刘长死后十年，其长子刘安袭封淮南王。刘安五十九岁那一年，汉武帝刘彻再一次以谋反罪名将其逮捕，刘安也自杀身亡。刘安学识渊博，《史记》载其"为人好读书鼓琴，不喜弋猎狗马驰骋"。他和门客编撰了一部包罗万象的大书《鸿烈》，后世称《淮南鸿烈》，也称《淮南子》。

　　概括来说，整部《淮南子》是围绕"道"来展开和架构的。这个"道"作为宇宙万物产生和变化的始基，基本上还没有脱出道家泛神论思想的范围。《淮南子》虽以道家思想为理论根基，但由于受时代风气即汉代积极进取、粗犷奔放的社会潮流的影响，其对"道"的理解又添加了某种新特征，因此不能将其与先秦道家思想看作一个东西。这种新特征突出地表现在它对先秦道家那种消极地顺应自然思想的扬弃，从而对"无为而无不为"思想做出了不同以往的全新解释。在《淮南子》看来，"无为"绝不是否定人的积极行动，更不是"寂然无声，漠然不动，引之不来，推之不往"，① 而是强调在不违背或遵循客观规律的前提下积极作为。也就是说，合乎规律的积极有为不仅不与"无为"思想相冲突，反而是无为思想的核心要义。正是在这个意义上，我们说它所论述的道家思想，已经剔除了老庄哲学那种超尘出俗、玄虚缥缈的色彩，具有某种奋发有为、积极入世的味道。也就是说，《淮南子》中体现出来的道家思想已经不是原汁原味的道家思想，而是灌注了儒家精神的新道家思想。

《脩务训》节选

【原文】

或曰："无为者，寂然无声，漠然不动，引之不来，推之不往。如此者，乃得道之像。"吾以为不然。尝试问之矣："若夫神农、尧、舜、禹、汤，可谓圣人乎？"有论者必不能废。以五圣观之，则莫得无为，明矣。古者，民茹草饮水，采树木之实，食蠃蟯之肉。时多疾病毒伤之害。于是神农乃始教民播种五谷，相土地宜，燥湿肥硗高下；尝百草之滋味，水泉之甘苦，令民知所辟就。当此之时，一日而遇七十毒。尧立孝慈仁爱，使民如子弟。西教沃民，东至黑齿，北抚幽都，南道交趾。放讙兜于崇山，窜三苗于三危，流共工于幽州，殛鲧于羽山。舜作室，筑墙茨屋，辟地树谷，令民皆知去岩穴，各有家室。南征三苗，道死苍梧。禹沐浴霪雨，栉扶风，决江疏河，凿龙门，辟伊阙，修彭蠡之防，乘四载，随山刊木，平治水土，定千八百国。汤夙兴夜寐，以致聪明，轻赋薄敛，以宽民氓；布德施惠，以振困穷；吊死问疾，以养孤孀。百姓亲附，政令流行，乃整兵鸣条，困夏南巢，谯以其过，放之历山。此五圣者，天下之盛主，劳形尽虑，为民兴利除害而不懈。奉一爵酒，不知于色，挈一石之尊，则白汗交流，又况赢天下之忧，而海内之事者乎？其重于尊亦远矣。②

【简析】

《淮南子》主张"寂然无声，漠然不动，引之不来，推之不往"的只是"得道之像"，也就是说只是看起来像是得道，其实并不是真正的得道，

---

① 《淮南子》（下），陈广忠译注，中华书局，2012，第1117页。
② 《淮南子》（下），陈广忠译注，中华书局，2012，第1117—1118页。

也并没有做到真正的无为。真正的无为不是消极不作为，也不是无知无欲无志向，更不是形如槁木、心如死灰；相反，它是在认清楚事物的客观规律之后的积极有为，即"因高为田，因下为池"。《淮南子》根据远古的传说，指出神农、尧、舜、禹、汤等人之所以为圣人，并不是寂然无声、漠然不动，而是通过在人与自然、人与社会关系的互动中不断试错，从失败中吸取教训，从而总结出规律，为后人建立秩序规范。

《泰族训》节选

【原文】

凡人之所以生者，衣与食也。今囚之冥室之中，虽养之以刍豢，衣之以绮绣，不能乐也。以目之无见，耳之无闻，穿隙穴，见雨零，则快然而叹之，况开户发牖，从冥冥见照照乎！从冥冥见照照，犹尚肆然而喜，又况出室坐堂，见日月光乎！见日月光，旷然而乐，又况登泰山，履石封，以望八荒，视天都若盖，江、河若带，又况万物在其间者乎！其为乐岂不大哉！且聋者，耳形具而无能闻也；盲者，目形存而无能见也。夫言者，所以通己于人也；闻者，所以通人于己也。喑者不言，聋者不闻，既喑且聋，人道不通。故有喑、聋之病者，虽破家求医，不顾其费，岂独形骸有喑聋哉？心志亦有之。夫指之拘也，莫不事申也；心之塞也，莫知务通也，不明于类也。夫观六艺之广崇，穷道德之渊深，达乎无上，至乎无下，运乎无极，翔乎无形，广于四海，崇于太山，富于江、河，旷然而通，昭然而明，天地之间，无所系戾，其所以监观，岂不大哉！人之所知者浅，而物变无穷，曩不知而今知之，非知益多也，问学之所加也。夫物常见则识之，尝为则能之，故因其患则造其备，犯其难则得其便。夫以一世之寿，而观千岁之知，今古之论，虽未尝更也，其道理素具，可不谓有术乎！人欲知高下而不能，教之用管准则说；欲知轻重而无以，予之以权衡则喜；欲知远近而不能，教之以金目则快射。又况知应无方而不穷哉！犯大难而不慑，见烦缪而不惑，晏然自得，其为乐也，岂直一说之快哉！①

---

① 《淮南子》（下），陈广忠译注，中华书局，2012，第1220页。

【简析】

这段话的大意是，人虽然要有衣食才能生存，但如果把一个人“囚之冥室之中”，使他与广大的外部世界隔绝，目无所见，耳无所闻，那么不论他吃得多好，穿得多好，都不会获得真正的快乐。这段话典型地体现了《淮南子》所代表的汉代思想的新倾向——一种对认识、掌握和征服广大外部世界的强烈渴望，以及从中所体验到的兴奋感和自豪感。在先秦，不管是儒家对“仁”的追求，还是道家对“道”的向往，他们所追求的主要是一种内在的东西，而《淮南子》则不同，它竭力要把人的目光从内心引到广大的外部世界，并且就在这广大的外部世界中发现美、追求美，并创造美。它对于美好的追求是外向的，不是内向的，而且这种追求带有一种粗犷的气魄。

王充:《论衡》

【导读】

王充（27—约97），字仲任，浙江上虞人。据《论衡·自纪》记载，王充先祖曾因军功而受封于会稽阳亭，但仅一年便被削官。此后家族渐趋衰落，曾"以农桑为业""以贾贩为事"，沦为庶民，成为受豪强大族欺压的"孤门细族"。王充是后汉的太学生，由于家里贫寒买不起书，常在书肆读书。

王充所处的时代，儒家思想占据主导地位，他能写出《论衡》这样的书来表达异议，实在是很难得。正因为这种敢于"唱反调"的批判精神，王充成了汉朝思想界的明星。正如宋恕在《六斋卑议》中所称道的"旷世超奇出上虞，论衡精处古今无"，王充风格独具，思想不遵传统的绳墨，勇于疑古论今。王充的这种怀疑精神贯穿《论衡》全书。例如在《奇怪篇》中，我们可以看到他怀疑稷母履大人迹而生而说："贵人之气，更禀贱物之精，安能精微乎？"① 在《论死篇》中，我们可以看到他论生死，则以死者现神必着殓时之衣；人即有鬼，岂衣服之仍形？此外，他在《书虚篇》中疑孔颜登泰山、以望阊门之事；在《感虚篇》中疑杞梁之妻哭城城崩之伪；在《语增篇》中疑武王伐纣、兵不血刃之有问题；在《谴告篇》中疑灾异之无关人事；在《商虫篇》中明言虫灾之生，乃因人谋不臧；更明言当时学风的妖妄；等等。这些惊世骇俗的卓见，都是《论衡》中的不

---

① 黄晖：《论衡校释》（上），中华书局，2018，第139页。

凡思想，值得重视。

《逢遇篇》节选

【原文】

操行有常贤，仕宦无常遇。贤不贤，才也；遇不遇，时也。才高行洁，不可保以必尊贵；能薄操浊，不可保以必卑贱。或高才洁行，不遇，退在下流；薄能浊操，遇，在众上。世各自有以取士，士亦各自得以进。进在遇，退在不遇。处尊居显，未必贤，遇也；位卑在下，未必愚，不遇也。故遇，或抱洿行，尊于桀之朝；不遇，或持洁节，卑于尧之廷。所以遇不遇非一也：或时贤而辅恶；或以大才从于小才；或俱大才，道有清浊；或无道德，而以技合；或无技能，而以色幸。

伍员、帛喜，俱事夫差，帛喜尊重，伍员诛死。此异操而同主也。或操同而主异，亦有遇不遇，伊尹、箕子是也。伊尹、箕子，才俱也，伊尹为相，箕子为奴；伊尹遇成汤，箕子遇商纣也。夫以贤事贤君，君欲为治，臣以贤才辅之，趋舍偶合，其遇固宜；以贤事恶君，君不欲为治，臣以忠行佐之，操志乖忤，不遇固宜。[①]

【简析】

品德、才学与人生境遇之间的关系，是古今中外哲学家不懈探讨的核心话题。如果从概率论的角度看，才德与境遇不外以下几种关系。第一种是正相关关系，如才德决定境遇，有什么样的才华和品德就会有什么样的境遇。如果想得到好的境遇，就必须积累自己的才学，修炼自己的品德；相反，如果才不积、德不修而希冀获得好的境遇那是徒劳的，甚至是认知错误。第二种是负相关关系，如关汉卿在《窦娥冤》中所控诉的："为善的受贫穷更命短，造恶的享富贵又寿延。天地也做得个怕硬欺软，却原来也这般顺水推船。地也，你不分好歹何为地！天也，你错勘贤愚枉做天！"持这种理论的人认为，才学卓著、品德高尚的人就像青花瓷一样脆弱，让这样的人生活在现实社会中，犹如将鸡蛋放到石头堆里翻滚一样，轻则被

---

① 黄晖：《论衡校释》（上），中华书局，2018，第1—2页。

碰得鼻青脸肿，重则被撞得头破血流一命呜呼，越是在才学和品德上精进拔尖的人，在现实社会中越是会时时处处碰壁。第三种是没有必然的关系。持这种观点的人认为，才学和品德是内在于人的东西，而境遇则是外在于人的东西。前者可以自己操控，是必然的；而后者则不可控，属于偶然的、随机的。两者具有不同的评价标准，因此不能将两者纠缠在一起。王充的观点可以归入第三种。在王充看来，才学、品德和境遇没有必然关系，怀才不遇是一种正常的现象，怀才未必就一定会"遇"；同样，"遇"的也未必一定怀才。他举例说，伊尹和箕子都是才华横溢、品德高尚的人，但伊尹做了宰相，箕子却沦为了奴隶，原因在于前者遇到了成汤，后者遇到了商纣。

《论死篇》节选

【原文】

天地之性，能更生火，不能使灭火复燃；能更生人，不能令死人复见。〔不〕能使灭灰更为燃火，吾乃颇疑死人能复为形。案火灭不能复燃以况之，死人不能复为鬼，明矣。夫为鬼者，人谓死人之精神。如审鬼者死人之精神，则人见之，宜徒见裸袒之形，无为见衣带被服也。何则？衣服无精神，人死，与形体俱朽，何以得贯穿之乎？精神本以血气为主，血气常附形体。形体虽朽，精神尚在，能为鬼可也。今衣服，丝絮布帛也，生时血气不附着，而亦自无血气，败朽遂已，与形体等，安能自若为衣服之形？由此言之，见鬼衣服象之（人），则形体亦象之（人）矣。象之（人），则知非死人之精神也。①

【简析】

王充是不折不扣的自然主义者，他相信气一元论。任何事物都是阴阳二气聚散变化的产物。人也不例外，人和其他万事万物都可以还原为气。在《论死篇》中，王充说："人，物也；物，亦物也。物死不为鬼，人死何故独能为鬼？"② 又说："人之所以生者，精气也，死而精气灭。能为精

---

① 黄晖：《论衡校释》（下），中华书局，2018，第763页。
② 黄晖：《论衡校释》（下），中华书局，2018，第760页。

气者，血脉也，人死血脉竭，竭而精气灭，灭而形体朽，朽而成灰土，何用为鬼？"① 既然人和世间万物一样都是气聚的结果，那人的死和其他事物的解体也没什么区别，也只是气散的结果。和其他自然主义者一样，王充通过将事物还原为某一种或某几种物质的方法，对人死后变为鬼神的说法给予了有力的反击。但这种理论还没有解决这样一个问题，即人和其他物质存在本质差异。也就是说，和其他事物不同的是，人有精神有意识。正是由于这一点，鬼神论才能站稳脚跟。王充自然也意识到了这一点，于是他提出了一个有趣的质疑：如果鬼是人的精神所化，那么人见到的鬼就应该赤身裸体，但是传言看到的鬼都是穿着衣服的，而衣服是没有精神的，这该怎么解释？今天看来，王充的这个反问还是十分机智的。

---

① 黄晖：《论衡校释》（下），中华书局，2018，第 760 页。

王弼：《周易略例》

【导读】

王弼（226—249），字辅嗣，魏国山阳（今河南焦作）人，三国时魏玄学的主要开创者。王弼的著作还有《老子指略》《论语释疑》等。

《周易略例》

【原文】

夫象者，出意者也。言者，明象者也。尽意莫若象，尽象莫若言。言生于象，故可寻言以观象；象生于意，故可寻象以观意。意以象尽，象以言著。故言者所以明象，得象而忘言；象者所以存意，得意而忘象。犹蹄者所以在兔，得兔而忘蹄；筌者所以在鱼，得鱼而忘筌也。然则，言者，象之蹄也；象者，意之筌也。是故存言者，非得象者也；存象者，非得意者也。象生于意而存象焉，则所存者乃非其象也；言生于象而存言焉，则所存者乃非其言也。然则，忘象者，乃得意者也；忘言者，乃得象者也。得意在忘象，得象在忘言。故立象以尽意，而象可忘也；重画以尽情，而画可忘也。

是故触类可为其象，合义可为其征。义苟在健，何必马乎？类苟在顺，何必牛乎？爻苟合顺，何必坤乃为牛？义苟应健，何必乾乃为马？而或者定马于乾，案文责卦，有马无乾，则伪说滋漫，难可纪矣。互体不足，遂及卦变，变又不足，推致五行。一失其原，巧愈弥甚。纵复或值，而义无所取。盖存象忘意之由也。忘象以求其意，义斯见矣。①

【简析】

从后文来看，王弼的"象"指的是"马""牛"，是卦"画"；而"意"是"健""顺""情"等；"言"是卦辞。王弼认为象、言、意三者，意最重要，得到意就可以忘象和言，但在未得到意之前则需要借助象和言。

王弼基于这一看法对汉代易学的解释倾向进行了一定的批评，主要是执着在辞或者象，而不注意把握意，"定马于乾，案文责卦，有马无乾，则伪说滋漫，难可纪矣"；或者是在卦画上增加五行的要素，讲互体、卦变；等等。

---

① 楼宇烈校释《王弼集校释》（下），中华书局，1980，第609页。

裴頠：《崇有论》

【导读】

裴頠（267—300），字逸民，河东闻喜（今属山西）人，西晋思想家。其父裴秀是西晋开国功臣，地理学家。裴頠曾任国子祭酒兼右军将军、尚书左仆射等职。裴頠重视学术，曾奏修国学，刻石写经。裴頠在三十四岁时，因反对赵王司马伦的贪暴而被杀害。其哲学著作《崇有论》收录于《晋书·裴頠传》中。

《崇有论》节选

【原文】

夫总混群本，宗极之道也。方以族异，庶类之品也。形象著分，有生之体也。化感错综，理迹之原也。夫品而为族，则所禀者偏，偏无自足，故凭乎外资。是以生而可寻，所谓理也。理之所体，所谓有也。有之所须，所谓资也。资有攸合，所谓宜也。择乎厥宜，所谓情也。识智既授，虽出处异业，默语殊涂，所以宝生存宜，其情一也。

众理并而无害，故贵贱形焉。失得由乎所接，故吉凶兆焉。是以贤人君子，知欲不可绝，而交物有会。观乎往复，稽中定务。惟夫用天之道，分地之利，躬其力任，劳而后飨。居以仁顺，守以恭俭，率以忠信，行以敬让，志无盈求，事无过用，乃可济乎！故大建厥极，绥理群生，训物垂范，于是乎在。斯则圣人为政之由也。

若乃淫抗陵肆，则危害萌矣。故欲衍则速患，情佚则怨博，擅恣则兴攻，专利则延寇，可谓以厚生而失生者也。悠悠之徒，骇乎若兹之衅，而寻艰争所缘。察夫偏质有弊，而睹简损之善，遂阐贵无之议，而建贱有之论。贱有则必外形，外形则必遗制，遗制则必忽防，忽防则必忘礼。礼制弗存，则无以为政矣。

众之从上，犹水之居器也。故兆庶之情，信于所习；习则心服其业，业服则谓之理然。是以君人必慎所教，班其政刑一切之务，分宅百姓，各授四职，能令禀命之者不肃而安，忽然忘异，莫有迁志。况于据在三之尊，怀所隆之情，敦以为训者哉！斯乃昏明所阶，不可不审。

夫盈欲可损，而未可绝有也；过用可节，而未可谓无贵也。盖有讲言之具者，深列有形之故，盛称空无之美。形器之故有征，空无之义难检，辩巧之文可悦，似象之言足惑。众听眩焉，溺其成说。虽颇有异此心者，辞不获济，屈于所狃，因谓虚无之理，诚不可盖。唱而有和，多往弗反。遂薄综世之务，贱功烈之用，高浮游之业，埤经实之贤。人情所殉，笃夫名利。于是文者衍其辞，讷者赞其旨，染其众也。是以立言借于虚无，谓之玄妙；处官不亲所司，谓之雅远；奉身散其廉操，谓之旷达。故砥砺之风，弥以陵迟。放者因斯，或悖吉凶之礼，而忽容止之表，渎弃长幼之序，混漫贵贱之级。其甚者至于裸裎，言笑忘宜，以不惜为弘，士行又亏矣。

老子既著五千之文，表摭秽杂之弊，甄举静一之义，有以令人释然自夷，合于《易》之《损》《谦》《艮》《节》之旨。而静一守本，无虚无之谓也；《损》《艮》之属，盖君子之一道，非《易》之所以为体守本无也。观老子之书虽博有所经，而云"有生于无"，以虚为主，偏立一家之辞，岂有以而然哉！人之既生，以保生为全，全之所阶，以顺感为务。若味近以亏业，则沉溺之衅兴；怀末以忘本，则天理之真灭。故动之所交，存亡之会也。夫有非有，于无非无；于无非无，于有非有。是以申纵播之累，而著贵无之文。将以绝所非之盈谬，存大善之中节，收流遁于既过，反澄正于胸怀。宜其以无为辞，而旨在全有，故其辞曰"以为文不足"。若斯，则是所寄之涂，一方之言也。若谓至理信以无为宗，则偏而害当矣。先贤达识，以非所滞，示之深论。惟班固著难，未足折其情。孙卿、杨雄大体抑之，犹偏有所许。而虚无之言，日以广衍，众家扇起，各列其说。上及造化，下被万事，莫不贵无，所存佥同。情以众固，乃号凡有之理皆义之埤者，薄而鄙焉。辩论人伦及经明之业，遂易门肆。颜用矍然，申其所怀，而攻者盈集。或以为一时口言。有客幸过，咸见命著文，摘列虚无不允之征。若未能每事释正，则无家之义弗可夺也。颜退而思之，虽君子宅情，无求于显，及其立言，在乎达旨而已。然去圣久远，异同纷纠，苟少有仿佛，可以崇济先典，扶明大业，有益于时，则惟患言之不能，焉得静默，及未举一隅，略示所存而已哉！

夫至无者无以能生，故始生者自生也。自生而必体有，则有遗而生亏矣。生以有为已分，则虚无是有之所谓遗者也。故养既化之有，非无用之所能全也；理既有之众，非无为之所能循也。心非事也，而制事必由于心，然不可以制事以非事，谓心为无也。匠非器也，而制器必须于匠，然不可以制器以非器，谓匠非有也。是以欲收重泉之鳞，非偃息之所能获也；陨高墉之禽，非静拱之所能捷也；审投弦饵之用，非无知之所能览也。由此而观，济有者皆有也，虚无奚益于已有之群生哉！①

【简析】

在裴颜看来，宇宙的最高的道理就是群本的总混，也就是万物的集合。一类构成一方，万物都是有形有象的，万物之间的"化感错综"就是这个世界的理。万物都属一偏之存，是不自足的，是需要外物的。这是崇有的存在论。有产生有，无只不过是有之遗。所以不能讲无用和无为。"由此而观，济有者皆有也，虚无奚益于已有之群生哉！"

体是有，理是有的理，有和外物之间是须、资、合、宜的关系。人的认识就是要选择合宜与不合宜，人的智慧就是为了保生存宜。"心非事也，而制事必由于心，然不可以制事以非事，谓心为无也。"心和外在的事都是有，二者也是有之所资的关系。这是崇有的认识论。

"匠非器也，而制器必须于匠，然不可以制器以非器，谓匠非有也。"有之所须，就是要肯定有欲，需要用外物来满足欲望，所以"欲不可绝""交物有会"。政治就是要"用天之道，分地之利，躬其力任，劳而后飨。居以仁顺，守以恭俭，率以忠信，行以敬让，志无盈求，事无过用"。这

---

① 《晋书》，中华书局，1974，第1044—1047页。

是崇有的政治论。

厚生是不可以的，因为会伤害外物，从而"失生"，所以"盈欲可损"，"过用可节"；贵无贱有也是不可以的，要"习则心服其业"，肯定"综世之务""功烈之用"。要保生顺感。这是崇有的人生论和人性论。

郭象：《庄子注》

【导读】

郭象（252—312），字子玄，河南洛阳人，西晋哲学家。因受到东海王司马越的赏识，任太傅主簿。作《庄子注》，有《续古逸丛书》、清郭庆藩《庄子集释》可供参阅。

《齐物论》注节选

【原文】

罔两问景曰："曩子行，今子止；曩子坐，今子起；何其无特操与？"

景曰："吾有待而然者邪？吾所待又有待而然者邪？吾待蛇蚹蜩翼邪？恶识所以然？恶识所以不然？"

罔两，景外之微阴也。

言天机自尔，坐起无待。无待而独得者，孰知其故，而责其所以哉？

若责其所待而寻其所由，则寻责无极，（而）〔卒〕至于无待，而独化之理明矣。若待蛇蚹蜩翼，则无特操之所由，未为难识也。今所以不识，正由不待斯类而独化故耳。

世或谓罔两待景，景待形，形待造物者。请问夫造物者有邪？无邪？无也则胡能造物哉！有也则不足以物众形。故明众形之自物而后始可与言造物耳！是以涉有物之域，虽复罔两，未有不独化于玄冥者也。故造物者无主，而物各自造，物各自造而无所待焉，此天地之正也。故彼我相因，形景俱生，虽复玄合，而非待也。明斯理也，将使万物各反所宗于体中而不待乎外，外无所谢而内无所矜，是以诱然皆生而不知所以生，同焉皆得而不知所以得也。今罔两之因景，犹云俱生而非待也，则万物虽聚而共成乎天，而皆历然莫不独见矣。故罔两非景之所制，而景非形之所使，形非无之所化也。则化与不化，然与不然，从人之与由己，莫不自尔，吾安识其所以哉！故任而不助，则本末内外，畅然俱得，泯然无迹。若乃责此近因而忘其自尔，宗物于外，丧主于内，而爱尚生矣。虽欲推而齐之，然其所尚已存乎胸中，何夷之得有哉！①

【简析】

郭象的《庄子注》和《庄子》文本思想之间还是有一定的差异的。首先是对文本段落在整个文本中的地位认识有差异。在《庄子》中，该文本具有批判性意义，主要是描述"我"所处的世界是一个影子世界——当某个事物发生变化，另一个事物随之发生变化，并且会导致无限循环，彼此都不知道这样变化的肯定性或者否定性原因。而郭象则进行了肯定性的解释，认为这个例子说明了"独化"的道理：造物者不能是无，也不能是有。"物各自造"；物"无待"，不必"寻其所由"；彼我之间是"相因""俱生""玄合"的关系。之所以要坚持这一认识，是因为郭象追求的是"诱然皆生""同焉皆得"，强调万物"共成乎天"，"莫不自尔"，"故任而不助，则本末内外，畅然俱得，泯然无迹"。郭象希望超越内外，担心内外的逻辑会引起事物之间地位上的不平等，希望借助"独化"的道理，"明斯理也，将使万物各反所宗于体中而不待乎外，外无所谢而内无所矜"。郭象想要借助这样的哲学思考针砭强制关系，"罔两非景之所制，而景非形之所使，形非无之所化也"。

独化论、崇有论、贵无论之间的差异可以从如下两个方面来理解。从个体事物之间的关系来理解，独化论强调个体事物之间的相因、玄冥的平等关系；崇有论强调个体的实有性及其相互之间的依赖关系；贵无论把具体事物看作多、子、末，不过分关注个体事物之间的关系。从整体的角度来理解，贵无论把整体理解为母、一、本；独化论强调整体是玄冥之境；崇有论强调整体是群有，是总混群本。

---

① （晋）郭象注，（唐）成玄英疏《南华真经注疏》（上），曹础基、黄兰发点校，中华书局，1998，第78—79页。

僧肇：《不真空论》

僧肇（384 或 374—414），本姓张，京兆长安（今陕西西安）人，是东晋时期北方最重要的佛教哲学家，是著名的佛经翻译家鸠摩罗什的四大弟子之一，是中国佛教哲学体系的奠基者。著有论文集《肇论》，其注释本有唐元康《肇论疏》、宋文才《肇论新疏》等。

《不真空论》

【原文】

夫至虚无生者，盖是般若玄鉴之妙趣，有物之宗极者也。自非圣明特达，何能契神于有无之间哉！是以至人通神心于无穷，穷所不能滞；极耳目于视听，声色所不能制者，岂不以其即万物之自虚，故物不能累其神明者也。是以圣人乘真心而理顺，则无滞而不通；审一气以观化，故所遇而顺适。无滞而不通，故能混杂致淳；所遇而顺适，故则触物而一。如此，则万象虽殊而不能自异。不能自异，故知象非真象。象非真象，故则虽象而非象。然则物我同根，是非一气，潜微幽隐，殆非群情之所尽。

【简析】

这里主要讨论了认识世界的问题，"有"和"物"最终归"宗"的地方和极限之处，是虚无，是不生不灭的状态。这个状态是通过什么认识途径获得的呢？是般若智慧。般若智慧能够反映至虚无生的状况，但其并不是否定耳目视听，而是不受耳目视听所制约，这样神心才能通于无穷。这个认识论的总原则就是"即万物之自虚"。耳目视听即万物，但不受这种认识关系的制约，神明依然可以玄鉴虚无无生。这样一来就可以一方面认知象，另一方面玄鉴其非象；一方面认识事物的差分，另一方面认识其统一性。

【原文】

故顷尔谈论，至于虚宗，每有不同。夫以不同而适同，有何物而可同哉？故众论竞作而性莫同焉。何则？"心无"者，无心于万物，万物未尝无。此得在于神静，失在于物虚。"即色"者，明色不自色，故虽色而非色也。夫言色者，但当色即色，岂待色色而后为色哉？此直语色不自色，未领色之非色也。"本无"者，情尚于无，多触言以宾无。故非有，有即无；非无，无亦无。寻夫立文之本旨者，直以非有非真有，非无非真无耳。何必非有无此有，非无无彼无？此直好无之谈，岂谓顺通事实，即物之情哉？

夫以物物于物，则所物而可物；以物物非物，故虽物而非物。是以物不即名而就实，名不即物而履真。然则真谛独静于名教之外，岂曰文言之能辩哉？然不能杜默，聊复厝言以拟之。

【简析】

心无，即以支愍度为代表的心无派。在僧肇看来，心无派只是做到无心于万物是不够的，若感官不能动地认识万物，虽然可以避免万物对心灵的影响而做到"神静"，但是并不能真正认识事物的本体，这个"神静"也是没有保障的。即色，以支道林为代表的即色派。即色派认为色不是独立形成的，而是色和色之间的因缘关系导致的，说明色不自色。但是这种看法没有认识到，一方面色就是色，另一方面色本质上是非色。本无，以竺法汰为代表的本无派。该派否定有，也否定无，因为这是为了说明有背后有无，但是背后这个无不是真无，为了说明有不是有，才说背后有个无。在僧肇看来，其实没有必要采取这样的论证方式，有不是没有，而是不真；无不是空无，而是真实。本无派陷入了语言的陷阱，单纯从语言上兜圈子是不能把握真谛的。但是为了让大家更明白这个不真空的道理，还是要用语言讲一讲。

【原文】

试论之曰：《摩诃衍论》云："诸法亦非有相，亦非无相。"《中论》云："诸法不有不无者，第一真谛也。"寻夫不有不无者，岂谓涤除万物，杜塞视听，寂寥虚豁，然后为真谛者乎？诚以即物顺通，故物莫之逆；即伪即真，故性莫之易。性莫之易，故虽无而有；物莫之逆，故虽有而无。虽有而无，所谓非有；虽无而有，所谓非无。如此，则非无物也，物非真物。物非真物，故于何而可物？故经云："色之性空，非色败空。"以明夫圣人之于物也，即万物之自虚，岂待宰割以求通哉？

【简析】

僧肇从认识论的角度解决诸法有相又无相、不有不无的问题时称，这一问题不是"宰割以求通"或"涤除万物，杜塞视听，寂寥虚豁"获得的认识。换句话说，不是不用感官或理性认识，从而否定外物的存在，达到所谓的"寂寥虚豁"，而是一方面使用感性和理性认识，就是"即物""物莫之逆"；另一方面又不受感性认识和理性认识的制约，让般若智慧发挥作用，认识"真"，认识事物的"性"。这样从物的认识角度，一方面是有，另一方面是无；对性的认识来说，一方面是无，另一方面是有。如果两个方面合起来看，就是物"虽有而无，所谓非有"，性"虽无而有，所谓非无"。也就是"色之性空，非色败空"。

【原文】

是以寝疾有不真之谈，《超日》有即虚之称。然则三藏殊文，统之者一也。故《放光》云："第一真谛，无成无得；世俗谛故，便有成有得。"夫有得即是无得之伪号，无得即是有得之真名。真名故虽真而非有，伪号故虽伪而非无。是以言真未尝有，言伪未尝无。二言未始一，二理未始殊。故经云："真谛、俗谛谓有异耶？答曰：无异也。"此经直辨真谛以明非有、俗谛以明非无。岂以谛二而二于物哉！

然则万物果有其所以不有，有其所以不无。有其所以不有，故虽有而非有，有其所以不无，故虽无而非无。虽无而非无，无者不绝虚；虽有而非有，有者非真有。若有不即真，无不夷迹，然则有无称异，其致一也。

故童子叹曰："说法不有亦不无，以因缘故诸法生。"《璎珞经》云："转法轮者，亦非有转，亦非无转，是谓转无所转。"此乃众经之微言也。

何者？谓物无耶，则邪见非惑；谓物有耶，则常见为得。以物非无，故邪见为惑；以物非有，故常见不得。然则非有非无者，信真谛之谈也。故《道行》云："心亦不有亦不无。"《中观》云："物从因缘故不有，缘起故不无。"寻理即其然矣。所以然者，夫有若真有，有自常有，岂待缘而后有哉！譬彼真无，无自常无，岂待缘而后无也？若有不能自有，待缘而后有者，故知有非真有。有非真有，虽有，不可谓之有矣。不无者，夫无则湛然不动，可谓之无。万物若无，则不应起，起则非无，以明夫缘起故不无也。故《摩诃衍论》云："一切诸法，一切因缘故应有；一切诸法，一切因缘故不应有。一切无法，一切因缘故应有；一切有法，一切因缘故不应有。"寻此有无之言，岂直反论而已哉？若应有即是有，不应言无；若应无即是无，不应言有。言有，是为假有以明非无，借无以辨非有。此事一称二，其文有似不同。苟领其所同，则无异而不同。

然则万法果有其所以不有，不可得而有；有其所以不无，不可得而无。何则？欲言其有，有非真生；欲言其无，事象既形。象形不即无，非真非实有。然则不真空义，显于兹矣。故《放光》云："诸法假号不真。譬如幻化人，非无幻化人，幻化人非真人也。"

夫以名求物，物无当名之实；以物求名，名无得物之功。物无当名之实，非物也；名无得物之功，非名也。是以名不当实，实不当名，名实无当，万物安在？故《中观》云："物无彼此，而人以此为此，以彼为彼。彼亦以此为彼，以彼为此。"此彼莫定乎一名，而惑者怀必然之志。然则彼此初非有，惑者初非无。既悟彼此之非有，有何物而可有哉？故知万物非真，假号久矣。是以《成具》立强名之文，园林托指马之况。如此，则深远之言，于何而不在？是以圣人乘千化而不变，履万惑而常通者，以其即万物之自虚，不假虚而虚物也。故经云："甚奇，世尊！不动真际，为诸法立处。"非离真而立处，立处即真也。

然则道远乎哉，触事而真。圣远乎哉？体之即神。①

【简析】

寝疾，《维摩经·问疾品》："如我此病非真、非有，众生病亦非真非

---

① （晋）释僧肇：《僧肇全集》，于德隆点校，九州出版社，2019，第163—166页。

有。"《超日》，即《超日明三昧经》，西晋聂承远译。真谛对应"无成无得"，所以可以说是"非有"，却是"真"；而俗谛对应"有成有得"，所以可以说是"非无"，却是"伪"。从语言逻辑上看，二者是一样的。所以从逻辑上看，有就是非有，非有也不夷迹，有和无都可以表达同一个事物。用有无来说明，不如用真空来说明更好。懂得这个道理，就不会陷入有无的概念陷阱，才能懂得"即万物之自虚"的道理。

慧能：《坛经》

【导读】

印度禅由初祖达摩传入北魏，经过不断传承与演变，到六祖慧能及其门下第三传弟子百丈怀海和药山惟俨等时，逐渐与中国本土文化融合而演化为中国文化的重要组成部分。六祖慧能（638—713），亦作"惠能"，唐代高僧，禅宗南宗创始人，佛教史上称为禅宗六祖。据《景德传灯录》载，慧能俗姓卢，原籍范阳，幼年因其父官职变动而举家迁至岭南，定居新州。慧能三岁丧父，稍长靠卖柴养母度日。因听人念《金刚经》，得法于黄梅弘忍大师，于是赴黄梅礼拜五祖弘忍。后来回到韶州曹溪宝林寺，弘扬顿悟法门，此法与神秀在北方倡导的渐修法并行于世，史称"南顿北渐""南能北秀"。慧能的禅学思想，主要见于其弟子法海集录的《坛经》一卷。在《坛经》流传的过程中，由于后人的增减，形成诸多不同的版本，而敦煌本为现存最古抄本。敦煌本《坛经》全称为《南宗顿教最上大乘摩诃般若波罗蜜经》，副标题是《六祖慧能大师于韶州大梵寺施法坛经一卷》，并加按语"兼受无相戒弘法弟子法海集记"。以下节选的经文主要采自郭朋校释《坛经校释》（中华书局，1983）。

敦煌本《坛经》节选

【原文】

惠能大师于大梵寺讲堂中，升高座，说摩诃般若波罗蜜法，授无相戒。其时座下僧尼、道俗一万余人，韶州刺史韦璩及诸官寮三十余人、儒士三十余人，同请大师说摩诃般若波罗蜜法。刺史遂令门人法海集记，流行后代，与学道者，承此宗旨，递相传受，有所依约，以为禀承，说此《坛经》。①

【简析】

慧能在广韶一带行化四十多年，可考的传述事迹，有在广州法性寺、韶州城内的大梵寺和曹溪的宝林寺讲法。大梵寺说法部分是《坛经》的主体。"波罗蜜"为佛教名词，意译"度"（到彼岸），佛的目的就是解脱痛苦。《般若波罗蜜多心经》（《心经》）开篇即曰："观自在菩萨，行深般若波罗蜜多时，照见五蕴皆空，度一切苦厄。"六波罗蜜（六度）分别为布施、持戒、忍辱、精进、禅定、智慧（般若），其中戒、定、慧称为"三学"。印顺认为，菩萨修行，不外是六波罗蜜。此六度以般若为导，其实彼此相摄，一波罗蜜即具足一切波罗蜜。故《金刚经》以布施为主而统摄利他的六度行。布施有三义：一为财施。财物是外财施，体力心力是内财施。二为无畏施，是持戒、忍辱。三为法施，即精进、禅定、般若。②波罗蜜是度一切苦，般若是最高的智慧，是解除苦的主要方法。慧能在大梵寺说法是说摩诃般若波罗蜜法与授无相戒合一。"无相戒"内容为"见自性佛""自性度众生"等，"自性忏""归依自性三宝"从众生自性去开示，所以名为"无相戒"。

【原文】

能大师言："善知识，净心念摩诃般若波罗蜜法。"大师不语，自净其心，良久乃言："善知识净听，惠能慈父，本官范阳，左降迁流岭南，作新州百姓。惠能幼少，父又早亡。老母孤遗，移来南海，艰辛贫乏，于市卖柴。忽有一客买柴，遂令惠能送至于官店。客将柴去，惠能得钱。却向门前，忽见一客读《金刚经》。惠能一闻，心明便悟。乃问客曰：'从何处来持此经典？'客答曰：'我于蕲州黄梅县东冯墓山，礼拜五祖弘忍和尚，见今在彼，门人有千余众。我于彼听见大师劝道俗，但持《金刚经》一卷，即得见性，直了成佛。'惠能闻说，宿业有缘，便即辞亲，往黄梅冯

---

① 郭朋校释《坛经校释》，中华书局，1983，第1—31页。
② 释印顺：《般若经讲记》，中华书局，2010，第29页。

墓山，礼拜五祖弘忍和尚。"

【简析】

《金刚经》全称《金刚般若波罗蜜经》，是大乘佛教般若部重要经典之一。达摩最初以四卷本的《楞伽经》印心传法，传至慧能时渐改《金刚经》印心，因此有古禅与今禅、楞伽禅与般若禅之分的说法。五祖弘忍俗姓周，湖北蕲州黄梅人，十二岁从四祖道信出家，一直追随道信修行。道信圆寂后，弘忍在黄梅双峰山东十里的冯墓山建立寺院名东山寺，接引四方的学众，其禅法被后世称为"东山法门"。

慧能以身作则，"自净其心，良久乃言"，要大家"净心"，以净心来领受般若法门。为什么要"净心"？这是因为"自心邪迷，妄念颠倒"和"邪见障重，烦恼根深"，所以要三业（身业、口业、意业，造业将引生果报）清净，不起胜负心、嫉妒心、人我心，远离十恶业、八邪道，启悟入道。"摩诃般若波罗蜜"不是口念，而是心行，所以说："此法须行，不在口（念）"；"迷人口念，智者心（行）"；"莫口空说，不修此行，非我弟子"。"般若"与"菩提"，二者异名而同体。依菩提而名为佛，也就是依般若而名为佛，般若与佛也无二无别。但在一般人的心目中，"佛"每解为外在的，如十方三世佛。这不免要向外觅佛，或有求加持、求摄受的他力倾向。东山法门的念佛是自力的，慧能更直探根本，将发愿、忏悔、皈依，都从自身去体见，从本有的"菩提般若"中去悟得。

【原文】

弘忍和尚问惠能曰："汝何方人，来此山礼拜吾？汝今向吾边，复求何物？"惠能答曰："弟子是岭南人，新州百姓，今故远来礼拜和尚，不求余物，唯求作佛。"大师遂责惠能曰："汝是岭南人，又是獦獠，若为堪作佛！"惠能答曰："人即有南北，佛性即无南北；獦獠身与和尚不同，佛性有何差别？"大师欲更共语，见左右在旁边，大师更不言。遂发遣惠能，令随众作务。时有一行者，遂遣惠能于碓房，踏碓八个余月。

【简析】

"佛性"是众生成佛的超越性根据，故慧能曰："人即有南北，佛性即无南北。"《楞伽师资记》卷1载达摩说："深信含生，凡圣同一真性，但为客尘妄覆，不能显了。"① 此句中的"真性"即是佛性。曹溪慧能融合了盛行于南方的《大般涅槃经》中的如来藏说，以及《涅槃经》中的"一切众生皆有佛性"的观念，不同于唯识宗的"五性各别"说。"獦獠"是唐时对岭南一带携犬行猎为生的少数民族的一种侮称，慧能见弘忍时，当是穿着岭南少数民族服装，故弘忍以此称之。"行者"是指出家但没有剃度的佛教徒。

【原文】

五祖忽于一日唤门人尽来。门人集讫，五祖曰："吾向汝说，世人生死事大。汝等门人终日供养，祇求福田，不求出离生死苦海。汝等自性若迷，福门何可救汝？汝总且归房自看，有智慧者，自取本性般若之知，各作一偈呈吾。吾看汝偈，若悟大意者，付汝衣法，禀为六代。火急急！"

门人得处分，却来各至自房，递相谓言："我等不须澄心用意作偈，将呈和尚。神秀上座是教授师，秀上座得法后，自可依止，偈不用作。"诸人息心，尽不敢呈偈。时大师堂前有三间房廊，于此廊下供养，欲画《楞伽》变相，并画五祖大师传授衣法，流行后代，为记。画人卢珍看壁了，明日下手。

【简析】

偈，梵语"颂"，即佛经中的唱词。付汝衣法：达摩禅传至中土后，自四祖道信至五祖弘忍，始终遵循"一代一传"的衣法授受制度，这就是代代相承的"付法"实态。《法如行状》说："菩提达摩……入魏传可，可传粲，粲传信，信传忍，忍传如。"张说《唐玉泉寺大通禅师碑铭并序》说："自菩提达摩天竺东来，以法传慧可，慧可传僧璨，僧璨传道信，道信传弘忍。继明重迹，相承五光。"②

神秀，俗姓李，汴州尉氏（今河南开封尉氏）人，唐代高僧，五祖弘忍弟子，北宗禅的创始人。神秀早年学习经史，后到蕲州双峰山东山寺拜五祖弘忍求法，深为五祖所器重，被称为"秀上座"和"教授师"。

画《楞伽》变相：佛教绘画艺术主要是壁画，如敦煌石窟壁画，到唐代逐渐为"经变"画所代替。"经变"就是将佛经中的故事演绎成画，如

---

① 净觉：《楞伽师资记》卷1，《大正藏》第85册，第1285页上。
② 熊飞校注《张说集校注》，中华书局，2013，第959页。

敦煌石窟中演绘《维摩经》的"维摩变"、演绘净土经的"净土变"等。

【原文】

上座神秀思惟：诸人不呈心偈，缘我为教授师，我若不呈心偈，五祖如何见得我心中见解深浅。我将心偈上五祖呈意，求法即善，觅祖不善，却同凡心夺其圣位。若不呈心偈，终不得法。良久思惟，甚难，甚难。夜至三更，不令人见，遂向南廊下中间壁上题作呈心偈，欲求于法。若五祖见偈，言此偈语，若访觅我，（出见和尚，即言秀作，若言不堪，自是我迷）我宿业障重，不合得法，圣意难测。我心自息。秀上座三更于南廊下中间壁上秉烛题作偈，人尽不知。偈曰：

身是菩提树，心如明镜台。

时时勤拂拭，莫使有尘埃。

【简析】

"菩提"为梵文 Bodhi 的音译，意思是觉悟、智慧，用以指人忽如睡醒，豁然开悟，顿悟真理，从而达到超凡脱俗的境界。"菩提树"有宽宏大量、大慈大悲、明辨善恶、觉悟真理之意。神秀是教授师，他不能不作偈。神秀以为，如不作偈，五祖就不知自己见解之浅深。神秀有意求法，无意求六祖之地位，因为他认为"求法即善，觅祖不善"。求法是印证自己见解之浅深，求授予更深的法门；而求祖却是庄严的神圣责任，多少有点权威名望的功利意味。所以，如为了求法，应该作偈；为了求六祖之地位，则不应该。作还是不作，是神秀的犹豫所在，所以说"甚难"。

神秀所作"时时勤拂拭，莫使有尘埃"，其实也有顿悟的成分，只是要以方便显，而落入了渐修。慧能则是"直了见性"。

【原文】

神秀上座题此偈毕，归房卧，并无人见。五祖平旦，遂唤卢供奉来南廊下，画《楞伽》变相。五祖忽见此偈，请记，乃谓供奉曰："弘忍与供奉钱三十千，深劳远来，不画变相了。《金刚经》云：'凡所有相，皆是虚妄。'不如留此偈，令迷人诵。依此修行，不堕三恶道。依法修行人，有大利益。"

【简析】

"三恶道"是指地狱道、饿鬼道、畜生道。六道轮回是古印度婆罗门教的世界观，后来释迦牟尼佛随顺此世界观用以度化世人，断诸烦恼、永离生死。所谓六道，即天人道、人道、阿修罗道、地狱道、饿鬼道、畜生道。

【原文】

大师遂唤门人尽来，焚香偈前。令众人见，皆生敬心。"汝等尽诵此偈者，方得见性，依此修行，即不堕落。"门人尽诵，皆生敬心，唤言善哉！

五祖遂唤秀上座于堂内问："是汝作偈否？若是汝作，应得我法。"秀上座言："罪过！实是秀作。不敢求祖，愿和尚慈悲，看弟子有小智惠、识大意否？"五祖曰："汝作此偈，见即未（原本未作来）到，祇到门前，尚未得入。凡夫依此偈修行，即不堕落。作此见解，若觅无上菩提，即未可得。须入得门，见自本性。汝且去，一两日来思惟，更作一偈来呈吾。若入得门，见自本性，当付汝衣法。"秀上座去数日，作不得。

有一童，于碓房边过，唱诵此偈，惠能一闻，知未见性，即识大意。能问童子："适来诵者，是何言偈？"童子答能曰："你不知大师言，生死事大，欲传于法，令门人等各作一偈来呈看，悟大意，即付衣法，禀为六代祖。有一上座名神秀，忽于南廊下书《无相偈》一首，五祖令诸门人尽诵，悟此偈者，即见自性，依此修行，即得出离。"惠能答曰："我在此踏碓八个余月，未至堂前，望上人引惠能至南廊下，见此偈礼拜，亦愿诵取，结来生缘，愿生佛地。"童子引能至南廊下，能即礼拜此偈，为不识字，请一人读。惠能闻已，即识大意。惠能亦作一偈，又请得一解书人，于西间壁上题着，呈自本心。不识本心，学法无益，识心见性，即悟大意。惠能偈曰：

> 菩提本无树，明镜亦非台。
> 佛性常清净，何处有尘埃！

又偈曰：

> 心是菩提树，身为明镜台。
> 明镜本清净，何处染尘埃！

院内徒众，见能作此偈尽怪。惠能却入碓房。五祖忽见惠能偈，即善知识大意。恐众人知，五祖乃谓众人曰："此亦未得了。"

【简析】

慧能"不识字"：慧能不会写字和读经，这是《坛经》和其他别传的古说。有学者就此提出疑问，如果慧能没有读过经，为何一听《金刚经》就能领悟，并且知道"人即有南北，佛性即无南北"呢？从《坛经》内容来看，慧能对《金刚经》《维摩经》《楞伽经》《涅槃经》《梵网经》等都有相当的了解。但也有学者认为，慧能是利根者，他具有听《金刚经》而有所悟的根性，不识字但可以通达佛法。或许慧能不识字只是施设的禅机，是引导众人入道之法，不能简单视为史实。惠昕本将"佛性常清净"改成"本来无一物"。

"见自本性"，印顺说："一切法以无自性为自性，自性即无自性。"所以，佛教所谓的"自性""本心"，其义与儒家的"本心"说还是有区别的。即得出离：这是出离生死烦恼和轮回。

为什么五祖谓众人曰"此亦未得了"？这是弘忍为了避免传法起争斗。慧能到东山的时间不长，且没有正式剃度，如果公然印可，恐引起纷争。

【原文】

五祖夜至三更，唤惠能堂内，说《金刚经》。惠能一闻，言下便悟。其夜受法，人尽不知，便传顿法及衣："汝为六代祖。衣将为信禀，代代相传，法以心传心，当令自悟。"五祖言："惠能！自古传法，气如悬丝！若住此间，有人害汝，汝即须速去。"

【简析】

弘忍"三更"付法慧能，且曰："自古传法，气如悬丝！若住此间，有人害汝，汝即须速去。"传法有争，弘法有难，这是事实。一代一人的付嘱制，难免引起纷争。

五祖以《金刚经》传法六祖。《坛经》劝人持《金刚经》，在慧能自述得法因缘中，他也一再提到《金刚经》，《坛经》是弘扬"摩诃般若波罗蜜"的。

【原文】

能得衣法，三更发去。五祖自送能于九江驿，登时便悟。祖处分："汝去，努力将法向南，三年勿弘此法，难去，在后弘化，善诱迷人，若得心开，汝悟无别。"辞违已了，便发向南。

两月中间，至大庚岭。不知向后有数百人来，欲拟头惠能夺于法，来至半路，尽总却回。唯有一僧，姓陈名惠顺，先是三品将军，性行粗恶，直至岭上，来趁犯着。惠能即还衣法，又不肯取，言："我故远来求法，不要其衣。"能于岭上，便传法惠顺，惠顺得闻，言下心开。能使惠顺即却向北化人来。

【简析】

"登时便悟"：此句费解，郭朋以为"悟"作"寤"，意谓很快就天亮了。李申认为"悟"当为"别"字。"三年勿弘此法"：得法三年以后，才可以公开弘扬顿教法门。敦煌本的"三年勿弘此法"，惠昕本作"慧能后至曹溪，又被恶人寻逐，乃于四会县避难，经五年常在猎人中"。这里的"三年"与"五年"，只是传说的不同。

慧能在黄梅得法后，当夜三更就走了。五祖亲自护送慧能到九江驿，然后直回岭南。东山门下得知衣法付与慧能，有数百人向南追来。其中有名惠顺的，在大庚岭上追到了慧能。惠顺曾任将军，有军人的气质。当时，慧能就将衣钵给惠顺，但惠顺只求法要，慧能便为惠顺说法，惠顺言下大悟。慧能嘱其向北去化人，自己平安回到岭南。大庚岭夺法一幕，除《坛经》以外，《神会语录》、《历代法宝记》和《曹溪别传》都有记录，惠顺是弘忍弟子。

【原文】

惠能来依此地，与诸官寮、道俗，亦有累劫之因。教是先圣所传，不是惠能自知，愿闻先圣教者，各须净心，闻了愿自除迷，于先代悟。惠能大师唤言："善知识！菩提般若之知，世人本自有之，即缘心迷，不能自悟，须求大善知识示道见性。善知识！遇悟即成智。"

【简析】

累劫：意思是连续数劫，表示时间极长。于先代悟：此句费解，惠昕等三本均作"闻了各自除疑，与先代圣人无别"。

"菩提般若之知"之"知"即"智"，般若即智慧，智慧有般若智与分别智之分。因为般若智直悟本体，故般若亦有本体义、佛性义。般若偏内，佛偏外。"般若之知"乃同义反复。"菩提般若之智"意即能够证得佛位的智慧。

"世人本自有之"：揭示了"菩提般若之智，世人本自有之"。慧能的曹溪禅融合了佛性，更通俗易懂，且富有"真我"的特色。

【原文】

善知识！我此法门，以定惠为本。第一勿迷言定惠别。定惠体一不二。即定是惠体，即惠是定用。即惠之时定在惠，即定之时惠在定。善知识！此义即是定惠等。学道之人作意，莫言先定发惠，先惠发定，定惠各别。作此见者，法有二相，口说善，心不善，定惠不等。心口俱善，内外一种，定惠即等。自悟修行，不在口诤，若诤先后，即是迷人。不断胜负，却生法我，不离四相。

【简析】

定惠体一不二："惠"通"慧"，定与慧是"三学"（戒、定、慧）中的后两种，"定"属止，"慧"属观，二者是有区别的。慧能对定慧的理解是与众不同的，这是顿教法门的特征。定是精神上不昏沉（不瞌睡）、不散乱；慧是通达涅槃、断灭迷惑、证悟真理的智慧。定犹工夫，慧犹本体，定慧体一不二犹言工夫与本体不二。从应机的利钝来说，直截的开示悟入是顿，须渐次修学而悟入的是渐，所以，定慧等是顿，戒、定、慧的分别次第进修就是渐。慧能的南宗是顿教，弘扬直指人心。

不离四相：四相是指我相、人相、众生相和寿相。

【原文】

一行三昧者，于一切时中，行住坐卧，常行直心是。《净名经》云：直心是道场，直心是净土。莫心行谄曲，口说法直。口说一行三昧，不行直心，非佛弟子。但行直心，于一切法，无有执着，名一行三昧。迷人着法相，执一行三昧，直言坐不动，除妄不起心，即是一行三昧。若如是，此法同无情，却是障道因缘。道须通流，何以却滞？心不住法即通流，住即被缚。若坐不动是维摩诘不合呵舍利弗宴坐林中。善知识！又见有人教人坐，看心看净，不动不起，从此置功。迷人不悟，便执成颠，即有数百般以如此教道者，故知大错。

【简析】

一行三昧：《坛经》经文另有"般若三昧"说，《金刚经》有"无诤三昧"说，净土宗专修"念佛三昧"，天台宗智顗在玉泉寺说《摩诃止观》，总结大乘的四种三昧，可见关键在理解"三昧"。"三昧"为梵语 sa-madhi 的音译，意思是止息杂念，使心神平静，有"正定""等持"义，这是佛教的重要修行方法。为什么加上"一行"两字呢？所谓一行，既是只此一行，亦即只有一种要求，时时刻刻都在禅定之中。

"净名"即"维摩"的意译，"直心是道场，直心是净土"与"维摩诘不合呵舍利弗宴坐林中"，语出《维摩诘经》，又称《净名经》。维摩诘是毗耶离城很富有的居士，他称病在家，佛派遣诸比丘、菩萨来看望他。他借机与前来问病的文殊师利等论说佛法，阐扬大乘般若性空之理，因成此经。维摩诘认为，解脱不一定出家，主张不离世俗生活，世间与出世间等平等不二，由此不二法门，可远离一切烦恼妄想，进入涅槃境界。维摩诘享尽人间富贵，而又精通佛理，使文人士大夫在他这里找到了理想的人生哲学和生活方式。王安石尤重此经，在诗文中多化用"直心""不二"等奥义，而且晚年还为此经作注。

【原文】

善知识！定慧犹如何等？如灯光。有灯即有光，无灯即无光。灯是光之体，光是灯之用。名即有二，体无两般。此定惠法，亦复如是。

善知识！法无顿渐，人有利顿。迷即渐契，悟人顿修，自识本心，自见本性，悟即元无差别，不悟即长劫轮回。

【简析】

上述第一段话是对定慧等的进一步解释，以灯与光的关系比喻定与慧之间的关系。

"法无顿渐，人有利顿"：顿与渐是根机之利钝，而不是"法"的不同所决定的。钝根累劫渐修，及其悟入，仍是"自性般若"。

韩愈:《原道》《原性》

【导读】

韩愈（768—824），字退之，河南河阳（今河南孟州南）人，自谓郡望昌黎，世称"韩昌黎"。中唐时期著名文学家、思想家，古文运动和儒学复兴的倡导者，苏轼誉其"文起八代之衰"。他主张"排佛抑老"，因上疏谏阻迎奉佛骨而触怒唐宪宗，被贬为潮州刺史，"一封朝奏九重天，夕贬潮州路八千。"（《左迁至蓝关示侄孙湘》）韩愈的思想虽未形成严密的哲学体系，但是其复兴儒学、抗拒佛老的主张，代表了新的精神方向。他的"道统"说，以及他对《大学》的重视，对宋明理学的兴起产生了积极的作用，故其往往被视作宋明儒学的先驱。韩愈的著作被编为《韩昌黎集》，其中《原道》《原人》《原性》《原鬼》《与孟尚书书》《谏迎佛骨表》较为集中地反映了他的哲学思想。中华书局 2017 年《韩愈文集汇校笺注》为当代权威整理本。

原道

【原文】

博爱之谓仁，行而宜之之谓义，由是而之焉之谓道，足乎己无待于外之谓德。仁与义为定名，道与德为虚位。故道有君子小人，而德有凶有吉。老子之小仁义，非毁之也，其见者小也。坐井而观天，曰天小者，非天小也。彼以煦煦为仁，孑孑为义，其小之也则宜。其所谓道，道其所道，非吾所谓道也；其所谓德，德其所德，非吾所谓德也。凡吾所谓道德云者，合仁与义言之也，天下之公言也；老子之所谓道德云者，去仁与义言之也，一人之私言也。

周道衰，孔子没，火于秦，黄老于汉，佛于晋魏梁隋之间。其言道德仁义者，不入于杨，则入于墨；不入于老，则入于佛。入于彼，必出于此。入者主之，出者奴之；入者附之，出者污之。噫！后之人其欲闻仁义道德之说，孰从而听之？老者曰："孔子，吾师之弟子也。"佛者曰："孔子，吾师之弟子也。"为孔子者习闻其说，乐其诞而自小也，亦曰："吾师亦尝师之云尔。"不惟举之于其口，而又笔之于其书。噫！后之人虽欲闻仁义道德之说，其孰从而求之？

甚矣，人之好怪也！不求其端，不讯其末，惟怪之欲闻。古之为民者四，今之为民者六；古之教者处其一，今之教者处其三；农之家一，而食粟之家六；工之家一，而用器之家六；贾之家一，而资焉之家六。奈之何民不穷且盗也？

古之时，人之害多矣。有圣人者立，然后教之以相生养之道。为之君，为之师，驱其虫蛇禽兽而处之中土。寒，然后为之衣；饥，然后为之食。木处而颠，土处而病也，然后为之宫室。为之工以赡其器用，为之贾以通其有无，为之医药以济其夭死，为之葬埋祭祀以长其恩爱，为之礼以次其先后，为之乐以宣其湮郁，为之政以率其怠倦，为之刑以锄其强梗。相欺也，为之符玺斗斛权衡以信之；相夺也，为之城郭甲兵以守之。害至而为之备，患生而为之防。今其言曰：圣人不死，大盗不止；剖斗折衡，而民不争。呜呼！其亦不思而已矣。如古之无圣人，人之类灭久矣。何也？无羽毛鳞介以居寒热也，无爪牙以争食也。

是故君者，出令者也；臣者，行君之令而致之民者也；民者，出粟米麻丝，作器皿，通货财，以事其上者也。君不出令，则失其所以为君；臣不行君之令而致之民，民不出粟米麻丝，作器皿，通货财，以事其上，则诛。今其法曰：必弃而君臣，去而父子，禁而相生养之道，以求其所谓清净寂灭者。呜呼！其亦幸而出于三代之后，不见黜于禹、汤、文、武、周公、孔子也；其亦不幸而不出于三代之前，不见正于禹、汤、文、武、周公、孔子也。

帝之与王，其号虽殊，其所以为圣一也；夏葛而冬裘，渴饮而饥食，其事虽殊，其所以为智一也。今其言曰：曷不为太古之无事？是亦责冬之裘者曰：曷不为葛之之易也？责饥之食者曰：曷不为饮之之易也？

传曰："古之欲明明德于天下者，先治其国；欲治其国者，先齐其家；欲齐其家者，先修其身；欲修其身者，先正其心；欲正其心者，先诚其意。"然则古之所谓正心而诚意者，将以有为也。今也欲治其心而外天下国家，灭其天常，子焉而不父其父，臣焉而不君其君，民焉而不事其事。孔子之作《春秋》也，诸侯用夷礼则夷之，夷而进于中国则中国之。经曰："夷狄之有君，不如诸夏之亡。"《诗》曰："戎狄是膺，荆舒是惩。"今也举夷狄之法而加之先王之教之上，几何其不胥而为夷也！

夫所谓先王之教者，何也？博爱之谓仁，行而宜之之谓义，由是而之焉之谓道，足乎己无待于外之谓德。其文：《诗》《书》《易》《春秋》；其法：礼、乐、刑、政；其民：士、农、工、贾；其位：君臣、父子、师友、宾主、昆弟、夫妇；其服：麻、丝；其居：宫室；其食：粟米、蔬果、鱼肉。其为道易明，而其为教易行也。是故以之为己，则顺而祥；以之为人，则爱而公；以之为心，则和而平；以之为天下国家，无所处而不当。是故生则得其情，死则尽其常。郊焉而天神假，庙焉而人鬼享。曰：斯道也，何道也？曰：斯吾所谓道也，非向所谓老与佛之道也。尧以是传之舜，舜以是传之禹，禹以是传之汤，汤以是传之文、武、周公，文、武、周公传之孔子，孔子传之孟轲。轲之死，不得其传焉。荀与杨也，择焉而不精，语焉而不详。由周公而上，上而为君，故其事行；由周公而下，下而为臣，故其说长。然则如之何其可也？曰：不塞不流，不止不行。人其人，火其书，庐其居，明先王之道以道之，鳏寡孤独废疾者有养也，其亦庶乎其可也。[①]

【简析】

在该文中，韩愈首先指出"仁与义为定名，道与德为虚位"，意指"道与德"是儒释道共用的概念，不同的学派有不同的定义，其内涵是不确定的。故韩愈根据先儒之论，将其他诸家从宇宙论或其他角度阐释的"道""德"，重构为以"仁""义"为核心的概念，即"道"就是依照仁

---

① 刘真伦、岳珍校注《韩愈文集汇校笺注》，中华书局，2017，第1—4页。标点略有改动。

义的要求去做，"德"意味着仁义内在于人性。

接着，韩愈从社会经济结构与文化认同等层面提出了对佛教的批判。他认为，大量社会人口投身于佛、老，不事生产，导致社会经济结构崩坏和民生凋敝。此外，佛、老不事人伦，有悖礼法；且佛教是外来文化，非如儒家是中国本有的"先王之教"。故韩愈正式提出了儒家的"道统"之说，以排斥佛、老。

从形式上看，"道统"说是借鉴了佛教特别是禅宗的"法统"之说。实质上，韩愈所谓的"道统"指的是儒家的"先王之教"——一个涵括信仰、理想、道德、社会制度、经济、伦理、文化、刑罚、日常生活等的综合体——在各个历史时期薪火相传的统绪。韩愈将孟子所主张的尧—舜—汤—文王—孔子的先王之教的传承统绪发展成尧—舜—禹—汤—文、武、周公—孔子—孟子的完整序列，并自觉地以传承这条道统为使命。

总体上来看，韩愈对儒家"道""德""仁""义"的理解尚待深化，对佛、老的理解也较浅，故他的批判欠缺理论力量。

原性

【原文】

性也者，与生俱生也；情也者，接于物而生也。性之品有三，而其所以为性者五；情之品有三，而其所以为情者七。曰："何也?"曰：性之品有上、中、下三。上焉者，善焉而已矣；中焉者，可导而上下也；下焉者，恶焉而已矣。其所以为性者五：曰仁，曰义，曰礼，曰信，曰智。上焉者之于五也，主于一而行于四；中焉者之于五，一也不少有焉则少反焉，其于四也混；下焉者之于五也，反于一而悖于四。性之于情，视其品。情之品有上、中、下三，其所以为情者七：曰喜，曰怒，曰哀，曰惧，曰爱，曰恶，曰欲。上焉者之于七也，动而处其中；中焉者之于七也，有所甚，有所亡，然而求合其中者也；下焉者之于七也，亡与甚，直情而行者也。情之于性视其品。

孟子之言性曰：人之性善。荀子之言性曰：人之性恶。杨子之言性曰：人之性善恶混。夫始善而进恶，与始恶而进善，与始也混而今也善恶,皆举其中而遗其上下者也,得其一而失其二者也。叔鱼之生也,其母视之,知其必以贿死;杨食我之生也,叔向之母闻其号也,知必灭其宗;越椒之生也,子文以为大戚,知若敖氏之鬼不食也。人之性果善乎?后稷之生也,其母无灾,其始匍匐也,则岐岐然、嶷嶷然。文王之在母也,母不忧;既生也,傅不勤;既学也,师不烦。人之性果恶乎?尧之朱,舜之均,文王之管蔡,习非不善也,而卒为奸;瞽瞍之舜,鲧之禹,习非不恶也,而卒为圣。人之性善恶果混乎?故曰:三子之言性也,举其中而遗其上下者也,得其一而失其二者也。

曰:然则性之上下者,其终不可移乎?曰:上之性,就学而愈明;下之性,畏威而寡罪。是故上者可学,而下者可制也。其品则孔子谓不移也。曰:今之言性者异于此,何也?曰:今之言者,杂佛老而言也。杂佛老而言者,奚言而不异?①

【简析】

《原性》较为集中地反映了韩愈的人性观。韩愈认为,"性"是先天本有的,其内容是"仁、义、礼、智、信",分为上、中、下三品。上品之人以一德为主,而能通于其他四德,是纯善的;中品之人对一德有所不足或者违背,对于其他四德也都杂而不纯,是可导而上下的;下品之人则既违反一德,也不符合四德,是纯恶不善的。(一说"一德"仅指"仁德","四德"指"义、礼、智、信")

"情"是应接于外物而生的,内容是"喜、怒、哀、惧、爱、恶、欲"。与上、中、下三品之性相对应,七情的发动也分为上、中、下三品。上品之情发而皆合乎中道;中品之情有过或不及,而努力合于中道;下品之情多过与不及,且恣情纵欲,不加节制。

尽管韩愈试图综合孟子、荀子、扬雄等人的性论,但实际上,韩愈并不真正了解孟子心性论的超越性意涵,他的性论仍是"生之谓性"的自然人性论。

---

① 刘真伦、岳珍校注《韩愈文集汇校笺注》,中华书局,2017,第47—48页。标点略有改动。

李翱：《复性书》

【导读】

李翱（772—836），字习之，陇西成纪（今甘肃静宁西南）人，中唐时期著名文学家、思想家。他的思想一定程度上受到与其亦师亦友的韩愈的影响，并有所发展。李翱十分重视《中庸》和《易传》，并据之发展出一套性情观与工夫论，实开宋明理学风气之先。他的著作被编为《李文公集》。其中《复性书》较集中地代表了李翱的思想。1992年，甘肃人民出版社出版《李翱集》。2021年，在《李翱集》的基础上，中华书局出版了《李翱文集校注》，以下内容即选自该书。

复性书（上）①

【原文】

人之所以为圣人者，性也；人之所以惑其性者，情也。喜、怒、哀、惧、爱、恶、欲七者，皆情之所为也。情既昏，性斯匿矣。非性之过也，七者循环而交来，故性不能充也。水之浑也，其流不清；火之烟也，其光不明：非水火清明之过。沙不浑，流斯清矣；烟不郁，光斯明矣；情不作，性斯充矣。性与情不相无也。虽然，无性则情无所生矣。是情由性而生，情不自情，因性而情，性不自性，由情以明。性者，天之命也，圣人

---

① 郝润华、杜学林校注《李翱文集校注》，中华书局，2021，第13—16页。标点略有改动。

得之而不惑者也；情者，性之动也，百姓溺之而不能知其本者也。圣人者，岂其无情邪？圣人者，寂然不动，不往而到，不言而神，不耀而光，制作参乎天地，变化合乎阴阳；虽有情也，未尝有情也。然则百姓者，岂其无性者邪？百姓之性与圣人之性弗差也。虽然，情之所昏，交相攻伐，未始有穷，故虽终身而不自睹其性焉。火之潜于山石林木之中，非不火也；江、河、淮、济之未流而潜于山，非不泉也。石不敲，木不磨，则不能烧其山林而燥万物。泉之源弗疏，则不能为江、为河、为淮、为济，东汇大壑，浩浩荡荡，为弗测之深。情之动弗息，则不能复其性而烛天地，为不极之明。故圣人者，人之先觉者也。觉则明，否则惑，惑则昏。明与昏谓之不同。明与昏，性本无有，则同与不同二者离矣。夫明者所以对昏，昏既灭，则明亦不立矣。

是故，诚者圣人之性也。寂然不动，广大清明，照乎天地，感而遂通天下之故，行止语默无不处于极也。复其性者，贤人循之而不已者也，不已则能归其源矣。《易》曰："夫圣人者，与天地合其德，日月合其明，四时合其序，鬼神合其吉凶，先天而天不违，后天而奉天时。天且弗违，而况于人乎？况于鬼神乎？"此非自外得者也，能尽其性而已矣。子思曰："唯天下至诚为能尽其性。能尽其性，则能尽人之性；能尽人之性，则能尽物之性；能尽物之性，则可以赞天地之化育；可以赞天地之化育，则可以与天地参矣。其次致曲，曲能有诚。诚则形，形则著，著则明；明则动，动则变，变则化。唯天下至诚为能化。"

圣人知人之性皆善，可以循之不息而至于圣也，故制礼以节之，作乐以和之。安于和乐，乐之本也；动而中礼，礼之本也。故在车则闻鸾和之声，行步则闻珮玉之音，无故不废琴瑟，视听言行，循礼而动，所以教人忘嗜欲而归性命之道也。道者，至诚也。诚而不息则虚，虚而不息则明，明而不息则照天地而无遗。非他也，此尽性命之道也。哀哉！人皆可以及乎此，莫之止而不为也，不亦惑邪？昔者圣人以之传于颜子，颜子得之，拳拳不失，不远而复，"其心三月不违仁"。子曰："回也其庶乎，屡空。"其所以未到于圣人者一息耳，非力不能也，短命而死故也。其余升堂者，盖皆传也。一气之所养，一雨之所膏，而得之者各有浅深，不必均也。子路之死也，石乞、孟黡以戈击之，断缨，子路曰："君子死，冠不免。"结缨而死。由也，非好勇而无惧也，其心寂然不动故也。曾子之死也，曰：

"吾何求焉？吾得正而毙焉，斯已矣。"此正性命之言也。子思，仲尼之孙，得其祖之道，述《中庸》四十七篇，以传于孟轲。轲曰："我四十不动心。"轲之门人，达者公孙丑、万章之徒，盖传之矣。遭秦灭书，《中庸》之不焚者，一篇存焉。于是此道废缺。其教授者，唯节行文章章句、威仪击剑之术相师焉，性命之源，则吾弗能知其所传矣。

道之极于剥也必复，吾岂复之时邪？吾自六岁读书，但为词句之学。志于道者四年矣，与人言之，未尝有是我者也。南观涛江入于越，而吴郡陆傪存焉，与之言之。陆傪曰："子之言，尼父之心也。东方如有圣人焉，不出乎此也，南方如有圣人焉，亦不出乎此也。惟子行之不息而已矣。"呜呼！性命之书虽存，学者莫能明，是故皆入于庄、列、老、释。不知者谓夫子之徒不足以穷性命之道，信之者皆是也。有问于我，我以吾之所知而传焉，遂书于书，以开诚明之源，而缺绝废弃不扬之道，几可以传于时，命曰《复性书》，以理其心，以传乎其人。乌戏！夫子复生，不废吾言矣。

【简析】

与韩愈的"性三品"说不同，李翱认为"性"只有一种，即纯善无恶之性。在《复性书》（上）中，李翱首先将性、情对扬，指出"性"是人之所以成为圣人的根本条件。性是善的，在理想的状态下，人实现其性即能成为圣人。人之所以不能实现其性，之所以有桀纣与尧舜的不同，原因在于"情"的迥异。喜、怒、哀、惧、爱、恶、欲，皆情之所发，当七情合乎中道时，"性"便能没有遮蔽而朗现其善；当七情混乱、交叠侵扰时，其情昏聩，"性"就会被遮蔽而不得显其善，只能显出"情"之恶的一面。性是情产生的依据，情则是性的动用。圣人并非无情，只是不受七情的支配；常人亦非无性，只是因为七情的扰动而不能由性作主。李翱还引用《易传》与《中庸》中的思想来阐释圣人不动于情的"诚"的境界与贤人"复性"的工夫。进而，李翱认为教化之目的在于使人不为"嗜欲"所制而归于"性命之道"。最后，李翱自述其生平志向即是传承此"性命之道"。

复性书（中）①

【原文】

或问曰："人之昏也久矣，将复其性者，必有渐也。敢问其方？"

曰："弗虑、弗思，情则不生；情既不生，乃为正思。正思者，无虑、无思也。《易》曰：'天下何思、何虑？'又曰：'闲邪存其诚。'《诗》曰：'思无邪。'"

曰："已矣乎？"

曰："未也。此斋戒其心者也，犹未离于静焉。有静必有动，有动必有静；动静不息，是乃情也。《易》曰：'吉凶悔吝，生于动者也。'焉能复其性邪？"

曰："如之何？"

曰："方静之时，知心无思者，是斋戒也。知本无有思，动静皆离，寂然不动者，是至诚也。《中庸》曰：'诚则明矣。'《易》曰：'天下之动，贞夫一者也。'"

问曰："不虑不思之时，物格于外，情应于内，如之何而可止也？以情止情，其可乎？"

曰："情者，性之邪也。知其为邪，邪本无有。心寂不动，邪思自息。惟性明照，邪何所生？如以情止情，是乃大情也。情互相止，其有已乎？《易》曰：'颜氏之子，其殆庶几乎？有不善未尝不知，知之未尝复行也。'《易》曰：'不远复，无祗悔，元吉。'"

问曰："本无有思，动静皆离。然则声之来也，其不闻乎？物之形也，其不见乎？"

曰："不睹不闻，是非人也。视听昭昭，而不起于见闻者，斯可矣。无不知也，无弗为也，其心寂然，光照天地，是诚之明也。《大学》曰：'致知在格物。'《易》曰：'易，无思也，无为也，寂然不动，感而遂通天下之故。非天下之至神，其孰能与于此？'"

---

① 郝润华、杜学林校注《李翱文集校注》，中华书局，2021，第18—24页。标点及部分字句有改动。

曰："敢问'致知在格物'何谓也?"

曰："物者,万物也;格者,来也,至也。物至之时,其心昭昭然明辨焉,而不应于物者,是致知也,是知之至也。知至故意诚,意诚故心正,心正故身修,身修而家齐,家齐而国理,国理而天下平。此所以能参天地者也。《易》曰:'与天地相似,故不违。知周乎万物而道济天下,故不过。旁行而不流,乐天知命,故不忧。安土敦乎仁,故能爱。范围天地之化而不过,曲成万物而不遗,通乎昼夜之道而知,故神无方而易无体。一阴一阳之谓道。'此之谓也。"

曰："生为我说《中庸》。"

曰："不出乎前矣。"

曰："我未明也,敢问何谓'天命之谓性'?"

曰："人生而静,天之性也。性者,天之命也。"

曰："'率性之谓道',何谓也?"

曰："率,循也。循其源而反其性者,道也。道也者,至诚也。至诚者,天之道也。诚者,定也,不动也。"

"'修道之谓教',何谓也?"

曰："教也者,人之道也。诚之者,择善而固执之者也。修是道而归其本者,明也。教也者,则可以教天下矣,颜子其人也。'道也者,不可须臾离也,可离非道也。'说者曰:'其心不可须臾动焉故也。动则远矣,非道也。变化无方,未始离于不动故也。''是故君子戒慎乎其所不睹,恐惧乎其所不闻,莫见乎隐,莫显乎微,故君子慎其独也。'说者曰:'不睹之睹,见莫大焉;不闻之闻,闻莫甚焉。其心不动,是不睹之睹,不闻之闻也;其复之也远矣。故君子慎其独,慎其独者,守其中也。"

问曰："昔之注解《中庸》者,与生之言皆不同,何也?"

曰："彼以事解者也,我以心通者也。"

曰："彼亦通于心乎?"

曰："吾不知也。"

曰："如生之言,修之一日,则可以至于圣人乎?"

曰："十年扰之,一日止之,而求至焉,是孟子所谓以杯水而救一车薪之火也。甚哉!止而不息必诚,诚而不息必明,明与诚终岁不违,则能终身矣。造次必于是,颠沛必于是,则可以希于至矣。故《中庸》曰:

'至诚无息，不息则久，久则征，征则悠远，悠远则博厚，博厚则高明。博厚所以载物也，高明所以覆物也，悠久所以成物也。博厚配地，高明配天，悠久无疆。如此者，不见而章，不动而变，无为而诚，天地之道，可一言而尽也。'"

问曰："凡人之性犹圣人之性欤？"

曰："桀纣之性，犹尧舜之性也。其所以不睹其性者，嗜欲好恶之所昏也，非性之罪也。"

曰："为不善者非性耶？"

曰："非也，乃情所为也。情有善有不善，而性无不善焉。孟子曰：'人无有不善，水无有不下。夫水，搏而跃之，可使过颡，激而行之，可使在山。是岂水之性哉？其所以导引之者然也。人之性皆善，其不善亦犹是也。'"

问曰："尧舜岂不有情耶？"

曰："圣人至诚而已矣。尧舜之举十六相，非喜也；流共工，放驩兜，殛鲧，窜三苗，非怒也：中于节而已矣。其所以皆中节者，设教于天下故也。《易》曰：'知变化之道者，其知神之所为乎？'《中庸》曰：'喜、怒、哀、乐之未发谓之中，发而皆中节谓之和。中也者，天下之大本也；和也者，天下之达道也。致中和，天地位焉，万物育焉。'《易》曰：'唯深也，故能通天下之志；唯几也，故能成天下之务；唯神也，故不疾而速，不行而至。'圣人之谓也。"

问曰："人之性犹圣人之性，嗜欲爱憎之心，何因而生也？"

曰："情者，妄也，邪也；邪与妄则无所因矣。妄情灭息，本性清明，周流六虚，所以谓之能复其性也。《易》曰：'乾道变化，各正性命。'《论语》曰：'朝闻道，夕死可矣。'能正性命故也。"

问曰："情之所昏，性即灭矣，何以谓之犹圣人之性也？"

曰："水之性清澈，其浑之者泥沙也。方其浑也，性岂遂无有邪？久而不动，泥沙自沉。清明之性，鉴于天地，非自外来也。故其浑也，性本弗失，及其复也，性亦不生。人之性，亦犹水也。"

问曰："人之性本皆善，而邪情昏焉，敢问圣人之性将复为嗜欲所浑乎？"

曰："不复浑矣。情本邪也，妄也，邪妄无因，人不能复。圣人既复其性矣，知情之为邪，邪既为明所觉矣，觉则无邪，邪何由生也？伊尹曰："天之道，以先知觉后知，先觉觉后觉者也。予，天民之先觉者也，予将以此道觉此民也，非予觉之而谁也？'如将复为嗜欲所浑，是尚不自觉者也，而况能觉后人乎？"

曰："敢问死何所之耶？"

曰："圣人之所不明书于策者也。《易》曰：'原始反终，故知死生之说。精气为物，游魂为变，是故知鬼神之情状。'斯尽之矣。子曰：'未知生，焉知死？'然则原其始而反其终，则可以尽其生之道；生之道既尽，则死之说不学而自通矣。此非所急也，子修之不息，其自知之，吾不可以章章然言且书矣。"

【简析】

《复性书》（中）所讲的是"复性之方"的问题，亦即工夫论的问题。李翱认为复性之方分两步，首先应当斋戒其心、不思不虑，进而超越于动静，达到本无有思、寂然不动的境界。这并非绝对的不见不闻，只是不为见闻所蔽、情欲所困。李翱在坚持儒家立场的基础上，借鉴了禅宗的说法。这一点为宋明理学所继承。并且李翱的工夫论是围绕《易传》《中庸》《大学》展开的，为宋明理学赋予这些文献经典地位奠定了雏形。

周敦颐：《太极图说》

【导读】

周敦颐（1017—1073），字茂叔，北宋道州营道（今湖南道县）人，出生于书香仕宦之家，历任州县地方官。程颢、程颐兄弟曾往受业。晚年在庐山莲花峰下建濂溪书院讲学，世称濂溪先生。主要著作有《太极图说》《通书》等，后人曾编有《周子全书》。以下内容选自岳麓书社 2007 年版《周敦颐集》。①

《太极图说》

【原文】

周子曰：无极而太极。

太极动而生阳，动极而静；静而生阴，静极复动。一动一静，互为其根；分阴分阳，两仪立焉。

阳变阴合，而生水、火、木、金、土。五气顺布，四时行焉。

五行，一阴阳也。阴阳，一太极也。太极，本无极也。五行之生也，各一其性。

无极之真，二五之精，妙合而凝。乾道成男，坤道成女，二气交感，化生万物。万物生生，而变化无穷焉。

---

① 《周敦颐集》，梁绍辉、徐苏铭等点校，岳麓书社，2007，第 5—8 页。

惟人也，得其秀而最灵。形既生矣，神发知矣，五性感动而善恶分，万事出矣。

圣人定之以中正仁义而主静，立人极焉。故圣人与天地合其德，日月合其明，四时合其序，鬼神合其吉凶。

君子修之吉，小人悖之凶。故曰："立天之道，曰阴与阳；立地之道，曰柔与刚；立人之道，曰仁与义。"又曰："原始反终，故知死生之说。"大哉易也，斯其至矣！

【简析】

《太极图说》是阐述《太极图》含义的一篇短文。首先，该文探讨了宇宙生成演化模式。其中，首句以"无极而太极"解《太极图》第一图。"无极"出自《老子》第二十八章，"太极"出自《周易·系辞》。周敦颐认为，《周易》的"太极"和《老子》的"无极"同义。他援用道家的"无极"范畴，改变了《周易》立足于实在性的"太极"建构形上学的思路，宋明理学从此和"无极"结下了不解之缘。其次，该文提出了"立人极"的伦理思想。"人极"即做人的最高准则，周敦颐认为其内容是"中正仁义"，"主静"则是达到"中正仁义"的修养工夫。

张载：《正蒙》

【导读】

张载（1020—1077），字子厚，祖籍大梁（今河南开封），后徙居陕西凤翔郿县（今陕西眉县）横渠镇，世称横渠先生。北宋哲学家，理学创始人之一。因曾长期在关中地区讲学，其学说亦被称为"关学"。主要著作有《正蒙》《横渠易说》《经学理窟》《张子语录》等，明代学者吕柟编成《张子抄释》，后来又由沈自彰在明万历年间编成《张子全书》。以下内容选自中华书局 1978 年版《张载集》。①

《西铭》

【原文】

乾称父，坤称母；予兹藐焉，乃混然中处。故天地之塞，吾其体；天地之帅，吾其性。民吾同胞，物吾与也。大君者，吾父母宗子；其大臣，宗子之家相也。尊高年，所以长其长；慈孤弱，所以幼（其）〔吾〕幼。圣其合德，贤其秀也。凡天下疲癃残疾、茕独鳏寡，皆吾兄弟之颠连而无告者也。于时保之，子之翼也；乐且不忧，纯乎孝者也。违曰悖德，害仁曰贼；济恶者不才，其践形，唯肖者也。知化则善述其事，穷神则善继其志。不愧屋漏为无忝，存心养性为匪懈。恶旨酒，崇伯子之顾养；育英

---

① 《张载集》，章锡琛点校，中华书局，1978，第 62、7—10 页。

才，颍封人之锡类。不弛劳而底豫，舜其功也；无所逃而待烹，申生其恭也。体其受而归全者，参乎！勇于从而顺令者，伯奇也。富贵福泽，将厚吾之生也；贫贱忧戚，庸玉女于成也。存，吾顺事，没，吾宁也。

【简析】

《西铭》原为《正蒙·乾称篇》（即第十七篇）中的一部分内容，张载曾将其铭之于讲堂的西窗，题为《订顽》。后来，程颐将《订顽》改称为《西铭》，才有此独立之篇名。《西铭》虽然只有三百多字，却受到后来理学家的高度重视，朱熹就曾为《西铭》作过注。

"乾称父，坤称母"出自《周易·说卦传》："乾，天也，故称乎父；坤，地也，故称乎母。"塞：充塞。疲癃：衰老多病。颠连：狼狈困苦的样子。旨酒：美酒。玉女：即玉汝。《西铭》主要论述了天人关系以及人生哲学思想，尤其宣扬了"民胞物与"的理想以及人在面对各种不同人生际遇时应有的洒落、超脱的态度。张载的"民胞物与"说没有违背儒家"爱有差等，施有亲始"的原则。

《正蒙·太和篇》

【原文】

太和所谓道，中涵浮沉、升降、动静、相感之性，是生细缊、相荡、胜负、屈伸之始。其来也几微易简，其究也广大坚固。起知于易者乾乎！效法于简者坤乎！散殊而可象为气，清通而不可象为神。不如野马、细缊，不足谓之太和。语道者知此，谓之知道；学《易》者见此，谓之见《易》。不如是，虽周公才美，其智不足称也已。

太虚无形，气之本体，其聚其散，变化之客形尔；至静无感，性之渊源，有识有知，物交之客感尔。客感客形与无感无形，惟尽性者一之。

天地之气，虽聚散、攻取百涂，然其为理也顺而不妄。气之为物，散入无形，适得吾体；聚为有象，不失吾常。太虚不能无气，气不能不聚而为万物，万物不能不散而为太虚。循是出入，是皆不得已而然也。然则圣人尽道其间，兼体而不累者，存神其至矣。彼语寂灭者往而不反，徇生执有者物而不化，二者虽有间矣，以言乎失道则均焉。

聚亦吾体，散亦吾体，知死之不亡者，可与言性矣。

知虚空即气，则有无、隐显、神化、性命通一无二，顾聚散、出入、形不形，能推本所从来，则深于《易》者也。若谓虚能生气，则虚无穷，气有限，体用殊绝，入老氏"有生于无"自然之论，不识所谓有无混一之常；若谓万象为太虚中所见之物，则物与虚不相资，形自形，性自性，形性、天人不相待而有，陷于浮屠以山河大地为见病之说。此道不明，正由懵者略知体虚空为性，不知本无道为用，反以人见之小因缘天地。明有不尽，则诬世界乾坤为幻化。幽明不能举其要，遂躐等妄意而然。不悟一阴一阳范围天地，通乎昼夜，三极大中之矩，遂使儒、佛、老、庄混然一涂。语天道性命者，不罔于恍惚梦幻，则定以"有生于无"为穷高极微之论。入德之途，不知择术而求，多见其蔽于诐而陷于淫矣。

气坱然太虚，升降飞扬，未尝止息。《易》所谓"絪缊"，庄生所谓"生物以息相吹"、"野马"者与！此虚实、动静之机，阴阳、刚柔之始。浮而上者阳之清，降而下者阴之浊，其感〔通〕聚〔结〕，为风雨，为雪霜，万品之流形，山川之融结，糟粕煨烬，无非教也。

气聚则离明得施而有形，气不聚则离明不得施而无形。方其聚也，安得不谓之客？方其散也，安得遽谓之无？故圣人仰观俯察，但云"知幽明之故"，不云"知有无之故"。盈天地之间者，法象而已；文理之察，非离不相睹也。方其形也，有以知幽之因；方其不形也，有以知明之故。

气之聚散于太虚，犹冰凝释于水，知太虚即气，则无无。故圣人语性与天道之极，尽于参伍之神变易而已。诸子浅妄，有有无之分，非穷理之学也。

太虚为清，清则无碍，无碍故神；反清为浊，浊则碍，碍则形。

凡气清则通，昏则壅，清极则神。故聚而有间则风行，〔风行则〕声闻具达，清之验与！不行而至，通之极与。

由太虚，有天之名；由气化，有道之名；合虚与气，有性之名；合性与知觉，有心之名。

鬼神者，二气之良能也。圣者，至诚得天之谓；神者，太虚妙应之目。凡天地法象，皆神化之糟粕尔。

天道不穷，寒暑也；众动不穷，屈伸也；鬼神之实，不越二端而已矣。

两不立则一不可见，一不可见则两之用息。两体者，虚实也，动静也，聚散也，清浊也，其究一而已。

感而后有通，不有两则无一。故圣人以刚柔立本，乾坤毁则无以见《易》。

游气纷扰，合而成质者，生人物之万殊；其阴阳两端循环不已者，立天地之大义。

"日月相推而明生，寒暑相推而岁成。"神易无方体，"一阴一阳"，"阴阳不测"，皆所谓"通乎昼夜之道"也。

昼夜者，天之一息乎！寒暑者，天之昼夜乎！天道春秋分而气易，犹人一寤寐而魂交。魂交成梦，百感纷纭，对寤而言，一身之昼夜也；气交为春，万物糅错，对秋而言，天之昼夜也。

气本之虚则湛一无形，感而生则聚而有象。有象斯有对，对必反其为；有反斯有仇，仇必和而解。故爱恶之情同出于太虚，而卒归于物欲，倏而生，忽而成，不容有毫发之间，其神矣夫！

造化所成，无一物相肖者，以是知万物虽多，其实一物；无无阴阳者，以是知天地变化，二端而已。

万物形色，神之糟粕，性与天道云者，易而已矣。心所以万殊者，感外物不一也，天大无外，其为感者絪缊二端而已。物之所以相感者，利用出入，莫知其乡，一万物之妙者与！

气与志，天与人，有交胜之理。圣人在上而下民咨，气壹之动志也；凤凰仪，志壹之动气也。

【简析】

《太和》是张载《正蒙》一书中的第一篇。该篇的核心思想可归纳为以下几方面。[1] 第一，"太虚即气"。张载认为，客观世界存在的基础就是气，气凝聚时形成有形的万物，万物消散时则回归"太虚"，回归太虚即还原为气。"太虚即气"表明，"太虚"是气本来的存在状态。当然，太虚和气之间还有一种异质的关系。气是现象层，而太虚则是本体层。太虚和气之间既有区别，又不可分割。一方面，太虚超越于气的聚散，这样，太

---

① 对于该篇的解读，参考了田文军《张载〈正蒙·太和〉解读》，《人文论丛》1999 年卷；丁为祥《虚气相即——张载哲学体系及其定位》，人民出版社，2000，第 63—65 页。

虚才能成为天地万物的形上本体；另一方面，太虚又内在于气之聚散生化的过程中。

第二，"有无、隐显、神化、性命通一无二"。张载认为，人们若了解"太虚即气"，即从一个最高的层面上肯定"气"乃万物之源，就可以使有与无、隐与显、神与化、性与命这些看似对立的现象得到统一的解释，找到其共同的根源。在张载看来，这些现象都源于"气化"。在"气化"中，"气"聚为物，即为有；物散为"气"，则为无。有则为显，无则为隐。神乃"气"自含的能动之性，化则是"气化"过程，化是神的表现。性乃自有。命，宋人陈淳在《北溪字义》中说，"犹令也"。性为自有，即可说是天命之者，性命仍同"气"自身的属性关联，同"气化"之理关联。张载认为，看到了"气"之聚散、出入、有形无形的变化，能够理解这些变化都源于"气"自身所含的能动之性，则是对《易》学有深入了解之人。

第三，"有象斯有对，对必反其为；有反斯有仇，仇必和而解"。张载认为，一切源于"气化"的有形有象的事物自身都包含了其对立面，有对立面，对立面之间的性质、作用就是相反的；由于对立面之间的性质、作用相反，就有对立面之间的相互排斥、斗争；对立面之间的排斥、斗争必然会在对立面新的统一中得到调整。过去学术界对张载所讲之"和"多作"调和"理解，认为张载主张调和矛盾。实际上张载讲的"对""反""仇""和"，是指"气化"中的不同阶段和具体情况，"和"是统一。"仇必和而解"是指"一中之两"的相互作用，经过"反""仇"之后在新的阶段中达到统一。在张载看来，"气化"即是一个不断地从"对"开始，经"反""仇"，再到"和"的过程。

程颢:《识仁篇》《定性书》

【导读】

程颢（1032—1085），字伯淳，河南洛阳人，世称明道先生，北宋哲学家。与程颐为同胞兄弟，世称"二程"。程颢进士及第后步入宦海，初任地方官，略有政绩。后入京任太子中允、监察御史里行。因上疏批评王安石新政，被调离京师改任地方官。哲宗即位后，旧党主政，被召回朝廷任事，未及赴任就因病去世。1220年，南宋皇帝赐予"纯公"的谥号。1241年封河南伯，从祀孔庙东庑。

二程的言论和著作，由后人汇编为《二程全书》。1981年中华书局出版《二程集》，包括《河南程氏遗书》《河南程氏外书》《河南程氏文集》《河南程氏经说》《周易程氏传》《河南程氏粹言》等。以下内容即选自此书。①

《识仁篇》

【原文】

学者须先识仁。仁者，浑然与物同体。义、礼、知、信皆仁也。识得此理，以诚敬存之而已，不须防检，不须穷索。若心懈则有防，心苟不懈，何防之有？理有未得，故须穷索。存久自明，安待穷索？此道与物无

---

① 《二程集》，王孝鱼点校，中华书局，1981，第16—17、460—461页。

对，大不足以名之，天地之用皆我之用。孟子言"万物皆备于我"，须反身而诚，乃为大乐。若反身未诚，则犹是二物有对，以己合彼，终未有之，又安得乐？《订顽》意思，乃备言此体。以此意存之，更有何事？"必有事焉而勿正，心勿忘，勿助长"，未尝致纤毫之力，此其存之之道。若存得，便合有得。盖良知良能元不丧失，以昔日习心未除，却须存习此心，久则可夺旧习。此理至约，惟患不能守。既能体之而乐，亦不患不能守也。

【简析】

《识仁篇》是程颢在洛阳讲学时的著名篇章，由二程门人吕大临所记。吕大临，字与叔，尝问学于张载，张载去世之后，乃转投二程门下。吕大临在修养工夫上突出"防检""穷索"。但在程颢看来，人之"防检"，只因心有懈怠；人之"穷索"，只因见理不明。若心无懈怠，且能识得本心即是天理，便无须"防检""穷索"。程颢主张"学者须先识仁"。识仁，就是先识得仁体，"识"非"认识"之义，而是体认；仁体即天理。识得此理，再以诚、敬存之，本心自明。程颢认为，修养不能过于矜持、拘谨，否则就无法达至自由活泼的精神境界。另外，由《识仁篇》也可以看出，程颢对"仁"做出了新的诠释，认为"义、礼、知、信皆仁也"，"仁"即贯穿于"义、礼、知、信"之中。显然，他把"仁"看成心之全德，是体，"义、礼、知、信"是用。程颢还主张"仁者浑然与物同体"，此命题表明，人与万物同在天地乾坤之德的创生中，同生同长，浑然无别，人若能体悟到这一点，便可与天地万物感通无滞。程颢的这一主张与孟子所说的"万物皆备于我矣"（《孟子·尽心上》）以及王阳明所说的"夫人者，天地之心。天地万物，本吾一体者也"（《传习录》中）是十分契合的。

《定性书》

【原文】

承教，谕以定性未能不动，犹累于外物，此贤者虑之熟矣，尚何俟小子之言！然尝思之矣，敢贡其说于左右。

所谓定者，动亦定，静亦定，无将迎，无内外。苟以外物为外，牵己而从之，是以己性为有内外也。且以性为随物于外，则当其在外时，何者为在内？是有意于绝外诱，而不知性之无内外也。既以内外为二本，则又乌可遽语定哉？

夫天地之常，以其心普万物而无心；圣人之常，以其情顺万事而无情。故君子之学，莫若廓然而大公，物来而顺应。《易》曰："贞吉悔亡。憧憧往来，朋从尔思。"苟规规于外诱之除，将见灭于东而生于西也。非惟日之不足，顾其端无穷，不可得而除也。

人之情各有所蔽，故不能适道，大率患在于自私而用智。自私则不能以有为为应迹，用智则不能以明觉为自然。今以恶外物之心，而求照无物之地，是反鉴而索照也。《易》曰："艮其背，不获其身，行其庭，不见其人。"孟氏亦曰："所恶于智者，为其凿也。"与其非外而是内，不若内外之两忘也。两忘则澄然无事矣。无事则定，定则明，明则尚何应物之为累哉？

圣人之喜，以物之当喜；圣人之怒，以物之当怒。是圣人之喜怒，不系于心而系于物也。是则圣人岂不应于物哉？乌得以从外者为非，而更求在内者为是也？今以自私用智之喜怒，而视圣人喜怒之正为如何哉？夫人之情，易发而难制者，惟怒为甚。第能于怒时遂忘其怒，而观理之是非，亦可见外诱之不足恶，而于道亦思过半矣。

心之精微，口不能宣；加之素拙于文辞，又吏事匆匆，未能精虑，当否伫报。然举大要，亦当近之矣。道近求远，古人所非，惟聪明裁之！

【简析】

《定性书》又名《答横渠先生定性书》。该书信的原委是：程颢出仕不久，张载曾致信程颢，讨论"定性"问题，程颢的回信被后人称为"定性书"。张载在信中提出，"定性未能不动，犹累于外物"，意思是说，他希望达到"定性"，可总是受到外物的牵累影响，不能不"动"。于是程颢就此问题予以回复。程颢所谓的"定性"，按照朱熹的解释实际上指的是"定心"，即探讨通过何种修养工夫来实现人内心的安宁与平静，或者说如何能达到孟子所说的"不动心"境界。照张载的说法，一个人内心平静的主要障碍，来自外部事物的干扰所造成的意念的波动，而要根绝外物的干扰又十分困难。程颢指出，张载的出发点错了，其错在于把动和静对立起来了。真正的"定"，并不是使内心停止活动，也不是使内心仅仅集中于自我意识上，更不是对外物隔绝不做任何反应。真正的"定性"，应是不分动静、内外，做到"内外两忘"，内外都忘了，便可清明无事，便可"廓然而大公，物来而顺应"。程颢倡导的"定性"修养方法，虽然继承了孟子"不动心"的思想，但很明显也汲取了佛教、道教的思想，即主张人虽然接触外界事物，但应不执着、不留恋，从而使心灵摆脱纷扰而达到自由、平静、安宁的境界，并且始终动中有定。①

---

① 参见徐洪兴《旷世大儒——二程》，河北人民出版社，2000，第170—173页。

程颐:《易传序》《语录》

【导读】

程颐（1033—1107），字正叔，河南洛阳人，世称伊川先生，北宋哲学家。他未能考中进士，宋神宗去世之后以布衣受诏，担任"崇政殿说书"之职，训导年幼的宋哲宗。不久回洛阳，任"判西京国子监"。宋哲宗亲政之后，尽黜旧党，并斥为奸党，程颐亦在其列，被削职贬至四川涪州，交地方官管束。程颐虽然担任过一些官职，但其主要兴趣却在从事学术活动。程颐与其胞兄程颢共创"洛学"，为理学奠定了基础。其主要哲学著作有《周易程氏传》等。程颐与程颢的言论和著作，收入明代后期合编《二程全书》中。以下内容选自中华书局1981年版《二程集》。①

《易传序》

【原文】

易，变易也，随时变易以从道也。其为书也，广大悉备，将以顺性命之理，通幽明之故，尽事物之情，而示开物成务之道也。圣人之忧患后世，可谓至矣。去古虽远，遗经尚存。然而前儒失意以传言，后学诵言而忘味。自秦而下，盖无传矣。予生千载之后，悼斯文之湮晦，将俾后人沿流而求源，此《传》所以作也。

---

① 《二程集》，王孝鱼点校，中华书局，1981，第689、43—316页。说明：《语录》节选部分在《二程集》中的跨度较大，故列出以上页码范围。

《易》有圣人之道四焉："以言者尚其辞，以动者尚其变，以制器者尚其象，以卜筮者尚其占。"吉凶消长之理，进退存亡之道，备于辞。推辞考卦，可以知变，象与占在其中矣。君子居则观其象而玩其辞，动则观其变而玩其占。得于辞，不达其意者有矣；未有不得于辞而能通其意者也。至微者理也，至著者象也。体用一源，显微无间。观会通以行其典礼，则辞无所不备。故善学者，求言必自近。易于近者，非知言者也。予所传者辞也，由辞以得意，则在乎人焉。有宋元符二年己卯正月庚申，河南程颐正叔谨序。

【简析】

《伊川易传》（又称《程氏易传》或《周易程氏传》）是程颐被贬于涪州期间写成的重要哲学著作。宋哲宗元符二年（1099）正月书成并作序。程颐深受王弼等人以义理治《周易》的影响，借解释《周易》而系统地阐发了自己的理学思想。《伊川易传》是程颐平生用力最多的著作，也是中国古代义理派易学集大成的代表作之一。

程颐在该书序言中提出了"随时变易以从道""体用一源，显微无间"等哲学命题。由前一命题可以看出程颐的变易（革）观，在他看来，宇宙万物以及人类社会都处在不断变化之中，作为个体之人，也应不断调整自己，以适应不断变化的世界。后一命题则揭示了"体""用"之间的关系。程颐一方面认为"体""用"有别，另一方面又认为"体""用"互摄，它们是"一源"的，是合一无间的，"体"就体现在"用"中。

《语录》节选

【原文】

所务于穷理者，非道须尽穷了天下万物之理，又不道是穷得一理便到，只是要积累多后，自然见去。（《河南程氏遗书》卷二，以下简称《遗书》）

"一阴一阳之谓道"，道非阴阳也，所以一阴一阳道也，如一阖一辟谓之变。（《遗书》卷三）

尝问先生："其有知之原，当俱禀得。"先生谓："不曾禀得，何处交割得来？"又语及太虚，曰："亦无太虚。"遂指虚曰："皆是理，安得谓之

虚？天下无实于理者。"（《遗书》卷三）

论性，不论气，不备；论气，不论性，不明。（《遗书》卷六）

"致知在格物"，物来则知起。物各付物，不役其知，则意诚不动。意诚自定则心正，始学之事也。（《遗书》卷六）

物则（一作即）事也，凡事上穷极其理，则无不通。（《遗书》卷十五）

人患事系累，思虑蔽固，只是不得其要。要在明善，明善在乎格物穷理。穷至于物理，则渐久后天下之物皆能穷，只是一理。（《遗书》卷十五）

视听言动，非理不为，即是礼，礼即是理也。不是天理，便是私欲。人虽有意于为善，亦是非礼。无人欲即皆天理。（《遗书》卷十五）

"道二，仁与不仁而已"，自然理如此。道无无对。有阴则有阳，有善则有恶，有是则有非，无一亦无三，故《易》曰："三人行则损一人，一人行则得其友。只是二也。"（《遗书》卷十五）

格物穷理，非是要尽穷天下之物，但于一事上穷尽，其他可以类推。至如言孝，其所以为孝者如何，穷理（一无此二字）如一事上穷不得，且别穷一事，或先其易者，或先其难者，各随人深浅，如千蹊万径，皆可适国，但得一道入得便可。所以能穷者，只为万物皆是一理，至如一物一事，虽小，皆有是理。（《遗书》卷十五）

离了阴阳更无道，所以阴阳者是道也。阴阳，气也。气是形而下者，道是形而上者。形而上者则是密也。（《遗书》卷十五）

近取诸身，百理皆具。屈伸往来之义，只于鼻息之间见之。屈伸往来只是理，不必将既屈之气，复为方伸之气。生生之理，自然不息。如《复》言"七日来复"，其间元不断续，阳已复生，物极必返，其理须如此。有生便有死，有始便有终。（《遗书》卷十五）

人要明理，若止一物上明之，亦未济事，须是集众理，然后脱然自有悟处。然于物上理会也得，不理会也得。（且须于学上格物，不可不诣理也）（《遗书》卷十七）

今人欲致知，须要格物。物不必谓事物然后谓之物也，自一身之中，至万物之理，但理会得多，相次自然豁然有觉处。（《遗书》卷十七）

问："人有专务敬以直内，不务方外，何如？"曰："有诸中者，必形诸外。惟恐不直内，内直则外必方。"（《遗书》卷十八）

或问："进修之术何先？"曰："莫先于正心诚意。诚意在致知，'致知在格物'。格，至也，如'祖考来格'之格。凡一物上有理，须是穷致其理。穷理亦多端：或读书，讲明义理；或论古今人物，别其是非；或应接事物而处其当；皆穷理也。"或问："格物须物物格之，还只格一物而万理皆知？"曰："怎生便会该通？若只格一物便通众理，虽颜子亦不敢如此道。须是今日格一件，明日又格一件，积习既多，然后脱然自有贯通处。"（《遗书》卷十八）

涵养须用敬，进学则在致知。（《遗书》卷十八）

问："观物察己，还因见物，反求诸身否？"曰："不必如此说。物我一理，才明彼即晓此，合内外之道也。语其大，至天地之高厚；语其小，至一物之所以然，学者皆当理会。"又问："致知，先求之四端，如何？"曰："求之性情，固是切于身，然一草一木皆有理，须是察。"（《遗书》卷十八）

天下物皆可以理照，有物必有则，一物须有一理。（《遗书》卷十八）

穷理尽性至命，只是一事。才穷理便尽性，才尽性便至命。（《遗书》卷十八）

问："人性本明，因何有蔽？"曰："此须索理会也。孟子言人性善是也。虽荀、杨亦不知性。孟子所以独出诸儒者，以能明性也。性无不善，而有不善者才也。性即是理，理则自尧、舜至于涂人，一也。才禀于气，气有清浊。禀其清者为贤，禀其浊者为愚。"又问："愚可变否？"曰："可。孔子谓上智与下愚不移，然亦有可移之理，惟自暴自弃者则不移也。"曰："下愚所以自暴弃者，才乎？"曰："固是也。然却道他不可移不得。性只一般，岂不可移？却被他自暴自弃，不肯去学，故移不得。使肯学时，亦有可移之理。"（《遗书》卷十八）

性即理也，所谓理，性是也。天下之理，原其所自，未有不善。喜怒哀乐未发，何尝不善？发而中节，则无往而不善。凡言善恶，皆先善而后恶；言吉凶，皆先吉而后凶；言是非，皆先是而后非。（《遗书》卷二十二）

"致知在格物"，非由外铄外也，我固有之也。因物有迁，迷而不知，则天理灭矣，故圣人欲格之。（《遗书》卷二十五）

【简析】

程颐与其兄程颢一样，都把"理"（天理）作为自己哲学的最高范畴。

"理"的渊源较早，但是将其作为一代学问的宗旨，则始自二程。他们对"理"（天理）给予了高度重视，并揭示了该范畴所蕴含的哲学意义。宋明理学也因此而得名。

程颐主张理一元论。他所谓的理，既可指自然的普遍法则（物之理）与人类社会的当然原则（人伦之理），也可以指统一、普遍、永恒之理。程颐尤为强调"理"的后一方面的内涵，在他看来，这样的"理"是真实无妄的，是没有时空限制、永恒存在的本体，"理"本身无所谓"存亡增减"。

程颐又倡导"格物致知"说。"格物致知"源于儒家的《礼记·大学》篇，包括程颐在内的理学家将该范畴独立出来，并赋予其新义，从而使其成为理学认识论、方法论及道德修养论的重要范畴之一。程颐训"格"为"至"，"格物"即是穷至事事物物之理。程颐认为，一草一木、一事一物上皆有理，人应细心体察、探究不同事物所包含的"理"。但人毕竟无法穷尽天下之物，故他主张"一事上穷尽，其他可以类推"。格物还是一个"积习""积累"的过程，"须是今日格一件，明日又格一件，积习既多，然后脱然自有贯通处"，如此方能"致知"，方能获得物之理及人伦之理，乃至普遍的宇宙及价值本体之理。当然，程颐倡导"格物致知"论，其最终目的不是获得外在的客观知识，而是唤醒人们心目中的"天理"。

朱熹:《大学章句序》《朱子语类》

【导读】

朱熹（1130—1200），南宋哲学家，字元晦，后改仲晦，号晦庵，晚称晦翁，别号紫阳，徽州婺源（今属江西）人。因寓居建阳（今福建建阳）考亭，世称考亭先生。自幼熟读经史，19 岁考中进士，曾任泉州同安县主簿、知南康军、秘阁修撰等职。朱熹一生实际从政的时间并不长，而且担任的大多是闲职。其兴趣主要在读书、著述与讲学。朱熹在建阳时曾受业于胡原仲，31 岁时拜程颐三传弟子李侗为师，故其为程颐的四传弟子，他继承了二程理学尤其是程颐之学的基本精神，并将其发扬光大。他一生创建或者修复了不少书院，如创建武夷精舍，修复白鹿洞书院、岳麓书院等，同时广招门徒，培养了一大批理学人才。朱熹晚年由于反对当权派韩侂胄，被诬为"伪学"领袖，受到贬斥。南宋嘉泰二年（1202），庆元党禁解除，朱熹的理学学说逐渐被朝廷重新接纳。至理宗时期，其思想正式获官方推崇，确立为理学正统。元、明、清历代皆尊程朱理学，理学成为官学，成为朝廷的意识形态。朱熹著述颇丰，其主要哲学著作有《太极图说解》《四书章句集注》《周易本义》《朱子语类》等。《朱子语类》收录了朱子言论，由其弟子分类编辑而成。以下内容选自上海古籍出版社2010 年版《朱子全书》。①

---

① 朱杰人、严佐之、刘永翔主编《朱子全书》，上海古籍出版社，2010，第 6 册，第 13—15 页；第 14 册，第 114—234 页。

《大学章句序》

【原文】

《大学》之书，古之大学所以教人之法也。盖自天降生民，则既莫不与之以仁义礼智之性矣。然其气质之禀或不能齐，是以不能皆有以知其性之所有而全之也。一有聪明睿智能尽其性者出于其间，则天必命之以为亿兆之君师，使之治而教之，以复其性。此伏羲、神农、黄帝、尧、舜所以继天立极，而司徒之职、典乐之官所由设也。

三代之隆，其法浸备，然后王宫、国都以及闾巷，莫不有学。人生八岁，则自王公以下，至于庶人之子弟，皆入小学，而教之以洒扫、应对、进退之节，礼乐、射御、书数之文。及其十有五年，则自天子之元子、众子，以至公、卿、大夫、元士之嫡子，与凡民之俊秀，皆入大学，而教之以穷理、正心、修己、治人之道。此又学校之教、大小之节所以分也。

夫以学校之设，其广如此，教之之术，其次第节目之详又如此，而其所以为教，则又皆本之人君躬行心得之余，不待求之民生日用彝伦之外，是以当世之人无不学。其学焉者，无不有以知其性分之所固有，职分之所当为，而各俛焉以尽其力。此古昔盛时所以治隆于上，俗美于下，而非后世之所能及也！

及周之衰，贤圣之君不作，学校之政不修，教化陵夷，风俗颓败，时则有若孔子之圣，而不得君师之位以行其政教，于是独取先王之法，诵而传之，以诏后世。若《曲礼》《少仪》《内则》《弟子职》诸篇，固小学之支流余裔，而此篇者，则因小学之成功以著大学之明法，外有以极其规模之大，而内有以尽其节目之详者也。三千之徒，盖莫不闻其说，而曾氏之传独得其宗，于是作为传义，以发其意。及孟子没而其传泯焉，则其书虽存，而知者鲜矣！

自是以来，俗儒记诵词章之习，其功倍于小学而无用；异端虚无寂灭之教，其高过于大学而无实。其他权谋术数，一切以就功名之说，与夫百家众技之流，所以惑世诬民、充塞仁义者，又纷然杂出乎其间。使其君子不幸而不得闻大道之要，其小人不幸而不得蒙至治之泽，晦盲否塞，反复沉痼，以及五季之衰，而坏乱极矣！

天运循环，无往不复。宋德隆盛，治教休明。于是河南程氏两夫子出，而有以接乎孟氏之传。实始尊信此篇而表章之，既又为之次其简编，发其归趣，然后古者大学教人之法、圣经贤传之指，粲然复明于世。虽以熹之不敏，亦幸私淑而与有闻焉。顾其为书犹颇放失，是以忘其固陋，采而辑之，间亦窃附己意，补其阙略，以俟后之君子。极知僭逾，无所逃罪，然于国家化民成俗之意、学者修己治人之方，则未必无小补云。淳熙己酉二月甲子，新安朱熹序。

【简析】

彝：常道，法度。俛（miǎn）：努力，勉力。陵夷：人伦纲纪衰落。沉痼：长期养成的不易改掉的坏习惯。

《四书章句集注》（又名《四书集注》）是朱熹的代表作之一，《大学章句》是《四书章句集注》之一种，另外三种分别是《中庸章句》《论语集注》《孟子集注》。《四书章句集注》是朱熹用力最勤的一部书，他曾经数易其稿，临终前还在修改《大学章句》。因此，《四书章句集注》凝聚了朱熹毕生的心血。在中国流行700余年的所谓程朱理学，主要是通过此书来传播的。

在《大学章句》的序言中，朱熹认为，《大学》着力阐明了进德、修业、治人的大道理，是"古之大学所以教人之法"，学者由此入门，才能达于圣学。由此，"大学"就有别于"小学"，后者主要指日常的洒扫、应对、进退之节以及礼乐、射御、书数之文。朱熹还指出，汉唐以来的不少儒者热衷于"记诵词章"之学，道、释则倡导"虚无寂灭之教"，使儒学道统到孟子之后不得其传。二程及朱熹本人表彰《大学》等儒家典籍，突出对经典的义理阐释，正是欲"接乎孟氏之传"。

朱熹对古本《大学》做了重新编排，并依己意补上了"格物致知"章的传文。他认为，《大学》有经有传，经乃孔子之言，曾子述之；传乃曾子之意，门人记之。《大学》经、传对应，若合符节。经、传不合者，或认定为衍文，或认定为脱文。朱熹对《大学》文本的编排及哲学意蕴的诠释，与其思想学说体系是紧密相连的。朱熹之论虽较具新意，却难以避免主观臆断之讥。

《朱子语类》节选

【原文】

问："昨谓未有天地之先，毕竟是先有理，如何？"曰："未有天地之先，毕竟也只是理。有此理，便有此天地；若无此理，便亦无天地。无人无物，都无该载了。有理便有气流行，发育万物。"曰："发育是理发育之否？"曰："有此理，便有此气流行发育。理无形体。"曰："所谓体者，是强名否？"曰："是。"曰："理无极，气有极否？"曰："论其极，将那处做极？"（《朱子语类》卷一）

有是理后生是气，自"一阴一阳之谓道"推来。此性自有仁义。（《朱子语类》卷一）

天下未有无理之气，亦未有无气之理。（《朱子语类》卷一）

问理与气。曰："伊川说得好，曰：'理一分殊。'合天地万物而言，只是一个理；及在人，则又各自有一个理。"（《朱子语类》卷一）

问："先有理，抑先有气？"曰："理未尝离乎气，然理形而上者，气形而下者，自形而上下言，岂无先后。理无形，气便粗，有渣滓。"（《朱子语类》卷一）

或问："必有是理，然后有是气，如何？"曰："此本无先后之可言。然必欲推其所从来，则须说先有是理。然理又非别为一物，即存乎是气之中；无是气，则是理亦无挂搭处。气则为金木水火，理则为仁义礼智。"（《朱子语类》卷一）

或问"理在先，气在后"。曰："理与气本无先后之可言。但推上去时，却如理在先，气在后相似。"又问："理在气中发见处如何？"曰："如阴阳五行错综不失条绪，便是理。若气不结聚时，理亦无所附着。故康节云：'性者，道之形体；心者，性之郭郭；身者，心之区宇；物者，身之舟车。'"问道之体用。曰："假如耳便是体，听便是用；目是体，见是用。"（《朱子语类》卷一）

或问先有理后有气之说。曰："不消如此说，而今知得他合下是先有理，后有气邪？后有理先有气邪？皆不可得而推究。然以意度之，则疑此气是依傍这理行，及此气之聚，则理亦在焉。盖气，则能凝结造作，理却无情意，无计度，无造作。只此气凝聚处，理便在其中。且如天地间人物草木禽兽，其生也，莫不有种，定不会无种了，白地生出一个物事，这个都是气。若理，则只是个净洁空阔底世界，无形迹，他却不会造作。气则能酝酿凝聚生物也。但有此气，则理便在其中。"（《朱子语类》卷一）

问："有是理便有是气，似不可分先后？"曰："要之，也先有理，只不可说是今日有是理，明日却有是气，也须有先后。且如万一山河大地都陷了，毕竟理却只在这里。"（《朱子语类》卷一）

理搭于气而行。（《朱子语类》卷四）

问："人物皆禀天地之理以为性，皆受天地之气以为形。若人品之不同，固是气有昏明厚薄之异。若在物言之，不知是所禀之理便有不全耶，亦是缘气禀之昏蔽故如此耶？"曰："惟其所受之气只有许多，故其理亦只有许多。如犬马，他这形气如此，故只会得如此事。"又问："物物具一太极，则是理无不全也。"曰："谓之全亦可，谓之偏亦可。以理言之，则无不全；以气言之，则不能无偏。故吕与叔谓物之性有近人之性者，人之性有近物之性者。"（《朱子语类》卷四）

问："气质有昏浊不同，则天命之性有偏全否？"曰："非有偏全。谓如日月之光，若在露地，则尽见之；若在蔀屋之下，有所蔽塞；有见有不见。昏浊者是气昏浊了，故自蔽塞，如在蔀屋之下。然在人则蔽塞有可通之理。至于禽兽，亦是此性，只被他形体所拘，生得蔽隔之甚，无可通处。至于虎狼之仁，豺獭之祭，蜂蚁之义，却只通这些子，譬如一隙之光。至于猢猴，形状类人，便最灵于他物，只不会说话而已。……"（《朱子语类》卷四）

"性只是理。然无那天气地质，则此理没安顿处。但得气之清明则不蔽固，此理顺发出来。蔽固少者，发出来天理胜；蔽固多者，则私欲胜；便见得本原之性无有不善。孟子所谓性善，周子所谓纯粹至善，程子所谓性之本，与夫反本穷源之性，是也。只被气质有昏浊，则隔了，故气质之性，君子有弗性者焉。学以反之，则天地之性存矣。故说性，须兼气质说方备。"（《朱子语类》卷四）

"论天地之性，则专指理言；论气质之性，则以理与气杂而言之。未有此气，已有此性。气有不存，而性却常在。虽其方在气中，然气自是

气，性自是性，亦不相夹杂。至论其遍体于物，无处不在，则又不论气之精粗，莫不有是理。"（《朱子语类》卷四）

"人之性皆善。然而有生下来善底，有生下来便恶底，此是气禀不同。且如天地之运，万端而无穷，其可见者，日月清明气候和正之时，人生而禀此气，则为清明浑厚之气，须做个好人；若是日月昏暗，寒暑反常，皆是天地之戾气，人若禀此气，则为不好底人，何疑。人之为学，却是要变化气禀，然极难变化。"（《朱子语类》卷四）

"性如水，流于清渠则清，流入污渠则浊。气质之清者、正者，得之则全，人是也；气质之浊者、偏者，得之则昧，禽兽是也。气有清浊，则人得其清者，禽兽则得其浊者。人大体本清，故异于禽兽；亦有浊者，则去禽兽不远矣。"（《朱子语类》卷四）

或问气禀有清浊不同。曰："气禀之殊，其类不一，非但'清浊'二字而已。今人有聪明，事事晓者，其气清矣，而所为未必皆中于理，则是其气不醇也。有谨厚忠信者，其气醇矣，而所知未必皆达于理，则是其气不清也。推此求之可见。"（《朱子语类》卷四）

"人性虽同，禀气不能无偏重。有得木气重者，则恻隐之心常多，而羞恶、辞逊、是非之心为其所塞而不发；有得金气重者，则羞恶之心常多，而恻隐、辞逊、是非之心为其所塞而不发。水火亦然。唯阴阳合德，五性全备，然后中正而为圣人也。"（《朱子语类》卷四）

"理者，天之体；命者，理之用。性是人之所受，情是性之用。"（《朱子语类》卷五）

"道即性，性即道，固只是一物。然须看因甚唤做性，因甚唤做道。"（《朱子语类》卷五）

"性即理也。在心唤做性，在事唤做理。"（《朱子语类》卷五）

"性是实理，仁义礼智皆具。"（《朱子语类》卷五）

【简析】

现在通行的《朱子语类》是由南宋黎靖德所编。该书共一百四十卷，有关"四书"的内容占五十一卷；有关"五经"的内容占二十九卷；哲学专题如理气、知行等，专人如周、程、老、释等，以及个人治学方法等，占四十卷；有关历史、政治、文学等的内容占二十卷。中华书局 1986 年出版了《朱子语类》现代校点本。

《朱子语类》多卷直接阐述了朱熹的哲学观点。此处所选主要是朱熹论理气及论性的部分内容。就理气论而言，一方面，朱熹认为理与气不可分。气是形成事物的形质之体的根源，形器实质的存亡生灭，都是气的聚散；而气之聚散的根源，则是理。理在气中，理气一体浑成。有此理则有此世界的条理化与规范化，理是此世界有差别相的统一者，此理是庄严肃穆、洁净空阔的。有此气则形成了此形质的世界，气是一个永不终止的流行之物，它聚散、障蔽，具有随机性和偶然性。另一方面，朱熹认为理气虽一体浑成，却不妨将二者区别开来。从事物的本原根据上看，理是理，气是气，理为形而上者，气为形而下者，理气不同类，理与气"绝是二物"，并且，较之气，理更为根本，理是事物存在的根据。朱熹还主张理先气后。当然，这里的"先"，不是时间先后的"先"，而是理与气何者更为根本。理先气后是指逻辑上的先后。①

就"性"而言，朱熹认为，人、物都禀受天地之理以为性。当然，理（天理）表现于人、物之上毕竟有所不同。人之本性有时虽会被蔽塞，以至于暗而不彰，但人只要善于自反，并勤做格物穷理之功，则终能恢复本善之性。对于物而言，理（天理）仅仅是该物之成为该物的所以然。物之性更多地表现为"物之理"。

朱熹又把"性"分为天命之性和气质之性，天命之性又被称为"天地之性"，它"专指理言"，气质之性乃"理与气杂而言之"。天命之性是指普遍、本质的人性，气质之性是指具体的、现实的人性。从直接的形态看，人是身心合一体，在人身上，既有普遍的本质，也有特殊的内容，天命之性与气质之性不可分离，有天命，便有气质。天命之性即在气质之性中，气质之性不得别为一性。

朱熹认为，天命之性无有不善，气质之性则有善有恶。在他看来，禀气之清者为圣、为贤，禀气之浊者为愚、为不肖。不过，圣贤之人毕竟少之又少，对于绝大数人而言，应尽力克服自身过多的欲望，在情和欲、性和情、道心和人心之间把握一条中道。当然，朱熹并未否定人的正当、合理的欲望。

---

① 参见郭齐勇编著《中国哲学史》，高等教育出版社，2006，第 271—273 页。

陆九渊：《与曾宅之》《语录》

【导读】

陆九渊（1139—1193），字子静，号存斋，抚州金溪（今属江西）人。他曾在象山（今江西贵溪西南）建茅舍聚徒讲学，人称象山先生。南宋哲学家、教育家。陆九渊出身于一个九世同居的大家庭。他自幼好学深思，三四岁时曾问父亲"天地何所穷际？"其父笑而不答，他却为这个问题苦思冥想，甚至废寝忘食。十三岁时，他读到古书中关于"宇宙"的解释，茅塞顿开，认识到人和天地万物都在无穷之中，他进而由"宇宙"二字悟得人生之道。三十四岁中进士后，陆九渊先在地方上担任县主簿，后调任国子正和删定官。五十三岁时，陆九渊被任命为知荆门军，政绩显著，但在任仅一年余就卒于荆门任上。陆九渊倡导心学，他曾就道问学与尊德性、"无极而太极"等问题与朱熹展开多次辩论。陆九渊的论学书札、讲学语录和诗文，由其子陆持之编成《象山先生全集》。以下内容选自中华书局 1980 年版《陆九渊集》。

《与曾宅之》节选①

【原文】

示谕与章太博问答，其义甚正。其前述某之说，又自援据反复，此则

① 陆象山：《陆九渊集》，钟哲点校，中华书局，1980，第 3—5 页。

是足下病处。所述某之言亦失其实。记录人言语极难,非心通意解,往往多不得其实。前辈多戒门人无妄录其语言,为其不能通解,乃自以己意听之,必失其实也。相去之远,不得面言,不若将平时书问与所作文字讲习稽考,差有据依。若据此为辨,则有案底,不至大讹舛也。

且如"存诚""持敬"二语自不同,岂可合说?"存诚"字于古有考,"持敬"字乃后来杜撰。《易》曰:"闲邪存其诚。"孟子曰:"存其心。"某旧亦尝以"存"名斋。孟子曰:"庶民去之,君子存之。"又曰:"其为人也寡欲,虽有不存焉者寡矣;其为人也多欲,虽有存焉者寡矣。"只"存"一字,自可使人明得此理。此理本天所以与我,非由外铄。明得此理,即是主宰。真能为主,则外物不能移,邪说不能惑。所病于吾友者,正谓此理不明,内无所主;一向蒙于浮论虚说,终日只依借外说以为主,天之所与我者反为客。主客倒置,迷而不反,惑而不解。坦然明白之理可使妇人童子听之而喻;勤学之士反为之迷惑,自为支离之说以自蒙缠,穷年卒岁,靡所底丽,岂不重可怜哉?使生在治古盛时,蒙被先圣王之泽,必无此病。惟其生于后世,学绝道丧,异端邪说充塞弥满,遂使有志之士罹此患害,乃与世间凡庸恣情纵欲之人均其陷溺,此岂非以学术杀天下哉?

后世言《易》者以为《易》道至幽至深,学者皆不敢轻言。然圣人赞《易》则曰:"乾以易知,坤以简能。易则易知,简则易从。易知则有亲,易从则有功。有亲则可久,有功则可大。可久则贤人之德,可大则贤人之业。易简而天下之理得矣。"孟子曰:"夫道若大路然,岂难知哉?"夫子曰:"仁远乎哉?我欲仁,斯仁至矣。"又曰:"一日克己复礼,天下归仁焉。"又曰:"未之思也,夫何远之有?"孟子曰:"道在迩而求诸远,事在易而求诸难。"又曰:"尧舜之道,孝弟而已矣。徐行后长者谓之弟,疾行先长者谓之不弟。夫徐行者,岂人所不能哉?不为耳。"又曰:"人能充无欲害人之心,而仁不可胜用也;人能充无穿窬之心,而义不可胜用也。"又曰:"人之有是四端而自谓不能者,自贼者也;谓其君不能者,贼其君者也。"又曰:"吾身不能居仁由义,谓之自弃。"古圣贤之言,大抵若合符节。盖心,一心也,理,一理也。至当归一,精义无二,此心此理,实不容有二。故夫子曰:"吾道一以贯之。"孟子曰:"夫道一而已矣。"又曰:"道二,仁与不仁而已矣。"如是则为仁,反是则为不仁。仁即此心也，此理也。求则得之，得此理也；先知者，知此理也；先觉者，觉此理也；爱其亲者，此理也；敬其兄者，此理也；见孺子将入井而有怵惕恻隐之心者，此理也；可羞之事则羞之，可恶之事则恶之者，此理也；是知其为是，非知其为非，此理也；宜辞而辞，宜逊而逊者，此理也；敬此理也，义亦此理也；内此理也，外亦此理也。故曰："直方大，不习无不利。"《孟子》曰：所不虑而知者，其良知也；所不学而能者，其良能也。此天之所与我者，我固有之，非由外铄我也。故曰："万物皆备于我矣。反身而诚，乐莫大焉。"此吾之本心也。所谓安宅、正路者，此也；所谓广居、正位、大道者，此也。古人自得之，故有其实。言理则是实理，言事则是实事，德则实德，行则实行。（《陆九渊集》卷一）

【简析】

曾宅之是朱熹弟子，名祖道，字宅之。陆九渊在答复曾宅之的此函中，主要阐述了心、理的关系问题。他明确主张"心即理"，认为"此心此理，实不容有二"。心在中国古代哲学中有不同的含义：一是道德之心，以孟子为代表，指人的情感心理升华而形成的道德意识，是道德理性范畴；二是理智之心，以荀子为代表，指认识事物的能力，是认知理性范畴；三是指虚灵明觉之心，以佛道为代表，指虚而明的本体状态或精神境界，是超理性的本体范畴。[①] 陆九渊论心，不是从知觉出发，而是从"同心""本心"等道德之心的角度出发。这样的心是"天之所与我者"之心，是人之不虑而知、不学而能之心。而"心即理"则表明，理之呈现需要依靠本心，离开了本心就无所谓"理"。心和理是合而为一的，天理不在别处，就在人灵光闪亮的本心中。陆九渊这里所说的"见孺子将入井而有怵惕恻隐之心者，此理也；可羞之事则羞之，可恶之事则恶之者，此理也；是知其为是，非知其为非，此理也；宜辞而辞，宜逊而逊者，此理也"，正阐明了心和理之间"不容有二"的关系。如果把"心"理解为经验、知觉之心，"心即理"的命题便不能成立，经验、知觉之心善恶混杂，表现出来未必符合理（天理）。

---

① 蒙培元：《理学范畴系统》，人民出版社，1989，第195页。

《语录》节选①

【原文】

道在宇宙间，何尝有病，但人自有病。千古圣贤，只去人病，如何增损得道？（《陆九渊集》卷三十四《语录上》）

《论语》中多有无头柄的说话，如"知及之，仁不能守之"之类，不知所及、所守者何事；如"学而时习之"，不知时习者何事。非学有本领，未易读也。苟学有本领，则知之所及者，及此也；仁之所守者，守此也；时习之，习此也。说者说此，乐者乐此，如高屋之上建瓴水矣。学苟知本，《六经》皆我注脚。（《陆九渊集》卷三十四《语录上》）

天理人欲之言，亦自不是至论。若天是理，人是欲，则是天人不同矣。此其原盖出于老氏。《乐记》曰："人生而静，天之性也；感于物而动，性之欲也。物至知知，而后好恶形焉。不能反躬，天理灭矣。"天理人欲之言盖出于此。《乐记》之言亦根于老氏。且如专言静是天性，则动独不是天性耶？《书》云："人心惟危，道心惟微。"解者多指人心为人欲，道心为天理，此说非是。心一也，人安有二心？自人而言，则曰惟危；自道而言，则曰惟微。罔念作狂，克念作圣，非危乎？无声无臭，无形无体，非微乎？因言庄子云："眇乎小哉！以属诸人；謷乎大哉！独游于天。"又曰："天道之于人道也相远矣。"是分明裂天人而为二也。（《陆九渊集》卷三十四《语录上》）

动容周旋中礼，此盛德之至，所以常有先后。（《陆九渊集》卷三十四《语录上》）

近来论学者言："扩而充之，须于四端上逐一充。"焉有此理？孟子当来，只是发出人有是四端，以明人性之善，不可自暴自弃。苟此心之存，则此理自明，当恻隐处自恻隐，当羞恶，当辞逊，是非在前，自能辨之。又云：当宽裕温柔，自宽裕温柔；当发强刚毅，自发强刚毅。所谓"溥博渊泉，而时出之"。（《陆九渊集》卷三十四《语录上》）

---

① 陆象山：《陆九渊集》，钟哲点校，中华书局，1980，第395—428、443—464页。

天下之理无穷，若以吾平生所经历者言之，真所谓伐南山之竹，不足以受我辞。然其会归，总在于此。颜子为人最有精神，然用力甚难。仲弓精神不及颜子，然用力却易。颜子当初仰高钻坚，瞻前忽后，博文约礼，遍求力索，既竭其才，方如有所立卓尔。逮至问仁之时，夫子语之，犹下克己二字，曰"克己复礼为仁"。又发露其旨，曰"一日克己复礼，天下归仁焉"。既又复告之曰"为仁由己，而由人乎哉？"吾尝谓此三节，乃三鞭也。至于仲弓之为人，则或人尝谓"雍也仁而不佞"。仁者静，不佞、无口才也。想其为人，冲静寡思，日用之间，自然合道。至其问仁，夫子但答以："出门如见大宾，使民如承大祭，己所不欲，勿施于人。"只此便是也。然颜子精神高，既磨礲得就，实则非仲弓所能及也。（《陆九渊集》卷三十四《语录上》）

夫子以仁发明斯道，其言浑无罅缝。孟子十字打开，更无隐遁，盖时不同也。（《陆九渊集》卷三十四《语录上》）

居象山多告学者云："女耳自聪，目自明，事父自能孝，事兄自能弟，本无欠阙，不必他求，在自立而已。"（《陆九渊集》卷三十四《语录上》）

或问先生何不著书？对曰："六经注我，我注六经。"（《陆九渊集》卷三十四《语录上》）

朱元晦曾作书与学者云："陆子静专以尊德性诲人，故游其门者多践履之士，然于道问学处欠了。某教人岂不是道问学处多了些子？故游某之门者践履多不及之。"观此，则是元晦欲去两短，合两长。然吾以为不可，既不知尊德性，焉有所谓道问学？（《陆九渊集》卷三十四《语录上》）

吾之学问与诸处异者，只是在我全无杜撰，虽千言万语，只是觉得他底在我不曾添一些。近有议吾者云："除了'先立乎其大者'一句，全无伎俩。"吾闻之曰："诚然。"（《陆九渊集》卷三十四《语录上》）

宇宙不曾限隔人，人自限隔宇宙。（《陆九渊集》卷三十四《语录上》）

学者须先立志，志既立，却要遇明师。（《陆九渊集》卷三十四《语录上》）

千古圣贤若同堂合席，必无尽合之理。然此心此理，万世一揆也。（《陆九渊集》卷三十四《语录上》）

学者不可用心太紧。深山有宝，无心于宝者得之。（《陆九渊集》卷三十四《语录上》）

一夕步月，喟然而叹。包敏道侍，问曰："先生何叹?"曰："朱元晦泰山乔岳，可惜学不见道，枉费精神，遂自担阁，奈何?"包曰："势既如此，莫若各自著书，以待天下后世之自择。"忽正色厉声曰："敏道！敏道！怎地没长进，乃作这般见解。且道天地间有个朱元晦、陆子静，便添得些子? 无了后，便减得些子?"（《陆九渊集》卷三十四《语录上》）

或谓先生之学，是道德、性命，形而上者；晦翁之学，是名物、度数，形而下者。学者当兼二先生之学。先生云："足下如此说晦翁，晦翁未伏。晦翁之学，自谓一贯，但其见道不明，终不足以一贯耳。吾尝与晦翁书云：'揣量模写之工，依放假借之似，其条画足以自信，其节目足以自安。'此言切中晦翁之膏肓。"（《陆九渊集》卷三十四《语录上》）

先生言："万物森然于方寸之间，满心而发，充塞宇宙，无非此理。孟子就四端上指示人，岂是人心只有这四端而已? 又就乍见孺子入井皆有怵惕恻隐之心一端指示人，又得此心昭然，但能充此心足矣。"乃诵："诚者自成也，而道自道也。诚者物之终始，天地之道，可一言而尽也"。（《陆九渊集》卷三十四《语录上》）

吕伯恭为鹅湖之集，先兄复斋谓某曰："伯恭约元晦为此集，正为学术异同，某兄弟先自不同，何以望鹅湖之同。"先兄遂与某议论致辩，又令某自说，至晚罢。先兄云："子静之说是。"次早，某请先兄说，先兄云："某无说，夜来思之，子静之说极是。方得一诗云：'孩提知爱长知钦，古圣相传只此心。大抵有基方筑室，未闻无址忽成岑。留情传注翻蓁塞，着意精微转陆沉。珍重友朋相切琢，须知至乐在于今。'"某云："诗甚佳，但第二句微有未安。"先兄云："说得恁地，又道未安，更要如何?"某云："不妨一面起行，某沿途却和此诗。"及至鹅湖，伯恭首问先兄别后新功。先兄举诗，才四句，元晦顾伯恭曰："子寿早已上子静舡了也。"举诗罢，遂致辩于先兄。某云："途中某和得家兄此诗云：'墟墓兴哀宗庙钦，斯人千古不磨心。涓流滴到沧溟水，拳石崇成泰华岑。易简工夫终久大，支离事业竟浮沉。'"举诗至此，元晦失色。至"欲知自下升高处，真伪先须辨只今"。元晦大不怿，于是各休息。翌日二公商量数十折议论来，莫不悉破其说。继日凡致辩，其说随屈。伯恭甚有虚心相听之意，竟为元晦所尼。后往南康，元晦延入白鹿讲说，因讲"君子喻于义"一章。元晦再三云："某在此不曾说到这里，负愧何言。"（《陆九渊集》卷三十

四 《语录上》）

问："近日日用常行觉精健否？胸中快活否？"伯敏云："近日别事不管，只理会我亦有适意时。"先生云："此便是学问根源也。若能无懈怠，暗室屋漏亦如此，造次必于是，颠沛必于是，何患不成。故云：'君子以自昭明德。'古之欲明明德于天下者，在致其知，致知在格物。古之学者为己，所以自昭其明德。己之德已明，然后推其明以及天下。鼓钟于宫，声闻于外，鹤鸣于九皋，声闻于天，在我者既尽，亦自不能掩。今之学者，只用心于枝叶，不求实处。孟子云：'尽其心者知其性，知其性则知天矣。'心只是一个心，某之心，吾友之心，上而千百载圣贤之心，下而千百载复有一圣贤，其心亦只如此。心之体甚大，若能尽我之心，便与天同。为学只是理会此'诚者自成也，而道自道也'，何尝腾口说？"（《陆九渊集》卷三十五《语录下》）

有一段血气，便有一段精神。有此精神，却不能用，反以害之。非是精神能害之，但以此精神，居广居，立正位，行大道。（《陆九渊集》卷三十五《语录下》）

此理在宇宙间，何尝有所碍？是你自沉埋，自蒙蔽，阴阴地在个陷阱中，更不知所谓高远底。要决裂破陷阱，窥测破个罗网。诛锄荡涤，慨然兴发。激厉奋迅，决破罗网。焚烧荆棘，荡夷污泽。（《陆九渊集》卷三十五《语录下》）

若能自立后，论汲黯便是如此论，论董仲舒便是如此论。自得，自成，自道，不倚师友载籍。（《陆九渊集》卷三十五《语录下》）

人精神在外，至死也劳攘，须收拾作主宰。收得精神在内时，当恻隐即恻隐，当羞恶即羞恶。谁欺得你？谁瞒得你？见得端的后，常涵养，是甚次第。（《陆九渊集》卷三十五《语录下》）

人皆可以为尧舜。此性此道，与尧舜元不异，若其才则有不同。学者当量力度德。（《陆九渊集》卷三十五《语录下》）

朱济道说："前尚勇决，无迟疑，做得事。后因见先生了，临事即疑恐不是，做事不得。今日中只管悔过惩艾，皆无好处。"先生曰："请尊兄即今自立，正坐拱手，收拾精神，自作主宰。万物皆备于我，有何欠阙？当恻隐时自然恻隐，当羞恶时自然羞恶，当宽裕温柔时自然宽裕温柔，当发强刚毅时自然发强刚毅。"（《陆九渊集》卷三十五《语录下》）

显仲问云："某何故多昏？"先生曰："人气禀清浊不同，只自完养，不逐物，即随清明，才一逐物，便昏眩了。显仲好悬断，都是妄意。人心有病，须是剥落。剥落得一番，即一番清明，后随起来，又剥落，又清明，须是剥落得净尽方是。"（《陆九渊集》卷三十五《语录下》）

自立自重，不可随人脚跟，学人言语。（《陆九渊集》卷三十五《语录下》）

学者须是打叠田地净洁，然后令他奋发植立。若田地不净洁，则奋发植立不得。古人为学即"读书然后为学"可见。然田地不净洁，亦读书不得。若读书，则是假寇兵，资盗粮。（《陆九渊集》卷三十五《语录下》）

君子役物，小人役于物。夫权皆在我，若在物，即为物役矣。（《陆九渊集》卷三十五《语录下》）

【简析】

由以上所选的陆氏部分《语录》可看出其人生修养论的基本主张。在此问题上，陆九渊反复提到"先立乎其大者"一语。该语出自《孟子·告子上》："耳目之官不思，而蔽于物，物交物，则引之而已矣。心之官则思，思则得之，不思则不得也。此天之所与我者，先立乎其大者，则其小者弗能夺也。此为大人而已矣。"所谓"先立乎其大者"，即是要确立人伦道德的根本立足点，立志做"大人"或圣贤之人。具体说来，需要做到以下两方面。

一是"收拾精神，自作主宰"。陆九渊如此说，并非要人一意孤行，也不是要人在所有事情上都自作主张，其意是，人应尽可能地让至大至刚之气充盈心中，进而呈现道德本心，以道德本心来指导自己的意识和行为。他所说的"万物皆备于我，有何欠阙？当恻隐时自然恻隐，当羞恶时自然羞恶，当宽裕温柔时自然宽裕温柔，当发强刚毅时自然发强刚毅"以及"学者须是打叠田地净洁，然后令他奋发植立"等即描述了这种精神状态。

二是"剥落"私欲、偏见，呈现本心。陆九渊说："人心有病，须是剥落。剥落得一番，即一番清明，后随起来，又剥落，又清明；须是剥落得净尽方是。"在他看来，要呈现本心，需要做一番"剥落"的工夫。剥落什么呢？就是要剥落蒙蔽本心的各种私欲、偏见，进而改过迁善。在呈现本心之后，还要对本心加以充实、涵养。

总之，陆九渊倡导"易简"的修养工夫。他在赴鹅湖之会的途中，曾和其兄长陆九龄之诗，此和诗云："墟墓兴哀宗庙钦，斯人千古不磨心。涓流滴到沧溟水，拳石崇成泰华岑。易简工夫终久大，支离事业竟浮沉。"可以看出，陆九渊认为朱熹倡导的格物穷理、泛观博览、积累贯通的修养工夫过于支离，他本人则十分强调尊德性的优先性，注重向内自省、反躬自求，主张当下呈现本心。应该说，"尊德性"与"道问学"的修养方法各有利弊，过于突出"尊德性"，排斥博学、审问、慎思、明辨、笃行之功，片面地追求易简，则是一种拔苗助长的行为，欲速则不达，同时也会滋生漠视穷理、轻视知识等弊病。过于突出"道问学"，而缺少向内返求的工夫，对人成就道德理想、完善道德人格也有不利之处。将"尊德性"和"道问学"这两种修养方法结合起来，则可避免产生以上弊端。当然，朱熹虽然十分重视"道问学"，但他并未完全排斥"尊德性"；陆九渊倡导"尊德性"，但也没有完全排斥"道问学"。只不过他们两人各有不同的侧重点而已。

罗钦顺：《困知记》《与王阳明书》

【导读】

罗钦顺（1465—1547），字允升，号整庵，泰和（今属江西）人，明弘治六年进士，官至南京吏部尚书。去世后赠"太子太保"，谥"文庄"。罗钦顺为官时间较长，可是他内心真正关切的是儒家的圣贤之学，"慨然有志于道"，晚年居家二十余年，他更是潜心于学问，几乎以全部精力从事著述。其著作主要有《困知记》《整庵存稿》等。以下内容选自中华书局1990年版《困知记》及附录。[①]

《困知记》节选

【原文】

盈天地之间者惟万物，人固万物中一物尔。"乾道变化，各正性命"，人犹物也，我犹人也，其理容有二哉？然形质既具，则其分不能不殊。分殊，故各私其身；理一，故皆备于我。夫人心虚灵之体，本无不该，惟其蔽于有我之私，是以明于近而暗于远，见其小而遗其大。凡其所遗所暗，皆不诚之本也。然则知有未至，欲意之诚，其可得乎？故《大学》之教，必始于格物，所以开其蔽也。格物之训，如程子九条，往往互相发明。其言譬如千蹊万径，皆可以适国，但得一道而入，则可以推类而通其余，为

---

①　罗钦顺：《困知记》，阎韬点校，中华书局，1990，散见于第2—68、108—110页。说明：后者为《与王阳明书》的页码。

人之意，尤为深切。而今之学者，动以不能尽格天下之物为疑，是岂尝一日实用其工？徒自诬耳。（《困知记》卷上）

自夫子赞《易》，始以穷理为言。理果何物也哉？盖通天地，亘古今，无非一气而已。气本一也，而一动一静，一往一来，一阖一辟，一升一降，循环无已。积微而著，由著复微，为四时之温凉寒暑，为万物之生长收藏，为斯民之日用彝伦，为人事之成败得失。千条万绪，纷纭胶，辗而卒不可乱，有莫知其所以然而然，是即所谓理也。初非别有一物，依于气而立，附于气以行也。（《困知记》卷上）

夫人物则有生有死，天地则万古如一。气聚而生，形而为有，有此物即有此理。气散而死，终归于无，无此物即无此理，安得所谓"死而不亡者"耶？若夫天地之运，万古如一，又何死生存亡之有？（《困知记》卷下）

理只是气之理，当于气之转折处观之。往而来，来而往，便是转折处也。夫往而不能来，来而不能往，有莫知其所以然而然，若有一物主宰乎其间而使之然者，此理之所以名也。"易有太极"，此之谓也。若于转折处看得分明，自然头头皆合。程子尝言："天地间只有一个感应而已，更有甚事？"夫往者感，则来者应；来者感，则往者应。一感一应，循环无已，理无往而不存焉，在天在人一也。天道惟是至公，故感应有常而不忒。人情不能无私欲之累，故感应易忒而靡常。夫感应者，气也。如是而感则如是而应，有不容以毫发差者，理也。适当其可则吉，反而去之则凶，或过焉，或不及焉，则悔且吝，故理无往而不定也。然此多是就感通处说，须知此心虽寂然不动，其冲和之气自为感应者，未始有一息之停，故所谓"亭亭当当、直上直下之正理"，自不容有须臾之间。此则天之所命，而人物之所以为性者也。愚故尝曰："理须就气上认取，然认气为理便不是。"此言殆不可易哉！（《困知记》续卷上）

夫此理之在天下，由一以之万，初匪安排之力，会万而归一，岂容牵合之私？是故察之于身，宜莫先于性情，即有见焉，推之于物而不通，非至理也。察之于物，固无分于鸟兽草木，即有见焉，反之于心而不合，非至理也。必灼然有见乎一致之妙，了无彼此之殊，而其分之殊者自森然其不可乱，斯为格致之极功。然非真积力久，何以及此？（《困知记》卷上）

孟子言心言性非不分明，学者往往至于错认，何也？求放心只是初下手工夫，尽心乃其极致，中间紧要便是穷理。穷理须有渐次，至于尽心知

性，则一时俱了，更无先后可言。如理有未穷，此心虽立，终不能尽。（《困知记》卷上）

昔吾夫子赞易，言性屡矣，曰"乾道变化，各正性命"，曰"成之者性"，曰"圣人作易，以顺性命之理"，曰"穷理尽性以至于命"，但详味此数言，"性即理也"明矣。于心亦屡言之，曰"圣人以此洗心"，曰"易其心而后语"，曰"能说诸心"，夫心而曰"洗"，曰"易"，曰"说"，洗心而曰"以此"，试详味此数语，谓"心即理也"，其可通乎？（《困知记》卷下）

盖尝遍阅象山之书，大抵皆明心之说。其自谓，所学"因读孟子而自得之"。时有议之者云："除了'先立乎其大者'一句，全无伎俩。"其亦以为"诚然"。然愚观孟子之言，与象山之学自别，于此而不能辨，非惟不识象山，亦不识孟子矣。孟子云："耳目之官不思而蔽于物，物交物，则引之而已矣。心之官则思，思则得之，不思则不得也。此天之所以与我者。先立乎其大者，则其小者不能夺也。"……而象山之教学者，顾以为"此心但存，则此理自明，当恻隐处自恻隐，当羞恶处自羞恶，当辞逊处自辞逊，是非在前自能辨之"。又云："当宽裕温柔，自宽裕温柔；当发强刚毅，自发强刚毅。"若然，则无所用乎思矣，非孟子"先立乎其大者"之本旨也。夫不思而得，乃圣人分上事，所谓"生而知之者"，而岂学者之所及哉？苟学而不思，此理终无由而得。凡其当如此自如此者，虽或有出于灵觉之妙，而轻重长短，类皆无所取中，非过焉斯不及矣。遂乃执灵觉以为至道，谓非禅学而何！盖心性至为难明，象山之误正在于此，故其发明心要，动辄数十百言，亹亹不倦，而言及于性者绝少。间因学者有问，不得已而言之，止是枝梧笼罩过，并无实落，良由所见不的，是以不得于言也。尝考其言有云"心即理也"，然则性果何物耶？又云"在天者为性，在人者为心"，然则性果不在人耶？既不知性之为性，舍灵觉即无以为道矣，谓之禅学，夫复何疑！（《困知记》卷下）

【简析】

《困知记》是罗钦顺历时 20 年陆续写成的一部哲学著作，其题名为《困知记》，乃取"困而知之"之义。这里摘录了《困知记》的部分内容，试从以下几方面对以上选文的思想义理略做分析。

一是倡导"理气合一"论。罗钦顺指出，人与万物统一于"气"，认为"盖通天地，亘古今，无非一气而已"。罗钦顺是朱熹理学的追随者，尊信朱子，对陆、王心学则多有非议，但他并未迷信朱子，在理气问题上就与朱熹的看法不尽相同。朱熹认为理气之间是"不离不杂"的关系，而罗钦顺则明确主张，理不是依附于气的另一实体，理只是气自身运动变化的规律，理在气中，理乃"依于气而立，附于气以行也"。

二是"理一分殊"新释。"理一分殊"一语最早出自程颐之口。程颐所谓的"理一"，是指一切分殊之德共本于同一的仁体、道德本源；"分殊"是指本于仁体、在伦理情境中又针对不同的对象而发为不同的伦理理分或本分，如事父曰孝、事兄曰悌。儒家所根据的理是同一的，但因分位不同，责任就不同。朱熹对"理一分殊"的观念也极为重视。在他的阐扬之下，"理一分殊"的命题已完全从一个本属纯粹道德伦理学说的命题发展成一个典型的形上学的哲学命题，他分别从宇宙生成论、一般与个别、体与用、一与多等角度来解释"理一分殊"。[①] 后来的理学家或多或少会论及"理一分殊"，该命题几乎成了理学、心学的共法，在宋明理学中占据了很重要的地位。

罗钦顺也十分看重"理一分殊"。与其他理学家相比，罗钦顺阐释"理一分殊"的特色在于，将"理气一物""理须就气上认取"的思想贯穿其中。罗钦顺认为，人与万物都源于乾坤，即天地，具有原初的统一性。人及万物在禀受天地之气而有了自己特定的形、气之后，其理也各有不同。人不可悬空去寻求"理一"，而必须先穷究万殊之理，再加以融会贯通。罗钦顺将"理一"看成气运动变化的总规律，"分殊"则是事物的具体规律，"理一"寓于"分殊"之中。

三是强调穷理工夫的重要性。受朱熹理学的影响，罗钦顺也强调对外在物理的探索，主张穷究草、木、鱼、虫等各种事物之理。他当然不是要做客观的自然科学研究，而是试图以外在物理来印证人伦之理。对外在物理的探求尽管不是罗钦顺的最终目的，但是此种过程在他看来是不可或缺的，原因在于，将天地万物之理置之度外，便不可能真正去尽己之性、尽

---

① 参见洪汉鼎《从诠释学论理一分殊》，收入成中英主编《本体与诠释》，三联书店，2000。

物之性。

罗钦顺进而批驳了陆、王心学。在他看来,陆、王心学的弊病之一即是"蔽其见于方寸之间"(《困知记》卷上)。他认为,人的视野若只局限于方寸之内(即"心"),天地万物之理便被漠视了,这使得人们仅仅反观内省,而不及于其他,此时,人之思虑难免流于揣测,堕为意见。他认为,心是"人之神明",能够认识事物之理,但心并不能等同于理,穷理不能等同于"穷此心",心之外仍有无穷无尽的理需要人去探求。若像陆、王那样倡导"心即理"说,则会阻碍人向外探索。罗钦顺还将陆、王心学尤其是陆九渊心学讥评为禅学,认为陆氏与佛禅一样,极力鼓吹"灵觉之妙","以灵觉为至道"。但事实上,陆、王心学虽然对佛禅及道家的心性论、修养方法多有汲取,但他们都未舍弃儒家人伦纲常,所念兹在兹者仍是儒家的成德之教,因而陆、王心学不能直接与禅学画等号。当然,心学末流确实有发展成为禅(或狂禅)的可能性。

《与王阳明书》节选

【原文】

切详《大学古本》之复,盖以人之为学,但当求之于内,而程朱格物之说,不免求之于外,圣人之意,殆不其然。于是遂去朱子之分章,而削其所补之传,直以支离目之,曾无所用。夫当仁不让,可谓勇矣。窃惟圣门设教,文行兼资,"博学于文",厥有明训。颜渊称夫子之善诱,亦曰"博我以文"。文果内耶,外耶?是固无难辨者。凡程朱之所为说,有戾于此者乎?如必以学不资于外求,但当反观内省以为务,则正心诚意四字,亦何不尽之有?何必于入门之际,便困以格物一段工夫也?顾经既有此文,理当尊信,又不容不有以处之也,则从而为之训曰:"物者,意之用也。格者,正也。正其不正,以归于正也。"其为训如此,要使之内而不外,以会归一处。亦尝就以此训推之,如曰:"意用于事亲,即事亲之事而格之;正其事亲之事之不正者以归于正,而必尽夫天理。"盖犹未及知字,已见其缴绕迂曲而难明矣。审如所训,兹维《大学》之始,苟能即事即物,正其不正以归于正,而皆尽夫天理,则心亦既正矣,意亦既诚矣。

继此，诚意、正心之目，无乃重复堆叠而无用乎？

"大哉乾元，万物资始"，"至哉坤元，万物资生"。凡吾之有此身，与夫万物之为万物，孰非出于乾坤？其理固皆乾坤之理也。自我而观，物固物也，以理观之，我亦物也，浑然一致而已，夫何分于内外乎！所贵乎格物者，正欲即其分之殊，而有见乎理之一，无彼无此，无欠无余，而实有所统会。夫然后谓之知至，亦即所谓知止，而大本于是乎可立，达道于是乎可行，自诚、正以至于治、平，庶乎可以一以贯之而无遗矣。然学者之资禀不齐，工夫不等，其能格与否，或浅或深，或迟或速，讵容以一言尽哉？

惟是圣门《大学》之教，其道则无以易，此学者所当由之以入，不可诬也。外此或夸多而斗靡，则溺于外而遗其内；或厌繁而喜径，则局于内而遗其外。溺于外而遗其内，俗学是已；局于内而遗其外，禅学是已。凡为禅学之至者，必自以为明心见性，然于天人物我，未有不二之者，是可谓之有真见乎？使其见之果真，则极天下之至赜而不可恶，一毛一发皆吾体也，又安肯叛君父、捐妻子，以自陷于禽兽之域哉！今欲援俗学之溺，而未有以深杜禅学之萌，使夫有志于学圣贤者，将或昧于所从，恐不可不过为之虑也。

又详《朱子定论》之编，盖以其中岁以前所见未真，爰及晚年，始克有悟，乃于其论学书尺三数十卷之内，摘此三十余条，其意皆主于向里者，以为得于其悟之余，而断其为定论。斯其所择宜亦精矣，第不知所谓晚年者，断以何年为定？羸躯病暑，未暇详考，偶考得何叔京氏卒于淳熙乙未，时朱子年方四十有六，尔后二年丁酉，而《论孟集注》《或问》始成。今有取于答何书者四通，以为晚年定论。至于《集注》《或问》，则以为中年未定之说。窃恐考之欠详，而立论之太果也。又所取《答黄直卿》一书，监本止云"此是向来差误"，别无"定本"二字。今所编刻，增此二字，当别有据。而序中又变"定"字为"旧"字，却未详本字同所指否？朱子有《答吕东莱》一书，尝及"定本"之说，然非指《集注》《或问》也。凡此，愚皆不能无疑，顾犹未足深论。（摘自《困知记》附录）

【简析】

罗钦顺与王阳明曾互致书信讨论学术问题。罗钦顺在读了王阳明所赠

《大学古本》和《朱子晚年定论》之后，心中存疑，便致书阳明，与其讨论格物以及《朱子晚年定论》中的相关问题。王阳明作《答罗整庵少宰书》予以申辩。数年之后，罗钦顺又作书，对王阳明的格物说提出三点质疑。惜乎王阳明已去世，该书信未能寄出。

罗、王两人在格物问题上存在较大的分歧。大体而言，罗钦顺仍恪守程朱格物旧说，而王阳明则将《大学》格、致、诚、正完全打通，认为格物即是"格心"，即是"正念头"。两人见解有扞格之处，争辩乃不可避免。

罗钦顺认为，"物"即是万物。人（心）固然也是万物中的一物，格物自然包含"格心"，可是格物不能等同于"格心"，除了人（心）之外，一草一木之理皆需穷究。由此可见，罗钦顺所讲的"物"十分宽泛，既指人的心理、精神活动，也指独立于人的外在之物。相应地，格物既要"察之于身"，也要"察之于物"。依罗钦顺言，物与我、内与外都不可截然分开，人心之理、"鸟兽草木金石"之理、天地之理都不应被遗漏。当然，针对当时王门学者大谈反观内省，而对天地万物之理"不复置思"的情形，罗钦顺更强调常识及客观意义上的"物"。在他看来，王阳明将"物"训为"意之所在"、将"格"训为"正其不正以归于正"是十分偏狭的，此举会遗忘掉大千世界，而只返归内心。罗钦顺认为，儒家圣贤所立之教"文行兼资"，内外一体，由博返约，而王阳明过于强调求之于内，使圣贤之学的整体性被破坏，陷入片面化。罗钦顺还指出，王阳明将格物释为"正念头"，会给《大学》文本带来矛盾和混乱，即要么使《大学》格物之功成为多余，因为正心、诚意即足以揭示此层意涵；要么使诚意、正心条目显得"重复堆叠"。

不过，对于罗钦顺以上质疑与指责，王阳明无法接受。他认为，自己的学说并没有割裂内、外之关系；他对《大学》三纲八目的疏解，也没有陷入矛盾和混乱之中。应该说，罗、王之间的分歧，是由思维方式的不同引起的。罗钦顺的心、意、知、物诸概念各有分界而不可混杂；王阳明以心、意、知、物为一事的不同方面，而此事可视为一个不可分割的整体。在罗钦顺，格物至修身层次历然；在王阳明，这些步骤无层次可循，《大学》之三纲八目融通为一,工夫亦一时并了。[1]

另外,罗钦顺对王阳明所著《朱子晚年定论》也是非常不满的。《朱子晚年定论》涉及朱、陆学术异同问题。明代关于此问题的争论主要有早同晚异和早异晚同两派观点。陈建著《学蔀通辨》,主张朱、陆早同晚异之说。而在陈建著书之前,赵汸在《对江右六君子策》一文中首次提出朱、陆早异晚同之说。程敏政因之,著《道一编》,分朱、陆异同为三截:始若冰炭之相反,中则疑信参半,终则若辅车之相倚。于是朱、陆早异晚同之说成矣。王阳明又因程敏政之说而著《朱子晚年定论》,取朱子议论与象山议论相契者合为一编,与《道一编》相唱和,于是朱、陆早异晚同之说盛行于天下。陈建则极力批驳这种观点。[2] 实际上,王阳明编定《朱子晚年定论》之后,朱、陆异同问题不仅关涉朱、陆之间的纷争,同时也牵连到朱、王关系。或者说,学者辩论朱、陆异同,在一定程度上即是在辩论朱、王异同。罗钦顺没有像陈建那样明确提出朱、陆早同晚异说,但他对王阳明的《朱子晚年定论》是持质疑与批判态度的。

罗钦顺认为,王阳明在选取材料时带有太强烈的主观色彩,对于何为朱熹晚年之作,何为其中年之作,王阳明并未做详细考证。比如,王阳明把《答何叔京》作为朱子晚年定论的材料[3],然而经过罗钦顺的考证,何叔京卒于淳熙乙未(1175 年),此后两年丁酉(1177 年),被王阳明称为"中年未定之说"的《论孟集注》和《或问》(即《论语或问》《孟子或问》)才写成,这样一来,所谓中年、晚年的说法便显得前后不一致。罗钦顺因此认为,王阳明对朱熹论著采取的是一种任意剪裁的方式,并无客观、公正的标准,合于己说者则取,不合于己说者则弃。罗钦顺根本反对王阳明对朱学所做的"中年未定之说"与"晚年定论"的区分,在他看来,朱熹的思想学说应是前后一贯的,并不存在所谓"朱子晚年定论"而朱子自非其往旧之说的问题。

从纯粹学术考证的角度来看,王阳明确实有不够严谨之处,而且他所

---

① 参见张学智《明代哲学史》,北京大学出版社,2000,第 340 页。

② 参见陈建《学蔀通辨》之"点校说明",刘佩芝、冯会明点校,收入吴长庚主编《朱陆学术考辨五种》,江西高校出版社,2000。

③ 《朱子晚年定论》取《答何叔京》一则,《答何叔景》三则。何叔京,名镐,朱子之友。"何叔景"不见于《晦翁学案》。

谓朱熹晚年"大悟旧说之非，痛悔极艾"的说法也颇让人怀疑。不过，王阳明也许根本无意于做纯客观的学问研究，他所在乎的是思想的创发与更新。王阳明心目中的"朱子"已不同于正统程朱学者心目中的"朱子"，他试图对朱学做一种全新的理解。不但如此，他还要扭转朱子之学的理论格局，进而创立一种有别于朱子之学的崭新的学说。

王守仁:《大学问》《传习录》

【导读】

王守仁（1472—1529），字伯安，浙江余姚人。因筑室会稽山阳明洞修学，自号"阳明子"，世称阳明先生。明孝宗弘治十二年（1499）进士及第，初任刑部主事，后被贬为贵州龙场驿丞，复官后历任庐陵知县、右佥都御史、南赣巡抚、两广总督等职，平定南赣、两广民变及宸濠之乱，因功获封新建伯。晚年官拜南京兵部尚书、左都御史。嘉靖七年十一月（1529年1月）病故，享年五十七岁，隆庆元年（1567）追赠新建侯爵，谥号"文成"。

王阳明是明代心学运动的代表人物，其人其学在历史上均产生了较大的影响。其主要主张为"心即理""知行合一""致良知""万物一体"等，其中"致良知"被阳明视为"正法眼藏"，故阳明心学又被称为"良知学"。可以说，王阳明心学极大地彰显了人的个性，推动了明代思想解放运动。其主要思想可见于《大学问》与《传习录》之中。王阳明的著作，后人编为《王文成公全书》，共38卷。以下内容选自1992年上海古籍出版社出版的《王阳明全集》。

《大学问》是王阳明晚年著作，钱德洪说："师征思、田将发，先授《大学问》，德洪受而录之。"① 钱德洪称《大学问》乃"师门之教典也"。《大学问》全面阐发了"仁者以天地万物为一体"的"大人之学"。相对

---

① 《王阳明全集》，吴光等编校，上海古籍出版社，1992，第967页。

《传习录》，当代新儒家熊十力更看重《大学问》，他说："横渠《西铭》、程子《识仁篇》、阳明子《大学问》，皆有见于仁体。而阳明子直就人心恻隐之端上指示，使人当下识得万物同体真几，尤为亲切。"①

《大学问》

【原文】

"《大学》者，昔儒以为大人之学矣。敢问大人之学何以在于'明明德'乎？"

阳明子曰："大人者，以天地万物为一体者也，其视天下犹一家，中国犹一人焉。若夫间形骸而分尔我者，小人矣。大人之能以天地万物为一体也，非意之也，其心之仁本若是，其与天地万物而为一也。岂惟大人，虽小人之心亦莫不然，彼顾自小之耳。是故见孺子之入井，而必有怵惕恻隐之心焉，是其仁之与孺子而为一体也。孺子犹同类者也，见鸟兽之哀鸣觳觫，而必有不忍之心焉，是其仁之与鸟兽而为一体也；鸟兽犹有知觉者也，见草木之摧折而必有悯恤之心焉，是其仁之与草木而为一体也；草木犹有生意者也，见瓦石之毁坏而必有顾惜之心焉，是其仁之与瓦石而为一体也；是其一体之仁也，虽小人之心亦必有之。是乃根于天命之性，而自然灵昭不昧者也，是故谓之'明德'。小人之心既已分隔隘陋矣，而其一体之仁犹能不昧若此者，是其未动于欲，而未蔽于私之时也。及其动于欲，蔽于私，而利害相攻，忿怒相激，则将戕物圮类，无所不为，其甚至有骨肉相残者，而一体之仁亡矣。是故苟无私欲之蔽，则虽小人之心，而其一体之仁犹大人也；一有私欲之蔽，则虽大人之心，而其分隔隘陋犹小人矣。故夫为大人之学者，亦惟去其私欲之蔽，以明其明德，复其天地万物一体之本然而已耳。非能于本体之外，而有所增益之也。"②

【简析】

觳觫：因恐惧而发抖。

① 熊十力：《中国哲学与西洋哲学》，萧萐父主编《熊十力全集》第4卷，湖北教育出版社，2001，第575页。
② 《王阳明全集》，吴光等编校，上海古籍出版社，1992，第967—968页。

戕物圮类：戕物，杀害生物；圮类，毁伤同类。

上述一段话是王阳明对《大学》经文"明明德"的解释。"昔儒以为大人之学"之"昔儒"是指朱子。为了方便与朱子的解释相比较，现录于此。《大学》开篇曰："《大学》之道，在明明德，在亲民，在止于至善。"朱子注曰："大学者，大人之学也。明，明之也。明德者，人之所得乎天，而虚灵不昧，以具众理而应万事者也。但为气禀所拘，人欲所蔽，则有时而昏；然其本体之明，则有未尝息者。故学者当因其所发而遂明之，以复其初也。新者，革其旧之谓也，言既自明其明德，又当推以及人，使之亦有以去其旧染之污也。止者，必至于是而不迁之意。至善，则事理当然之极也。言明明德、新民，皆当至于至善之地而不迁。盖必其有以尽夫天理之极，而无一毫人欲之私也。此三者，大学之纲领也。"[①] 请大家认真体会朱子和王阳明对"明明德"的理解有何区别。

【原文】

曰："然则何以在'亲民'乎？"

曰："明明德者，立其天地万物一体之体也。亲民者，达其天地万物一体之用也。故明明德必在于亲民，而亲民乃所以明其明德也。是故亲吾之父，以及人之父，以及天下人之父，而后吾之仁实与吾之父、人之父与天下人之父而为一体矣。实与之为一体，而后孝之明德始明矣。亲吾之兄，以及人之兄，以及天下人之兄，而后吾之仁实与吾之兄、人之兄与天下人之兄而为一体矣。实与之为一体，而后弟之明德始明矣。君臣也，夫妇也，朋友也，以至于山川鬼神鸟兽草木也，莫不实有以亲之，以达吾一体之仁，然后吾之明德始无不明，而真能以天地万物为一体矣。夫是之谓明明德于天下，是之谓家齐国治而天下平，是之谓尽性。"

【简析】

上述一段话是王阳明对《大学》经文"亲民"的解释。朱子沿袭程子训"亲"为"新"，训"亲民"为"作新民"。王阳明则从旧本作"亲民"，其原因详见《传习录》（上）答徐爱问，下文亦有解释。

【原文】

曰："然则又乌在其为'止至善'乎？"

① 朱熹：《四书章句集注》，中华书局，1983，第3页。

曰："至善者，明德、亲民之极则也。天命之性，粹然至善，其灵昭不昧者，此其至善之发见，是乃明德之本体，而即所谓良知也。至善之发见，是而是焉，非而非焉，轻重厚薄，随感随应，变动不居，而亦莫不自有天然之中，是乃民彝物则之极，而不容少有议拟增损于其间也。少有拟议增损于其间，则是私意小智，而非至善之谓矣。自非慎独之至，惟精惟一者，其孰能与于此乎？后之人惟其不知至善之在吾心，而用其私智以揣摸测度于其外，以为事事物物各有定理也。是以昧其是非之则，支离决裂，人欲肆而天理亡，明德、亲民之学遂大乱于天下。盖昔之人固有欲明其明德者矣，然惟不知止于至善，而骛其私心于过高，是以失之虚罔空寂，而无有乎家国天下之施，则二氏之流是矣。固有欲亲其民者矣，然惟不知止于至善，而溺其私心于卑琐，是以失之权谋智术，而无有乎仁爱恻怛之诚，则五伯功利之徒是矣。是皆不知止于至善之过也。故止至善之于明德、亲民也，犹之规矩之于方圆也，尺度之于长短也，权衡之于轻重也。故方圆而不止于规矩，爽其则矣；长短而不止于尺度，乖其剂矣；轻重而不止于权衡，失其准矣；明明德、亲民而不止于至善，亡其本矣。故止于至善以亲民，而明其明德，是之谓大人之学。"

【简析】

惟精惟一：出自《尚书·大禹谟》"人心惟危，道心惟微，惟精惟一，允执厥中"。

"事事物物莫不各有定理"，此语出自《朱子语类》。王阳明认为"心外无理"，二人义理区分，由此可见。

上述一段话是王阳明对《大学》经文"止至善"的解释。王阳明首先阐明自己的"至善"观，天命之性，粹然至善，不由增损，所谓良知也。接着，他批评私智揣摩者的支离和二氏之空疏这两种极端思想倾向，同时抨击了五霸功利之徒。

【原文】

曰："'知止而后有定，定而后能静，静而后能安，安而后能虑，虑而后能得'，其说何也？"

曰："人惟不知至善之在吾心，而求之于其外，以为事事物物皆有定理也，而求至善于事事物物之中，是以支离决裂、错杂纷纭，而莫知有一定之向。今焉既知至善之在吾心，而不假于外求，则志有定向，而无支离决裂、错杂纷纭之患矣。无支离决裂、错杂纷纭之患，则心不妄动而能静矣。心不妄动而能静，则其日用之间，从容闲暇而能安矣。能安，则凡一念之发，一事之感，其为至善乎？其非至善乎？吾心之良知自有以详审精察之，而能虑矣。能虑则择之无不精，处之无不当，而至善于是乎可得矣。"

【简析】

在解释"三纲"之后，王阳明接着解释《大学》经文"知止而后有定，定而后能静，静而后能安，安而后能虑，虑而后能得"。朱子的解释是："止者，所当止之地，即至善之所在也。知之，则志有定向。静，谓心不妄动。安，谓所处而安。虑，谓处事精详。得，谓得其所止。"① 王阳明的"心"是道德本心，"至善"即吾心，此与朱子之不同也。

【原文】

曰："'物有本末'，先儒以明德为本，新民为末，两物而内外相对也。'事有终始'，先儒以知止为始，能得为终，一事而首尾相因也。如子之说，以新民为亲民，则本末之说亦有所未然欤？"

曰："终始之说，大略是矣。即以新民为亲民，而曰明德为本，亲民为末，其说亦未为不可，但不当分本末为两物耳。夫木之干谓之本，木之梢谓之末，惟其一物也，是以谓之本末。若曰两物，则既为两物矣，又何可以言本末乎？新民之意，既与亲民不同，则明德之功，自与新民为二。若知明明德以亲其民，而亲民以明其明德，则明德亲民焉可析而为两乎？先儒之说，是盖不知明德亲民之本为一事，而认以为两事，是以虽知本末之当为一物，而亦不得不分为两物也。"

【简析】

王阳明接着解释《大学》经文"物有本末，事有终始，知所先后，则近道矣"。朱子解释为："明德为本，新民为末。知止为始，能得为终。本始所先，末终所后。"② 上述王阳明的解释显然是针对朱子而发。王阳明坚持本末一贯，体用无碍，以此反对朱子的本末始终之说。

---

① 朱熹：《四书章句集注》，中华书局，1983，第3页。
② 朱熹：《四书章句集注》，中华书局，1983，第3页。

【原文】

曰："古之欲明明德于天下者，以至于先修其身，以吾子明德亲民之说通之，以既可得而知矣。敢问欲修其身，以至于致知在格物，其工夫次第又何如其用力欤？"

曰："此正详言明德、亲民、止至善之功也。盖身、心、意、知、物者，是其工夫所用之条理，虽亦各有其所，而其实只是一物。格、致、诚、正、修者，是其条理所用之工夫，虽亦皆有其名，而其实只是一事。何谓身？心之形体运用之谓也。何谓心？身之灵明主宰之谓也。何谓修身？为善而去恶之谓也。吾身自能为善而去恶乎？必其灵明主宰者欲为善而去恶，然后其形体运用者始能为善而去恶也。故欲修其身者，必在于先正其心也。然心之本体则性也，性无不善，则心之本体本无不正也。何从而用其正之之功乎？盖心之本体本无不正，自其意念发动而后有不正。故欲正其心者，必就其意念之所发而正之，凡其一念而善也，好之真如好好色；发一念而恶也，恶之真如恶恶臭；则意无不诚，而心可正矣。然意之所发，有善有恶，不有以明其善恶之分，亦将真妄错杂，虽欲诚之，不可得而诚矣。故欲诚其意者，必在于致知焉。致者，至也，如云'丧致乎哀'之'致'。《易》言'知至至之'，'知至'者，知也，'至之'者，致也。'致知'云者，非若后儒所谓充扩其知识之谓也，致吾心之良知焉耳。良知者，孟子所谓'是非之心，人皆有之'者也。是非之心，不待虑而知，不待学而能，是故谓之良知。是乃天命之性，吾心之本体，自然灵昭明觉者也。凡意念之发，吾心之良知无有不自知者。其善欤，惟吾心之良知自知之；其不善欤，亦惟吾心之良知自知之。是皆无所与于他人者也。故虽小人为不善，既已无所不至，然其见君子，则必厌然掩其不善，而著其善者，是亦可以见其良知之有不容于自昧者也。今欲别善恶以诚其意，惟在致其良知之所知焉尔。何则？意念之发，吾心之良知既知其为善矣，使其不能诚有以好之，而复背而去之，则是以善为恶，而自昧其知善之良知矣。意念之所发，吾之良知既知其为不善矣，使其不能诚有以恶之，而复蹈而为之，则是以恶为善，而自昧其知恶之良知矣。若是，则虽曰知之，犹不知也，意其可得而诚乎。今于良知之善恶者，无不诚好而诚恶之，则不自欺其良知而意可诚也已。然欲致其良知，亦岂影响恍惚而悬空无实之谓乎？是必实有其事矣。故致知必在于格物。物者，事也，凡意之所发必有其事，意所在之事谓之物。格者，正也，正其不正以归于正之谓也。正其不正者，去恶之谓也。归于正者，为善之谓也。夫是之谓格。《书》言'格于上下''格于文祖''格其非心'，格物之格实兼其义也。良知所知之善，虽诚欲好之矣，苟不即其意之所在之物而实有以为之，则是物有未格，而好之之意犹为未诚也。良知所知之恶，虽诚欲恶之矣，苟不即其意之所在之物而实有以去之，则是物有未格，而恶之之意犹为未诚也。今焉于其良知所知之善者，即其意之所在之物而实为之，无有乎不尽。于其良知所知之恶者，即其意之所在之物而实去之，无有乎不尽。然后物无不格，而吾良知之所知者无有亏缺障蔽，而得以极其至矣。夫然后吾心快然无复余憾而自谦矣，夫然后意之所发者，始无自欺而可以谓之诚矣。故曰：'物格而后知至，知至而后意诚，意诚而后心正，心正而后身修。'盖其功夫条理虽有先后次序之可言，而其体之惟一，实无先后次序之可分。其条理功夫虽无先后次序之可分，而其用之惟精，固有纤毫不可得而缺焉者。此格致诚正之说，所以阐尧舜之正传而为孔氏之心印也。"

【简析】

上述一段文本内容较多，王阳明详解了《大学》首章之"八条目"。其关键内容如下。第一，王阳明并不主张条分缕析之工夫，他认为格致诚正修者"虽亦皆有其名，而其实只是一事"。第二，他训"物"为事也，又曰："凡意之所发必有其事，意所在之事谓之物。"第三，他训"格"为正也。以上解释忽略了经验知识，故熊十力说："王阳明《大学问》，发明仁体，罗念庵称其切要是也。而反对程朱。《大学格物补传》，则有体而无用，甚违经旨，其末流成为禅学，为世诟病，有以哉！"[1] 关于《大学问》的重要性及成书过程，详见钱德洪的《大学问》后跋。

《传习录》节选

【原文】

爱曰："如今人尽有知得父当孝、兄当弟者，却不能孝、不能弟，便

---

① 萧萐父主编《熊十力全集》第3卷，湖北教育出版社，2001，第582页。

是知与行分明是两件。"

先生曰："此已被私欲隔断，不是知行的本体了。未有知而不行者。知而不行，只是未知。圣贤教人知行，正是要复那本体，不是着你只恁的便罢。故《大学》指个真知行与人看，说'如好好色，如恶恶臭'。见好色属知，好好色属行。只见那好色时已自好了，不是见了后又立个心去好；闻恶臭属知，恶恶臭属行。只闻那恶臭时已自恶了，不是闻了后别立个心去恶。如鼻塞人虽见恶臭在前，臭中不曾闻得，便亦不甚恶，亦只不曾知臭。就如称某人知孝、某人知弟，必是某人已曾行孝行弟，方可称他知孝知弟。不成只是晓得说些孝弟的话，便可称为知孝弟？又如知痛，必已自痛了，方知痛；知寒，必已自寒了；知饥，必已自饥了。知行如何分得开？此便是知行的本体，不曾有私意隔断的。圣人教人，必要是如此，方可谓之知；不然，只是不曾知。此却是何等紧切着实的工夫！如今苦苦定要说知行做两个，是甚么意？某要说做一个，是甚么意？若不知立言宗旨，只管说一个、两个，亦有甚用？"

爱曰："古人说知行做两个，亦是要人见个分晓，一行做知的工夫，一行做行的工夫，即工夫始有下落。"

先生曰："此却失了古人宗旨也。某尝说知是行的主意，行是知的工夫；知是行之始，行是知之成。若会得时，只说一个知，已自有行在；只说一个行，已自有知在。古人所以即说一个知又说一个行者，只为世间有一种人，懵懵懂懂的任意去做，全不解思惟省察，也只是个冥行妄作，所以必说个知，方才行得是；又有一种人，茫茫荡荡悬空去思索，全不肯着实躬行，也只是个揣摩影响，所以必说一个行，方才知得真。此是古人不得已补偏救弊的说话，若见得这个意时，即一言知足。今人却就将知行分作两件去做，以为必先知了然后能行，我如今且去讲习讨论做知的工夫，待知得真了，方去做行的工夫，故遂终身不行，亦遂终身不知。此不是小病痛。其来已非一日矣。某今说个知行合一，正是对病的药。又不是某凿空杜撰，知行本体原是如此。今若知得宗旨时，即说两个亦不妨，亦只是一个；若不会宗旨，便说一个，亦济得甚事？只是闲说话。"（《传习录》上）

知之真切笃实处即是行；行之明觉精察处即是知，知行工夫本不可离。只为后世学者分作两截用功，失却知行本体，故有合一并进之说。"真知即所以为行，不行不足谓之知"，即如来书所云"知食乃食"等说可见，前已略言之矣。此虽吃紧救弊而发，然知行之体本来如是，非以己意抑扬其间，姑为是说以苟一时之效者也。"专求本心，遂遗物理"，此盖失其本心者也。夫物理不外于吾心，外吾心而求物理，无物理矣；遗物理而求吾心，吾心又何物邪？心之体，性也，性即理也。故有孝亲之心，即有孝之理；无孝亲之心，即无孝之理矣。有忠君之心，即有忠之理；无忠君之心，即无忠之理矣。理岂外于吾心邪？晦庵谓："人之所以为学者，心与理而已。心虽主乎一身，而实管乎天下之理；理虽散在万事，而实不外乎一人之心。"是其一分一合之间，而未免已启学者心理为二之弊。此后世所以有"专求本心，遂遗物理"之患，正由不知心即理耳。夫外心以求物理，是以有暗而不达之处。此告子义外之说，孟子所以谓之不知义也。心一而已。以其全体恻怛而言谓之仁，以其得宜而言谓之义，以其条理而言谓之理。不可外心以求仁，不可外心以求义，独可外心以求理乎？外心以求理，此知行之所以二也。求理于吾心，此圣门知行合一之教，吾子又何疑乎？（《传习录》中）

问知行合一。先生曰："此须识我立言宗旨。今人学问，只因知行分作两件，故有一念发动，虽是不善，然却未曾行，便不去禁止。我今说个知行合一，正要人晓得一念发动处，便即是行了；发动处有不善，就将这不善的念克倒了。须要彻根彻底，不使那一念不善潜伏在胸中。此是我立言宗旨。"（《传习录》下）

问："圣人生知安行，是自然的，如何有甚功夫？"

先生曰："知行二字即是功夫，但有浅深难易之殊耳。良知原是精精明明的。如欲孝亲，生知安行的，只是依此良知实落尽孝而已；学知利行者，只是时时省觉，务要依此良知尽孝而已；至于困知勉行者，蔽锢已深，虽要依此良知去孝，又为私欲所阻，是以不能，必须加'人一己百、人十己千'之功，方能依此良知以尽其孝。圣人虽是生知安行，然其心不敢自是，肯做困知勉行的工夫。困知勉行的，却要思量做生知安行的事，怎生成得？"（《传习录》下）

或疑知行不合一，以"知之匪艰"二句为问。先生曰："良知自知，原是容易的。只是不能致那良知，便是'知之匪艰，行之惟艰'。"（《传习录》下）

门人问曰："知行如何得合一？且如《中庸》言'博学之'，又说个

'笃行之'，分明知行是两件。"

先生曰："博学只是事事学存此天理，笃行只是学之不已之意。"

又问："《易》'学以聚之'，又言'仁以行之'，此是如何？"

先生曰："也是如此。事事去学存此天理，则此心更无放失时，故曰'学以聚之'；然常常学存此天理，更无私欲间断，此即是此心不息处，故曰'仁以行之'。"

又问："孔子言'知及之，仁不能守之'，知行却是两个了。"

先生曰："说'及之'，已是行了；但不能常常行，已为私欲间断，便是'仁不能守'。"（《传习录》下）

【简析】

王阳明认为，从本源上来看，知、行是合一的。如果将知、行割裂，知而不行，知便不是真正的知；行而不知，行便是妄行。知、行是同一个过程中的开始和结束。王阳明所说的"知之真切笃实处即是行，行之明觉精察处即是知"，即清楚地揭示了此层意思。王阳明之所以提出知行合一，一是针对宋儒以来的"知先行后"的主流观点，二是针对当时社会上普遍存在的"知而不行"的现象。一般说来，真切笃实是描述实践、行为的词，明觉精察是描述认知的词，阳明这里故意颠倒过来，也许在他看来，"知之时"固然要"明觉精察"，但更要做到"真切笃实"，"行之时"固然要"真切笃实"，但更要做到"明觉精察"。行的过程必须有知的参与，知的过程也必须有行的参与，知、行是同一过程中的不同方面。①

王阳明所谓的知，主要是指德性之知，而不是通过对外界客观对象的认识而形成的见闻之知；其所谓的行，则主要是指道德意识或德性知识在现实中展现自身的实践过程。阳明甚至认为，"一念发动处"就是行，"一念发动"，就意味着道德意识的开始，善念则须存善，并见之于行；恶念则须去恶，从而"不使那一念不善潜付胸中"。

王阳明的"知行合一"说虽然存在混淆知、行界限的问题，但在道德实践领域具有独特价值，它批驳了当时一些学者知、行脱节的不良习气，揭示了道德认知与道德行为之间的不可分离性，突出了"行"的地位。当

① 参见吴震《王阳明著述选评》，上海古籍出版社，2004，第111页。

然，王阳明的部分后学未能将这种"知行合一"说落于实地，而是趋于玄虚，此种做法无疑违背了阳明心学的初衷。

【原文】

知是心之本体，心自然会知：见父自然知孝，见兄自然知弟，见孺子入井自然知恻隐，此便是良知不假外求。若良知之发，更无私意障碍，即所谓"充其恻隐之心，而仁不可胜用矣"。然在常人不能无私意障碍，所以须用致知格物之功，胜私复理。即心之良知更无障碍，得以充塞流行，便是致其知，知致则意诚。（《传习录》上）

是非之心，不虑而知，不学而能，所谓良知也。（《传习录》中）

良知发用之思自然明白简易，良知亦自能知得。若是私意安排之思，自是纷纭劳扰，良知亦自会分别得。盖思之是非邪正，良知无有不自知者。所以认贼作子，正为致知之学不明，不知在良知上体认之耳。（《传习录》中）

盖良知只是一个天理，自然明觉发见处，只是一个真诚恻怛，便是他本体。（《传习录》中）

良知是天理之昭明灵觉处，故良知即是天理。（《传习录》中）

夫良知即是道，良知之在人心，不但圣贤，虽常人亦无不如此。若无有物欲牵蔽，但循着良知发用流行将去，即无不是道。（《传习录》中）

夫学贵得之心。求之于心而非也，虽其言之出于孔子，不敢以为是也，而况其未及孔子者乎！求之于心而是也，虽其言之出于庸常，不敢以为非也，而况其出于孔子者乎！（《传习录》中）

朱子所谓"格物"云者，在"即物而穷其理"也。即物穷理，是就事事物物上求其所谓定理者也。是以吾心而求理于事事物物之中，析"心"与"理"而为二矣。夫求理于事事物物者，如求孝之理于其亲之谓也。求孝之理于其亲，则孝之理其果在于吾之心邪？抑果在于亲之身邪？假而果在于亲之身，则亲没之后，吾心遂无孝之理欤？见孺子之入井，必有恻隐之理，是恻隐之理果在于孺子之身欤？抑在于吾心之良知欤？其或不可以从之于井欤？其或可以手而援之欤？是皆所谓理也，是果在于孺子之身欤？抑果出于吾心之良知欤？以是例之，万事万物之理，莫不皆然。是可以知析心与理为二之非矣。夫析心与理而为二，此告子"义外"之说，孟子之所深辟也。务外遗内，博而寡要，吾子既已知之矣。是果何谓而然哉？谓之玩物丧志，尚犹以为不可欤？若鄙人所谓致知格物者，致吾心之良知于事事物物也。吾心之良知，即所谓天理也。致吾心良知之天理于事事物物，则事事物物皆得其理矣。致吾心之良知者，致知也。事事物物皆得其理者，格物也。是合心与理而为一者也。合心与理而为一，则凡区区之所云，与朱子晚年之论，皆可以不言而喻矣！（《传习录》中）

夫"必有事焉"，只是集义，集义只是致良知。说集义则一时未见头脑，说致良知即当下便有实地步可用工。故区区专说致良知，随时就事上致其良知，便是格物；著实去致良知，便是诚意；著实致其良知而无一毫意必固我，便是正心……若时时刻刻就自心上集义，则良知之体洞然明白，自然是是非非纤毫莫遁。（《传习录》中）

则君子之学终身只是集义一事。义者，宜也。心得其宜之谓义。能致良知，则心得其宜矣。故集义亦只是致良知。（《传习录》中）

尔那一点良知，是尔自家底准则。尔意念着处，他是便知是，非便知非，更瞒他一点不得。尔只不要欺他，实实落落依着他做去，善便存，恶便去。他这里何等稳当快乐。（《传习录》下）

良知只是个是非之心，是非只是个好恶，只好恶就尽了是非，只是非就尽了万事万变。又曰："'是非'两字是个大规矩，巧处则存乎其人。"（《传习录》下）

七情顺其自然之流行，皆是良知之用，不可分别善恶，但不可有所着；七情有着，俱谓之欲，俱为良知之蔽；然才有着时，良知亦自会觉，觉即蔽去，复其体矣！此处能看得破，方是简易透彻工夫。（《传习录》下）

良知自知，原是容易的。只是不能致那良知。（《传习录》下）

吾教人致良知，在格物上用功，却是有根本的学问。日长进一日，愈久愈觉精明。世儒教人事事物物上去寻讨，却是无根本的学问。（《传习录》下）

道即是良知。良知原是完完全全，是的还他是，非的还他非，是非只依着他，更无有不是处。这良知还是你的明师。（《传习录》下）

故迩来只说致良知。良知明白，随你去静处体悟也好，随你去事上磨炼也好，良知本体，原是无动无静的。此便是学问头脑。（《传习录》下）

所谓"人虽不知，而己所独知"者，此正是吾心良知处。（《传习

录》下）

一日，王汝止出游归，先生问曰："游何见？"对曰："见满街都是圣人。"先生曰："你看满街人是圣人，满街人到看你是圣人在。"又一日，董萝石出游而归，见先生曰："今日见一异事。"先生曰："何异？"对曰："见满街人都是圣人。"先生曰："此亦常事耳，何足为异？"（《传习录》下）

【简析】

王阳明晚年极力倡导"致良知"说，该说是王阳明心学的最终理论归宿。王阳明所谓的"良知"不是外在的东西，而是"人的内在的道德判断和道德评价的体系，良知作为意识结构中的一个独立的部分，具有指导、监督、评价、判断的作用"。① 王阳明认为，良知本身就具有一种"是便知是，非便知非"的道德判断能力，人只要遵循良知指引，不欺骗良知，就能实现去恶存善。或者说，良知之所以是良知，就在于它随时知是知非。良知表现为一种"昭明灵觉"或知觉。良知又不同于一般的知觉，因为一般的知觉不能知是知非，不能进行善恶的判断，而良知却能够知是知非。

在王阳明看来，就人的良知而言，圣人、凡人都是一样的，良知并不会因为人的等级高下、聪明愚笨等因素而有所区分，良知对任何人来说都应当是当下具足、现成圆满的。因此，每个人都要充分相信自己的良知，它是人得以成圣的根据。如果对自己的良知缺乏自信，那就是自暴自弃。王阳明的"满街人是圣人"的主张打破了传统的人性品级、等级的区分，在客观上增强了普通人成就道德理想的自信心。

就王阳明的本意而言，他倡导"满街人是圣人"，仅仅是就人的本性来讲的，其意思是，人人都具有成圣人的可能性，但这并不意味着人已经是现成的圣人。人不可能每时每刻都呈现出良知，人在良知没有呈现出来的时候，就只能是潜在的圣人，潜在的圣人不等于现成的圣人，两者并不能直接画上等号，从现实状态回到人的本然状态，中间还要有一个实践过程。② 可是，王阳明的部分后学不明白这一点，不做修身工夫，也不守基本的礼法规矩，却大讲"满街人是圣人"之类的高妙话头，遭到学者的批评。

---

① 陈来：《有无之境——王阳明哲学的精神》，人民出版社，1991，第 167 页。
② 参见吴震《王阳明著述选评》，上海古籍出版社，2004，第 165 页。

王阳明一方面宣扬良知的先天性，另一方面又突出"致良知"的工夫。他认为，良知虽然不会完全泯灭，却可能被私欲蒙蔽，无法充分彰显，因而，"致"的工夫便不可缺少。王阳明尝以"至"训"致"，也即"推致""扩充"之义，"致良知"即是扩充内心本来具足的良知，进而将其推至事事物物之间。

【原文】

夫人者，天地之心。天地万物，本吾一体者也，生民之困苦荼毒，孰非疾痛之切于吾身者乎？不知吾身之疾痛，无是非之心者也。是非之心，不虑而知，不学而能，所谓良知也。良知之在人心，无间于圣愚，天下古今之所同也。世之君子惟务致其良知，则自能公是非，同好恶，视人犹己，视国犹家，而以天地万物为一体，求天下无治，不可得矣。古之人所以能见善不啻若己出，见恶不啻若己入，视民之饥溺犹己之饥溺，而一夫不获，若己推而纳诸沟中者，非故为是而以蕲天下之信己也，务致其良知，求自慊而已矣。尧、舜、三王之圣，言而民莫不信者，致其良知而言之也；行而民莫不说者，致其良知而行之也。是以其民熙熙皞皞，杀之不怨，利之不庸，施及蛮貊，而凡有血气者莫不尊亲，为其良知之同也。呜呼！圣人之治天下，何其简且易哉！（《传习录》中）

夫圣人之心，以天地万物为一体，其视天下之人，无外内远近，凡有血气，皆其昆弟赤子之亲，莫不欲安全而教养之，以遂其万物一体之念。天下人之心，其始亦非有异于圣人也，特有间于有我之私，隔于物欲之蔽，大者以小，通者以塞，人各有心，至有视其父子兄弟如仇雠者。圣人有忧之，是以推其天地万物一体之仁以教天下，使之皆有以克其私，去其蔽，以复其心体之同然。其教之大端，则尧、舜、禹之相授受，所谓"道心惟微，惟精惟一，允执厥中"，而其节目则舜之命契，所谓"父子有亲，君臣有义，夫妇有别，长幼有序，朋友有信"五者而已。唐、虞、三代之世，教者惟以此为教，而学者惟以此为学。当是之时，人无异见，家无异习，安此者谓之圣，勉此者谓之贤，而背此者，虽其启明如朱亦谓之不肖。下至闾井、田野、农、工、商、贾之贱，莫不皆有是学，而惟以成其德行为务。何者？无有闻见之杂，记诵之烦，辞章之靡滥，功利之驰逐，而但使之孝其亲、弟其长、信其朋友，以复其心体之同然。是盖性分之多

固有，而非有假于外者，则人亦孰不能之乎？（《传习录》中）

朱本思问："人有虚灵，方有良知。若草木瓦石之类，亦有良知否？"先生曰："人的良知，就是草木瓦石的良知。若草木瓦石无人的良知，不可以为草木瓦石矣。岂惟草木瓦石为然，天地无人的良知，亦不可为天地矣。盖天地万物与人原是一体，其发窍之最精处，是人心一点灵明。风雨露雷、日月星辰、禽兽草木、山川土石，与人原只一体。故五谷禽兽之类，皆可以养人；药石之类，皆可以疗疾，只为同此一气，故能相通耳。"（《传习录》下）

先生曰："你看这个天地中间，甚么是天地的心？"对曰："尝闻人是天地的心。"曰："人又甚么教做心？"对曰："只是一个灵明。""可知充天塞地中间，只有这个灵明。人只为形体自间隔了。我的灵明，便是天地鬼神的主宰。天没有我的灵明，谁去仰他高？地没有我的灵明，谁去俯他深？鬼神没有我的灵明，谁去辩他吉凶灾祥？天地鬼神万物离却我的灵明，便没有天地鬼神万物了。我的灵明离却天地鬼神万物，亦没有我的灵明。如此，便是一气流通的，如何与他间隔得！"又问："天地鬼神万物，千古见在，何没了我的灵明，便俱无了？"曰："今看死的人，他这些精灵游散了，他的天地万物尚在何处？"（《传习录》下）

【简析】

在"万物一体"的境界追求方面，王阳明显然继承了孟子、程颢等人的说法，并结合其良知说做了进一步的阐发。王阳明认为，人与人、人与天地万物都是息息相通的，没有间隔。因此，人既要爱自己，也要爱他人，以至于天地万物。就人和人的关系来说，四海之内皆兄弟，所以他人的困苦荼毒，也是自己的切肤之痛。阳明将这种"疾痛"称为"是非之心"，也即"良知"。就人与天地万物的关系来说，人是自然界的产物，人与天地万物共处于同一宇宙之内，天地万物遭到破坏，最终会殃及人。因此，人对他人、人对宇宙间的一草一木或一禽一兽都应充满仁爱之心。当然，包括王阳明在内的儒者所倡导的爱乃是一种差等之爱，有先后、轻重、厚薄之分。

王阳明认为，人与天地万物"同此一气"，这可以看作其"万物一体"说的理论基础。天地万物"一气流通"乃是传统儒、道共有的主张，如庄子亦谓"通天下一气耳"（《庄子·知北游》）。当然，王阳明与庄子对"气"的界定不尽相同。有论者指出，阳明所说的"同此一气"的"气"似乎不同于那种实体性的气，而更接近于某种精神性的东西（比如"心""良知""灵明"之类）。就阳明用"同此一气"所要表达的意思而言，也许"共此一心"这个说法更为确切。①

王阳明"万物一体"说的意义在于，它能够促使人超越形体的有限性，而在精神上获得与天地同体的永恒性；有助于培养人济世救民的责任感、悲悯情怀和担当精神；对人们处理好人与自然、人与人的关系也具有借鉴意义。

【原文】

是夕侍坐天泉桥，各举请正。先生曰："我今将行，正要你们来讲破此意。二君之见正好相资为用，不可各执一边。我这里接人原有此二种，利根之人直从本源上悟入。人心本体原是明莹无滞的，原是个未发之中。利根之人一悟本体，即是功夫，人己内外，一齐俱透了。其次不免有习心在，本体受蔽，故且教在意念上实落为善去恶。功夫熟后，渣滓去得尽时，本体亦明尽了。汝中之见，是我这里接利根人的；德洪之见，是我这里为其次立法的。二君相取为用，则中人上下皆可引入于道。若各执一边，眼前便有失人，便于道体各有未尽。"（《传习录》下）

无善无恶是心之体，有善有恶是意之动，知善知恶是良知，为善去恶是格物。只依我这话头随人指点，自没病痛。此原是彻上彻下功夫。利根之人，世亦难遇，本体功夫，一悟尽透。此颜子、明道所不敢承当，岂可轻易望人！人有习心，不教他在良知上实用为善去恶功夫，只去悬空想个本体，一切事为俱不着实，不过养成一个虚寂。此个病痛不是小小，不可不早说破。（《传习录》下）

【简析】

王阳明晚年提出的"无善无恶是心之体，有善有恶是意之动，知善知恶是良知，为善去恶是格物"的"四句教"法，是王阳明晚年思想发展的核心课题之一。

---

① 方旭东：《同情的限度——王阳明万物一体说的哲学诠释》，《浙江社会科学》2007年第2期。

嘉靖六年（1527），王阳明被派遣到广西平定叛乱。启程之前，王阳明在越城天泉桥上向弟子钱德洪（绪山）、王畿（龙溪）详细阐发了"四句教"宗旨。但两弟子对"四句教"的理解分歧较大。王畿认为，心既是无善无恶，意、知、物也都应该是无善无恶的，这样一来，"四句教"在王畿这里就变成了"四无"之说。与王畿相反，钱德洪是以"四有"说来理解阳明"四句教"的，他强调为善去恶的复性工夫，并将阳明"四句教"改为："至善无恶者心，有善有恶者意，知善知恶是良知，为善去恶是格物。"王阳明对钱、王的分歧采取了中和的态度，认为王畿的"四无"之说是接引上根之人的，而钱德洪的"四有"之说是接引中根以下之人的，为其次之法。两种看法虽然都是王门用来教人的方法，但各有局限性，所以两种方法应当"相取为用"，相辅相成，不可偏废。①

不过，王阳明的"四句教"首句及王畿的"四无"说引发了较大的争议。王阳明的问题在于，他未能充分考虑到"四句教"在流传过程之中可能滋生的弊病。也就是说，他以其天才式的哲学睿智倡导高妙之论，出发点无非是试图激发人的内在道德自觉，同时在不违背基本道德原则的前提下也拥有自由自在的心灵境界。王阳明本人一方面倡导"无善无恶"说，另一方面也教人做为善去恶的工夫，但其部分弟子却常常执着于他的"无善无恶"一语，并且"以无善无恶，扫却为善去恶"。有的弟子未必能够理解阳明之说真正的旨趣，而大谈"无善无恶"，玄虚之弊由此而生焉。若追根溯源，王阳明也应当负有一定的责任。

明中叶至清初的部分学者对王畿的"四无"说进行了更为尖锐的批评，认为"四无"说已陷入虚无主义的泥潭之中，有的学者甚至把王畿的"四无"之说看成是危害人之身心且会贻害无穷的洪水猛兽，这种批评之词无疑是言过其实了。当然，王门"无善无恶"说确实有不周延之处，给当时士人的道德践履带来了一些不利的影响。王学修正者为了端正学风，重振人伦道德，反对以"无善无恶"来界定人性，重申性善论，这种做法不能说毫无价值。

不过，王阳明、王畿等人宣扬的"无善无恶"说的真正含义究竟是什么？"无善无恶"说果真与孟子的性善论背道而驰吗？这都需要我们进一

---

① 参见陈来《有无之境——王阳明哲学的精神》，人民出版社，1991，第193—203页。

步思考。应该说,王门"无善无恶"说并非真的要挑战性善论,它试图揭示心性之学另外一个层面的内涵。按照陈来先生的说法,它"所讨论的是一个与社会道德伦理不同面相(dimention)的问题,指心本来具有的纯粹的无执著性,指心的这种对任何东西都不执著的本然状态,是人实现理想的自在境界的内在根据"。[1] 彭国翔先生也指出:"阳明与龙溪的'无善无恶'论包括两层含义:一是存有论意义上的至善;一是境界论意义上的无执不滞。前者是本质内容,后者是作用形式。"[2] 在中晚明时期,一些王门后学即从"至善"或者说"不著于善"的角度来理解"无善无恶"说,比如,周汝登就不同意许孚远将善、恶对立起来的观点,他认为善、恶乃是相对而言的,人在某一时刻可以超越善、恶,而达至"无善无恶"的心灵境界。而许孚远、顾宪成、黄宗羲等人却不同意这种理解。他们将孟子的人性论思想视为儒家的正统观点,如果在人性善恶问题上不同于孟子,甚至在具体表述上不同于孟子,他们就加以指责,一提到"无善无恶",他们就很容易联想到告子或佛禅的人性论观点,就会担心儒家与释、老的界限是否被打破,因而就会将"无善无恶"说视为异端之说。此种批评当然是不合理的。究其原因,可能是他们具有太强烈的道德感与救世意识,他们对"无善无恶"说可能产生的负面影响极为忧虑,因而,他们无法体察到"无善无恶"说的实义。

---

① 陈来:《有无之境——王阳明哲学的精神》,人民出版社,1991,第212页。
② 彭国翔:《良知学的展开——王龙溪与中晚明的阳明学》,台湾学生书局,2003,第439页。

王艮:《心斋语录》

王艮（1483—1541），字汝止，号心斋，初名银，后王阳明为其更名为艮，泰州安丰场（今江苏省东台市安丰镇）人，世代为盐场"灶丁"，"七岁受书乡塾，贫不能竟学"，随父烧盐。十九岁时随父至山东经商，常身携《孝经》《论语》《大学》于袖中，逢人质难。因善经营，"自是家道日裕"。三十八岁赴江西拜见王阳明，执弟子礼。王心斋个性高傲，行事奇特，有二事可说。一是以古服初见王阳明，至中门举笏而立，阳明出迎于门外，王心斋入则上坐。辩久而心折，渐移其坐于侧，论毕乃拜称弟子。二是王心斋"冠服言动，不与人同，都人以怪魁目之"，阳明以其"意气太高，行事太奇，痛加裁抑"。王心斋并不严守师说之规范，倡"百姓日用即道"，其于阳明学之风行天下，可谓有得亦有失。黄宗羲说："阳明而下，以辩才推龙溪，然有信有不信，惟先生于眉睫之间，省觉人最多。"又曰："阳明先生之学，有泰州、龙溪而风行天下，亦因泰州、龙溪而渐失其传。"其"格物"新论，黄宗羲称为"淮南格物"。嘉靖五年（1526），王艮应泰州知府王瑶湖之聘，主讲于安定书院，求学者纷至沓来，其门下有农夫、樵夫和陶匠等。以下内容节选自《明儒学案》所精选的《心斋语录》。

【原文】

问"止至善"之旨。曰："明明德以立体，亲民以达用，体用一致，先生辨之悉矣。但谓至善为心之本体，却与明德无别，恐非本旨。尧、舜执中之传，以至孔子，无非明明德、亲民之学，独未知'安身'一义，乃未有能止至善者。故孔子透悟此理，却于明明德、亲民中，立起一个极来，又说个'在止于至善'。止至善者，安身也，安身者，立天下之大本也。本治而末治，正己而物正也，大人之学也。是故身也者，天地万物之本也，天地万物末也。知身之为本，是以明明德而亲民也。身未安，本不立也。本乱而末治者，否矣。本既不治，末愈乱也。故《易》曰：'身安而天下国家可保也。'不知安身，则明明德、亲民却不曾立得天下国家的本，是故不能主宰天地，斡旋造化。立教如此，故自生民以来，未有盛于孔子者也。"①

【简析】

上述一段话的主旨是：安身为天下之大本，天地万物末也。需要注意的是，心斋所谓"身"，不能理解为身躯，正如黄宗羲所说："然所谓安身者，亦是安其心耳，非区区保此形骸之为安也。"

王阳明在"征思田将发"时，其所授《大学问》之第三条即答"止至善"。王阳明以"至善"为良知本体，"止至善"之于明德亲民，犹"规矩之于方圆"，这就是上文所言"先生辨之悉矣"。然面对同样的问题，王心斋非采师说，甚至质疑"谓至善为心之本体，却与明德无别，恐非本旨"。心斋独辟蹊径，以为孔子"安身"说，透悟了尧舜"执中"，止至善之旨在于安身。

【原文】

问："止至善为安身，亦何所据乎？"曰："以经而知安身之为止至善也。《大学》说个止至善，便只在止至善上发挥。知止，知安身也。定静安虑，得安身而止至善也。物有本末，故物格而后知本也。知本，知之至也。知至，知止也。自天子至此，谓知之至也，乃是释'格物致知'之义。身与天下国家一物也，惟一物而有本末之谓。格，絜度也，絜度于本末之间，而知本乱而末治者否矣，此格物也。物格，知本也，知本，知之至也，故曰：'自天子以至于庶人，壹是皆以修身为本也。'修身立本也，立本安身也。引《诗》释止至善，曰："'缗蛮黄鸟，止于丘隅'，知所以

---

① 黄宗羲：《处士王心斋先生艮》，《明儒学案》，沈芝盈点校，中华书局，2008，第711—716页。

安身也。孔子曰：'于止，知其所止，可以人而不如鸟乎？'要在知安身也。《易》曰：'君子安其身而后动。'又曰：'利用安身。'又曰：'身安而天下国家可保也。'孟子曰：'守孰为大？守身为大，失其身而能事其亲者，吾未之闻。'同一旨也。"

【简析】

上述一段话的中心是王心斋为"止至善为安身"或"安身为本"说找立论根据。另外，他训"格"为"絜度"，认为"身与天下国家一物也"。从"修身立本也，立本安身也"来看，"安身"并非指身躯。

【原文】

问"格"字之义。曰："格如格式之格，即絜矩之谓。吾身是个矩，天下国家是个方，絜矩则知方之不正，由矩之不正也。是以只去正矩，却不在方上求，矩正则方正矣，方正则成格矣，故曰'物格'。吾身对上下、前后、左右是物，絜矩是格也。其本乱而末治者否矣，便见絜度'格'字之义。格物，知本也，立本，安身也，安身以安家而家齐，安身以安国而国治，安身以安天下而天下平也。故曰修己以安人，修己以安百姓，修其身而天下平。不知安身，便去干天下国家事，是之为失本。就此失脚，将烹身割股，饿死结缨，且执以为是矣。不知身不能保，又何以保天下国家哉！"

知本，知止也，如是而不求于末定也；如是而天地万物不能挠己静也；如是而首出庶物，至尊至贵安也；如是而知几先见，精义入神，仕止久速，变通趋时虑也；如是而身安如黄鸟，色斯举矣，翔而后集，无不得所止矣，止至善也。

【简析】

上述首段训"格"。"吾身是个矩"相当于王阳明所言"夫矩，心之体"。上文"不在方上求"和"格物，知本也"之说，并没有越出阳明学之规范。但安身之"身"确实有"躯体"义，如上文"烹身割股，饿死结缨"之说。王心斋的"安身"论与"致良知"之工夫有细微之别。心斋的"格物"新论别具一格，黄宗羲称为"淮南格物"。

【原文】

问："反己是格物否？"曰："物格知至，知本也；诚意正心，修身立本也，本末一贯。是故爱人、治人、礼人，格物也。不亲、不治、不答，是谓行有不得于心，然后反己也。格物然后知反己，反己是格物的工夫。反之如何，正己而已矣。反其仁治敬，正己也。其身正而天下归之，此正己而物正也，然后身安也。"

有疑安身之说者，曰："夷、齐虽不安其身，然而安其心矣。"曰："安其身而安其心者，上也；不安其身而安其心者次之；不安其身又不安其心，斯为下矣。危其身于天地万物者，谓之失本；洁其身于天地万物者，为之遗末。"

【简析】

夷齐：伯夷和叔齐的并称。伯夷、叔齐是商末孤竹国君主亚微之子，伯夷是长子，其弟为亚凭、叔齐。孤竹君生前遗命立三子叔齐为君，孤竹君死后，叔齐欲让位给伯夷，伯夷以父命为尊拒不受位，遂逃之，叔齐亦不肯继位而随之出逃。伯夷、叔齐同往西岐欲投奔周国，恰遇周武王讨伐纣王，伯夷和叔齐叩马谏伐。武王灭商后，伯夷、叔齐耻食周粟，饿死于首阳山。《论语·公冶长》载："伯夷、叔齐不念旧恶，怨是用希。"后世疑者用伯夷、叔齐之例质疑"安身"说。

王心斋明确地回答"反己是格物的工夫"，不过，其"格物"亦包括爱人、治人、礼人等道德行为，此之谓"本末一贯"。有疑其"安身"之说，王心斋答之以"安心"与"安身"之别。

【原文】

知得身是天下国家之本，则以天地万物依于己，不以己依于天地万物。

见龙，可得而见之谓也；潜龙，则不可得而见矣。惟人，皆可得而见，故利见大人。圣人，虽时乘六龙，然必当以见龙为家舍。

颜子有不善，未尝不知，常知故也。知之未尝复行，常行故也。

孔子谓："二三子以我为隐乎？"此隐字，对见字说。孔子在当时，虽不仕，而无行不与二三子，是修身讲学以见于世，未尝一日隐也。

体用不一，只是功夫生。

人之天分有不同，论学则不必论天分。

圣人之道，无异于百姓日用，凡有异者皆谓之异端。

天性之体，本自活泼，鸢飞鱼跃，便是此体。

爱人直到人亦爱，敬人直到人亦敬，信人直到人亦信，方是学无止法。

有以伊、傅称先生者，先生曰："伊、傅之事我不能，伊、傅之学我不由。"曰："何谓也？"曰："伊、傅得君，设其不遇，则终身独善而已。孔子则不然也。"

天下之学，惟有圣人之学好学，不费些子气力，有无边快乐。若费些子气力，便不是圣人之学，便不乐。

"不亦说乎？"说是心之本体。

孔子虽天生圣人，亦必学《诗》、学《礼》、学《易》，逐段研磨，乃得明彻之至。

【简析】

见龙、潜龙：出自乾卦初九和九二之爻辞。时乘六龙：出自乾卦之象辞。

孔子谓："二三子以我为隐乎？"此语出自《论语·述而》，原文是，子曰："二三子以我为隐乎？吾无隐乎尔。吾无行而不与二三子者，是丘也。"朱子注："诸弟子以夫子之道高深不可几及，故疑其有隐，而不知圣人作、止、语、默无非教也，故夫子以此言晓之。"[1]

伊傅：伊尹和傅说的合称，二人均为商朝的贤相，皆起于野。关于伊尹，《史记》载："伊尹名阿衡。阿衡欲奸汤而无由，乃为有莘氏媵臣，负鼎俎，以滋味说汤，致于王道。"关于傅说，《史记》载："武丁夜梦得圣人，名曰说。以梦所见视群臣百吏，皆非也。于是乃使百工营求之野，得说于傅险中。"

【原文】

舜于瞽瞍，命也，舜尽性而瞽瞍底豫，是故君子不谓命也。孔子不遇，命也，而明道以淑斯人，不谓命也。若天民则听命矣，大人造命。

一友持功太严，先生觉之曰："是学为子累矣。"因指斫木者示之曰："彼却不曾用功，然亦何尝废学。"

---

[1] 朱熹：《四书章句集注》，中华书局，1983，第98—99页。

戒慎恐惧，莫离却不睹不闻，不然便入于有所戒慎、有所恐惧矣。故曰："人性上不可添一物！"

天理者，天然自有之理也；才欲安排如何，便是人欲。

百姓日用条理处，即是圣人之条理处，圣人知便不失，百姓不知便为失。

有心于轻功名富贵者，其流弊至于无父无君；有心于重功名富贵者，其流弊至于弑父与君。

即事是学，即事是道，人有困于贫而冻馁其身者，则亦失其本而非学也。

学者问"放心难求"，先生呼之即应。先生曰："尔心见在，更何求乎？"学者初见，先生常指之曰："即尔此时就是。"未达，曰："尔此时何等戒惧，私欲从何处入。常常如此，便是允执厥中。"

【简析】

瞽瞍底豫：出自《孟子·离娄上》，原文是"舜尽事亲之道而瞽瞍底豫，瞽瞍底豫而天下化，瞽瞍底豫而天下之为父子者定，此之谓大孝"。朱子注："底，致也。豫，悦乐也。"

王心斋论学问工夫，轻松自在、活泼通畅。究其原因，一是"即事是道"，二是"尔心见在"。他很少分言体与用，如其"指斫木者示之"，故学生谓"先生于眉睫之间省觉人最多"。

【原文】

有疑"出必为帝者师，处必为天下万世师"者，曰："礼不云乎，学也者，学为人师也。学不足以为人师，皆苟道也。故必以修身为本，然后师道立。身在一家，必修身立本，以为一家之法，是为一家之师矣；身在一国，必修身立本，以为一国之法，是为一国之师矣；身在天下，必修身立本，以为天下之法，是为天下之师矣。是故出不为帝者师，是漫然苟出，反累其身，则失其本矣；处不为天下万世师，是独善其身，而不讲明此学于天下，则遗其本矣。皆非也，皆小成也。"

明哲者，良知也。明哲保身者，良知良能也。知保身者，则必爱身；能爱身，则不敢不爱人；能爱人，则人必爱我；人爱我，则吾身保矣。能爱身者，则必敬身；能敬身，则不敢不敬人；能敬人，则人必敬我；人敬我，则吾身保矣。故一家爱我，则吾身保，吾身保，然后能保一家；一国爱我，则吾身保，吾身保，然后能保一国；天下爱我，则吾身保，吾身保，然后能保天下。知保身而不知爱人，必至于适己自便，利己害人，人将报我，则吾身不能保矣。吾身不保，又何以保天下国家哉！能知爱人，而不知爱身，必至于烹身割股，舍生杀身，则吾身不能保矣。吾身不能保，又何以保君父哉！

【简析】

有人质疑王心斋"出必为帝者师，处必为天下万世师"之说，其中"出必为帝者师"是指如伊傅之类柱国大臣，"处必为天下万世师"是如孔子之教人而化万世。所以，王心斋分为师道和国师这两个方面来回答。但他并不主张刻意地追求"为帝者师"，而是顺其自然。

上述第二段是王心斋著名的"明哲保身"论。阅读过程中，需认真体会"身"的含义，以及"明哲保身"的真实意蕴。

聂豹与王畿：《致知议辩》

【导读】

聂豹（1487—1563），字文蔚，号双江，江西永丰人。嘉靖五年（1526），聂双江从福建赴越拜谒王阳明，时双江已届不惑之年，其平生亦只此一见阳明。其后双江两次致书阳明，请益求教。嘉靖八年，即阳明殁后第二年，双江往见钱绪山、王龙溪，设香案拜阳明先生，始正式成为阳明弟子。因此，双江实际上是阳明私淑弟子。嘉靖二十六年，双江为辅臣夏言所恶，被逮入锦衣狱。囹圄之中，双江于静中悟得心体"光明莹彻，万物皆备"。双江为学主张"归寂"之说，遭到了王门诸子的质疑，却为罗洪先（1504—1564，字达夫，号念庵）所欣赏，称其为"霹雳手段"。聂双江著有《双江聂先生文集》等著作。2007年，凤凰出版社出版《聂豹集》。

王畿（1498—1583），字汝中，号龙溪，浙江山阴人，王阳明晚年得意弟子，与钱德洪（1496—1574，字洪甫，号绪山）同是王门的"教授师"，并称"钱王"，又与泰州学派的王艮（1483—1541，字汝止，号心斋）合称"二王"，与罗汝芳（1515—1588，字惟德，号近溪）合称"二溪"。王龙溪天资颖悟，辩才无碍，周游天下，专意讲学，且寿考极高，年八十犹孜孜于讲授师门之学。其主张"四无论"与"见在良知"，对阳明学有着"调适上遂"的发展。王门数十年间的大小辩论，大多与龙溪有关。龙溪著有《龙溪王先生会语》《王龙溪先生全集》等著作。2007年，凤凰出版社出版《王畿集》。

王龙溪主张"见在良知"说，引起主张"归寂"说的聂双江的质疑。二人就"归寂""见在良知""未发已发""寂感"等问题往复辩论，这对于了解阳明学的基本义理以及二人的哲学思想具有重要意义。《王畿集》中收有《致知议辩》，《聂豹集》中则收有《答王龙溪》，后者较前者更为翔实，二者可参看。本篇节选自《王畿集》中的《致知议辩》。① 其中"双江子曰"乃聂双江之难，"先生曰"乃王龙溪之答，凡九难九答。

【原文】

一

双江子曰："邵子云：'先天之学，心也；后天之学，迹也。'先天言其体，后天言其用，盖以体用分先后，而初非以美恶分也。'良知是未发之中'，先师尝有是言，若曰良知亦即是发而中节之和，词涉迫促。寂，性之体，天地之根也，而曰非内，果在外乎？感，情之用，形器之迹也，而曰非外，果在内乎？抑岂内外之间，别有一片地界可安顿之乎？'即寂而感存焉，即感而寂行焉'，以此论见成，似也，若为学者立法，恐当更下一转语。《易》言内外，《中庸》亦言内外，今曰'无内外'；《易》言先后，《大学》亦言先后，今曰'无先后'。是皆以统体言工夫，如以百尺一贯论种树，而不原枝叶之硕茂由于根本之盛大，根本之盛大由于培灌之积累，此鄙人'内外''先后'之说也。'良知之前无未发，良知之外无已发'，似是浑沌未判之前语，设曰'良知之前无性，良知之外无情，即谓良知之前与外无心'，语虽玄而意则舛矣。尊兄高明过人，自来论学只是混沌初生、无所污坏者而言，而以见在为具足，不犯做手为妙悟，以此自娱可也，恐非中人以下之所能及也。"

先生曰："寂之一字，千古圣学之宗。感生于寂，寂不离感。舍寂而缘感谓之逐物，离感而守寂谓之泥虚。夫寂者，未发之中，先天之学也。未发之功，却在发上用，先天之功，却在后天上用。明道云：'此是日用本领工夫，却于已发处观之。'康节《先天吟》云：'若说先天无个字，后天须用着工夫。'可谓得其旨矣！先天是心，后天是意。至善是心之本体，

① 吴震编校整理《王畿集》，凤凰出版社，2007，第132—141页。标点略有改动。

心体本正，才正心便有正心之病，才要正心，便已属于意。'欲正其心，先诚其意'，犹云舍了诚意更无正心工夫可用也。良知是寂然之体，物是所感之用，意则其寂感所乘之几也。知之与物，无复先后可分，故曰'致知在格物'。致知工夫在格物上用，犹云《大学》明德在亲民上用，离了亲民更无学也。良知是天然之则，格者正也，物犹事也，格物云者，致此良知之天则于事事物物也。物得其则谓之格，非于天则之外别有一段格之之功也。前谓'未发之功只在发上用'者，非谓矫强矜饰于喜怒之末，徒以制之于外也。节是天则，即所谓未发之中也。中节云者，循其天则而不过也。养于未发之豫，先天之学是矣。后天而奉时者，乘天时行，人力不得而与。曰'奉'曰'乘'，正是养之之功，若外此而别求所养之豫，即是遗物而远于人情，与圣门复性之旨为有间矣。'即寂而感行焉，即感而寂存焉'，正是合本体之工夫，无时不感，无时不归于寂也。若以此为见成，而未及学问之功，又将何如其为用也？寂非内而感非外，盖因世儒认寂为内、感为外，故言此以见寂感无内外之学，非故以寂为外、以感为内，而于内外之间别有一片地界可安顿也。既云'寂是性之体'，'性无内外之分'，则寂无内外，可不辨而明矣。'良知之前无未发'者，良知即是未发之中，若复求未发，则所谓沉空也；'良知之外无已发'者，致此良知即是发而中节之和，若别有已发，即所谓依识也。语意似亦了然。设为'良知之前无性，良知之后无情，即谓之无心'，而断以为混沌未判之前语，则几于推测之过矣！公谓不肖高明过人，自来论学只从混沌初生、无所污坏者而言，而以见在为具足、不犯做手为妙悟，不肖何敢当？然窃窥立言之意，却实以混沌无归着，且非污坏者所宜妄意而认也，观后条于告子身上发例，可见矣。愚则谓良知在人，本无污坏，虽昏蔽之极，苟能一念自反，即得本心。譬之日月之明，偶为云雾之翳，谓之晦耳，云雾一开，明体即见，原未尝有所伤也。此原是人人见在具足、不犯做手本领工夫，人之可以为尧舜、小人之可使为君子，舍此更无从入之路、可变之几，固非以为妙悟而妄意自信，亦未尝谓非中人以下所能及也。"

二

双江子曰："《本义》云：'乾主始物，而坤作成之'，已似于经旨本明白。'知'字原属下文，今提'知'字属'乾'字，遂谓'乾知'为良知，不与万物作对为独知，七德咸备为统天。《彖》曰：'大哉乾元，万物资始，乃统天'，是以统天赞'乾元'，非赞'乾'也。及以下文照之，则曰'乾以易知，坤以简能'，又以易简为乾坤之德，而知能则其用也。人法乾坤之德至于易简，则天下之理得，而成位乎其中。他又曰：'夫乾，天下之至健也，德行恒易以知险；夫坤，天下之至顺也，德行恒简以知阻'，健顺言其体，易简言其德，知言其才，阻险言其变，能说能研言圣人之学，定吉凶、成亹亹言圣人之功用。六经之言，各有攸当，似难以一例牵合也。"

先生曰："'乾知大始'，大始之知，混沌初开之窍，万物所资以始。'知'之为义本明，不须更训'主'字。下文证之曰'乾以易知'，以'易知'为'易主'，可乎？此是统天之学，赞元即所以赞乾，非二义也。其言以体以德、以才以变、以学以功用，虽经传所有，屑屑分疏，亦涉意象，恐非易简之旨，公将复以不肖为混沌语矣！"

<h1 style="text-align:center">三</h1>

双江子曰："程子云'不睹不闻便是未发之中，说发便属睹闻。'独知是良知的萌芽处，与良知似隔一尘。此处著功，虽与半路修行不同，要亦是半路的路头也。致虚守寂方是不睹不闻之学、归根复命之要。盖尝以学之未能为忧，而乃谓偏于虚寂，不足以该乎伦物之明察，则过矣。夫明物察伦，由仁义行，方是性体自然之觉，非以明察为格物之功也。如以明察为格物之功，是行仁义而袭焉者矣。以此言自然之觉，误也。其曰'视于无形，听于无声'，不知指何者为无形声而视之听之？非以日用伦物之内，别有一个虚明不动之体以主宰之，而后明察之。形声俱泯，是则寂以主夫感，静以御乎动，显微隐见通一无二是也。夫子于《咸》卦特地提出虚寂二字，以立感应之本，而以'至神'赞之，盖本卦之止而说，以发其蕴。二氏得之而绝念，吾儒得之以通感，毫厘千里之差，又自可见。"

先生曰："公谓夫子于《咸》卦提出虚寂二字，以立感应之本，本卦德之止而悦，以发其蕴，是矣！而谓'独知是良知的萌芽'，'才发便属睹闻'，'要亦是半路修行的路头'，'明察是行仁义而袭，非格物之功'，'致虚守寂，方是不睹不闻之学'，'日用伦物之内别有一个虚明不动之体以主宰之，而后明察之形声俱泯'，似于先师致知之旨或有所未尽契也。

良知即所谓未发之中,原是不睹不闻,原是莫见莫显。明物察伦,性体之觉,由仁义行,觉之自然也。显微隐见,通一无二,在舜所谓玄德。自然之觉,即是虚,即是寂,即是无形无声,即是虚明不动之体,即为易之蕴。致者致此而已,守者守此而已,视听于无者视听此而已,主宰者主宰此而已。止则感之专,悦则应之至,不离感应而常寂然,故曰“观其所感,而天地万物之情可见矣”。今若以独知为发而属于睹闻,别求一个虚明不动之体以为主宰,然后为归复之学,则其疑致知不足以尽圣学之蕴,特未之明言耳。其曰‘二氏得之以绝念,吾儒得之以通感’,恐亦非所以议上乘而语大成也。”

四

双江子曰:“兄谓‘圣学只在几上用功’,‘有无之间是人心真体用,当下具足’,是以见成作工夫看。夫寂然不动者,诚也;感而遂通者,神也。今不谓诚神为学问真工夫,而以有无之间为人心真体用,不几于舍筏求岸?能免望洋之叹乎?诚精而明,寂而疑于无也,而万象森然已具,无而未尝无也。神应而妙,感而疑于有也,而本体寂然不动,有而未尝有也。即是为有无之间,亦何不可?老子曰:‘无无既无,湛然常寂;常寂常应,真常得性;常应常定,常清静矣!’则是以无为有之几,寂为感之几,非以寂感有无隐度其文,故令人不可致诘为几也。知几之训,《通书》得之《易传》。子曰:‘知几其神乎!几者,动之微,吉之先见者也。’即《书》之‘动而未形,有无之间’之谓。《易》曰:‘介如石焉,宁用终日’,断可识矣。此夫子之断案也。盖六二以‘中正自守,其介如石’,故能不溺于豫。上交不谄,下交不渎,知几也。盱豫之悔,谄也,冥贞之疾,渎也。几在介,而非以不谄不渎为几也。《易》曰:‘忧悔吝者,存乎介。’介非寂然不动之诚乎?《中庸》曰‘至诚如神’,又曰‘诚则明’,言几也。舍诚而求几,失几远矣!内外先后、混逐忘助之病,当有能辨之者。”

先生曰:“周子云‘诚神几,曰圣人。’良知者,自然之觉,微而显,隐而见,所谓几也。良知之实体为诚,良知之妙用为神,几则通乎体用,而寂感一贯,故曰‘有无之间者,几也’。有与无,正指诚与神而言。此是千圣从入之中道,过之则堕于无,不及则滞于有。多少精义在,非谓以见成作工夫，且隐度其文，令人不可致诘为几也。《豫》之六二，以'中正'自守，不溺于豫，故能触几而应，不俟终日而吉。良知是未发之中，良知自能知几，非良知之外别有'介石'以为之守，而后几可见也。《大学》所谓'诚意'，《中庸》所谓'复性'，皆以慎独为要，独即几也。"

五

双江子曰："克己复礼、三月不违，是颜子不远于复，竭才之功也。复以自知，盖言天德之刚，复全于我，而非群阴之所能乱，却是自家做主宰定，故曰自知，犹自主也。子贡多识、亿中为学，诚与颜子相反，至领一贯之训而闻性与天道，当亦有见于具足之体，要未可以易视之也。先师良知之教本于孟子，孟子言'孩提之童、不学不虑、知爱知敬'，盖言其中有物以主之，爱敬则主之所发也。今不从事于所主，以充满乎本体之量，而欲坐享其不学不虑之成，难矣！"

先生曰："颜子德性之知，与子贡之多学以亿而中，学术同异，不得不辩，非因其有优劣而易视之也。先师良知之说仿于孟子，不学不虑，乃天所为，自然之良知也。惟其自然之良，不待学虑，故爱亲敬兄，触机而发，神感神应。惟其触机而发，神感神应，然后为不学不虑、自然之良也。自然之良即是爱敬之主，即是寂，即是虚，即是无声无臭，天之所为也。若更于其中有物以主之，欲从事于所主，以充满其本然之量，而不学不虑为坐享之成，不几于测度渊微之过乎？孟子曰：'凡有四端于我，知皆扩而充之，若火之始然，泉之始达。'天机所感，人力弗得而与，不闻于知之上，复求有物以为之主也。公平时笃信白沙子'静中养出端倪'与'把柄在手'之说，若舍了自然之良，别有所谓'端倪''把柄'，非愚之所知也。吾人致知之学不能入微，未免换入意见知识，无以充其自然之良，则诚有所不免。若谓自然之良未足以尽学，复求有物以主之，且谓觉无未发，亦不可以寂言，将使人并其自然之觉而疑之，是谓矫枉之过而复为偏，不可以不察也。"

六

双江子曰："时人以夫子多学而识，知足以待问也，故凡问者必之焉。夫子不欲以知教人也，故曰：'吾有知乎哉？无知也。'至于告人，则不敢不尽。'有鄙夫问于我,空空焉无所知,我必叩两端而竭焉。'两端之竭,非知之尽者不能,于是见夫子待物之洪、教人不倦之仁也。今谓良知之外别无知,疑于本文为赘,而又以空为道体,圣人与鄙夫无异,则鄙夫已具圣人体段,圣人告之,但与其空,如称颜子之'庶乎'足矣,复何两端之竭耶?心与耳目口鼻以空为体,是也,但不知空空与虚寂何所别?"

先生曰:"空空原是道体,象山云:'与有意见人说话最难入',以其不空也。鄙夫之空与圣人同,故能叩其两端而竭。盖是非本心,人所固有,虽圣人亦增减他一毫不得。若有一毫意见填实,即不能叩而竭矣。心口耳目皆以空为体,空空即是虚寂,此学脉也。"

七

双江子曰:"'良知是性体自然之觉',是也。故欲致知,当先养性。盍不观《易》言蓍卦之神知乎?要圣人体易之功,则归重于'洗心藏密'之一语。洗心藏密所以神明其德也,而后神明之用,随感而应,明天道、察民故、兴神物,以前民用,皆原于此。由是观之,则致知格物之功当有所归。日可见之云者,《易》言潜龙之学,务修德以成其身,德成自信,则不疑于所行,日可见于外也。潜之为言也,非退藏于密之谓乎?知之善物也,受命如响,神应而妙,不待至之而自无不至。今日'格物是致知日可见之行,随在致此良知,周乎物而不过',是以推而行之为致,全属人为,终日与物作对,能免牵己而从之乎?其视性体自然之觉何啻千里?兄谓'觉无未发,亦不可以寂言,求觉于未发之前,不免于动静之分,入于茫昧支离而不自觉'云云,疑于先师之言又不类。师曰:'良知是未发之中,寂然大公的本体,便能发而中节,便自能感而遂通。'感生于寂,和蕴于中,体用一原也。磨镜种树之喻,历历可考,而谓之茫昧支离,则所未解。动静之分,亦原于《易》,《易》曰'静专动直'、'静翕动辟',周子曰'静无而动有',程子曰'动亦定,静亦定'。周、程深于《易》者,一曰主静,一曰主定,又曰'不专一,则不能直遂;不翕聚,则不能发散。是以广大生焉。'广大之生原于专翕,而直与辟则专翕之发也。必如此然后可以言潜龙之学。'愚夫愚妇之知,未动于意欲之时,与圣人同',是也。则夫致知之功,要在于意欲之不动,非以周乎物而不过之为致也。镜悬于此,而物自照,则所照者广。若执镜随物,以鉴其形,所照几何？延平此喻未为无见。致知如磨镜，格物如镜之照，谬谓'格物无工夫'者，以此。"

先生曰："欲致其知，在于格物。若曰当先养性，良知即是性体自然之觉，又孰从而先之耶？《易》言蓍之神、卦之知，神知即是良知。良知者，心之灵也，洗心退藏于密，只是良知洁洁净净，无一尘之累，不论有事无事，常是湛然的，常是肃然的，是谓斋戒以神明其德。神知即是神明，非洗心藏密之后，而后有神知之用也。公云'致知格物之功，当有所归'，良知即是神明之德，即是寂，复将何所归乎？格物者，《大学》到头实下手处，故曰'致知在格物'，若曰'格物无工夫'，则《大学》为赘词，师门为剩说，求之于心，实所未解。理一而已，性则理之凝聚，心则凝聚之主宰，意则主宰之发动，知则其明觉之体，而物则应感之用也。天下无性外之理，岂复有性外之物乎？公见吾人为格致之学者认知识为良知，不能入微、致其自然之觉，终日在应迹上执泥有象、安排凑泊，以求其是当，故苦口拈出虚寂话头，以救学者之弊，固非欲求异于师门也。然因此遂斩然谓'格物无工夫'，虽以不肖'随在致此良知，周乎物而不过'之说，亦以为全属人为、终日与物作对、牵己而从之，恐亦不免于惩羹吹齑之过耳。寂是心之本体，不可以时言，时有动静，寂则无分于动静。濂溪云'无欲故静'，明道云'动亦定，静亦定'，先师云'定者心之本体'，动静所遇之时，静与定即寂也。良知如镜之明，格物如镜之照。镜之在匣在台可以言动静，镜体之明无时不照，无分于在匣在台也。故吾儒格物之功，无间于动静，故曰'必有事焉'，是动静皆有事。广大之生，原于专翕，专翕即寂也，直与辟即是寂体之流行，非有二也。自然之知，即是未发之中，后儒认才知即是已发，而别求未发之时，故谓之茫昧支离，非以寂感为支离也。'致知之功，在意欲之不动'，是矣。'周乎物而不过'，是性体之流行，便以为意欲之动，恐亦求情之过也。"

八

双江子曰："仁是生理，亦是生气，理与气一也，但终当有别。告子曰'生之谓性'，亦是认气为性，而不知系于所养之善否。杞柳、湍水、食色之喻，亦以当下为具足，'勿求于心、勿求于气'之论亦以不犯做手为妙悟。孟子曰'苟得其养，无物不长，苟失其养，无物不消'，是从学问上验消长，非以天地见成之息，冒认为己有而息之也。仁者与物同体，亦惟体仁者而后能与物同之。'驭气摄灵'与'定息以接天地之根'诸说，恐是养生家所秘，与吾儒之息未可强同，而要以收敛为主、则一而已。"

先生曰："仁是生理，息即生化之元，理与气未尝离也。人之息与天地之息，原是一体相资而生。《阴符》有'三盗'之说，非故冒认为己物而息之也。驭气摄灵与呼吸定息之义，不可谓养生家之言而遂非之，方外私之以袭气母，吾儒公之以资化元，但取用不同耳。公谓'仁者与物同体，亦惟体仁者而后能与物同之'，却是名言，不敢不深省也。"

九

双江子曰："息有二义，生灭之谓也。攻取之气息，则湛一之气复，此气化升降之机，无与于学问也。予之所谓息者，盖主得其所养，则气命于性，配义与道，塞乎天地，生生之机也。《传》曰：'虚者气之府，寂者生之机'，今以虚寂为禅定，谓非致知之旨，则异矣。佛氏以虚寂为性，亦以觉为性，又有皇觉、正觉、圆觉、明觉之异，佛学养觉而啬于用，时儒用觉而失所养，此又是其大异处。"

先生曰："性体自然之觉，不离伦物感应，而机常生生。性定则息自定，所谓尽性以至于命也。虚寂原是性体，归是归藏之义，而以为有所归，与生生之机微若有待，故疑其入于禅定，佛家亦是二乘证果之学，非即以虚寂为禅定也。'佛学养觉而啬于用，时儒用觉而失所养'，末流之异则然，恐亦非所以别儒佛之宗也。"

【简析】

在这九难九答中，聂双江与王龙溪均依托《中庸》中的"未发""已发"，《易传》中的"寂""感"，《大学》中的"格物""致知"等经典，对良知学的本体与工夫问题进行了往复辩难。牟宗三先生在《从陆象山到刘蕺山》一书中对此有细致的梳理，他将这九难九答的主题归纳如下：第一辩，关于先后天、良知即中即和、良知即寂即感以及现成良知等之论辩；第二辩，关于"乾知"之论辩；第三辩，关于"独知"之论辩；第四辩，关于"几"之论辩；第五辩，关于"不学不虑"之论辩；第六辩，关于"空空"之论辩；第七辩，关于"格物有工夫无工夫"等之论辩；第八辩，关于"误现成良知为告子生之谓性"之论辩；第九辩，余辩。

双江与龙溪之所以产生如此巨大的分歧，主要原因在于二人对"体用一源"的理解完全不同。双江对体用关系的理解近于朱子，认为"体"与"用"是"异质异层"的，分属形上与形下二界，更多地强调"体"与"用"的超越区分，以彰显"体"在存有及实践上的优先性。故其所理解的良知着眼于其作为"不睹不闻"之"性体"的本体义，而不是"知是知非"的发用义。他认为良知只是"未发之中"，不属于"已发"的层面。换句话说，聂双江强调的是良知的"先天性"，认为良知先于一切存在。而凡是已发皆属于知觉，皆是形而下的，并非良知本身。故他认为"独知"只是良知的"萌芽"，并非良知本身。

而龙溪对"体用一源"的理解是承袭王阳明的思路，他将"体"与"用"皆收摄到良知上来思考。"体"即良知之体，"用"即良知之用，二者是同质同层的，体即用，用即体，不能分而为二。良知无分于已发未发、动静、寂感、省察存养。他强调良知是一个"即存有即活动"的创造实体，可以随时呈现，其发用也是当下具足的，是谓"见在良知"。当下知是知非的"独知"，就是良知本身的发用流行。

由于聂双江严格区分体与用、未发与已发、寂与感，认为凡属已发皆非本体，故提出了"归寂"的工夫论主张。他认为，意念之憧憧往来，乃本体受到遮蔽的结果。如果只是在意念上为善去恶，那只是"第二义"的工夫。因此，他追求"第一义"的"立体"工夫，即通过静中存养体认"未发之中"，此即所谓"致中""归寂""致知"的工夫。而"发而中节之和""感而遂通天下之故""格物"只能是效验。在双江这里，"致知"的"致"是"复""返"的意思，即以后返的"归寂"为"致"。尽管王龙溪同样追求第一义的"先天正心工夫"，但他认为"未发之功却在发上用，先天之功却在后天上用"，"致知"之"致"亦非后返之意，而是强调其向前推扩之意。王龙溪认为，良知能够当下呈现，在此当下呈现的良知上一念自反，便可体认此良知，这就是"即用见体"。推扩此良知于事事物物，便是"致知"，便是"格物"，便是"诚意"。因此，"格物"是工夫，不能如双江那样只当作"效验"看待。

总体而言，龙溪的观点顺承阳明良知教之思路而有所发展，而双江的观点并非直接源于阳明之思路。然而，由于二人都是借助对师门良知之教的阐发来宣扬自己的观点，故产生了种种纠葛。双江"归寂"之说，是针对王门的流弊而发，有其真切的工夫体验，但是其对阳明良知之教的理解终究有所出入，尤其是其将"见在良知"说理解为告子的"生之谓性"说，更显得不相应。

许孚远与周汝登：“九谛”“九解”

【导读】

许孚远（1535—1604），字孟中，号敬庵，浙江德清人，湛若水（1466—1560，号甘泉）的二传弟子，也是明末大儒刘宗周的老师。为人庄敬敦笃，整齐严肃，自律甚严。其学说以克己为要，不尚玄谈，笃实缜密，强调工夫的重要性。其著作由后人编为《敬和堂集》。2016年，北京大学出版社所出版的《儒藏》（精华编第263册）收录了许孚远《敬和堂集》的点校本。

周汝登（1547—1629），字继元，号海门，浙江嵊县（今浙江嵊州）人。周海门思想透辟，以传承王阳明、王龙溪之学为己任，亦与泰州学派罗汝芳（1515—1588，字惟德，号近溪）有深厚渊源。他一方面通过孜孜不倦地讲学，大力阐发阳明、龙溪“无善无恶”的思想，被时人视为王龙溪之后的“讲学宗盟”；另一方面通过对“心学之史”的编撰，构建了一条以“无善无恶”为宗的圣学道统。其主要著作有《周海门先生文录》《东越证学录》《圣学宗传》《王门宗旨》《程门微旨》等。2015年，浙江古籍出版社出版《周汝登集》。

1592年春夏之交，许敬庵和周海门一同参加南京的讲会。一日会上，海门拈出“天泉证道”之“无善无恶”的思想并予以阐发，座上许敬庵未予之首肯。第二日，许敬庵提出九段话，来维护、肯定“善恶之别”，称之为“九谛”；周海门随后就之而作九段回答，称之为“九解”。这场辩论是关于阳明学“无善无恶”思想的重要文献，《周海门先生文录》和《明儒学案》中均有收录。本篇选自《周汝登集》。① 其中"《谛》"乃敬庵之谛问，"《解》"乃海门之辩解。

【原文】

一

《谛》一云：《易》言："元者，善之长也。"又言："继之者善，成之者性。"《书》言："德无常师，主善为师。"《大学》首提三纲，而归于止至善。夫子告哀公以不明乎善，不诚乎身。颜子得一善，则拳拳服膺而弗失。《孟子》七篇，大旨道性善而已。性无善无不善，则告子之说，孟子深辟之。圣学源流，历历可考而知也。今皆舍置不论，而一以无善无恶为宗，则经传皆非欤？

《解》一云：维世范俗，以为善去恶为堤防；而尽性知天，必无善无恶为究竟。无善无恶，即为善去恶而无迹；而为善去恶，悟无善无恶而始真。教本相通不相悖，语可相济难相非。此《天泉证道》之大较也。今必以无善无恶为非然者，见谓无善，岂虑入于恶乎？不知善且无，而恶更从何容？无病不须疑病，见谓无恶，岂疑少却善乎？不知恶既无，而善不必再立。头上难以安头，故一物难加者，本来之体；而两头不立者，妙密之言。是为厥中，是为一贯，是为至诚，是为至善。圣学，如是而已。经传中言善字，固多善恶对待之善。至于发心性处，善率不与恶对，如中心安仁之仁，不与忍对，主静立极之静，不与动对。《大学》善上加一至字，尤自可见。荡荡难名为至治，无得而称为至德。他若至仁、至礼等，皆因不可名言拟议，而以至名之。至善之善，亦犹是耳。夫惟善不可名言拟议，未易识认，故必明善，乃可诚身。若使对待之善，有何难辨，而必先明乃诚耶？明道曰："人生而静以上不容说，才说性时，便已不是性也。"凡人说性，只是说"继之者善"也，孟子言"人性善"是也。悟此，益可通于经传之旨矣。

---

① 《周汝登集》，张梦新、张卫中点校，浙江古籍出版社，2015，第21—30页。"解云"为编者所加，标点略有改动。

二

《谛》二云：宇宙之内，中正者为善，偏颇者为恶，如冰炭、黑白，非可以私意增损其间。故天地有贞观，日月有贞明，星辰有常度，岳峙川流有常体，人有真心，物有正理，家有孝子，国有忠臣。反是者为悖逆，为妖怪，为不祥。故圣人教人以为善而去恶，其治天下也，必赏善而罚恶。天之道，亦福善而祸淫。"积善之家，必有余庆；积不善之家，必有余殃。"自古及今，未有能违者也。而今曰无善无恶，则人安所趋舍者欤？

《解》二云：曰中正，曰偏颇，皆自我立名，自我立见，不干宇宙事。以中正与偏颇对，是两头语，是增损法。不可增损者，绝名言，无对待者也。天地贞观，不可以贞观为天地之善；日月贞明，不可以贞明为日月之善；星辰有常度，不可以常度为星辰之善。岳不以峙为善，川不以流为善。人有真心，而莫不饮食者此心，饮食岂以为善乎？物有正理，而鸢飞鱼跃者此理，飞跃岂以为善乎？有不孝，而后有孝子之名，孝子无孝；有不忠，而后有忠臣之名，忠臣无忠。若有忠有孝，便非忠非孝矣。赏善罚恶，皆是"可使由之"边事。庆殃之说，犹禅家谈宗旨，而因果之说，实不相碍。然以此论性宗则粗。悟性宗，则趋舍二字是学问大病，不可有也。

三

《谛》三云：人心如太虚，元无一物可着，而实有所以为天下之大本者在。故圣人名之曰中，曰极，曰善，曰诚，以至曰仁，曰义，曰礼，曰智，曰信，皆此物也。善也者，中正纯粹而无疵之名，不杂气质，不落知见，所谓人心之同然者也，故圣贤欲其止之。而今曰无善，则将以何者为天下之大本？其为物不贰，则其生物不测，天地且不能无主，而况于人乎？

《解》三云：说心如太虚，说无一物可着，说不杂气质，不落知见，已是斯旨矣。而卒不放舍一善字，则又不虚矣，又着一物矣，又杂气质，又落知见矣，岂不悖乎？太虚之心无一物可着者，正是天下之大本，而更曰实有所以为天下之大本者在，而命之曰中，则是中与太虚之心二也。太虚之心与未发之中，果可二乎？如此，言中则曰极，曰善，曰诚，以至曰仁，曰义，曰礼，曰智，曰信等，皆以为更有一物，而不与太虚同体，无惑乎无善无恶之旨不相入，以此言天地，是为物有二，失其主矣。

四

《谛》四云：人性本善，自蔽于气质，陷于物欲，而后有不善。然而本善者，原未尝泯灭，故圣人多方诲迪，使反其性之初而已。祛蔽为明，归根为止，心无邪为正，意无伪为诚，知不迷为致，物不障为格，此彻上彻下之语，何等明白简易。而今曰心是无善无恶之心，意是无善无恶之意，知是无善无恶之知，物是无善无恶之物，则格致诚正工夫，俱无可下手处矣。岂《大学》之教，专为中人以下者设，而近世学者，皆上智之资，不待学而能者欤？

《解》四云：人性本善者，至善也，不明至善，便成蔽陷。反其性之初者，不失赤子之心耳。赤子之心无恶，岂更有善耶？可无疑于大人矣。心意知物，只是一个，分别言之者，方便语耳。下手工夫，只是明善。明则诚，而格致诚正之功，更无别法，上中根人皆如是。学舍是而言正诚致格，头脑一差，则正亦是邪，诚亦是伪，致亦是迷，格亦是障。非明之之明，其蔽难开，非止之止，其根难拔，岂《大学》之所以教乎？

五

《谛》五云：古之圣贤秉持世教，提撕人心，全靠这些子秉彝之良在，故曰："民之所好好之，民之所恶恶之。""斯民也，三代之所以直道而行也。"惟有此秉彝之良不可残灭，故虽昏愚而可喻，虽强暴而可驯，移风易俗，反薄还醇，其樑柄端在于此。奈何以为无善无恶，举所谓秉彝者而抹杀之？是说倡和流传，恐有病于世道非细。

《解》五云：无作好无作恶之心，是秉彝之良，是直道而行。着善着恶，便作好作恶，非直矣。喻昏愚，驯强暴，移风俗，须以善养人。以善养人者，无善之善也。有其善者，以善服人，喻之驯之必不从，如昏愚强暴何！如风俗何！至所谓世道计，则请更详论之。盖凡世上学问不力之人，病在有恶而闭藏；学问有力之人，患在有善而执着。闭恶者，教之为善去恶，使有所持循，以免于过。惟彼着善之人，皆世所谓贤人君子者，不知本自无善，妄作善见，舍彼取此，拈一放一，谓诚意而意实不能诚，谓正心而心实不能正。象山先生云："恶能害心，善亦能害心。"以其害心者而事心，则亦何由诚、何由正也？夫害于其心，则必及于政与事矣，故用之成治，效止欢娱，而以之拨乱，害有不可言者。后世若党锢之祸，虽善人不免自激其波，而新法之行，即君子亦难尽辞其责，其究至于祸国家、殃生民，而有不可胜痛者，岂是少却善哉？范滂之语其子曰："我欲教汝为恶，则恶不可为；欲教汝为善，则我未尝为恶。"盖至于临刑追考，觉无下落，而天下方且耻不与党，效尤未休，真学问不明，而认善字之不彻，其弊乃一至此。故程子曰："东汉尚名节，有虽杀身不悔者，只为不知道。"嗟乎，使诸人而知道，则其所造就、所康济当更何如？而秉世教者，可徒任其所见而不唤醒之，将如斯世斯民何哉？是以文成于此，指出无善无恶之体，使之去缚解粘，归根识止，不以善为善，而以无善为善；不以去恶为究竟，而以无恶证本来，夫然后可言诚正实功，而收治平至效。盖以成就君子，使尽为皋、夔、稷、契之佐，转移世道，使得跻黄、虞、三代之隆，上有不动声色之政，而下有何有帝力之风者，舍兹道，其无由也。孔子曰："听讼，吾犹人也。必也使无讼乎！"无讼者，无善无恶之效也。嗟乎，文成兹旨，岂特不为世道之病而已乎！

六

《谛》六云：登高者不辞步履之难，涉川者必假舟楫之利，志道者必竭修为之力。以孔子之圣，自谓下学而上达，好古敏求，忘食忘寝，有终其身而不能已者焉。其所谓克己复礼，闭邪存诚，洗心藏密，以至于惩忿窒欲、改过迁善之训，昭昭洋洋，不一而足也。而今皆以为未足取法，直欲顿悟无善之宗，立跻神圣之地，岂退之所谓务胜于孔子者邪？在高明醇谨之士，着此一见，犹恐其涉于疏略而不情，而况天资鲁钝、根器浅薄者，随声附和，则吾不知其可也。

《解》六云：文成何尝不教人修为？即无恶二字，亦足竭力一生，可嫌少乎？既无恶而又无善，修为无迹，斯真修为也。夫以子文之忠，文子之清，以至原宪克伐怨欲之不行，岂非所谓竭力修为者？而孔子皆不与其仁，则其所以敏求忘食，与夫复礼而存诚、洗心而藏密者，亦自可思，故知修为自有真也。阳明使人学孔子之真学，疏略不情之疑，过矣。

七

《谛》七云：《书》曰："有其善，丧厥善。"言善不可矜而有也。先儒亦曰："有意为善，虽善亦粗。"言善不可有意而为也。以善自足则不弘，而天下之善，种种固在；有意为善则不纯，而吉人为善，常惟日不足。古人立言，各有攸当，岂得以此病彼，而概目之曰无善？然则善果无可为，为善亦可已乎？贤者之疑过矣。

《解》七云：有善丧善，与有意为善，虽善亦私之言，正可证无善之旨。尧舜事业，一点浮云过太虚，谓实有种种善在天下，不可也。吉人为善，为此不有之善、无意之善而已矣。

八

《谛》八云：王文成先生致良知宗旨，元与圣门不异。其《集》中有云："性无不善，故知无不良。良知即是未发之中，即是廓然大公、寂然不动之本体，但不能不昏蔽于物欲，故须学以去其昏蔽。"又曰："圣人之所以为圣人者，以其心之纯乎天理，而无人欲之私也。学圣人者，期此心之纯乎天理而无人欲，则必去人欲而存天理。"又曰："善念存时，即是天理。立志者，常立此善念而已。"此其立论，至为明析。"无善无恶心之体"一语，盖指其未发廓然寂然者而言之，而不深惟《大学》止至善之本旨，亦不觉其矛盾于平日之言。至谓"有善有恶意之动，知善知恶是良知，为善去恶是格物"，则指点下手功夫，亦自平正切实。而今以心意知物，俱无善恶可言者，窃恐其非文成之正传也。

《解》八云：致良知之旨，与圣门不异，则无善恶之旨，岂与致良知异耶？不虑者为良，有善则虑而不良矣。"无善无恶心之体"一语，既指未发廓然寂然处言之，已发后岂有二耶？未发而廓然寂然，已发亦只是廓然寂然。知未发已发不二，则知心意知物难以分析，而四无之说，一一皆文成之秘密。非文成之秘密，吾之秘密也，何疑之有？于此不疑，方能会通其立论宗旨，而工夫不谬。不然，以人作天，认欲为理，背文成之旨良多矣。夫自生矛盾，以病文成之矛盾，不可也。

九

《谛》九云：龙溪王子所著《天泉桥会语》，以四无四有之说判为两种法门，当时绪山钱子已自不服。《易》不云乎："神而明之，存乎其人，默而成之，不言而信，存乎德行。"神明默成，盖不在言语授受之际而已。颜子之终日如愚，曾子之真积力久，此其气象可以想见，而奈何以玄言妙语，便谓可接上根之人？其中根以下之人，又别有一等说话，故使之扞格而不通也。且云："汝中所见是传心秘藏，颜子、明道所不敢言，今已说破，亦是天机该发泄时，岂容复秘？"嗟乎，信斯言也！文成发孔子之所未发，而龙溪子在颜子、明道之上矣。其后四无之说，龙溪子谈不离口，而聪明之士亦人人能言之，然而闻道者竟不知为谁氏。窃恐《天泉会语》画蛇添足，非以尊文成，反以病文成，吾侪未可以是为极则也。

《解》九云：人有中人以上、中人以下二等，所以语之亦殊。此两种法门，发自孔子，非判自王子也。均一言语，而信则相接，疑则扞格，自信自疑，非有能使之者。盖授受不在言语，亦不离言语，神明默成，正存乎其人，知所谓神而明、默而成，则知颜子之如愚，曾子之真积，自有入微之处。而云想见气象，抑又远矣。闻道与否，各宜责归自已，未可疑人，兼以之疑教。至谓颜子、明道所不敢言等语，似觉过高，然要之，论学话头未足深怪。孟子未必过于颜、闵，而公孙丑问其所安，绝无逊让，直曰："姑舍是而学孔子。"曹交未足比于万章辈，而孟子教以希尧，不言等待，直言诵言行行是尧而已。然则有志此事，一时自信得及，诚不妨立论之高、承当之大也。若夫四无之说，岂是凿空自创？究其渊源，实千圣所相传者。太上之无怀，《易》之何思何虑，舜之无为，禹之无事，文王之不识不知，孔子之无意无我，无可无不可，子思之不见不动、无声无臭，孟子之不学不虑，周子之无静无动，程子之无情无心，尽皆此旨，无有二义。天泉所证，虽阳明氏且为祖述，而况可以龙溪氏当之也耶？虽然，圣人立教，俱是应病设方，病尽方消，初无实法，言有非真，言无亦不得已。若惟言是泥，则何言非碍？而不肖又重以言，或者更增蛇足之疑，则不肖之罪也夫！

【简析】

在"九谛"中，许敬庵对"无善无恶"说的批评主要有三点。一是从本体论的角度看，天道、人性必然是善的，如果人性、天道是"无善无恶"的，则失去了道德得以可能的内在而超越的根据。二是从工夫论的角度看，许敬庵认为，"无善无恶"说会导致道德实践工夫失去必要性。三是认为世间的善恶都是实实在在的，也正因为善恶的存在，圣人才能赏善罚恶，从而化民成俗；如果无善无恶，则失去了化民成俗的依据。

周海门的"九解"则围绕"明善"亦即"善之何以为善"这一核心问题展开。他认为，"无善无恶"乃描述良知本心为超越具体、对待之善恶的至善，其发用亦是无执不滞的。应当以至善的良知心体为首出，据之来判别具体的善恶，并为道德行为提供动力，而不能以具体的善恶来决定何为本心善性或提供道德行为的动力。换言之，周海门紧扣良知心体立论，强调良知心体是道德的"判断原则"与"践履原则"：在道德判断上，良知心体能够自发制定客观普遍的道德法则；在道德实践的动力上，良知心体本身具足圆满。良知心体的道德创造性，是道德实践工夫的关键所在，依之而有工夫境界的无执不滞，以及政治教化的"以善养人"。在周海门看来，如果仅以具体的伦理规范的实在性来促使人们知善知恶，并通过赏善罚恶来引导人们为善去恶，那么，道德本心就被降格为仅能认识伦理规范的认知心或趋利避害的功利心，这样反而会导致社会上的灾难。

从这场辩论来看，周海门之思路承袭了阳明与龙溪的思想。当然，许敬庵的担忧与质疑并非没有道理。当时许多脱略工夫、恣情纵欲之人，用"无善无恶"之说作掩护。然而，这只是"人病"，并非"法病"，是"无善无恶"说的非预期后果，并非"无善无恶"说的义旨所在。许敬庵对周海门所言的"明善"之说，尚有未喻。其将阳明的"无善无恶"说视为告子的"性无善无不善"说，如同聂双江误将龙溪的"见在良知"说视为告子的"生之谓性"说一样，均是对阳明学的误解。

刘宗周:《学言》

【导读】

刘宗周(1578—1645),字起东,山阴(今浙江绍兴)人。因讲学于山阴县城北蕺山,学者称他为蕺山先生。万历三十二年(1604),授行人司行人,历仕万历、泰昌、天启、崇祯及南明弘光五朝。然而刘宗周在官之日甚少,"通籍四十五年,在仕仅六年有半,实立朝者四年"(《刘子全书》卷四十《年谱》)。何以如此?因为他刚正敢言,常不顾个人安危,犯颜直谏,指斥时弊,弹劾奸党,为魏忠贤、温体仁、马士英之流所不容,故数次被革职为民。刘宗周素以清苦严毅著称,致谨于一言一行,笃行自律,以"宿儒重望"而为晚明清流领袖。在南明大势已去之际,他临难仗节,绝食二十三日而亡。

刘宗周是明末儒学的殿军,其学说"上承濂洛,下贯朱王"(《刘子全书》卷四十《年谱》)。他汲取了周敦颐的"主静"说、"二程"的"义理之学"、朱熹的理学、王阳明的心学、罗钦顺的气学等思想精华,加以融会贯通,自立新说,卓然成一家之言。刘宗周尤受阳明心学的影响,曾经遍读阳明文集,一度尊信阳明心学,但他不拘泥于阳明之陈说,由王门后学流弊反观阳明理论的缺陷,并以殷切之心修正、辩难王学,对王学做了很多补偏救弊的工作。

刘宗周一生著述宏富,后人编为《刘子全书》(四十卷)、《刘子全书遗编》(二十四卷)。

《学言》节选①

【原文】

独是虚位，从性体看来，则曰"莫见莫显"，是思虑未起，鬼神莫知时也。从心体看来，则曰"十目十手"，是思虑既起，吾心独知时也。然性体即在心体中看出。（《学言》上）

《大学》言心不言性，心外无性也；《中庸》言性不言心，性即心之所以为心也。（《学言》下）

清明以养吾之神，湛一以养吾之虑，沉警以养吾之识，刚大以养吾之气，果断以养之才，凝重以养吾之器，宽裕以养吾之量，严峻以养吾之操。（《学言》上）

朱子一生学问，半得力于主敬，今不从慎独二字认取，而欲掇敬于格物之前，真所谓握灯而索照也。（《学言》下）

阳明只说致良知，而以意为粗根，故于慎独二字亦全不讲起，于《中庸》说戒慎恐惧处亦松。（《学言》下）

心一也，自其主宰而言谓之意。……心体所谓四端万善，参天地而赞化育，尽在意中见，离帝无所谓天者，离意无所谓心者。（《学言》下）

既自好自恶，则好在善即恶在不善，恶在不善即好在善，故好恶虽两意而一几。（《学言》下）

故意蕴于心，非心之所发也……知藏于意，非意之所起也；又就知中指出最初之机，则仅有体物不遗之物而已。（《学言》上）

心为念，盖心之余气也。余气也者，动气也。动而远乎天，故念起念灭，为厥心病，还为意病，为知病，为物病。（《学言》中）

思积为虑，虑返为知，知返为性，此圣路也。念积为想，想结为识，识结为情，此狂门也。（《学言》中）

如谓诚意即诚其有善有恶之意，诚其有善，固可断然为君子，诚其有恶，岂不断然为小人？吾不意良知既致之后，只落得做半个小人。（《学

---

① 见吴光主编《刘宗周全集》第二册，浙江古籍出版社，2007，第366—473页。

言》下）

一味退藏，一味暗淡，寡言以抱吾之愚，省事以守吾之拙，亦可以寡过矣乎。（《学言》上）

【简析】

《学言》分为上、中、下三卷，分别收入《刘子全书》卷十、卷十一、卷十二。这里选录了《学言》的部分原文，主要涉及刘宗周的慎独说与诚意说。

刘宗周早年信奉程朱主敬之学，尚未形成学术体系；中年时期，他以"慎独"标宗而自成一家之言；晚年"专立诚之旨"（《刘子全书》卷四十《年谱》），倡导诚意说，对王阳明的良知教辩难不已。

先论刘宗周的慎独说。慎独是传统儒家提倡的一种道德修养方法，亦可指经道德修养后所达到的一种道德境界。刘宗周对慎独学说的重视程度可谓前所未有，他认为孔门"相传心法"唯在慎独，由慎独方可"修齐治平"，由慎独而"天地位而万物育"。黄宗羲说："先生之学，以慎独为宗，儒者人人言慎独，唯先生始得其真。"（《明儒学案》卷六十二《蕺山学案》）

刘宗周认为，"独"作为抽象的观念，存在于主体意识之中。"独"无形象可索，处于隐微之地而不可睹闻、不可名状，但能知善知恶、好善恶恶。它是形而上者，人只有戒慎恐惧于闲居独处之时，无丝毫自欺与瞒昧，才能呈现这一真实无妄之体。刘宗周又提到"独体"的概念，"独体"是超越意义上的自我或主体，它既能泛应曲当、物来顺应，又丝毫不违天道、天理。在刘宗周这里，与"独"（"独体"）意义类似的说法有很多种，如"独知""微体""意体""自""中体"等，都与"独"（"独体"）名异而实同。

刘宗周将"独"（"独体"）视为虚位，"独体"即在心体与性体之中呈现，是心体与性体的统一。性体侧重于强调道德本体所具有的客观性与普遍性。依照牟宗三先生的分析，"性体是涵盖乾坤而为言，是绝对地普遍的。虽具于个体，亦是绝对地普遍的……言性，即为的建立道德创造之源，非是徒然而泛然之宇宙论也"。① 心体则主要揭示道德主体的能动性与创造性。心体与性体紧密相连。一方面，性体是心体的内容，没有性体，心体则只是虚灵空洞的主宰；另一方面，心体又是性体的主体，没有心体，性体则成为悬空无实的虚构物。心体之外别无性体。若仅有性体的高高在上，虽然令人敬畏，但也必将失去其存在的意义，性体最终要落实到心体上来讲。

刘宗周一方面主张"独体"是心体与性体的统一，另一方面又凸显了性体。在他看来，王门部分后学仅仅以心之灵明觉照作为证圣的根本，而置普遍的道德规则于不顾，此举将使良知的本来面目遮蔽而无法呈露，混情识和玄虚入良知而不自觉。因此，刘宗周着力阐发了"独体"之客观性与普遍性。

"独体"被刘宗周置于本体的地位，为至善。但现实的人因气拘物蔽而沉溺于种种欲望之中，欲多则为恶。因此，刘宗周的慎独说也突出了后天的修养工夫。在他看来，唯有勤做修养工夫，才能使"独体"呈现出来。

再论刘宗周的诚意说。刘宗周晚年的学说是以"诚意"为核心的。对于"诚意"之"意"，刘宗周的理解与王阳明不同。王阳明将"意"视为"心之所发"，指应物而起、即时而发的意向和观念。依王阳明，未发的是没有私意的良知，即"心之体"，已发的是与具体物象接触后而产生的意念。在刘宗周这里，"意"并非王阳明所理解的经验义，而被赋予了本体论的意义。他常将"心"喻为舟，将"意"喻为舵；或者把"心"看成"盘子"，把"意"看成"定盘针"，"意"即虚灵不昧之心的主宰。

刘宗周将"意"视为至善而无恶的，"意"即人心原本具有的一种所好必真正是善、所恶必真正是恶的确定不移的倾向。不过，刘宗周并没有否认经验层面的"恶"。他引入了"念"的概念，"念"为"意"的对立范畴。"念"感于外物而起，欲动情炽而生。心、意、知、物是一路，均为至善，容不得有一"念"字存在。"念"的起源只能从感性经验层面加以解释。

刘宗周曾以气来喻心的特性，说人心只是一气而已，以此来说明心体

---

① 牟宗三：《心体与性体》（上），上海古籍出版社，1999，第419页。

的周流不息和循环往复。心的活动、运作过程与气的流转、通复浑然为一，妙合无间。"念"与气是何种关系？在刘宗周看来，"念"乃心之余气。在"气"之前加一"余"字，表示它是因物而感，非正常运作之气，是心气之动被物所牵，遗出而泄露者。心气周而复始地循环着，余气则是心气流行过程中遗出而不返者。若不经过人的践履工夫加以贞定，一味顺着经验而任其流行，则泄露的余气会愈来愈多，日久必酿成心病、意病、知病、物病。心之余气称为"动气"，即浮动之气，浮动而为"念"。"念"逐物而驰，往而不返。

"意"与"念"之区别在于"念有起灭"而"意无起灭"。"意"是人心之主宰，能贞定人心而不失其正，防止人向感性欲望方向过度倾斜。"意"的定向作用具有持久性与稳定性，并不随时空的变化而改变，不左右摇摆，而是恒如其性，逐渐臻于至善，无泯灭、走失之可能，故说"意无起灭"。"念"乃逐物而起，其好恶对象为感性事物。"念"无主宰，着于此而不着于彼，着于彼而不着于此，具有偶然性，易变化不定，忽起忽灭，不像"意"那样恒定如一地好善恶恶，因此说"念有起灭"。

刘宗周严辨"意""念"之异，旨在扭转阳明对"意"的理解方式。刘宗周认为，王门后学出现种种流弊，根源在于阳明将"意"字理解偏颇，没有在"意""念"之间做出严格区分。在他看来，若像阳明那样将"意"解释为"心之所发"，认为"意"是有善有恶的，那么，《大学》中的"诚意"就有仅仅用功于已发阶段的嫌疑，失去了"未发之中"的一段真工夫。这样一来，为善去恶将会随着生灭不已之"念"而转移。学者于念起念灭上去追逐，虽一生劳顿，却将一事无成。

刘宗周、王阳明对"诚"的理解也不同。刘宗周所讲的"诚"，是指如"意"的本然状态而复还之，工夫在"化念归思"上。而在王阳明看来，"诚"的意义在于对治经验，因为他将"意"视为有善有恶的，需要不断扩充人的良知，克己复礼，胜私还理，由致知而使"意"诚。王阳明所诚的是经验意义上的"意"，工夫落在诚意上。显然，王阳明所谓的"意"即刘宗周所谓的"念"。两人学说中都具有根源性的范畴，王阳明为"知"（良知），刘宗周为"意"。刘宗周驳斥王阳明固然有其用意，但他不必在概念转换上过多纠缠，不必以己意强加于阳明。

黄宗羲：《明夷待访录》

【导读】

黄宗羲（1610—1695），字太冲，号南雷，别号梨洲，浙江余姚人。其父黄尊素因上疏弹劾以魏忠贤为首的"阉党"而被迫害致死。崇祯元年（1628），黄宗羲和其他东林遗孤一同入京讼冤，使"阉党"人物受到应有的惩罚，黄宗羲也因此渐为人知。崇祯三年，黄宗羲加入复社，后来参与了复社声讨"阉党"余孽阮大铖的政治斗争。清兵南下之际，他组织里中子弟数百人，号"世忠营"，进行武装抵抗。南明政权覆亡之后，黄宗羲隐居著书，绝意仕进。黄宗羲晚年会合同门学友，恢复了刘宗周创办的证人书院，从事讲学活动。

黄宗羲师从刘宗周，成为蕺山学派的中坚力量。他一生推崇师说，其《明儒学案》即以刘宗周的思想为纲领编成。黄宗羲所著《孟子师说》，是在反复研读刘氏遗著，揣摩、领会刘氏学说宗旨之后而作。《孟子师说》虽然主要反映了黄宗羲本人的主张，但其思想要旨基本不违师说。当然，与其师不同的是，黄宗羲并未局限于探讨儒家心性之学，他对理学、经学、史学、文学、历法、数学、乐律及释道百家等都有独到的研究，尤其注重史学，因而被后人视为浙东史学派的开山之祖。

黄宗羲的学说贯穿着"经世应务"的根本精神，他对明末不务实学的王学末流表现出鄙夷，认为他们"本领脆薄，学术庞杂"，以致"终不能有所成就"。有鉴于此，黄宗羲特别强调学问的经世功能。

黄宗羲著述丰富，除《明儒学案》《孟子师说》之外，还有《明夷待访录》、《易学象数论》、《宋元学案》（黄宗羲未能完成即去世，后由其子黄百家及弟子全祖望编续，才大体完成）等。

《明夷待访录》节选①

【原文】

原　君

有生之初，人各自私也，人各自利也。天下有公利而莫或兴之，有公害而莫或除之。有人者出，不以一己之利为利，而使天下受其利，不以一己之害为害，而使天下释其害。此其人之勤劳必千万于天下之人，夫以千万倍之勤劳而己又不享其利，必非天下之人情所欲居也。故古之人君，量而不欲入者，许由、务光是也；入而又去之者，尧、舜是也；初不欲入而不得去者，禹是也。岂古之人有所异哉？好逸恶劳，亦犹夫人之情也。

后之为人君者不然，以为天下利害之权皆出于我，我以天下之利尽归于己，以天下之害尽归于人，亦无不可。使天下之人不敢自私，不敢自利，以我之大私为天下之公。始而惭焉，久而安焉，视天下为莫大之产业，传之子孙，受享无穷。汉高帝所谓"某业所就，孰与仲多"者，其逐利之情不觉溢之于辞矣。此无他，古者以天下为主，君为客，凡君之所毕世而经营者，为天下也。今也以君为主，天下为客，凡天下之无地而得安宁者，为君也。是以其未得之也，屠毒天下之肝脑，离散天下之子女，以博［博］我一人之产业，曾不惨然！曰"我固为子孙创业也"。其既得之也，敲剥天下之骨髓，离散天下之子女，以奉我一人之淫乐，视为当然，曰"此我产业之花息也"。然则天下之大害者，君而已矣。向使无君，人各得自私也，人各得自利也。呜呼！岂设君之道固如是乎？

古者天下之人爱戴其君，比之如父，拟之如天，诚不为过也。今也天下之人怨恶其君，视之如寇仇，名之为独夫，固其所也。而小儒规规焉以君臣之义无所逃于天地之间，至桀、纣之暴，犹谓汤、武不当诛之，而妄

---

① 见黄宗羲著，孙卫华校释《明夷待访录校释》，岳麓书社，2011，第7—13、28—32页。

传伯夷、叔齐无稽之事，乃兆人万姓崩溃之血肉，曾不异夫（首）〔腐〕鼠。岂天地之大，于兆人万姓之中，独私其一人一姓乎？是故武王，圣人也；孟子之言，圣人之言也。后世之君，欲以如父如天之空名，禁人之窥伺者，皆不便于其言，至废孟子而不立。非导源于小儒乎！

虽然，使后之为君者果能保此产业，传之无穷，亦无怪乎其私之也。既以产业视之，人之欲得产业，谁不如我？摄缄縢，固扃鐍，一人之智力，不能胜天下欲得之者之众，远者数世，近者及身，其血肉之崩溃，在其子孙矣。昔人愿世世无生帝王家，而毅宗之语公主，亦曰："若何为生我家！"痛哉斯言！回思创业时，其欲得天下之心，有不废然摧沮者乎！是故明乎为君之职分，则唐虞之世，人人能让，许由、务光非绝尘也；不明乎为君之职分，则市井之间，人人可欲，许由、务光所以旷后世而不闻也。然君之职分难明，以俄顷淫乐不易无穷之悲，虽愚者亦明之矣。

原臣（节录）

有人焉，"视于无形，听于无声"，以事其君，可谓之臣乎？曰：否。杀其身以事其君，可谓之臣乎？曰：否。夫视于无形，听于无声，资于事父也；杀其身者，无私之极则也，而犹不足以当之，则臣道如何而后可？曰：缘夫天下之大，非一人之所能治，而分治之以群工。故我之出而仕也，为天下，非为君也；为万民，非为一姓也。吾以天下万民起见，非其道，即君以形声强我，未之敢从也，况于无形无声乎！非其道，即立身于朝，未之敢许也，况于杀其身乎？不然，而以君之一身一姓起见，君有无形无声之嗜欲，吾从而视之听之，此宦官宫妾之心也；君为己死而为己亡，吾从而死之亡之，此其私昵者之事也。是乃臣不臣之辨也。

世之为臣者昧于此义，以谓臣为君而设者也。君分吾以天下而后治之，君授吾以人民而后牧之，视天下人民为人君囊中之私物。今以四方之劳扰，民生之憔悴，足以危吾君也，不得不讲治之牧之之术。苟无系于社稷之存亡，则四方之劳扰，民生之憔悴，虽有诚臣，亦以为纤芥之疾也。夫古之为臣者，于此乎？于彼乎？

盖天下之治乱，不在一姓之兴亡，而在万民之忧乐。是故桀、纣之亡，乃所以为治也；秦政、蒙古之兴，乃所以为乱也；晋、宋、齐、梁之兴亡，无与于治乱者也。为臣者轻视斯民之水火，即能辅君而兴，从君而亡，其于臣道固未尝不背也。夫治天下犹曳大木然，前者唱邪，后者唱许。君与臣，共曳木之人也。若手不执绋，足不履地，曳木者唯娱笑于曳木者之前，从曳木者以为良，而曳木之职荒矣。

学校（节录）

学校，所以养士也。然古之圣王，其意不仅此也，必使治天下之具皆出于学校，而后设学校之意始备。非谓班朝，布令，养老，恤孤，讯馘，大师旅则会将士，大狱讼则期吏民，大祭祀则享始祖，行之自辟雍也。盖使朝廷之上，闾阎之细，渐摩濡染，莫不有诗书宽大之气。天子之所是未必是，天子之所非未必非，天子亦遂不敢自为非是，而公其非是于学校。是故养士为学校之一事，而学校不仅为养士而设也。

三代以下，天下之是非一出于朝廷。天子荣之，则群趋以为是；天子辱之，则群擿以为非。簿书、期会、钱谷、戎狱，一切委之俗吏。时风众势之外，稍有人焉，便以为学校中无当于缓急之习气。而其所谓学校者，科举嚣争，富贵熏心，亦遂以朝廷之势利一变其本领，而士之有才能学术者，且往往自拔于草野之间，于学校初无与也。究竟养士一事，亦失之矣。

于是学校变而为书院。有所非也，则朝廷必以为是而荣之；有所是也，则朝廷必以为非而辱之。伪学之禁，书院之毁，必欲以朝廷之权与之争胜。其不仕者有刑，曰：此率天下士大夫而背朝廷者也。其始也，学校与朝廷无与；其继也，朝廷与学校相反。不特不能养士，且至于害士，犹然循其名而立之何与？

东汉太学三万人，危言深论，不隐豪强，公卿避其贬议。宋诸生椎鼓，请起李纲扶阙。三代遗风，惟此犹为相近。使当日之在朝廷者，以其所非是为非是，将见盗贼奸邪慑心于正气霜雪之下！君安而国可保也。乃论者目之为衰世之事，不知其所以亡者，收捕党人，编管陈、欧，正坐破坏学校所致，而反咎学校之人乎！

嗟乎！天之生斯民也，以教养托之于君。授田之法废，民买田而自养，犹赋税以扰之；学校之法废，民蚩蚩而失教，犹势利以诱之。是亦不仁之甚，而以其空名跻之曰"君父，君父"，则吾谁欺！

郡县学官，毋得出自选除。郡县公议，请名儒主之。自布衣以至宰相之谢事者，皆可当其任，不拘已未仕也。其人稍有干于清议，则诸生得共起而易之，曰：是不可以为吾师也。其下有五经师，兵法、历算、医、射各有师，皆听学官自择。凡邑之生童皆裹粮从学，离城烟火聚落之处，士人众多者，亦置经师。民间童子十人以上，则以诸生之老而不仕者充为蒙师。故郡邑无无师之士，而士之学行成者，非主六曹之事，则主分教之务，亦无不用之人。

学官以外，凡在城在野，寺观庵堂，大者改为书院，经师领之，小者改为小学，蒙师领之，以分处诸生受业。其寺产即隶于学，以赡诸生之贫者。二氏之徒，分别其有学行者，归之学官，其余则各还其业。

太学祭酒，推择当世大儒，其重与宰相等，或宰相退处为之。每朔日，天子临幸太学，宰相、六卿、谏议皆从之。祭酒南面讲学，天子亦就弟子之列。政有缺失，祭酒直言无讳。

【简析】

《原君》《原臣》《学校》均选自《明夷待访录》。黄宗羲身处明清鼎革之际，他强烈地感受到政治腐败所导致的亡国之痛，因而晚年致力于反思君主专制制度的种种弊端。其所著《明夷待访录》就对君主专制制度进行了深刻批判，并提出了不乏启蒙意味的政治改革主张。此外，他也提出了经济、文化、军事等方面的改革主张。现就以上选文内容略做分析。

首先，黄宗羲剖析了君主的产生及君主的职能。这里需要指出的是，黄宗羲在阐释心性之学时，往往宣扬性善论，但在论述君主的产生时，又认为"人各自私也，人各自利也"，而自私自利的人是不可能处理好公共事务的，君主的产生即为了兴公利、除公害。这一职责并非一般人可以胜任，需要由道德极其高尚的圣贤担任。黄宗羲的这些说法令人想到西方思想家卢梭的社会契约论，两者有某种相似之处。不过，也不可将两者直接等同，"在梨洲的系统内，君主之为兴公利除公害之人，似乎是一个先验的赋予"。① 而卢梭的社会契约论则十分推崇自由和平等，认为它们是社会契约的基本前提，黄宗羲的思想显然还没有上升到这样的高度。

其次，黄宗羲指出，"后之为人君者"的所作所为与设立君主的初衷

---

① 叶保强：《皇权的限制与中国庶民社会——黄宗羲政治哲学新诠》，收入吴光等主编《黄梨洲三百年祭》，当代中国出版社，1997，第 110 页。

相背离。他们往往把天下当成私家产业，可以肆意盘剥，供他们自己和子孙享受。也就是说，后世君主颠倒了理想的、应然层面的君民关系，扭曲为以君为主、天下（百姓）为客，君主奴役百姓，以谋私利。君主拥有至高无上的权力，可以主宰一切。拥有这样的君主非但不是百姓之福，反而成为百姓之害。如此一来，百姓也会视君如寇仇，称之为独夫、民贼。

在黄宗羲看来，君臣之间不应是主仆关系，臣子非为一人一姓服务，而应以天下苍生为己任。可是，现实中的君臣关系并非如此，臣子往往认为自己的权力来自君主，因而只为君主效犬马之劳，对君主绝对服从，以至于变成了君主的仆人，忘记了作为臣子应服务于天下百姓的本职。

最后，黄宗羲主张对君权加以限制。他虽然洞察到了君主制的各种弊端，但他并不是一个无君论者，他主要批判了那些不遵守君道的君主。他在肯定君主制的前提下，主张对君权加以限制。比如，黄宗羲主张以学校为议政之所，以防止君主及各级官员滥用权力。在他看来，学校不仅是养士的地方，同时也是议论时政的场所，可以对各级官员进行品评、监督。学校的学官不能由朝廷委任，而应通过推举的方式产生。郡县的学官，由郡县众议，请名儒主持。中央的太学设祭酒，由当世大儒担任。祭酒还可以直接批评朝政，纠正君主的过失。因此，按照黄宗羲的设想，学校一方面为国家培养人才，另一方面也要负起监督君主以及朝廷的职责，进而约束君权。

黄宗羲政治哲学思想的总体原则是限制君权，以防止君主的专断非为。此与西方权力制衡的理论虽存在差距，但在人们普遍迷信君权的时代，黄宗羲能够提出如此新颖的见解，已属难能可贵。其政治哲学思想对近代中国的政治变革运动也产生了实质性的作用。

顾炎武:《日知录》

【导读】

顾炎武（1613—1682），原名绛，字忠清，明亡后改名炎武，字宁人，号亭林，学者尊为亭林先生，江苏昆山人。明亡后，其于苏州、昆山等地参加抗清斗争，失败后，化名蒋山佣，避祸于江南。顺治十四年（1657），顾炎武只身北上，开始了其后半生的漂泊生活，足迹遍至山东、河北、山西、陕西等广大地区。他每至一地，必考察当地的自然环境及风土人情，同时广交豪杰师友。

顾炎武生活在朝代更替、"天崩地解"的时代，明朝的覆灭使其在思想上受到了较大的打击。他对明朝灭亡的原因进行了深刻的反思，尤其从晚明学风的层面进行了剖析。

顾炎武的学术风格与宋明理学家迥然相异，更不同于王学末流。其兴趣主要在于做客观的学问研究，包括对经史的考订以及对外在物理的探索。他一方面饱读经史典籍及各代学者的文集，比勘审核，旁推互证；另一方面则频繁奔波于各地，尤其是中晚年时期，常常在北方进行实地考察，翻山越岭，观察山川形势，寻幽探胜，口问笔录。他要求自己做到"读万卷书，行万里路"。

顾炎武对经学、史学、音韵学、训诂学、地理学、金石学等均有涉猎。其不仅学问广博，而且在学术上具有较强的开创性。梁启超先生指出："亭林在清学界之特别位置，一在开学风，排斥理气性命之玄谈，专从客观方面研察事务条理。二曰开治学方法，如勤搜资料，综合研究，如参验耳目闻见以求实证，如力戒雷同剿说，如虚心改订不护前失之类皆是。三曰开学术门类，如参证经训史迹，如讲求音韵，如说述地理，如研精金石之类皆是。"①

顾炎武著述宏富，其代表性著作有《日知录》、《顾亭林诗文集》（内收《亭林文集》《亭林余集》《蒋山佣残稿》《亭林佚文辑补》《亭林诗集》）、《音学五书》、《天下郡国利病书》等。

《日知录》节选②

【原文】

五胡乱华，本于清谈之流祸，人人知之。孰知今日之清谈，有甚于前代者。昔之清谈谈老庄，今之清谈谈孔孟，未得其精而已遗其粗，未究其本而先辞其末。不习六艺之文，不考百王之典，不综当代之务，举夫子论学论政之大端一切不问，而曰"一贯"，曰"无言"。以明心见性之空言，代修己治人之实学。股肱惰而万事荒，爪牙亡而四国乱。神州荡覆，宗社丘墟。昔王衍妙善玄言，自比子贡，及为石勒所杀，将死，顾而言曰："呜呼，吾曹虽不如古人，向若不祖尚浮虚，戮力以匡天下，犹可不至今日。"今之君子，得不有愧乎其言？（《日知录》卷七《夫子之言性与天道》）

今之君子学未及乎樊迟、司马牛，而欲其说之高于颜、曾二子，是以终日言性与天道，而不自知其堕于禅学也。（《日知录》卷七《夫子之言性与天道》）

有亡国，有亡天下。亡国与亡天下奚辨？曰：易姓改号，谓之亡国；仁义充塞，而至于率兽食人，人将相食，谓之亡天下。魏、晋人之清谈，何以亡天下？是《孟子》所谓杨、墨之言，至于使天下无父无君而入于禽兽者也。……是故知保天下，然后知保其国。保国者，其君其臣肉食者谋之；保天下者，匹夫之贱与有责焉耳矣。（《日知录》卷十三《正始》）

以一人而易天下，其流风至于百有余年之久者，古有之矣。王夷甫之

---

① 梁启超：《中国近三百年学术史》，东方出版社，1996，第79页。
② 见顾炎武著，黄汝成集释《日知录集释》（全校本），栾保群、吕宗力校点，上海古籍出版社，2006，散见于第401—1066页。

清谈，王介甫之新说，其在于今，则王伯安之良知是也。（《日知录》卷十八《朱子晚年定论》）

"君子博学于文。"自身而至于家、国、天下，制之为度数，发之为音容，莫非文也。……而《谥法》"经纬天地曰文"，与弟子之学《诗》、《书》六艺之文，有深浅之不同矣。（《日知录》卷七《博学于文》）

《五代史·冯道传论》曰："'礼义廉耻，国之四维。四维不张，国乃灭亡。'善乎，管生之能言也！礼义，治人之大法；廉耻，立人之大节。盖不廉则无所不取，不耻则无所不为。人而如此，则祸败乱亡亦无所不至。况为大臣，而无所不取，无所不为，则天下其有不乱，国家其有不亡者乎！"然而四者之中，耻尤为要。故夫子之论士，曰："行己有耻。"（《日知录》卷十三《廉耻》）

【简析】

《日知录》是顾炎武的代表作之一。这里选录了《日知录》的部分原文。王夷甫，西晋大臣，名衍，喜谈老庄，推崇何晏和王弼等人的玄学，在他的倡导下，当时浮诞之风越来越严重。后为石勒所杀，至死方悟"祖尚浮虚"之祸国殃民。王介甫即王安石，他倡导新学，推行改革，但争议较大。王伯安即王守仁。

顾炎武反思了宋明心性之学的弊端，进而又重点批驳了明末王学末流空谈心性的学风。在他看来，心性之学过于茫昧，难以有确解，往往是言人人殊，很难达成一致。即使某个学者自认为对心性之学的体悟很透彻，可是因为它是个体的体证，自我的觉解对个体而言可能是心知肚明，对他人而言未必就那么清楚明了。这样，心性之学有时便可能是只可意会，不可言传，甚至被导向神秘主义。顾炎武还指出，讲心性之学者常常"摄此心于空寂之境"，或"遗落世事，以独求其所谓心"（《日知录》卷一《艮其限》），即将世事都抛开，追求一种空寂之境，堕入佛禅之学，与儒家明道、淑世的宗旨相去甚远。以此之故，顾炎武较少探讨心性之学，即使偶尔论及心、性、理（或道）、命等范畴，也常常是从认知的、经验的角度来理解。在他看来，作此种理解，才可以消解心性之学的玄思和不确定性成分。

顾炎武将明代心学家与魏晋时期的玄学家相提并论，将他们都视为空谈、玄谈之人，认为他们都应对亡国之祸负责。就魏晋玄学家而言，顾炎武认为，他们抛弃儒家经典，转而崇尚老庄，蔑视礼法名教，只求个人放达，而置朝政安危于不顾。顾炎武将亡国及社会风气败坏的原因都归咎于玄学家不关心时政与民生问题，热衷于玄谈，而且还认为王弼、何晏清谈之害远大于桀纣暴政，原因在于夏桀、商纣王的暴政所造成的祸害只是一世而已，而王弼、何晏的清谈之风所造成的祸害则远远不止一世，后世学者多受其不良影响，这也即是亡国与亡天下的区别。

亡国只是"易姓改号"即朝代更替而已，而亡天下乃是"率兽食人，人将相食"，即人们不讲仁义道德，人性丧失，人沦为禽兽，人将变成非人。顾炎武认为，匹夫匹妇对"保天下"都有不可推卸的责任，正所谓"天下兴亡，匹夫有责"，而学者尤其应该担负起此种责任。魏晋时期的玄学家却放纵清谈，这在顾炎武看来是"亡天下"之举。

顾炎武认为，自明代中期王阳明心学兴起以来，玄谈之风又逐渐风靡大江南北。魏晋玄学家清谈的对象是老庄，王门学者则把孔孟学说作为清谈的对象。他们不是将孔孟学说作为修己治人之学，而是将其玄虚化。这种做法不仅会败坏学风，还会导致"神州荡覆，宗社丘墟"的严重后果。顾炎武将王阳明与王衍等人相提并论，无非是想说明王学尤其是王学末流的空谈心性与明代亡国之祸具有一定的关联。顾炎武的此种批评虽然有其合理性，但显然过分夸大了王学的影响。不仅是王学，任何一种学说在实际生活中都不可能产生这么大的负面影响，更不可能从根本上颠覆一个朝代，或者淆乱几代人的人心、人性。明王朝灭亡乃多种因素使然，单纯从学风层面分析明代亡国之祸显然不够准确、全面。

顾炎武厌弃空谈心性的风气，转而强调"明道救世"。在他看来，要做到"明道救世"，除了潜心研究经史之学之外，也应高度关注经世实务。《日知录》即是其广求文献与实地考察相结合的一个成果，涉及内容十分广泛。对于事关民生国命者，顾炎武必穷源溯本，探讨其所以然，并亲赴各地做调查，足迹半天下。

顾炎武所谓的"明道"，即明圣人之道。圣人之道的精髓是什么？顾炎武说："愚所谓圣人之道者如之何？曰'博学于文'，曰'行己有耻'。自一身以至于天下国家，皆学之事也；自子臣弟友以至出入、往来、辞受、取与之间，皆有耻之事也。"（《顾亭林诗文集·亭林文集》卷三《与友人论学书》）可见，顾炎武心目中的"圣人之道"主要指"博学于文"与"行己有耻"。

一般说来，所谓"学"，是指通过读书、研究、听讲等方式获得文化知识和技能。顾炎武所讲的"学"，无疑也包含此层含义，但他并未将"学"仅仅局限于博览群书或闭门独学，还强调要实地考察与社会交往。顾炎武所谓的"文"也不仅仅是指文献，他扩展了"文"的外延，凡是古今各种制度、各地风俗人情、天文地理等，无不是"文"。不管何时何地，哪怕是在穷乡僻壤或穷困潦倒之时，顾炎武都要求自己"博学于文""多学而识"。顾炎武在北方游历时，既高度关注社会现实问题，又集中心力读书、抄书与著述，尤其专注于研读、抄录经史之书。

"行己有耻"一语来自《论语·子路》，顾炎武十分重视此语，并将之奉为立身处世之本。在他看来，人若无"耻"，则成为"无本之人"。在古代，"耻"与"礼"、"义"、"廉"一起被称为"四维"。而顾炎武认为"四者之中，耻尤为要"。在他看来，人之堕落、人性的异化，主要是因为人不能守住"耻"德。一个人如果没有羞耻之心，是不可能要求他做到礼让、行义、廉洁的。因而，"耻"是"礼""义""廉"的基础和前提。"耻"德应是一种低限度的德性。顾炎武较少谈论"上达天德"之类的高妙话头，而致力于探讨"耻"德的另外一个原因是，他目睹王学末流之流弊，谈仁义、天道者不可谓不多，可是谈得愈多，谈得愈玄虚，仁义、天道愈得不到落实，一些文人连最起码的道德准则都守不住，部分官员有过之而无不及，顾炎武甚至认为明末"无官不贿遗""无守不盗窃"（《日知录》卷十三《名教》）。这种说法也许有夸大其词之处，但从中也可以看出明末官场的腐朽、颓败。顾炎武重视"耻"德，主要是试图让人们守住道德底线，注重一言一行、一点一滴的操守培养，逐渐改善社会风气。

顾炎武虽然具有较强的救世之志，但在当时的历史条件下，他无缘去建功立业，无法施展自己的抱负。不过，救世有不同的实现方式，顾炎武尝说："救民以事，此达而在上位者之责也。救民以言，此亦穷而在下位者之责也。"（《日知录》卷十九《直言》）这里的"救民"也即"救世"，"救民"（"救世"）可分为两种类型——"救民以事""救民以言"，顾炎武大概属于"救民以言"的类型。

王夫之：《周易外传》

【导读】

王夫之（1619—1692），字而农，号姜斋，衡阳（今属湖南）人。崇祯五年（1632），考中秀才，组织"匡社"。崇祯十五年中乡试。顺治初年，投靠南明永历帝朱由榔，参加反清斗争。反清失败后，隐居从事著述，学者称船山先生。康熙十七年（1678）三月，拒绝为吴三桂撰写劝进表。康熙三十一年病逝于湘西草堂。著有《周易外传》《周易内传》《黄书》《尚书引义》《永历实录》《春秋世论》《噩梦》《读通鉴论》《宋论》等书。本篇节选自王船山《周易外传》之《系辞上传》，文本依据是2011 年岳麓书社出版的《船山全书》。

《周易外传》节选①

【原文】

夫《易》，天人之合用也。天成乎天，地成乎地，人成乎人，不相易者也。天之所以天，地之所以地，人之所以人，不相离者也。易之则无体，离之则无用。用此以为体，体此以为用。所以然者，彻乎天地与人，惟此而已矣。故《易》显其用焉。

夫天下之大用二，知、能是也；而成乎体，则德业相因而一。知者天

---

① 王夫之：《周易外传》，《船山全书》第 1 册，岳麓书社，2011，第 983—984、1027—1029 页。

事也，能者地事也，知能者人事也。今夫天，知之所自开，而天不可以知名也。今夫地，能之所已著，而不见其所以能也。清虚者无思，一大者无虑，自有其理，非知他者也，而恶得以知名之！块然者已实而不可变，委然者已静而不可兴，出于地上者功归于天，无从而见其能为也。虽然，此则天成乎天，地成乎地。人既离之以有其生而成乎人，则不相为用者矣。此之谓"不易"也。

乃天则有其德，地则有其业，是之谓《乾》《坤》。知、能者，《乾》《坤》之所效也。夫知之所废者多矣，而莫大乎其忘之。忘之者，中有间也。万变之理，相类相续而后成乎其章，于其始统其终，于其终如其始。非天下之至健者，其孰能弥亘以通理而不忘？故以知：知者惟其健，健者知之实也。能之所穷，不穷于其不专，而莫穷乎窒中而执一。执一而窒其中，一事之变而不能成，而奚况其赜！至善之极，随事随物而分其用，虚其中，析其理，理之所至而咸至之。非天下之至顺者，其孰能尽亹亹之施而不执乎一？故以知：能者惟其顺，顺者能之实也。

【简析】

易之体用：《周易内传》曰，"《周易》之书，《乾》《坤》并建以为首，《易》之体也；六十二卦错综乎三十四象而交列焉，《易》之用也"。王船山又曰："阴阳者，定体也，确然陨然为二物而不可易者也；而阳变阴合，交相感以成天下之亹亹者，存乎相易之大用。"

德业相因："知"是知天道，此与德相关，以象乾；"能"与业相关，以象坤。故上文曰："乃天则有其德，地则有其业，是之谓《乾》《坤》。"又如船山曰："占《易》者知其道，因而见天则以尽人能。"德业相因乃言天人合撰，天道变化，而人道在其中。

亹亹：读音 wěi wěi，以诗文或谈论动人，使人精进不已。如《诗经·大雅·文王》曰："亹亹文王，令闻不已。"

【原文】

天下惟器而已矣。道者器之道，器者不可谓之道之器也。无其道则无其器，人类能言之。虽然，苟有其器矣，岂患无道哉！君子之所不知，而圣人知之；圣人之所不能，而匹夫匹妇能之。人或昧于其道者，其器不成，不成非无器也。

无其器则无其道，人鲜能言之，而固其诚然者也。洪荒无揖让之道，唐、虞无吊伐之道，汉、唐无今日之道，则今日无他年之道者多矣。未有弓矢而无射道，未有车马而无御道，未有牢醴璧币、钟磬管弦而无礼乐之道。则未有子而无父道，未有弟而无兄道，道之可有而且无者多矣。故无其器则无其道，诚然之言也，而人特未之察耳。

故古之圣人，能治器而不能治道。治器者则谓之道，道得则谓之德，器成则谓之行，器用之广则谓之变通，器效之著则谓之事业。

故《易》有象，象者像器者也；卦有爻，爻者效器者也；爻有辞，辞者辨器者也。故圣人者，善治器而已矣。自其治而言之，而上之名立焉。上之名立，而下之名亦立焉。上下皆名也，非有涯量之可别者也。

形而上者，非无形之谓。既有形矣，有形而后有形而上。无形之上，亘古今，通万变，穷天穷地，穷人穷物，皆所未有者也。故曰："惟圣人然后可以践形。"践其下，非践其上也。故聪明者耳目也，睿知者心思也，仁者人也，义者事也，中和者礼乐也，大公至正者刑赏也，利用者水火金木也，厚生者谷蓏丝麻也，正德者君臣父子也。如其舍此而求诸未有器之先，亘古今，通万变，穷天穷地，穷人穷物，而不能为之名，而况得有其实乎？

【简析】

上文是王船山阐明"天下惟器"的经典文本，广为学界所熟知。文章通过道器关系论，阐述了圣人体道治器、经世厚民的思想主张，体现其要求利民厚生、大公至正的人文关怀。

吊伐之道：吊，慰问；伐，讨伐。吊伐，慰问受苦的人民，讨伐有罪的统治者。"吊民伐罪"出自《宋书·索虏传》："兴云散雨，慰大旱之思；吊民伐罪，积后己之情。"

"惟圣人然后可以践形"，语出《孟子·尽心上》："形色，天性也；惟圣人然后可以践形。"朱子注曰："践，如践言之践。盖众人有是形，而不能尽其理，故无以践其形；惟圣人有是形，而又能尽其理，然后可以践其形而无歉也。"

【原文】

老氏瞀于此，而曰道在虚，虚亦器之虚也。释氏瞀于此，而曰道在寂，寂亦器之寂也。淫词炙輠，而不能离乎器，然且标离器之名以自神，将谁欺乎？

器而后有形，形而后有上。无形无下，人所言也。无形无上，显然易见之理，而邪说者淫曼以衍之而不知惭，则君子之所深鉴其愚而恶其妄也。故"作者之谓圣"，作器也；"述者之谓明"，述器也。"神而明之，存乎其人"，神明其器也。识其品式，辨其条理，善其用，定其体，则"默而成之，不言而信"，皆有成器之在心而据之为德也。

呜呼！君子之道，尽夫器而止矣。辞，所以显器而鼓天下之动，使勉于治器也。王弼曰："筌非鱼，蹄非兔。"愚哉，其言之乎！筌、蹄一器也，鱼、兔一器也，两器不相为通，故可以相致，而可以相舍。形下上者谓之道，形而下者谓之器，统之乎一形，非以相致，而何容相舍乎？"得言忘象，得意忘言"，以辨虞翻之固陋则可矣，而于道则愈远矣。

【简析】

瞀，音 mào，目眩义。"道"和"器"是中国哲学的重要范畴，王夫之通过对"形而上者谓之道，形而下者谓之器"的新诠释，重构以"器"为本的哲学观。他从正、反两个方面进行阐述，一方面以"器"为首出。关于道器关系，船山先生认为"天下惟器而已"，"无其器则无其道"。关于上下之关系，船山先生认为，形而上与形而下"统之乎一形"。另一方面，王夫之通过对佛道二家和王弼虚谈形上之道的批判，进一步明确了重形器之主张。重器方有经世，船山重视形下之器的思想，是明清之际经世致用之典型。

颜元:《四存编》

【导读】

颜元（1635—1704），字易直，又字浑然，号习斋，直隶博野（今属河北）人。他一生未做官，以教书、行医为职业。颜元先习陆王，继转习程朱，进退起居必以《朱子家礼》为矩矱。颜元34岁时遭养祖母之丧，他谨守《朱子家礼》服丧，疏食少饮，泣血哀毁，几乎丧命，因而觉察出《朱子家礼》有违人情。他将《朱子家礼》与《周礼》相对照，发现两者多有出入，又重新阅读朱子其他著作，隐隐感到朱子学说有不合于孔子教诲之处，遂对宋明理学产生厌恶之情。翌年，颜元改"思古斋"（自号"思古人"）为"习斋"。颜元57岁时南游中州（今河南一带），途中看见读书人虚弱无用，遂将过错归咎于理学，自此与理学分道扬镳。颜元62岁时应河北肥乡士绅郝文灿之请，主持漳南书院，其教学的宗旨是"宁粗而实，勿妄而虚"。与此教学宗旨相应，颜元在教学内容设计上也与宋元明时期的不少书院大相迥异，他设置了文事、武备、经史、艺能等科目。后因书院被大水淹没，乃辞归。颜元70岁临终时仍谆谆教诲弟子："天下事尚可为，汝等当积学待用。"（《颜习斋先生年谱》卷下）颜元和其弟子李塨在清初创立了独树一帜的"颜李学派"。颜元的著作主要有《四存编》《朱子语类评》《四书正误》《习斋记余》等。

《四存编》节选①

【原文】

程子云："论性论气，二之则不是。"又曰："有自幼而善，有自幼而恶，是气禀有然也。"朱子曰："才有天命，便有气质，不能相离。"而又曰："既是此理，如何恶？所谓恶者，气也。"可惜二先生之高明，隐为佛氏六贼之说浸乱，一口两舌而不自觉！若谓气恶，则理亦恶，若谓理善，则气亦善。盖气即理之气，理即气之理，乌得谓理纯一善而气质偏有恶哉！（《存性编》卷一《驳气质性恶》）

譬之目矣：眶、疱、睛，气质也；其中能光明见物者，性也。将谓光明之理专视正色，眶、疱、睛乃视邪色乎？余谓光明之理固是天命，眶、疱、睛皆是天命，更不必分何者是天命之性，何者是气质之性；只宜言天命人以目之性，光明能视即目之性善，其视之也则情之善，其视之详略远近则才之强弱，皆不可以恶言。盖详且远者固善，即略且近亦第善不精耳，恶于何加！惟因有邪色引动，障蔽其明，然后有淫视而恶始名焉。然其为之引动者，性之咎乎，气质之咎乎？若归咎于气质，是必无此目而后可全目之性矣，非释氏六贼之说而何！（《存性编》卷一《驳气质性恶》）

孔、孟性旨湮没至此，是以妄为七图以明之。非好辩也，不得已也。（《存性编》卷一《驳气质性恶》）

仁、义、礼、智，性也；心一理而统此四者，非块然有四件也。既非块然四件，何由而名为仁、义、礼、智也？以发之者知之也，则恻隐、羞恶、辞让、是非也。发者情也，能发而见于事者才也；则非情、才无以见性，非气质无所为情、才，即无所为性。是情非他，即性之见也；才非他，即性之能也；气质非他，即性、情、才之气质也。一理而异其名也。若谓性善而才、情有恶，譬则苗矣，是谓种麻而秸实遂杂麦也；性善而气质有恶，譬则树矣，是谓内之神理属柳而外之枝干乃为槐也。（《存性编》卷二《性图》）

---

① 节选自《颜元集》，王星贤、张芥尘、郭征点校，中华书局，1987，散见于第 1—136 页。

某为此惧，著《存学》一编，申明尧、舜、周、孔三事、六府、六德、六行、六艺之道，大旨明道不在《诗》《书》章句，学不在颖悟诵读，而期如孔门博文、约礼，身实学之，身实习之，终身不懈者。著《存性》一编，大旨明理、气俱是天道，性、形俱是天命，人之性命、气质虽各有差等，而俱是此善；气质正性命之作用，而不可谓有恶，其所谓恶者，乃由"引、蔽、习、染"四字为之崇也。期使人知为丝毫之恶，皆自玷其光莹之本体，极神圣之善，始自充其固有之形骸。（《存学编》卷一《上太苍陆桴亭先生书》）

近世言学者，心性之外无余理，静敬之外无余功。细考其气象，疑与孔门若不相似然。即有谈经济者，亦不过说场话、著种书而已。（《存学编》卷一《上征君孙钟元先生书》）

某不自揣，撰有《存性》《存学》二编，欲得先生一是之，以挽天下之士习而复孔门之旧。以先生之德望卜之，当易如反掌，则孟子不得专美于前矣。论天下朱、陆两派互相争辩，先生高见，平和劝解之不暇，岂可又增一争端也！但某殊切杞人之忧，以为虽使朱学胜陆而独行于天下，或陆学胜朱而独行于天下，或和解成功，朱、陆合一，同行于天下；则终此乾坤亦只为当时两宋之世，终此儒运亦只如说话著书之道学而已，岂不堪为圣道生民长叹息乎！（《存学编》卷一《上征君孙钟元先生书》）

秦汉以降，则著述讲论之功多而实学实教之力少。宋儒惟胡子立经义、治事斋，虽分析已差而其事颇实矣；张子教人以礼而期行井田，虽未举用而其志可尚矣。至于周子得二程而教之，二程得杨、谢、游、尹诸人而教之，朱子得蔡、黄、陈、徐诸人而教之，以主敬致知为宗旨，以静坐读书为工夫，以讲论性命、天人为授受，以释经注传、纂集书史为事业。嗣之者若真西山、许鲁斋、薛敬轩、高梁溪，性地各有静功，皆能著书立言，为一世宗。信乎为儒者，煌煌大观，三代后所难得者矣！而问其学其教如命九官、十二牧之所为者乎？如《周礼》教民之礼明乐备者乎？如身教三千，今日习礼，明日习射，教人必以规矩，引而不发，不为拙工改废绳墨者乎？此所以自谓得孔子真传，天下后世亦皆以真传归之，而卒不能服陆、王之心者，原以表里精粗，全体大用，诚不能无歉也。（《存学编》卷一《明亲》）

陆子分析义利，听者垂泣，先立其大，通体宇宙，见者无不竦动。王子以致良知为宗旨，以为善去恶为格物，无事则闭目静坐，遇事则知行合一。嗣之者若王心斋、罗念庵、鹿太常，皆自以为接孟子之传，而称直捷顿悟，当时后世亦皆以孟子目之。信乎其为儒中豪杰，三代后所罕见者矣！而问其学其教如命九官、十二牧之所为者乎？如《周礼》教民之礼明乐备者乎？如身教三千，今日习礼，明日习射，教人必以规矩，引而不发，不为拙工改废绳墨者乎？此所以自谓得孟子之传，与程、朱之学并行中国，而卒不能服朱、许、薛、高之心者，原以表里精粗，全体大用，诚不能无歉也。（《存学编》卷一《明亲》）

自汉、唐诸儒传经讲诵，宋之周、程、张、朱、陆，遂群起角立，亟亟焉以讲学为事。至明，而薛、陈、王、冯因之，其一时发明吾道之功，可谓盛矣。其效使见知闻知者知尊慕孔、孟，善谈名理，不作恶，不奉释、老名号。即不肖如仆，亦沐泽中之一人矣。然世道之为叔季自若也，生民之不治自若也，礼乐之不兴自若也，异端之日昌而日炽自若也。以视夫孔子明道而乱臣贼子果惧，孟子明道而杨朱、墨翟果熄，何啻天渊之相悬也！（《存学编》卷一《总论诸儒讲学》）

三代后，唐之昌黎，宋之程、朱，明之阳明，皆称吾儒大君子，然皆有与贼通气处，有被贼瞒过处，有夷、跖结社处，有逗留玩寇处，今略摘一二，与天下共商之。……朱子尽力与象山辩无极二字，是即为佛之空、老之无隐蔽矣。至程子作诗，说"道通天地有形外，思入风云变态中"，又去"隔断红尘三十里，白云红叶两悠悠"。朱子动辄说气质杂恶，动辄说法门。阳明近禅处尤多。习俗移人，贤者不免。所谓与贼通气者，此也。（《存人编》卷二《唤迷途·第四唤》）

或问于思古人曰："井田之不宜于世也久矣，子之《存治》，尚何执乎？"曰："噫，此千余载民之所以不被王泽也！夫言不宜者，类谓亟夺富民田，或谓人众而地寡耳。岂不思天地间田宜天地间人共享之，若顺彼富民之心，即尽万人之产而给一人，所不厌也。王道之顺人情，固如是乎？况一人而数十百顷，或数十百人而不一顷，为父母者，使一子富而诸子贫，可乎？"（《存治编·井田》）

所虑者，沟洫之制，经界之法，不获尽传。……然因时而措，触类而通，在乎人耳。沟无定而主乎水，可沟则沟，不可则否；井无定而主乎地，可井则井，不可则均。至阡陌庐舍，古虽有之，今但可植分草以代阡

陌，为窝铺以代庐舍，横各井一路以便田车，中十井一房，以待田畯可也。（《存治编·井田》）

封建亦何患之有？况三代建侯之善，必有博古君子能传之者，用时又必有达务王佐能因而润泽者，岂余之寡陋所能悉哉！第妄谓非封建不能尽天下人民之治，尽天下人材之用尔。（《存治编·封建》）

【简析】

《四存编》由《存性编》《存学编》《存治编》《存人编》四部分构成，它是颜元最重要的著作之一。现就以上摘录的片段对《四存编》的思想内涵略做分析。

第一，关于人性论问题。颜元批驳了程朱尤其是朱熹的二元人性论、气质为恶论。朱熹继承张载的说法，将人性分成天命之性、气质之性。天命之性是人得之于天而禀受在己之德，是最普遍、最本质的人性；气质之性则是具体的、现实的人性。朱熹认为，天命之性无有不善，而气质之性则有善有恶。颜元则不同意这种二元人性论。在他看来，天命之性与气质之性可以合而为一，不必在两者之间强做区分。他进而将性、情、才、气（质）统而为一，认为性是通过情、才、气质表现出来的，情、才、气质之外无所谓性，而气质即性、情、才之气质。如果主张性善论而又认为情、才、气质是恶的，则会产生如"种麻而秸实遂杂麦"之类的悖谬。

那么，恶是如何产生的呢？颜元将性命、气质均视为善，而将"恶"归于后天的"引、蔽、习、染"。比如，衣服脏了，人称之为污衣，其实污衣乃外染所致，不可谓衣服本身即为污。再如浊水，水之气质非浊，乃是由于杂入了土。同样，人之恶也是由后天的"引、蔽、习、染"所致，而不是气质如此。

第二，关于经世实学问题。颜元之学突出的是实用，他也是以实用标准来衡量诸家学说。这样一来，程朱、陆王之学无疑都在其批判之列。在他看来，程朱、陆王之学可归入一类，它们都是空疏无用之学。也就是说，不管是"朱学胜陆""陆学胜朱"，还是"朱、陆合一"，在颜元看来效果都是一样的。颜元主张终结程朱、陆王之争，以便彻底突破理学的窠臼，恢复儒家经世济民的传统。

颜元认为，宋明理学家抛弃了周、孔儒学中的实用之学与经世精神，转而大谈天道性命之学，袖手高坐，徒事诵读，这使得圣王礼乐之治荡然无存，儒家学说也愈来愈玄虚化。而且，在他看来，宋明理学家以及他们培养出来的弟子大多既无经天纬地之略，也无礼乐兵农之才，因而不可能真正造福于民、匡济时艰，所谓"无事袖手谈心性，临危一死报君王"。

颜元对理学家倡导的静坐修养方法以及热衷于读书、讲学等做法尤为不满，并加以批驳。首先，就静坐而言，颜元认为，静坐并非尧、舜、周、孔的原有教法，而是儒者浸染于佛、道之后的一个产物。理学家即便宣称自己能够通过静坐而悟道，所悟之道也是"镜中花""水中月"。静坐还会使人精神萎靡、筋骨疲软，长久静坐必然使人"厌事"，不愿接触实际事务，遇事则茫茫然不知所措。其次，就讲学而言，颜元认为，宋明理学家的讲学不可谓不多，但世道并未因此而好转，百姓不能受其惠，礼乐亦不能兴。当然，颜元并非反对所有的讲学，他主要反对以性命之理为内容的讲学，反对将讲学与践履割裂开来。再次，就读书而言，颜元认为，孔门之学强调的是博学与实践（"习行"），博学不等于"博读"，而是应尽可能地掌握六艺之学及有关国计民生的实用之学。可是，不少程朱学者却将"博学"理解成读尽天下之书，这无疑曲解了孔门儒学的宗旨。在颜元看来，书本学问终觉浅，且多有差错，将过多时间消耗于书斋之中，亦无益于身体健康。他对一些读书人因嗜书如命而身体极度虚弱的现象感到痛心疾首，甚至将读书视为"砒霜鸩羽"，害人匪浅。总之，颜元将程朱、陆王之学都视为浮文虚说，无补于世。

与宋明理学家不同，颜元在为学宗旨与教育理念上十分强调"实文""实行""实习""实体""实用"。他十分向往尧、舜、周、孔之学，具体说来即尧、舜、周、孔宣扬的三事、六府、六德、六行、六艺之学。"三事""六府"出自《尚书·大禹谟》："德惟善政，政在养民。水、火、金、木、土、谷，惟修；正德、利用、厚生，惟和。""三事"即指正德、利用、厚生；"六府"是指金、木、水、火、土、谷。"六德""六行""六艺"出自《周礼·大司徒》："一曰六德，智、仁、圣、义、忠、和。二曰六行，孝、友、睦、姻、任、恤。三曰六艺，礼、乐、射、御、书、数。""六德""六行""六艺"又合称"三物"。"三事""六府""三物"涉及古代儒者研习的文献、实践的科目以及遵守的道德条目等，这些方面与天道、心性之学均无关，在颜元看来，它们是儒家之"实学"，后世儒者应大力弘扬。

不过，颜元的经世实学却带有某种复古的色彩。也就是说，他不但继承、弘扬原始儒家的经世精神，还将原始儒家所研习的具体内容一股脑儿地照搬下来。比如，颜元对于原始儒家礼乐文化的继承，就不是现代学者冯友兰先生所谓的"抽象继承"，而是具体内容的继承。应该说，古今礼乐精神有其一以贯之之处，可是礼乐具体的内容却应随着时代的变迁而有所变化，否则礼乐文化便会变得教条、僵固而丧失其应有的生命力。颜元也极力主张恢复三代的王道政治，包括井田制、封建制等制度。以井田制为例，颜元不但认为古代的井田制没有过时，反而认为它是解决清初土地过分集中问题的一个良方。在他看来，恢复井田制，可以达到"均田"的目的，以满足广大农民对土地的需要。颜元的出发点无疑是值得肯定的，而且他对古代的井田制也有所"损益"。然而，井田制毕竟是中国古代的一种土地制度，春秋末期已逐渐走向崩溃，战国时期孟子主张恢复井田制，已经不具备可能性，清初颜元仍如此主张，可见其学说带有较为明显的空想成分与复古色彩。

戴震：《孟子字义疏证》

【导读】

戴震（1724—1777），字东原，又字慎修，休宁（今安徽屯溪）人。戴震出身于小商人家庭，曾随父行商。师从江永，后又与当时著名学者纪昀、钱大昕、王鸣盛、朱筠等交往论学。他40岁乡试中举，以后六次入京会试，不第。但他勤奋好学，博通小学（文字、音韵、训诂）、经学、史学、天文、历数、地理，开创了清代乾嘉朴学中的"皖派"。晚年他因学术成就显著，被推荐入四库馆任纂修官，负责编校天文、算学、地理等典籍，赐同进士出身，授翰林院庶吉士。戴震入馆五年，因积劳成疾而死于任所。戴震是18世纪中国杰出的思想家、自然科学家、考据学家，其主要哲学著作有《原善》《孟子字义疏证》等。

《孟子字义疏证》节选①

【原文】

问：宋以来之言理也，其说为"不出于理则出于欲，不出于欲则出于理"，故辨乎理欲之界，以为君子小人于此焉分。今以情之不爽失为理，是理者存乎欲者也，然则无欲亦非欤？

曰：孟子言"养心莫善于寡欲"，明乎欲不可无也，寡之而已。人之

---

① 戴震：《孟子字义疏证》，何文光整理，中华书局，1961，第8—11页。

生也，莫病于无以遂其生。欲遂其生，亦遂人之生，仁也；欲遂其生，至于戕人之生而不顾者，不仁也。不仁，实始于欲遂其生之心；使其无此欲，必无不仁矣。然使其无此欲，则于天下之人，生道穷促，亦将漠然视之。己不必遂其生，而遂人之生，无是情也。然则谓"不出于正则出于邪，不出于邪而出于正"，可也；谓"不出于理则出于欲，不出于欲则出于理"，不可也。欲，其物；理，其则也。不出于邪而出于正，犹往往有意见之偏，未能得理。而宋以来之言理欲也，徒以为正邪之辨而已矣，不出于邪而出于正，则谓以理应事矣。理与事分为二而与意见合为一，是以害事。夫事至而应者，心也；心有所蔽，则于事情未之能得，又安能得理乎！自老氏贵于"抱一"，贵于"无欲"，庄周书则曰："圣人之静也，非曰静也善，故静也；万物无足以挠心者，故静也。水静犹明，而况精神，圣人之心静乎！夫虚静恬淡，寂莫无为者，天地之平，而道德之至。"周子《通书》曰："'圣可学乎？'曰：'可。''有要乎？'曰：'有。''请问焉。'曰：'一为要。一者，无欲也；无欲则静虚动直。静虚则明，明则通；动直则公，公则溥。明通公溥，庶矣哉！'"此即老、庄、释氏之说，朱子亦屡言"人欲所蔽"，皆以为无欲则无蔽，非《中庸》"虽愚必明"之道也。有生而愚者，虽无欲，亦愚也。凡出于欲，无非以生以养之事，欲之失为私，不为蔽。自以为得理，而所执之实谬，乃蔽而不明。天下古今之人，其大患，私与蔽二端而已。私生于欲之失，蔽生于知之失；欲生于血气，知生于心。因私而咎欲，因欲而咎血气；因蔽而咎知，因知而咎心，老氏所以言"常使民无知无欲"；彼自外其形骸，贵其真宰；后之释氏，其论说似异而实同。宋儒出入于老释，故杂乎老释之言以为言。《诗》曰："民之质矣，日用饮食。"《记》曰："饮食男女，人之大欲存焉。"圣人治天下，体民之情，遂民之欲，而王道备。人知老、庄、释氏异于圣人，闻其无欲之说，犹未之信也；于宋儒，则信以为同于圣人；理欲之分，人人能言之。故今之治人者，视古贤圣体民之情，遂民之欲，多出于鄙细隐曲，不措诸意，不足为怪；而及其责以理也，不难举旷世之高节，著于义而罪之。尊者以理责卑，长者以理责幼，贵者以理责贱，虽失，谓之顺；卑者、幼者、贱者以理争之，虽得，谓之逆。于是下之人不能以天下之同情、天下所同欲达之于上；上以理责其下，而在下之罪，人人不胜指数。人死于法，犹有怜之者；死于理，其谁怜之？呜呼！杂于老释之言以为言，其祸甚于申韩如是也！《六经》、孔、孟之书，岂尝以理为如有物焉，外乎人之性之发为情欲者，而强制之也哉！孟子告齐梁之君，曰"与民同乐"，曰"省刑罚，薄税敛"，曰"必使仰足以事父母，俯足以畜妻子"，曰"居者有积仓，行者有裹粮"，曰"内无怨女，外无旷夫"。仁政如是，王道如是而已矣。

问：《乐记》言灭天理而穷人欲，其言有似于以理欲为邪正之别，何也？

曰：性，譬则水也；欲，譬则水之流也。节而不过，则为依乎天理，为相生养之道，譬则水由地中行也；穷人欲而至于有悖逆诈伪之心，有淫泆作乱之事，譬则洪水横流，泛滥于中国也。圣人教之反躬，以己之加于人，设人如是加于己，而思躬受之之情，譬则禹之行水，行其所无事，非恶其泛滥而塞其流也。恶泛滥而塞其流，其立说之工者且直绝其源，是遏欲无欲之喻也。"口之于味也，目之于色也，耳之于声也，鼻之于臭也，四肢之于安佚也"，此后儒视为人欲之私者，而孟子曰"性也"，继之曰"有命焉"。命者，限制之名，如命之东则不得而西，言性之欲之不可无节也。节而不过，则依乎天理；非以天理为正、人欲为邪也。天理者，节其欲而不穷人欲也。是故欲不可穷，非不可有；有而节之，使无过情，无不及情，可谓之非天理乎！

【简析】

以上内容选自《孟子字义疏证·理》，由此可以看出戴震的理欲观。在理欲问题上，宋明理学家大都主张"存天理，灭人欲"。与宋明理学家不同，戴震则主张"体民之情，遂民之欲"。他十分重视民众具体的感性欲求。在他看来，人有血气，有生，就有欲、情、知。人有感性欲求并不可怕，追求欲望的满足也未必代表邪恶，只不过人应对自己过多的欲望有所节制，而理、义正是用来调节欲、情的。这样一来，"理""欲"之间未必一定冲突，而是具有某种一致性，理即在欲中。

戴震认为，宋明理学家所谓的"理"（天理）已非一种超越的道德原则，它在实际生活中变成了尊者、长者、贵者斥责和压制卑者、幼者、贱者的工具，所谓"尊者以理责卑，长者以理责幼，贵者以理责贱"。这是一种道德上的单边主义，它违背了道德的对等原则，即道德主体双方都要尽到各自的责任。戴震甚至认为，"理"成了"杀人"的工具，宋明理学是"以理杀人"。清初颜元也有朱学、王学乃"杀人之学"的说法。这些说法无疑失之偏颇。无论是程朱理学还是陆王心学，都有丰富多重的价值，后人不可完全抹杀。不过，宋明理学家确实过分推崇天理而贬低人欲，违背了人情、人性。他们的学说又被统治阶层加以歪曲、利用，滋生了很多弊端。戴震试图破除宋明理学家关于"理"（天理）的神秘性，认为"理"是"察之而几微，必区以别之名也"。

近现代编

龚自珍：《壬癸之际胎观第一》

《壬癸之际胎观第二》

【导读】

　　龚自珍（1792—1841），字璱人，号定盦（一作定庵），又名巩祚，浙江仁和（今杭州）人。龚自珍一生大致可分为三个阶段：27 岁以前为第一阶段，主要活动是读书、应考和著述。28 岁至 47 岁为第二阶段，龚自珍走进官场，在腐败、黑暗的宦海里孤身奋斗，鼓吹"更法""改图"。在这期间，他多次参加科举考试；在朝廷任内阁中书、宗人府主事、礼部主事祠祭司行走等职；参加国史馆重修《清一统志》工作，任校对官，广泛结交要求改革时弊和主张严禁鸦片的朋友；在"更法""改图"的思想推动下，他进一步研究"朝章国故"、历史地理、民情风俗，在政治、经济、边防等方面发表许多有益的意见；在文学上致力于诗、文和词的创作。48 岁到终年为第三阶段。48 岁这一年，由于"动触时忌"，他愤然辞官南归，途中创作了大型组诗《己亥杂诗》；回乡后任江苏丹阳云阳书院、杭州紫阳书院讲席。这时他虽然离开了官场，但仍非常关心国家政事。他究心于经世时务，思想洒脱，好放言高论，21 岁时撰写《明良论》等文章，针砭时弊。他曾经跟从刘逢禄学习《公羊春秋》，钻研其中的微言大义，以考史论经的形式，批判专制统治，阐发更法改制思想。在为官的 20 年中，他撰写了不少"讥切时政"的诗文，是晚清思想界开风气的人物。

　　其著作编为《定庵文集》，另有《龚定庵全集》《精刊龚定盦全集》《校订定盦全集》《定庵全集》《龚定庵全集类编》等。1959 年中华书局上海编辑所编的《龚自珍全集》最为完备，但搜罗未遍，集外仍有佚文。1975 年上海人民出版社参照各种版本，编辑出版《龚自珍全集》，辑录龚氏文、诗、词编为十一辑。

《壬癸之际胎观第一》节选[①]

【原文】

　　天地，人所造，众人自造，非圣人所造。圣人也者，与众人对立，与众人为无尽。众人之宰，非道非极，自名曰我。我光造日月，我力造山川，我变造毛羽肖翘，我理造文字言语，我气造天地，我天地又造人，我分别造伦纪。

【简析】

　　龚自珍哲学思想的最高范畴是"我"，他的哲学思想的人文主义倾向体现在对"我""心""性""情"等哲学概念的运用上。龚自珍的哲学也把道放在至高无上的位置，但道不是外在于"我"的，道就是"我"。"我"不是个体的自我，个体的自我是"我"的创造物。道贯通天人，龚自珍化道为"我"，道和"我"在他那里具有同等的意味，他反对把创造的主体看作外在的道，从而赋予了天地产生的人文意蕴。龚自珍强调世界创造主体的内在性，"我"产生人。在中国哲学史上，他把"我"作为世界第一原理提出来，使哲学具有如此鲜明的唯意志论和主体色彩，这是前所未有的。世界是"我"所造，世界就有私。这就在本体论上论证了私的合理性。它是一个具有近代思想色彩的命题，标志着中国近代人文主义思想的开端。

《壬癸之际胎观第二》节选[②]

【原文】

　　既有世已，于是乎有世法。民我性不齐，是智愚、强弱、美丑之始。

---

① 　《龚自珍全集》，王佩诤校，上海古籍出版社，1999，第 12—13 页。
② 　《龚自珍全集》，王佩诤校，上海古籍出版社，1999，第 14 页。

民我性能记，立强记之法，是书之始。……民我性能测，立测之法，是数之始。……民我性能分辨，立分辨之法有四：名之曰东西南北。……民我性善病，盖有虫焉，以宅我身，则我身病，是病之始。于是别草木之性以杀虫，是医之始。……民我性能类，故以书书其所生。……有宗牒已，恐其乱，故部男女，是禁男女之始。俾有公、侯、伯，有土之君始。民我性不齐，夫以倮人食毛羽人，及男女不相部，名之为恶矣；其不然者，名为善矣，是名善恶之始。

【简析】

龚自珍强调民性对社会文化的本源意义，用抽象的民性来解释历史产生和发展的基本规律。就是说，"我"创造世界，同时也就为世界立法。一切"法"（现象世界及其法则）均出于"民我性"（即作为"众人之宰"的"我"之本性）。在他看来，众人之"我"在本性上既是统一的，又千差万别，这种差别造成了人与人之间智慧、才能、体态上的不齐。"我"按本性具有记忆能力，为了帮助记忆，便创造出文字。"我"能测量、分辨，于是便创造出数，还发展出天文历法、几何学等科学。此外，因"民我性善病"，于是便产生医药学；因"民我性能类"，于是便产生宗法，进而形成礼教和政治制度，人的行为便有了善恶之分。龚自珍的民性说更具有抽象人性论的特征，用民性来解释社会及其文化的起源，从而使自己的思想具有初步的近代启蒙意义。龚自珍的人性论思想中蕴含着与西方抽象人性论相呼应的现代性特质。

划分近代思想派别的标准是什么呢？根本上是对现实问题的态度和对时代主题的把握及理论基础三个方面。传统学术在晚清衰落与发展势头并存，传统学术要有生命力，必须和当时的社会时代相结合，换句话说，就是必须面对中西古今这一课题。在此过程中，如何处理西方文明、当下现实与古代传统三大参照系，成为划分思想流派的深层标尺，传统学术流派与地域格局仅构成基础性框架。具体标准可细化为：中学根基的持守程度、西学资源的吸纳程度、中西学理的融合程度，以及对现实问题的批判程度。在这几个方面，存在两种路线，即是以西方经验重塑中国哲学还是固守旧纸堆，这决定了学术的性质和价值。这里面又存在着复杂的关系，从而可以大致划出思想流派的界限。传统学术的生命力取决于其是否适合人生的需要，是否适合社会的需要，是否符合时代和世界学术发展的大势。传统学术的生命力和发展的标准也在于和西方的结合程度、对现实的批判程度、对传统的超越程度。晚清传统学术流变往往有着两种相反的趋势：一种是抱着传统学术不放，对现实采取论证的态度，对西方采取抵制或冷漠的态度；一种是向着重新理解传统、改革现实和向西方学习的方向发展。在这两个趋势之间可以细分出大量的学术派别。经过分化组合的传统学术在近代获得了曲折的发展。

龚自珍是早期经世派的杰出代表。鸦片战争前后，以陶澍、姚莹、龚自珍、魏源等为代表形成了一股强劲的经世思潮，这种经世思潮对西学做出了激烈的反应，揭开了中国近代思想史的序幕。龚自珍的哲学思想表现出浓郁的人文倾向性，这不仅表现在其对"我"等哲学基本范畴的运用上，还表现在对社会的哲学思考之中。龚自珍哲学思想具有浓郁的人文倾向性，这表现在他处理学术与现实观的关系，以及他的社会批判和社会更法思想之中。龚自珍在看到治术决定学术的同时，强调学术对于社会的批判意义。龚自珍认为他所处的社会已经是"衰世"了，龚自珍定义"衰世"的标准之一是不真实、虚伪。龚自珍判断"衰世"的标准基本上还是站在儒家的立场，即"衰世"不能化育杰出的人才，反而会扼杀已经出现的杰出人才。龚自珍是从人才，尤其是士大夫的命运的角度来思考这一问题的。社会进入"衰世"，就会对已经出现的杰出人才进行迫害、扼杀。判定近代各国是否处于"衰世"，需综合考察中西关系与全球发展水平，不宜单纯以古今时序为尺度。龚自珍仍以古今关系作为评判基准，但在历史维度分析时，需系统考察生产力、生产关系与上层建筑的互动关联，而非仅以人才匮乏作为单一标尺。为什么衰呢？龚自珍基本上还是从传统儒家泛道德的观点来看待这个问题，如商品经济造成的不平等现象、官吏对利益的追逐、腐败、农民起义等都和"衰世"联系在一起。其对社会改革的设计自然还有自然经济和宗法经济的印记。

龚自珍开创了倡言启蒙的社会风气，促进了近代中国的思想解放。龚自珍开启了中国近代唯意志论和人道主义思潮，开创了人文经世的思想道路，是中国近代人文主义思想的先驱。20世纪20年代，梁启超在《清代学术概论》中回顾清代学术思想时指出，龚自珍对于晚清的思想解放是有贡献的，并认为他开拓了近代的今文学派。洋务运动主持人对龚自珍褒贬不一，但对龚自珍维护国境、巩固边防的议论颇为嘉许。1903 年，张之洞在北京写了一首题为《学术》的诗，把龚自珍这一类人视为乱的"祸首"。龚自珍的思想对革命派思想家也产生了一定的影响，引起了褒贬不一的评论。

张之洞：《劝学篇》

【导读】

张之洞（1837—1909），字孝达，一字香涛，直隶南皮（今属河北）人，晚年自号抱冰，进士出身。1884年，中法战争爆发，他由山西巡抚擢升两广总督，成为洋务派重要代表人物，后调任湖广总督、两江总督。在维新运动高涨之际，他写了《劝学篇》，提出"旧学为体，西学为用"的主张。其著作辑为《张文襄公全集》。

《劝学篇》的宗旨是"辟邪说"，会通中西，权衡新旧。张之洞认为"旧者不知通，新者不知本"。如何会通中西和权衡新旧呢？即通过正人心以务本，开风气以务通。《劝学篇》旨在将维系世道人心的纲常伦理与涉及工商业、学校、报馆等领域的变通办法相结合。

《正权第六》节选①

【原文】

今日愤世疾俗之士，恨外人之欺凌也，将士之不能战也，大臣之不变法也，官师之不兴学也，百司之不讲求工商也，于是倡为民权之议，以求合群而自振。嗟乎！安得此召乱之言哉。民权之说，无一益而有百害。

将立议院欤？中国士民至今安于固陋者尚多，环球之大势不知，国家

---

① 《劝学篇》，冯天瑜、姜海龙译注，中华书局，2016，第106—109页。

之经制不晓，外国兴学、立政、练兵、制器之要不闻，即聚胶胶扰扰之人于一室，明者一，暗者百，游谈呓语，将焉用？且外国筹款等事重在下议院，立法等事重在上议院，故必家有中资者，乃得举议员。今华商素鲜巨资，华民又无远志，议及大举筹饷，必皆推诿默息，议与不议等耳。此无益者一。

将以立公司、开工厂欤？有资者自可集股营运，有技者自可合伙造机，本非官法所禁，何必有权？且华商陋习，常有借招股欺骗之事，若无官权为之惩罚，则公司资本无一存者矣。机器造货厂无官权为之弹压，则一家获利，百家仿行，假冒牌名，工匠哄斗，谁为禁之？此无益者二。

将以开学堂欤？从来绅富捐资创书院、立文学、设善堂，例予旌奖，岂转有禁开学堂之理？何必有权！若尽废官权，学成之材既无进身之阶，又无饩廪之望，其谁肯来学者？此无益者三。

【简析】

张之洞主张正人心，也就是要求"同心"。他认为务本的根本原则在于通过强化官权主导的政治运作（保国）、规范工商活动的经济秩序（保种）、维护纲常伦理的文化传承（保教），确保国家政权、民族存续与儒家道统的统一性。张之洞对思想上层建筑和政治上层建筑的关系的认识是明智的。他认为保国、保教、保种合为一心，是谓"同心"。但他认为保国是保教的基础，保教是保种的前提，和中国古代儒家的一贯思路是有差异的。

张之洞之所以不能在这个问题上有所突破，就理论上讲，他还不能明确地把"伦理"和"纲常"区分开来，以至把中西方文明中都有的父子、夫妇、君臣的基本伦常关系视为纲常。

张之洞进而强调了国家的重要性，在处理官民关系这一国家的根本问题时，他强调了国家权力和公共权力的重要性。他从官府不禁止经商、开公司、开学堂，离开官方的奖惩制度和监督保障，这些活动都不能顺利开展的角度说明了官权的重要性。他在这些论述中触及了国家政权和经济、社会和文化的关系。他强调国家的决定性作用。在他看来，当时的朝廷虽然没有使国家富强，但朝廷之法还是维系了百姓自安其业，需要保护这一成果。另外，张之洞还从官长存在的必然性的角度说明若人皆自主，家私其家，会导致子不从父、弱肉强食，以至灭尽人类。

我们先从张之洞的论述中分析他的权利观念。张之洞的权利观念比较准确地反映了西方权利概念的本质内涵。权利主要是法权概念，是法律权利和习俗权利，也就是由法律和习惯规范规定和赋予的权利。当然在西方，权利的概念也有被理解为道德权利，也就是要探讨在法律和习惯规范之外，有没有一个稳定的、基础性的权利，成为法权的基础。张之洞认为"民权"是个翻译错误，它实际上是说人人都有智虑聪明，进而可以有为。这和人人有自主之权是不同的。在西方律法是普遍的，君民都不能违法，议院和政府互相制衡，这实际上是人人无自主之权。张之洞把法权认为是无自主之权，存在一定的误解。按照马克思的理解，在西方资本主义革命以后，法权维护的就是利己的个人的权利，其中当然有自主之权。①

张之洞指出，朝廷并不禁止开公司、兴学堂，所以"何必有权"。从他的论证逻辑来看，法权已经有了，再谈权利就是多余的了。如果法权缺乏，才谈得上权利的问题。如果权利只是法权，当人们在一个既定的法权背景下要求权利的时候，要么是法权没有落实，要么是民众不知自己有该法权，要么是该法权体系本身需要调整，一些法权在法律和制度体系中是被忽略的，而民众现在提出了相关的要求。

张之洞从根本上否定法权体系外存在正当权利诉求的必要性，反而强调这种超法权的权利主张将引发权利冲突。这一判断实际上触及了西方权利理论中关于权利本源的核心争议——正如其批判的华商借招股行欺诈等现象，本质上揭示了缺乏法权规范时权利主张的失序风险。

张之洞认识到权利思想和忠义伦理之间的矛盾，认为以忠义号召天下人心，以朝廷威灵合九州之力，是天经地义的，是古今中外不易的道理，只有这样才能强中御外。张之洞的一些说法有时代的局限性，但也有一定的积极意义。国民的理性素养和文明程度是一切制度规范能否有效运行的条件，有什么样的认知水平就有什么样的社会管理规范。倘若国民没有很好的智慧和道德，缺乏培育正向价值诉求的自觉性时，自然是"议与不议等耳"。缺乏知识和智慧的人聚在一起，只有两种状态：一种是互相干扰，吵吵闹闹，所以是"扰扰"；一种是彼此胶着，粘在一起，缺乏独立性和

---

① 《马克思恩格斯文集》第一卷，人民出版社，2009，第46页。

个性，所以是"胶胶"。张之洞担心民权学说如果和愚民、乱民结合在一起，就会导致纲纪不行，大乱四起。

随着时间的推移和社会的变迁，洋务派的构成也相应地发生变化。洋务运动的参加者不一定就是洋务派。在分析洋务派代表（如王公大臣、地方实力派等）和洋务思想的关系时，学界存在两种论述策略。一种是根据洋务运动来推论洋务思想。这种推论有其历史来源，它是清末变法维新思想所采取的一种论述策略。为了论述的需要，人们塑造出一种作为批判标靶的洋务思想。这种论述策略有其局限性，那就是对郭嵩焘、马建忠、薛福成、郑观应等参加洋务运动的人物的思想认识严重脱离实际。尽管李鸿章、张之洞等人的思想也不能完全用洋务实践来说明，但我们还是认为洋务实践基本上与其思想是一致的。另外一种论述策略是把洋务运动参加者的思想全部视为洋务思想。其中包括：清廷中央统治集团中分化出来的一批王公大臣，以奕訢、桂良和文祥为代表；在镇压太平天国运动中崛起的汉族地方实力派，以曾国藩、李鸿章、左宗棠为代表；一批主张学习西方、具有改革倾向的官僚和知识分子；一批具有发展民族工商业愿望的买办商人和传统商人；由清流派转化而来的一部分人；甲午战后，思想转向学习西方的封建士大夫；西方在华人士。这里则仅以奕訢、曾国藩、李鸿章、左宗棠等作为典型。众多思想流派参与洋务运动的现象表明，该运动构成了当时思想介入现实的主要通道。洋务思潮不仅推动诸多思想家发生思想转向，其参与群体内部更存在技术改良派与制度变革派的派系分野。洋务运动反映了改革已经发展为一种现实运动，各种派别都会对此做出思考，但思考的方向、性质各不相同。洋务是其中一种，除此之外，还有西方来华人士、清流派、顽固派、中国近代改革派等多元思想流派。

守旧势力、保守主义顽固派、清流派，以及传统士大夫阶层，很少受西方的影响，他们也有关于改革的正面主张。理学家倭仁、徐桐及古文经学者王先谦、目录学者叶德辉、今文经学者王闿运是学界的重要代表。清流派的形成源于学界、地方士绅与京城清议三股力量的互动融合，京城清议和地方士绅合流形成清流派。"前清流"是同光之交统治集团内部分化出来的一个政治派别，包括军机大臣、翰林和御史。他们讥评时政，弹劾贪官，主张抵抗外国侵略，在舆论界影响很大。他们虽是封建士大夫，但思想并不保守，许多人主张学习西方兴办洋务。由于他们多数人身居京师，对洋务涉猎不多，因此在他们身上，传统的思想影响比较浓厚。他们对于洋务运动，一方面认为是中国所必需，另一方面则常表现出急功近利，这就使他们常将攻击的矛头指向洋务派。不过 19 世纪 80 年代后，随着清流派重要人物张之洞等纷纷外派做官，严峻的社会现实使他们不得不修正过去的观点，从而迅速向洋务派转变。由于这些人在社会上很有影响，这无疑壮大了洋务派的声势；他们学有素养，又有助于洋务派整体素质的提高。而有的依旧和维新派对立。19 世纪 80 年代末，京城中下层清流士人集团在帝师周围形成了"后清流"群体。考据学团体也是后清流的中坚力量。后清流群体中一些人的观念迅速向近代改革派靠拢。

何启、胡礼垣:《新政真诠》

【导读】

何启（1859—1914），字沃生，广东南海人。1872年赴英国留学，先后入帕尔马学校、阿伯丁大学、林肯法律学院学习。1882年回国后在香港做律师和医生，是香港议政局议员。1887年创办雅丽氏医院。曾参与孙中山领导的革命活动。

胡礼垣（1847—1916），字荣懋，号翼南，广东三水人，买办商人家庭出身，早年在香港中央书院读书时与何启是同学。长期居住香港，办粤报，著有《胡翼南全集》。何、胡二人合著的《新政真诠》是他们的代表作。

《新政真诠》共分六编:《曾论书后》、《新政论议》、《新政始基》、《康说书后》与《新政安行》、《〈劝学篇〉书后》、《新政变通》。另有"前总序"和"后总序"。

《明纲篇辩》节选①

【原文】

臣之于君忠也，子之于父孝也，妇之于夫顺也。然天下有真忠真孝真顺者焉，有假忠假孝假顺者焉，有愚忠愚孝愚顺者焉，有不忠不孝不顺者

---

① 《新政真诠——何启、胡礼垣集》，郑大华点校，辽宁人民出版社，1994，第348、353页。

焉。善恶必分也，邪正必辨也，忠孝顺行以实济，无事虚名，是所谓真也。善恶皆可也，邪正能容也，忠孝顺求外之似，营内之私，是所谓假也。善恶不知也，邪正不识也，忠孝顺反以召祸，莫知其非，是所谓愚也。以恶为善也，以邪为正也，忠孝顺舛逆横决，倒行逆施，是所谓不忠不孝不顺也。不忠不孝不顺者，世所罕见，以反常之人不多也。愚忠愚孝愚顺者，所在多有，以明理之人实少也。二者而外，则忠孝顺所辩者在真假而已。真与假其行事或同或异，而一是一非，一利一害，判若天渊。

今天下亦莫不知假忠假孝假顺之为有损无益，而必欲得真忠真孝真顺者而用之矣。然其得之也，不在人而在己。是故尽君道者，其臣不忠则已，忠则真忠。尽父道者，其子不孝则已，孝则真孝。尽夫道者，其妇不顺则已，顺则真顺。此非胁之以威也，亦非逼之以势也，道在则然也。若不思尽道而威势是求，则真者退而假者进。

舜使契为司徒，教以人伦，父子有亲，君臣有义，夫妇有别，长幼有序，朋友有信，是五常之道在孔子二千年之前而已然，是孔子不得独为圣人也。外国当孔子之世凡尚理学，如希腊等国亦莫不以五伦为重，是中国亦不得独为中国也。然而孔子独能于情理精思覃虑而出之以极公，故中国圣人以孔子为冠。而中国之所以异于外国者，亦以独崇孔子之故耳，非谓五伦之说，惟中国有之，外国则无也。

【简析】

何启、胡礼垣《明纲篇辩》开篇就从道德的自律性质（德性）和真道德（伦理精神）的角度论证了"三纲"的虚假性。他们指出，"三纲"用道德约束他人，而背离伦理实质，变成了"假""邪""愚""虚"，导致伦理秩序的系统性危机。

伦理之真是和假、愚相对应的。表面上符合伦理的要求，把伦理作为工具，谋求一己之私利就是假；不明理，一味顺从伦理规范而招致祸端就是愚。伦理的真要以明理、实济为标准，而不在于外表的相似性和善的虚名。伦理真假之辨首先就是虚实之辨。郑观应举了具体的例子来论述明辨虚实的重要性。他说就像有为人子弟者，他对父母态度温顺，每天问安定省，看起来确实很孝顺，但他却不会干实事，养不活父母，这种人是否称得上"孝"呢？这是不能称为"孝"的。真善就是能够落到实处的善，包括效验和实用。"三纲"要落到实处；信要落到实处；仁要落到实处；智要落到实处；义要落到实处，落实到利上来；礼要落到实处，落实到治身心和治国事上来。

《明纲篇辩》指出，"三纲"并不代表中学的核心精神，"三纲"缺乏传统合理性。如何启、胡礼垣所言："夫中国六籍明文初何尝有三纲二字。"① "三纲"之说在秦以后，"出于《礼纬》，而《白虎通》引之，董子释之，马融集之，朱子述之，皆非也。……孔子所以诛乱臣贼子之大道，而己见妄参"。② "三纲"是对孔子思想的一种曲解。其"舍情理而论威权，其妄尤甚"。③ "三纲"是秦以后适应封建专制主义制度而产生的。孔子的"道"是"情理"，而"三纲"是和圣人之道相违背的。概括起来看，中国现实的伦理实践已背离"道"的本质——这一最高准则本应统摄多元价值的合理性与制度建构的合法性。儒学的上述缺陷说明独尊儒学是不可以也是不现实的。

《明纲篇辩》指出"五伦"才是中国儒家的真精神，而且是普遍的道理，唯孔子阐述得更为精当。三纲不等同于一般的伦理规范；伦理者，中外古今所共有，乃具普遍性之道。

《明纲篇辩》指出"三纲"和"五伦"的区别在于天和人、公和私的区别。"夫《礼纬》、《白虎通》以及董子马融朱子书说，惟未明五伦之要本于天而不可违，欲以人力胜之，立为三纲之说，意谓比五伦为尤重，使人以不得不从也。不知大道之颓，世风之坏，即由于此。"④ "是故三纲之说，非孔孟之言也。……君臣父子夫妇，谓有尊卑先后之不同则可，谓有强弱轻重之不同则不可。"⑤ 何启、胡礼垣认为"三纲"缺少自然的根据。"三纲"不能反映人性自然的情理："是岂三纲谬说可得而托者哉！"⑥ "三纲"也没有天地自然的根据。"三纲"更多地表现为一种社会道德的属性。

---

① 《新政真诠——何启、胡礼垣集》，郑大华点校，辽宁人民出版社，1994，第355页。
② 《新政真诠——何启、胡礼垣集》，郑大华点校，辽宁人民出版社，1994，第349页。
③ 《新政真诠——何启、胡礼垣集》，郑大华点校，辽宁人民出版社，1994，第350页。
④ 《新政真诠——何启、胡礼垣集》，郑大华点校，辽宁人民出版社，1994，第353—354页。
⑤ 《新政真诠——何启、胡礼垣集》，郑大华点校，辽宁人民出版社，1994，第348—349页。
⑥ 《新政真诠——何启、胡礼垣集》，郑大华点校，辽宁人民出版社，1994，第351页。

"三纲者，强弱轻重也。强弱轻重操之自人也。操之自人者，私也。"①"三纲"因人而出，就很难出于公心。

《明纲篇辩》指出了"三纲"的危害。"何则？君臣不言义而言纲，则君可以无罪而杀其臣，而直言敢谏之风绝矣。父子不言亲而言纲，则父可以无罪而杀其子，而克谐允若之风绝矣。夫妇不言爱而言纲，则夫可以无罪而杀其妇，而伉俪相庄之风绝矣。由是官可以无罪而杀民，兄可以无罪而杀弟，长可以无罪而杀幼，勇威怯、众暴寡、贵陵贱、富欺贫，莫不从三纲之说而推，是化中国为蛮貊者，三纲之说也。"②

何启、胡礼垣指出"三纲"不是"宝"，反而是学习西方的障碍。"知君臣之纲，则民权之说不可行也；知父子之纲，则父子同罪免丧废祀之说不可行也；知夫妇之纲，则男女平权之说不可行也。"③

当近代思想家反思与批判中国传统伦理生活时，能否从中抽象出一个普通的伦理规范，这是一个根本问题。把"三纲"和"伦理"混淆，是近代伦理思想演进的一个重要倾向；把二者进行剥离，则催生了近代变革的思想潮流。早期改革派在这一过程中扮演十分重要的角色。

19世纪中叶，主张学习西方、改革社会现实、重新理解和解释传统文化和文化传统、传播西方近代文化的思想家，如冯桂芬、郭嵩焘、薛福成、王韬、马建忠、郑观应、何启、胡礼垣、容闳等，在参与和批判洋务运动的过程中形成了独立的思想体系，构成了早期改革派的思想基础。

---

① 《新政真诠——何启、胡礼垣集》，郑大华点校，辽宁人民出版社，1994，第354页。
② 《新政真诠——何启、胡礼垣集》，郑大华点校，辽宁人民出版社，1994，第354页。
③ 《新政真诠——何启、胡礼垣集》，郑大华点校，辽宁人民出版社，1994，第353页。

康有为：《大同书》

【导读】

康有为（1858—1927），原名祖诒，字广厦，号长素，后改号更生、天游化人等，广东南海人。1875年，就读于礼山草堂，接受了较系统的传统教育。1882年，康有为成为《万国公报》的忠实读者，学习西方的科学典籍。1888年，他首次上书不达。1890年返粤，结识晚清著名经学家廖平，转而专研春秋公羊学，并收梁启超等为弟子。1891年，康有为在广州正式开堂讲学，仿礼山草堂例，订立学规《长兴学记》，以后正式给学堂命名为"万木草堂"。这期间，在梁启超等助编下，《新学伪经考》刻成。1895年，康有为发起"公车上书"，要求清廷拒和、迁都、变法。1896年，康有为读到严复译述的《天演论》，被社会达尔文主义吸引，同时模拟西方的宗教改革，建构"孔子创教改制"的理论体系。1897年，康有为又在弟子协助下，相继纂成了《春秋董氏学》《孔子改制考》，由上海大同译书局刊行，先后在同年冬、次年春问世。二书都是康有为"创教改制"的理论表述。1898年10月以后，康有为便开始流亡。1901—1902年避居印度时撰成《大同书》。1913年，他创办《不忍》杂志。同年冬，他因母丧回国。晚年撰成《诸天讲》。1927年3月31日病逝于青岛福山路六号"天游堂"，旋葬于其生前自择的李村象耳山（又名枣尔山）墓地。

《大同书》节选①

【原文】

吾既生乱世，目击苦道，而思有以救之，昧昧我思，其惟行大同太平之道哉！遍观世法，舍大同之道而欲救生人之苦，求其大乐，殆无由也。大同之道，至平也，至公也，至仁也，治之至也，虽有善道，无以加此矣。人道之苦无量数不可思议，因时因地，苦恼变矣，不可穷纪之，粗举其易见之大者焉。

（一）人生之苦七：

一、投胎；

二、夭折；

三、废疾；

四、蛮野；

五、边地；

六、奴婢；

七、妇女（别为篇）。

（二）天灾之苦八（室屋舟船，亦有关人事，亦有关天灾者，故附焉）：

一、水旱饥荒；

二、蝗虫；

三、火焚；

四、水灾；

五、火山（地震山崩附）；

六、屋坏；

七、船沉（汽车碰撞附）；

八、疫疬。

（三）人道之苦五：

一、鳏寡；

---

① 康有为：《大同书》，商务印书馆，2003，第8—53页。

二、孤独；

三、疾病无医；

四、贫穷；

五、卑贱。

（四）人治之苦五：

一、刑狱；

二、苛税；

三、兵役；

四、有国（别为篇）；

五、有家（别为篇）。

（五）人情之苦八：

一、愚蠢；

二、仇怨；

三、爱恋；

四、牵累；

五、劳苦；

六、愿欲；

七、压制；

八、阶级。

（六）人所尊尚之苦五：

一、富人；

二、贵者；

三、老寿；

四、帝王；

五、神圣仙佛。

凡此云云，皆人道之苦，而羽毛鳞介之苦状不及论也。然一览生哀，总诸苦之根源，皆因九界而已。九界者何？

一曰国界，分疆土、部落也；

二曰级界，分贵、贱、清、浊也；

三曰种界，分黄、白、棕、黑也；

四曰形界，分男、女也；

五曰家界，私父子、夫妇、兄弟之亲也；

六曰业界，私农、工、商之产也；

七曰乱界，有不平、不通、不同、不公之法也；

八曰类界，有人与鸟、兽、虫、鱼之别也；

九曰苦界，以苦生苦，传种无穷无尽，不可思议。

甚矣人之不幸也！生兹九界，投其网罗，疾苦孔多。既现形于宇内，欲奋飞而无何，沈沈亿万年，渺渺无量生，如自茧之蚕，扑火之蛾，彼去此来，回轮织梭。俯视哀酸。感不去怀。何以救苦？知病即药，破除其界，解其缠缚。超然飞度，摩天戾渊，浩然自在，悠然至乐，太平大同，长生永觉。吾救苦之道，即在破除九界而已。

第一曰去国界，合大地也；

第二曰去级界，平民族也；

第三曰去种界，同人类也；

第四曰去形界，保独立也；

第五曰去家界，为天民也；

第六曰去产界，公生业也；

第七曰去乱界，治太平也；

第八曰去类界，爱众生也；

第九曰去苦界，至极乐也。

【简析】

康有为的社会历史观是由对宇宙演化的认识演变来的。万物都是由"元"演化来的，万物之间具有共性，万物的产生是阴阳相生相克的结果，相生在人则表现为仁，不同和差异则表现为义，而仁义礼信等理的产生和被认识全在于智。康有为把仁视为物质的相生之性，当这种相生属性作用于人类社会时，其形成的规范性约束即被界定为"义"。仁无尽境，义是仁的界限。就社会历史的本体而言，仁具有重要的地位。康有为的认识论把"以智为先"作为根本宗旨。康有为认为人道异于禽兽全在智。有智仁才能慈爱以为仁，断制以为义，节文以为礼，诚实以为信。

康有为认为，历史进化的本体和动力是仁，是不忍人之心。不忍是一种统摄力，仁智同藏但智为先，仁智同用而仁更珍贵。康有为认为，人道的根本是苦乐，为人谋就是去苦以求乐。"勉苦求乐"的欲望是推动社会进化发展的动力。

历史进化最后的归宿和历史的最终价值是矛盾得到调和，这才是大道之本。调和的结果是大同。大同社会本于公理，没有国界、家界、身界。在康有为描绘的大同社会里，天下为公，没有阶级，一切平等；无贵贱之分，无贫富之等，无人神之殊，无男女之异；没有臣妾奴隶，没有君主统治，没有教主教皇，国家成了社会成员、公有共同之器。

后期改革派的主要代表人物是康有为、梁启超和谭嗣同。严复的思想虽是直接沿着中国近代早期改革派的脉络展开的，但比较强调中西文化之异；王国维虽然在政治倾向上属于后期改革派，但他主张学术的独立性，形成了独特的致思路向。

严复：《论世变之亟》

【导读】

严复（1854—1921），原名宗光，字又陵，后改名复，字几道，福建侯官（福州）人。他的生平可大略分为四个时期。

甲午战争以前（1854—1894）是严复思想发展与成熟时期。他14岁考入福州船厂附设的船政学堂。后被派到英国海军学校留学三年，同学有刘步蟾、林泰曾、林永升、方伯谦等。回国后在母校教了一年书，被李鸿章调到天津，在新创办的海军学校——北京水师学堂任职，自总教习（教务长）、会长（副校长）升至总办（校长）。

甲午战争以后至戊戌政变以前（1895—1898）即维新运动时期，严复是一位出色的维新变法理论家，提倡新学、反对旧学。1895年在天津《直报》上发表了《论世变之亟》《原强》《辟韩》《救亡决论》，同年译成《天演论》（初稿），1898年正式出版。1897年，在天津创办《国闻报》。

戊戌政变至辛亥革命以前（1898—1911），他大量翻译西方资产阶级著作，介绍民主和科学。义和团运动发生后，严复到上海开会讲学，先后任天津开滦煤矿华人总办、京师大学堂译局总办、复旦大学校长、安徽高等师范学堂校长、学部名词馆总纂，并陆续翻译出版亚当·斯密的《原富》、斯宾塞的《群学肄言》、约翰·穆勒的《群己权界论》、甄克思的《社会通诠》、孟德斯鸠的《法意》、约翰·穆勒的《穆勒名学》（只译完前半部）、耶芳斯的《名学浅说》等。

辛亥革命后，严复曾参加"筹安会"。1915年，杨度、刘师培等人强署严复之名联名发表筹安会宣言，主张废除共和制，采用君主制。在袁世凯死后，严复为了避开政治风波，晚年蜗居天津。

严复的学问分类，采用天地人三学的办法，而三者之中，人学为尤急切。人学是群学入德之门也。人学又析而为二：生学，心学。

《论世变之亟》节选①

【原文】

呜呼，观今日之世变，盖自秦以来未有若斯之亟也！夫世之变也，莫知其所由然，强而名之曰运会。运会既成，虽圣人无所为力，盖圣人亦运会中之一物。既为其中之一物，谓能取运会而转移之，无是理也。彼圣人者，特知运会之所由趋，而逆睹其流极。唯知其所由趋，故后天而奉天时；唯逆睹其流极，故先天而天不违。于是裁成辅相，而置天下于至安。后之人从而观其成功，遂若圣人真能转移运会也者，而不知圣人之初无有事也。即如今日中倭之构难，究所由来，夫岂一朝一夕之故也哉！

尝谓中西事理，其最不同而断乎不可合者，莫大于中之人好古而忽今，西之人力今以胜古；中之人以一治一乱、一盛一衰为天行人事之自然，西之人以日进无疆，既盛不可复衰，既治不可复乱，为学术政化之极则。

不知吾今兹之所见所闻，如汽机兵械之伦，皆其形下之粗迹，即所谓天算格致之最精，亦其能事之见端，而非命脉之所在。其命脉云何？苟扼要而谈，不外于学术则黜伪而崇真，于刑政则屈私以为公而已。斯二者，与中国理道初无异也。顾彼行之而常通，吾行之而常病者，则自由不自由异耳。

夫自由一言，真中国历古圣贤之所深畏，而从未尝立以为教者也。彼西人之言曰：惟天生民，各具赋畀，得自由者乃为全受。故人人各得自由，国国各得自由，第务令毋相侵损而已。侵人自由者，斯为逆天理，贼人道。其杀人伤人及盗蚀人财物，皆侵人自由之极致也。故侵人自由，虽国

① 周振甫选注《严复选集》，人民文学出版社，2004，第3—6页。

君不能。而其刑禁章条，要皆为此设耳。中国理道与西法自由最相似者，曰恕，曰絜矩。然谓之相似则可，谓之真同，则大不可也。何则？中国恕与絜矩，专以待人及物而言。而西人自由，则于及物之中，而实寓所以存我者也。自由既异，于是群异丛然以生。粗举一二言之，则如中国最重三纲，而西人首明平等；中国亲亲，而西人尚贤；中国以孝治天下，而西人以公治天下；中国尊主，而西人隆民；中国贵一道而同风，而西人喜党居而州处；中国多忌讳，而西人众讥评。其于财用也，中国重节流，而西人重开源；中国追淳朴，而西人求欢虞。其接物也，中国美谦屈，而西人务发舒；中国尚节文，而西人乐简易。其于为学也，中国夸多识，而西人尊新知。其于祸灾也，中国委天数，而西人恃人力。若此之伦，举有与中国之理相抗，以并存于两间，而吾实未敢遽分其优绌也。

【简析】

严复洞察到中国近代的社会变革呈现出双重特殊性：既不同于秦制以降的王朝循环模式，也区别于西方现代性的发展路径。严复使用"运会"这一传统的概念来诠释新的社会历史过程，赋予传统的哲学范畴新的时代内涵。

严复还强调了个人在社会历史发展过程中的局限性，在运会已经形成的情况下，圣人作为运会中的一员，也无法转移运会。但圣人可以认识运会的发展趋势，以及其最终的发展结果，从而可以裁成辅相并实现天下太平。

严复分析了中西文化的差别，其使用的主要范畴是天人、古今和新旧。另外，严复还从亲亲和贤贤、孝治和公治、尊主和隆民等方面来分析中西文化的差别。

严复认为中国的絜矩之道和西方自由相似，但是二者不同，自由强调个人主体性，而絜矩之道侧重待人及物。

严复认为国家繁荣发展的关键不是"汽机兵械"，不是天算格致，而在于学术黜伪崇真，刑政则屈私以为公，而实现二者的关键枢纽在于自由之有无。

王国维：《释理》

【导读】

王国维（1877—1927），字静安（一作静庵），号礼堂、观堂、永观，浙江海宁人。其父早年习儒，后弃儒经商，又关心政治，曾推荐王国维读康有为的著作，对王国维影响很大。王国维 6 岁入私塾，16 岁中秀才，但此后屡试不第，于是放弃科举之路，做了私塾教师。1898 年初，王国维带着对新生活的渴望奔赴上海谋生，初到《时务报》馆担任书记兼校对，但待遇低下，薪金微薄。其间他参加"东文学社"，半工半读，学习日文、英文。1901 年，王国维赴日留学，半年后因病回到上海，到南洋公学虹口分校工作。在东文学社期间，王国维在日籍教师的文集中首次读到康德、叔本华哲学著作片段，这在他心中埋下了研习哲学的种子。1903 年起，王国维读了康德的《纯粹理性批判》，叔本华的《作为意志和表象的世界》《充足理由律的四重根》等著作。1904 年，王国维任苏州师范学校心理学、逻辑学、社会学教员，对哲学和美学开始了系统地研究。至 1907 年，他四次研究康德哲学，后中止哲学研究，专门从事文学活动，刊行了《人间词乙稿》，并发表美学论文，同时从事戏曲源流研究。1910 年，其发表著名美学论著《人间词话》。辛亥革命后，王国维避居日本。在日本期间，他停止西学研究，专门研究经、史、训诂、地理等。1917 年起，在国内从事殷墟书契、金石文字的研究，对中国古史研究贡献巨大。1925 年，王国维因"数月不亲书卷，直觉心思散漫"，于是痛下决心，"收召魂魄，重理旧业"，到清华大学任教授，开始了他的学术大成时期。1927 年，正是他的事业巅峰时期，他突然在五月初三投湖自尽。王国维的学术生涯可分为三个阶段：1905 年之前，主要从事哲学研究，深受康德、叔本华思想影响，并翻译了《哲学概论》；1906—1911 年，从事文艺理论和戏曲史研究；1912—1927 年，以实证科学的方法研究小学和古史地。他留下著作 62 种，手校手批书 192 种，成绩之大，令人称羡。

王国维同情支持戊戌变法运动，但反对革命。就哲学思想的倾向性而言，他和康有为、梁启超、谭嗣同、严复走的并不是一条路。王国维追求纯哲学、思辨哲学，重视哲学研究的永久价值。王国维的思想实际上是徘徊于人本主义和实证主义之间的。他的实证主义思想发端于康德调和科学与宗教、形而下与形而上的矛盾，他汲取了康德为人的认识能力划界的思想，并吸取叔本华的部分观点，批判儒家哲学，确立了科学方法（包括逻辑方法）和现象主义两个实证论原则；与自然科学的接触使他认识到物理、数学等"为最确实之知识"，激发了他对实证的渴望；他晚年运用上述两个原则和乾嘉学派的传统方法相结合进行文学、史学研究，其思想成为中国近现代实证哲学发展的重要环节。但王国维对人生意义和最终归宿的哲学追问使他不可能放弃对思辨哲学和形而上学的关注。他吸取了康德思想的形而上学内涵，把叔本华的思想和阳明心学及佛教思想相贯通，形成了自己的人本主义的哲学倾向。

《释理》节选[①]

【原文】

力言翻译者遇一新义为古语中所无者，必新造一字，而不得袭用似是而非之古语。是固然矣，然文义之变迁，岂独在输入外国新义之后哉？吾人对种种之事物，而发见其公共之处，遂抽象之而为一概念，又从而命之以名。用之既久，遂视此概念为一特别之事物，而忘其所从出。如"理"之概念，即其一也。吾国语中"理"字之意义之变化，与西洋"理"之意义之变化，若出一辙。

---

① 见《王国维哲学论著集》，崇文书局，2020，第 45—60 页。

【简析】

王国维认为中西方哲学概念的意义演变遵循同样的规律，都是从个别出发，抽象出普遍性，然后进行命名。这一观点成为他用实证方法分析中国哲学概念范畴的理论前提。但需要辩证地看待，中国哲学的语言范畴不完全是参指的语言。就对象摹写层面而言，一般认为中国古代汉语不是参指的语言。参指就是力图说出某事物是什么或不是什么。这种语言都建立在命题的基础上。在参指的语言中，概念化表达优先于意象化表征，无法精确地说出某物是什么或不是什么，这被认为是这种语言的不足之处。严格语言学意义上的"参指"意思是"指称"或"代表"，那么一个概念所代表的就是一类特殊事物。参指的语言通过命名而呈现想知道的对象，一般应用抽象名词把已知的事物表达出来。但这不意味着古汉字和古汉语不指称对象。在汉语中，名词占了核心地位。名词并不命名对象，甚至不命名事件或行动，而是命名"意象"。这只是说明，古汉语和古汉字指称的类和具体事物的方式与西方不同，中国有独特的"参指"方式。运用逻辑分析方法研究中国哲学范畴时，对语言概念的理解将产生双重效应：其优长在于能清晰揭示中国哲学范畴隐含的逻辑结构，其局限则在于可能遮蔽概念所承载的意象化内涵。

【原文】

（一）理字之语源。《说文解字》第一篇："理，治玉也，从玉，里声。"段氏玉裁注："《战国策》：郑人谓玉之未理者为璞，是理为剖析也。"由此类推，而种种分析作用，皆得谓之曰理。郑玄《乐记注》："理者，分也。"《中庸》所谓"文理密察"，即指此作用也。由此而分析作用之对象，即物之可分析而粲然有系统者，亦皆谓之理。《逸论语》曰："孔子曰：美哉璠玙！远而望之，奂若也；近而视之，瑟若也。""一则理性，一则孚胜。"此从"理"之本义之动词，而变为名词者也。更推之而言他物，则曰"地理"（《易·系辞传》），曰"滕理"（《韩非子》），曰"色理"，曰"蚕理"，曰"箴理"（《荀子》），就一切物而言之曰"条理"（《孟子》）。然则所谓"理"者，不过谓吾心分析之作用，及物之可分析者而已矣。

【简析】

王国维批判中国儒家哲学过程中的实证思想，主要表现在《释理》《论性》《原命》三篇论文中。王国维试图用清晰明确的理性思维，用逻辑分析的方法，对中国哲学的主要概念进行理性分析。在《释理》一文中，王国维运用西方的逻辑分析方法和考据学方法，把"理"限定在现象的层面进行逻辑分析，通过实证的原则，发展了中国哲学对"理"的规律性认识。他认为"理"有"理性""理由"二义，这都是主观的。

【原文】

由上文观之，则"理"之意义，以理由而言，为吾人知识之普遍之形式；以理性而言，则为吾人构造概念及定概念间之关系之作用，而知力之一种也。故"理"之为物，但有主观的意义，而无客观的意义。易言以明之，即但有心理学上之意义，而无形而上学之意义也。然以理性之作用，为吾人知力作用中之最高者，又为动物之所无，而人之所独有。于是但有心理学上之意义者，于前所述形而上学之意义外，又有伦理学上之意义。

惟理性之能力，为动物之所无，而人类之所独有，故世人遂以形而上学之所谓真，与伦理学之所谓善，尽归诸理之属性。不知理性者，不过吾人知力之作用，以造概念，以定概念之关系，除为行为之手段外，毫无关于伦理上之价值。其所以有此误解者，由"理"之一字，乃一普遍之概念故。

【简析】

王国维认为理性思维的外在表现则为语言、概念，反之，语言和概念就是理性的特征。从理性认识来说，由感性到悟性再到理性。人类认识的过程，是由感性到悟性再到理性，依次递进。空间和时间遮蔽了真实存在的意志，使人们看到的只是虚幻的世界。充足理由律的四种形态（存在理由律、变化理由律、行为理由律和认识理由律）对应着感性、悟性、理性三种认知形式，这是人的认知的普遍形式。世界事物无不被纳入此形式。王国维认为，世间事物的因果关系实为人类主观认知建构的产物。王国维认为不仅在本体论、认识论方面离不开因果律，而且在伦理学方面也离不开因果律。

梁漱溟：《东西文化及其哲学》

【导读】

梁漱溟（1893—1988），原名焕鼎，字寿铭，曾用笔名寿名、瘦民、漱溟，后以漱溟行世，原籍广西桂林，生于北京。他是中国著名的思想家、哲学家、教育家、社会活动家、国学大师、爱国民主人士，是现代新儒家的早期代表人物之一，与熊十力、马一浮并称"现代新儒家三圣"。主要研究人生问题和社会问题，早年研究唯识学，后来受时代风潮刺激，而究心文化哲学，提出"意欲三路向""中国文化早熟""伦理本位，职业殊途"等著名的学说或命题，并成为文化保守主义者。其儒学思想受泰州学派的影响。他躬体力行，在中国发起过乡村建设运动，并取得可以借鉴的经验。他一生著述颇丰，主要有《印度哲学概论》《东西文化及其哲学》《乡村建设理论》《中国文化要义》《唯识述义》《人心与人生》等，现有山东人民出版社2005年出版的《梁漱溟全集》。

《东西文化及其哲学》节选[①]

【原文】

然则我们如果问如何是西方化，就答作"西方化即是塞恩斯、德谟克拉西两精神的文化"对不对呢？这个答法很对，很好，比那"征服自然"

---

① 梁漱溟：《东西文化及其哲学》，上海人民出版社，2014，散见于第31—178页。

说精彩得多，把征服自然说所忽略的都切实表明出来，毫无遗憾了。但只仍有两个很重要的不称心的地方：

第一个是我们前头证明西方化与东方化对看，"征服自然"实在是他一个特异处，而现在我们这答法没有能表示出来。虽然说到科学，但所表的是科学方法的精神现于学术思想上的，不是表他那征服自然的特（异）采见诸物质生活的。所以很是一个缺点。

第二个是我们现在答作"塞恩斯"、"德谟克拉西"两精神的文化，这两种精神有彼此相属的关系没有呢？把他算做一种精神成不成呢？我们想了许久讲不出那相属的关系，不能算做一种精神。但我们说话时候非双举两种不可，很像没考究到家的样子。究竟这两种东西有他那共同一本的源泉可得没有呢？必要得着他那共同的源泉作一个更深澈更明醒的答案，方始满意。（《东西文化及其哲学》第二章）

【简析】

梁漱溟文化哲学的方法论是建立在对前人文化哲学的继承性批判之上的，即前人只及枝叶而未及根本，具体而言就是没有将东西文化追溯到其根基"精神–主体性"，梁漱溟的这种方法论可以称为文化哲学中的"唯心论"（spiritualism）。这一方法论有别于仅从客观方面对文化做基本特征分析，或寻找民族文化产生、演变的发生学研究，此后面三者皆不涉及文化背后的主体性根据。凭借这一方法论，梁漱溟将同时代的文化哲学提升至一个新的高度。

【原文】

你且看文化是什么东西呢？不过是那一民族生活的样法罢了。生活又是什么呢？生活就是没尽的意欲（will）——此所谓"意欲"与叔本华所谓"意欲"略相近——和那不断的满足与不满足罢了。通是个民族通是个生活，何以他那表现出来的生活样法成了两异的采色？不过是他那为生活样法最初本因的意欲分出两异的方向，所以发挥出来的便两样罢了。然则你要去求一家文化的根本或源泉，你只要去看文化的根原的意欲，这家的方向如何与他家的不同。你要去寻这方向怎样不同，你只要他已知的特异采色推他那原出发点，不难一目了然。（《东西文化及其哲学》第二章）

至于文化的不同纯乎是抽象样法的，进一步说就是生活中解决问题方法之不同。此种解决问题的方法——或生活的样法——有下列三种：

（一）本来的路向：就是奋力取得所要求的东西，设法满足他的要求；换一句话说就是奋斗的态度。遇到问题都是对于前面去下手，这种下手的结果就是改造局面，使其可以满足我们的要求，这是生活本来的路向。

（二）遇到问题不去要求解决，改造局面，就在这种境地上求我自己的满足。譬如屋小而漏，假使照本来的路向一定要求另换一间房屋，而持第二种路向的遇到这种问题，他并不要求另换一间房屋，而就在此种境地之下变换自己的意思而满足，并且一般的有兴趣。这时下手的地方并不在前面，眼睛并不望［往］前看而向旁边看；他并不想奋斗的改造局面，而是回想的随遇而安。他所持应付问题的方法，只是自己意欲的调和罢了。

（三）走这条路向的人，其解决问题的方法与前两条路向都不同。遇到问题他就想根本取消这种问题或要求。这时他既不像第一条路向的改造局面，也不像第二条路向的变更自己的意思，只想根本上将此问题取消。这也是应付困难的一个方法，但是最违背生活本性。因为生活的本性是向前要求的。凡对于种种欲望都持禁欲态度的都归于这条路。

所有人类的生活大约不出这三个路径样法：（一）向前面要求；（二）对于自己的意思变换、调和、持中；（三）转身向后去要求。这是三个不同的路向，这三个不同的路向，非常重要，所有我们观察文化的说法都以此为根据。（《东西文化及其哲学》第三章）

我们就此机会，把我们对于"如何是东方化？"的答案提出如下：

中国文化是以意欲自为调和、持中为其根本精神的。

印度文化是以意欲反身向后要求为其根本精神的。（《东西文化及其哲学》第三章）

现在西洋、印度、中国三方文化具已说明，我们试列一比较以明观察所得之结果：

（一）西洋生活是直觉运用理智的；

（二）中国生活是理智运用直觉的；

（三）印度生活是理智运用现量的。（《东西文化及其哲学》第四章）

照我的意思，人类文化有三步骤，人类两眼视线所集而致其研究者也有三层次：先着眼研究者在外界物质，其所用的是理智；次则着眼研究者在内界生命，其所用的是直觉；再其次则着眼研究者将在无生本体，其所用的是现量。初指古代的西洋及在近世之复兴，次指古代的中国及其将在最近未来之复兴，再次指古代的印度及其将在较远未来之复兴。(《东西文化及其哲学》第五章)

【简析】

梁漱溟将其唯心论方法应用到具体的东西文化分析中，将中国、西洋、印度三种文化还原至其根基即意欲方向的不同。经过还原，其结论是：以民主科学为代表的西方文化是以意欲向前要求为其根本精神的；以儒学为代表的中国文化是以意欲自为调和、持中为其根本精神的；以佛学为代表的印度文化是以意欲反身向后要求为其根本精神的。不同的文化与意欲方向，其所先着眼的研究对象与所发扬的主体之机能也是不一样的，西方文化先着眼于物理自然而以理智见长，中国文化先着眼于德性生命而以直觉为胜，印度文化则先着眼于缘起性空的万法而以无执的"感觉"为主。其中理智、直觉与感觉，梁漱溟借用佛家术语说，分别是"比量""非量""现量"之异。梁漱溟甚而认为，西洋、中国与印度文化是人类文化递进的三个阶段，但又认为文化只有机宜而无优劣之分。

【原文】

他们本不是一个"人"，原是皇帝所有的东西，他们是没有"自己"的。必要有了"人"的观念，必要有了"自己"的观念，才有所谓"自由"的。而西方人便是有了这个观念的，所以他要求自由，得到自由。大家彼此通是一个个的人，谁也不是谁所属有的东西；大家的事便大家一同来做主办，个人的事便自己来做主办，别人不得妨害。所谓"共和"、"平等"、"自由"不过如此而已，别无深解。……这种倾向我们叫他："人的个性伸展。"

…………

但是我们还要留意：西方的社会不可单看人的个性伸展一面，还有人的社会性发达一面。……且可以说个性伸展与社会性发达并非两桩事，而要算一桩事的两面。一桩事是说什么？是说人类之社会生活的变动，这种变动从组织的分子上看便为个性伸展，从分子的组织上看便为社会性发达。（《东西文化及其哲学》第二章）

德谟克拉西不是对于种种威权势力反抗奋斗争持出来的吗？这不是由人们对人们持向前要求的态度吗？

…………

第二，要注意这时的人从头起就先认识了"自己"，认识了"我"，而自为肯定；如昏蒙模糊中开眼看看自己站身所在一般，所谓人类觉醒，其根本就在这点地方。这对于"自己"、"我"的认识肯定，这个清醒，又是理智的活动。

第三，要注意这时的人有了"我"就要为"我"而向前要求，向前要求都是由为"我"而来，一面又认识了他眼前面的自然界。所谓向前要求，就是向着自然界要求种种东西以自奉享。这时候他心理方面又是理智的活动。在直觉中"我"与其所处的宇宙自然是混然不分的，而在这时节被他打成两截，再也合拢不来，一直到而今，皆理智的活动为之也。

第四，要注意这时的人因其为"我"，对于自然宇宙固是取对待、利用、要求、征服的态度，而对于对面旁边的人也差不多是如此的态度。虽然"自由"、"平等"、"德谟克拉西"是从此才得到的，然而在情感中是不分的我与人，此刻又被分别"我"、"他"的理智的活动打断了！（《东西文化及其哲学》第三章）

【简析】

在梁漱溟看来，民主政治其背后的精神与科学的一样，都是以理智精神为底色的。梁漱溟所理解的民主是自由式的，自由民主需预设原子式的个人，是一种个人主义（individualism）。这种个人主义自我确实不再是传统意义上的个体自我，即不再是儒家式的道德个体，因为后者显然是种情谊式的个体，不脱离社会角色与情境脉络的个体，是带有情感的个体。而不同的自我观，其确实如梁漱溟的洞见那样，是基于不同的主体之能，或为理智的，或为直觉的。在道德情感、直觉中，物我一体、人己一体，由前者不显科学对象，由后者不显政治个体。所以，在传统的直觉型道德政治中，人己边界不明晰，彼此是种伦常关系而非现代式的基于原子式个体的法律关系，故而不能有效地掣肘制衡。梁漱溟的这一观点颇为独到，为后来的牟宗三所继承。

熊十力：《新唯识论》

【导读】

熊十力（1885—1968），原名继智、升恒、定中，号子真、逸翁，晚年号漆园老人，湖北黄冈人。他早年曾参加革命，后因见革命人物道德败坏而究心学术。熊十力是现代新儒学的真正奠基人，被誉为"20世纪中国最具原创性的哲学家"。其著有《新唯识论》《原儒》《体用论》《明心篇》《佛教名相通释》《乾坤衍》等书。他借助佛学重建儒家本体论，自成一体，影响深远，吸引了唐君毅、牟宗三、徐复观等著名的追随者。

《新唯识论》节选①

【原文】

今造此论，为欲悟诸究玄学者，令知实体非是离自心外在境界，及非知识所行境界，唯是反求实证相应故。（实证即是自己认识自己，绝无一毫蒙蔽。）是实证相应者，名之为智，不同世间依慧立故。云何分别智、慧？智义云者，自性觉故，本无倚故。（吾人反观，炯然一念明觉，正是自性呈露，故曰自性觉。实则觉即自性，特累而成词耳。又自性一词，乃实体之异语。赅宇宙万有而言其本原，曰实体；克就吾人当躬而言其本原，曰自性。从言虽异，所目非二故。无倚者，此觉不倚感官经验，亦复

---

① 熊十力：《新唯识论》，上海书店出版社，2008，第9—11页。

不倚推论故。）慧义云者，分别事物故，经验起故。（此言慧者，相当于俗云理智或知识。）此二当辩，详在《量论》。（《新唯识论·明宗》）

【简析】

《新唯识论》原计划分为两部——《境论》与《量论》，主题分别为"所知"与"能知"，但熊十力实际上只完成了《境论》，也就是《新唯识论》，而《量论》则始终未能写出来，仅停留在粗略的勾勒阶段。熊十力上面这段话开宗明义地指出，实体也就是本体不是离开我们心灵而独立存在的客观之物——这样的本体观恰恰是认知心所得出的结论，而真正的实体只能通过反求诸己来印证。人类有两种知能，即智与慧，前者是心性之自觉、灵明——心性除了自觉之外也没有别的，后者则是一般的理智能力，能够综合经验、推论而形成知识。此外，在熊十力看来，心性不仅是主体之知能，而且还是宇宙本体。这正好与他所说的本体不是离开心性的外在境界相呼应。

但是光讲自觉、宇宙本体，似乎也不能完全把玄学之智与慧区别开来，我们看近现代西方哲学史即可知，"慧"也可以讲自觉、本体，如笛卡尔的"我思故我在"即包含自觉，而康德的"人为自然立法"即揭示了知性具有存有论的意义（ontological meaning）。由此可见，熊十力的论述虽然可以将其心性本体论与古代西方的实体形上学区别开来，但要与近现代西方的主体形上学相区别，还需要进一步的规定。

【原文】

世间谈体，大抵向外寻求，各任彼慧，构画抟量，虚妄安立，此大惑也。真见体者，反诸内心。自他无间，征物我之同源；（内心之内，非对外之词，假说为内耳。此中心者，即上所言自性。盖心之一名，有指本体言者，有依作用言者，切不可混，学者宜随文抉择。语曰："一人向隅，满座为之不乐。"此何以故？盖满座之人之心，即是一人之心，元无自他间隔故耳。足知此心即是物我同源处，乃所谓实体也。）动静一如，泯时空之分段。（此心却是流行不息，而又湛寂不乱。于其流行不息，假以动名；于其湛寂不乱，假以静名。即动即静，无流转相，时间无可安立；即静即动，复无方所，空间不得安立。）至微而显，至近而神。冲漠无朕，而万象森然；（故云至微而显。）不起于坐，而遍周法界。（华严偈云："随缘赴感靡不周，而常处此菩提坐。"此喻心虽近主乎一身，而实遍全宇宙无有不周也，故假以明至近而神之义。）是故体万物而不遗者，即唯此心，见心乃云见体。（体万物者，言即此心遍为万物实体，而无有一物得遗之以成其为物者，故云尔。然此中直指心为体，却是权说，参考《明心》章。）然复应知，所言见心，即心自见故。（……）心者不化于物，（……）故是照体独立，而可名为智矣。（心既是不物质化的，所以是个觉照精明之体而独立无倚的，因此把他名之曰智。）吾人常能保任此智而勿失之，故乃自己认识自己，而无一毫锢蔽焉。云何自己认识自己？以此认识离能所、内外、同异等分别相，而实昭昭明明，内自识故，（……）故假说言自己认识自己。（……）由斯义故，得言见心，亦云见体。（《新唯识论·明宗》）

【简析】

在这一段中，熊十力进一步规定何谓本体。一方面是否定通过理智虚构的实体，另一方面是正向地展示真正实体是通过反求诸己而得的，是物我同源、人己无间，无内外之分，无时空相，动静一如，虽流行不息而又秩序井然。这些描述语在宋明理学与佛学中都有来源可循，"万物一体"更是宋明理学的常用语。熊十力论证物我同源、人己无间的方式是："一人向隅，满座为之不乐。"正是因为万物一体，所以"我"才能同情他人之遭遇。经过这进一步规定的本体自然不再是近现代西方哲学史上物我二分的"我思""统觉"，而是一个道德的或清净无为无执的心性本体——以心性为本体是"权说"——无物相亦无我相。

【原文】

（所谓慧者，本是从向外看物而发展的。因为吾人在日常生活的宇宙里，把官能所感摄的都看作自心以外的实在境物，从而辨别他，处理他。慧就是如此发展来。所以慧只是一种向外求理的工具。这个工具，若仅用在日常生活的宇宙即物理的世界之内，当然不能谓之不当。但若不慎用之，而欲解决形而上的问题时，也用他作工具，而把实体当做外在的境物以推求其理，那就大错而特错了。明儒王阳明、黄梨洲讥世儒为"求理于外"，在他底玄学方面说，确有特见。）……然则明慧用之有限，故似除知；（慧只行于物理世界，其效用有限，而不可以见体。故在玄学上，不得不排除知识，而实非一往除知，故言似也。）示玄览之攸归，宜崇本智。
（玄览，老氏语，此借用为玄学的穷究之意，与原义不必符。本智者，以
智是根本故名。）善反，则当下便是，勿须穷索；（反之一义，最宜深玩。
止观双运，方名反求。）顺性，则现前即真，毋庸欣寂。其诸本论之宗极
欤。（《新唯识论·明宗》）

【简析】

熊十力这段话进一步明确智与慧的界线，慧即理智适合于处理科学知
识，而不宜于处理玄学问题，否则必然会造成种种谬论。明确理智的界限
并不是要否定理智，此亦如康德批判性地划定思辨理性之界限以为实践理
性、信仰留余地一样，是"穷智见德"。

冯友兰：《新理学》《新原道》《新原人》《新知言》

【导读】

冯友兰（1895—1990），字芝生，河南南阳人，著名哲学家，美国哥伦比亚大学哲学博士，师从新实在论者蒙塔古（W. P. Montague）和实用主义大师约翰·杜威（John Dewey）。历任清华大学教授、哲学系主任、文学院院长，西南联合大学教授、文学院院长，曾任第四届全国人大代表，第二至四届政协委员，第六至七届全国政协常委，曾获美国普林斯顿大学、印度德里大学、美国哥伦比亚大学名誉文学博士学位。著有《中国哲学史》、《中国哲学简史》、《中国哲学史新编》、"贞元六书"系列等。冯友兰以"新实在论"诠释中国哲学，首次赋予中国哲学以现代哲学的形式系统，其"新理学""负底方法""人生四境界"说对中国现当代学术思想发展影响深远。

《新理学》节选①

【原文】

说"这是方底"，即是说"这"有方性，或是说"这"是属于方底事物之类。此点我们于上章已说。因"这是方底"，我们可思及凡有方性底

---

① 冯友兰：《新理学》，《三松堂全集》第 4 卷，河南人民出版社，2001，第 20—29、42—49 页。

物，即凡属于方底物之类底物。……科学中之命题，大都此类。

如我们更进一步而离开一切方底物，即属于方底物之类之实际底物，而只思及方底物之所以为方者，我们亦可作许多肯定。例如我们可以说"方有四隅"或"方是四隅底"。于作此判断，说此命题时，我们可不管事实上果有实际底方底物存在否。我们可以为，事实上可以无实际底方底物之存在，但如其有之，则必有四隅。如此，则这个判断，这个命题，即不是及于实际而是及于真际者，即不是对于实际特别有所肯定，而是对于真际有所肯定。哲学中之命题，大都此类。

方底物之所以为方者即"方"。照上所说，"方"可以是真而不实。如果事实上无实际底方底物之存在，"方"即不实。但如果事实上有实际底方底物之存在，则它必有四隅。实际底方底物，必依照方之所以为方者而不能逃。于此可见"方"是真。如果"方"是真而不实，则"方"是纯真际底。

所谓真际，可以从类之观点看，亦可从全之观点看。关于全，下文详说。今先说，若从类之观点，以看真际，则真际是一大共名，其类是一大共类，亦即是一分子最多之类。依本书所谓真际之意义，凡可称为有者皆属真际。故其类包括一切。

所谓从全之观点看者，即我们将真际作一整个而思之。此整个即所谓全或大全。我们将一切凡可称为有者，作为一整个而思之，则即得西洋哲学中所谓宇宙之观念。在中国哲学中有时亦以天地指此观念。

所谓方之理，即方之所以为方者，亦即一切方底物之所以然之理也。……理之实现于物者为性。……若仅有方之理而无实现之之实际底物，则方之理即只有真而无实。"方"即是纯真际底。（《新理学·理　太极》）

【简析】

冯友兰的新理学始于对实际与真际的区分。前者指有实际的事物，可经验的；后者则指不必有实际的事物，而只是形式的、逻辑的。关于实际的命题是综合命题，而关于真际的命题则是分析命题，具有必然性。其实，除了哲学命题，数学、逻辑中的很多命题也都是分析命题。冯友兰的这一区分是对柏拉图理念论、亚里士多德的质料因与形式因的创造性发展。但是对于形式之物或观念之物，冯友兰并没有进一步划分，如方、红本身与对象本身，其实这两种真际中的理是很不一样的——按照胡塞尔的本质直观，前者是通过对有实质内容的事物的不断抽象之普遍化（generalizing）获得的，而后者则是通过形式化（formalizing）获得的——这与实质内容没有直接的关系。

【原文】

我们说及一类事物之所以然之理时，我们只说及此类事物之所以为此类事物。……上文我们说：一类事物之理只规定，如有此类事物时，它必须如何如何，始可为此类的事物，但如此类无实际底分子，此理不能使此类有实际底分子。

今试随便取一物，用思将其所有之性，一一分析，又试用思将其所有之性，一一抽去。其所余不能抽去者，即其绝对底料。例如自一房屋，将其房屋性抽去，则此房屋即不成其为房屋，只是一堆砖瓦。复自砖及瓦，将其砖性及瓦性抽去，则砖瓦即不成其为砖瓦，只是一堆泥土。自泥土中复可抽去其泥土性。如此逐次抽去，抽至无可再抽，即得绝对底料矣。

此所谓料，我们名之曰气；此所谓绝对底料，我们名之曰真元之气，有时亦简称曰气。

在我们的系统中，气完全是一逻辑底观念，其所指既不是理，亦不是一种实际底事物。一种实际底事物，是我们所谓气依照理而成者。主张所谓理气说者，其所说气，应该是如此。但在中国哲学史中，已往主理气说者，对于气皆未能有如此清楚底见解。

不过我们所谓太极，与道家之太一，及濂溪之太极，完全不同。在我们的系统中，太极与无极，正是两个相对底观念。我们的系统所讲之宇宙，有两个相反底极，一个是太极，一个是无极。一个是极端地清晰，一个是极端地混沌。一个是有名，一个是无名。每一普通底名词皆代表一类，代表一理。太极是所有之理，所以所有之名，无论事实上已有或未有，皆为太极所涵蕴。所以太极是有名而无极是无名。由无极至太极中间之过程，即我们的事实底实际底世界。此过程我们名之曰"无极而太极"。（《新理学·气　两仪　四象》）

【简析】

冯友兰关于理与气的讲法，与亚里士多德关于形式与质料的讲法可谓如出一辙。冯友兰关于真际与实际的区分是一种逻辑区分，与传统哲学中的理气之分类似，当然冯友兰认为传统的理气论没有他的区分彻底。不过，传统理气论中的"理"是否仅是呆滞的"死理"呢？似乎在朱子那里是如此，但在陆王心学那里，则此理不能如此观，因为后者认为此理亦就是此心，良知就是天理。

《新原道》节选①

【原文】

宋明道学，没有直接受过名家的洗礼，所以他们所讲底，不免著于形象。于第六章中，我们说：阴阳家的宗教与科学，与道家混合，成为道教。早期的道学的宇宙论，出于道教。周濂溪的太极图，邵康节的先天易，出于道教是很显然底。张横渠的关于气底说法，似亦是起源于道教。他的《西铭》说"乾称父，坤称母"，免不了有一点图画式底思想。他所说底气，更是在形象之内底。他对于他所谓气的说法，都是对于实际底肯定。

程朱所说底气，虽比横渠所说底气，比较不著形象，然仍是在形象之内底。他们所谓理，应该是抽象底，但他们对于抽象，似乎尚没有完全底了解。

由此我们可以说，宋明道学家的哲学，尚有禅宗所谓"拖泥带水"的毛病。因此，由他们的哲学所得到底人生，尚不能完全地"经虚涉旷"。他们已统一了高明与中庸的对立。但他们所统一底高明，尚不是极高明。（《新原道·新统》）

---

① 冯友兰：《新原道》，《三松堂全集》第 5 卷，河南人民出版社，2001，第 125—137 页。

【简析】

在冯友兰看来，传统哲学的逻辑性还不够彻底，不够"洁净空阔"，这导致了"拖泥带水"。但是由逻辑所得的"洁净空阔"的形上学是否真能带来传统哲学所向往的那种圣人境界呢？会不会重新面临心学家"向外求理"之讥呢？

【原文】

在西洋，近五十年来，逻辑学有极大底进步。但西洋的哲学家，很少能利用新逻辑学的进步，以建立新底形上学。而很有些逻辑学家利用新逻辑学的进步，以拟推翻形上学。他们以为他们已将形上学推翻了，实则他们所推翻底，是西洋的旧形上学，而不是形上学。形上学是不能推翻底。不过经过他们的批评以后，将来底新底形上学，必与西洋的旧形上学，不大相同。它须是"不著实际"底，它所讲底须是不著形象，超乎形象底。新底形上学，须是对于实际无所肯定底，须是对于实际，虽说了些话，而实是没有积极地说什么底。不过在西洋哲学史里，没有这一种底形上学的传统。西洋哲学家，不容易了解，虽说而没有积极地说什么底"废话"，怎样能构成形上学。在中国哲学史中，先秦的道家，魏晋的玄学，唐代的禅宗，恰好造成了这一种传统。新理学就是受这种传统的启示，利用现代新逻辑学对于形上学底批评，以成立一个完全"不著实际"底形上学。

但新理学又是"接著"宋明道学中底理学讲底，所以于它的应用方面，它同于儒家的"道中庸"。它说理有同于名家所谓"指"。它为中国哲学中所谓有名，找到了适当底地位。它说气有似于道家所谓道。它为中国哲学中所谓无名，找到了适当底地位。它说了些虽说而没有积极地说什么底"废话"，有似于道家、玄学以及禅宗。所以它于"极高明"方面，超过先秦儒家及宋明道学。它是接著中国哲学的各方面的最好底传统，而又经过现代的新逻辑学对于形上学的批评，以成立底形上学。它不著实际，可以说是"空"底。但其空只是其形上学的内容空，并不是其形上学以为人生或世界是空底。所以其空又与道家、玄学、禅宗的"空"不同。它虽是"接著"宋明道学中底理学讲底，但它是一个全新底形上学。至少说，它为讲形上学底人，开了一个全新底路。（《新原道·新统》）

【简析】

冯友兰认为自己的新理学是经过了现代逻辑学洗礼的形上学，新在"不著实际""不著形象"，不再是旧形上学。如果只是有这两个规定，那么西洋旧形上学中的各种存有论（ontology）也是符合要求的，何必一定是东方的佛老之学。冯友兰一方面认为佛老之学是他所向往的那种形上学的代表，且自认"新理学"是受其启示；另一方面又认为"新理学"是接着宋明理学中狭义"理学"一派发展的，具体而言，就是在"应用方面"、人生哲学方面同于儒家。借用传统哲学中体用论说，这种"新理学"未免体用为二。

【原文】

在新理学的形上学的系统中，有四个主要底观念，就是理，气，道体及大全。这四个都是我们所谓形式底观念。这四个观念，都是没有积极底内容底，是四个空底观念。在新理学的形上学的系统中，有四组主要底命题。这四组主要底命题，都是形式命题。四个形式底观念，就是从四组形式底命题推出来底。

在新理学的形上学的系统中，第一组主要命题是：凡事物必都是什么事物，是什么事物，必都是某种事物。有某种事物，必有某种事物之所以为某种事物者。借用旧日中国哲学家底话说："有物必有则。"

有某种事物之有，新理学谓之实际底有，是于时空中存在者。"有某种事物之所以为某种事物者"之有，新理学谓之真际底有，是虽不存在于时空而又不能说是无者。前者之有，是现代西洋哲学所谓存在。后者之有，是现代西洋哲学所谓潜存。

总所有底理，新理学中，名之曰太极，亦曰理世界。理世界在逻辑上先于实际底世界。

在新理学的形上学的系统中，第二组主要命题是：事物必都存在。存在底事物必都能存在。能存在底事物必都有其所有以能存在者。借用中国旧日哲学家的话说，有理必有气。

事物所有以能存在者，新理学中谓之气。实际底事物，都是某种事物。这就是说，实际底事物，都实现某理。理不能自实现。必有存在底事物，理方能实现。事物必有其所有以能存在者，方能存在。所以说：有理必有气。

在新理学的形上学的系统中，第三组主要命题是：存在是一流行。凡存在都是事物的存在。事物的存在，是其气实现某理或某某理的流行。实际的存在是无极实现太极的流行。总所有底流行，谓之道体。一切流行涵蕴动。一切流行所涵蕴底动，谓之乾元。借用中国旧日哲学家的话说："无极而太极。"又曰："乾道变化，各正性命。"

在新理学的形上学的系统中，第四组主要命题是：总一切底有，谓之大全。大全就是一切底有。借用中国旧日哲学家的话说："一即一切，一切即一。"

以上四组命题，都是分析命题，亦可说是形式命题。此四组形式命题，予人以四个形式底观念，即理之观念，气之观念，道体之观念，大全之观念。新理学以为，真正底形上学底任务，就在于提出这几个观念并说明这几个观念。

理之观念有似于希腊哲学（如柏拉图、亚力士多德的哲学）中及近代哲学（如海格尔的哲学）中底"有"之观念；气之观念，有似于其中底"无"之观念；道体之观念，有似于其中底"变"之观念；大全之观念，有似于其中底"绝对"之观念。照西洋传统形上学的说法，形上学的任务，也就是在于说明这一类底观念。我们说，新理学中所得到底四个观念，"有似于"西洋传统形上学中底四个观念。因为新理学中底四个观念，都是用形式主义底方法得来底。所以完全是形式底观念，其中并没有积极底成分。西洋传统形上学中底四个观念，则不必是用形式主义的方法得来底，其中有积极底成分。有积极底成分者，对于实际，有所肯定。无积极底成分者，对于事［实］际，无所肯定。

新理学中底几个主要观念，不能使人有积极底知识，亦不能使人有驾驭实际底能力。但理及气的观念，可使人游心于"物之初"。道体及大全的观念，可使人游心于"有之全"。这些观念，可使人知天，事天，乐天，以至于同天。这些观念，可以使人的境界不同于自然、功利，及道德诸境界（详见《新原人》）。

这些观念，又都是"空"底。他们所表示底都是超乎形象底。所以由这些观念所得到底境界，是虚旷底。在这种境界中底人，是"经虚涉旷"底。

在这种境界中底人，虽是"经虚涉旷"，但他所做底事，还可以就是人伦日用中底事。他是虽玄远而不离实用。在这种境界中底人，虽"经虚涉旷"，而还是"担水砍柴"，"事父事君"。这也不是"担水砍柴"，"事父事君"，无碍其"经虚涉旷"，而是"担水砍柴"，"事父事君"，对于他就是"经虚涉旷"。他的境界是极高明，但与道中庸是一行不是两行。

在这种境界中底人，谓之圣人。哲学能使人成为圣人。这是哲学的无用之用。如果成为圣人，是尽人之所以为人，则哲学的无用之用，也可称为大用。（《新原道·新统》）

【简析】

冯友兰的新理学之旨趣仍然是要成就东方的最高人生境界，即"极高明而道中庸"。所谓"极高明"，其实是他那套逻辑的观念系统：理、气、道体及大全。依他之见，这套观念系统是超乎形象的、不着实际的，并且只有这样才能达致"经虚涉旷"的人生境界，而这种玄远又不离人伦日用。虽然冯友兰承认自己的这一套形上学脱胎于西洋传统形上学，但是它却比后者彻底，即是纯形式主义的。然而，这套纯逻辑的观念系统如何展现东方的人生智慧，冯氏对此却是语焉不详。

《新原人》节选①

【原文】

人对于宇宙人生底觉解的程度，可有不同。因此，宇宙人生，对于人

① 冯友兰：《新原人》，《三松堂全集》第4卷，河南人民出版社，2001，第496—504、562—572页。

底意义，亦有不同。人对于宇宙人生在某种程度上所有底觉解，因此，宇宙人生对于人所有底某种不同底意义，即构成人所有底某种境界。

上所说底四种境界，就其高低的层次看，可以说是表示一种发展，一种海格尔所谓辩证底发展。就觉解的多少说，自然境界，需要觉解最少。在此种境界中底人，不著不察，亦可说是不识不知，其境界似乎是一个浑沌。功利境界需要较多底觉解。道德境界需要更多底觉解。天地境界，需要最多底觉解。然天地境界，又有似乎浑沌。因为在天地境界中底人，最后自同于大全。我们于上文尝说大全。但严格地说，大全是不可说底，亦是不可思议，不可了解底（详见第七章）。所以自同于大全者，其觉解是如佛家所谓"无分别智"。因其"无分别"，所以其境界又似乎是浑沌。不过此种浑沌，并不是不及了解，而是超过了解。（《新原人·境界》）

【简析】

在冯友兰看来，人生境界与人对宇宙人生的认知、觉悟有关，若要获得最高境界，须先对新理学"觉解"。在下面的选文中，他提到斯宾诺莎，可见他确实是继承了朱子那套"格物""致知"以"诚意"的工夫路数。

【原文】

人有此等进一步底觉解，则可从大全，理及道体的观点，以看事物。从此等新的观点以看事物，正如斯宾诺莎所谓从永恒的形式的观点，以看事物。人能从此种新的观点以看事物，则一切事物对于他皆有一种新底意义。此种新意义，使人有一种境界，此种新境界，即我们所谓天地境界。

宗教使人信，哲学使人知。上所说宇宙或大全之理及理世界，以及道体等观念，都是哲学底观念。人有这些哲学底观念，他即可以知天。知天然后可以事天，乐天，最后至于同天。此所谓天者，即宇宙或大全之义。

孟子说，有所谓"天民""天职""天位""天爵"等。知天底人，觉解他不仅是社会的一分子，而且是宇宙的一分子。所以知天底人，可以谓之天民。

能知天者，不但他所行底事对于他另有新意义，即他所见底事物，对于他亦另有意义。如《论语》说："子在川上，曰：'逝者如斯夫，不舍昼夜。'"宋儒以为孔子于水之流行，见道体之流行。

于事物中见此等意义者，有一种乐。有此种乐，谓之乐天。

大全是不可思议底。同于大全的境界，亦是不可思议底。

但不可思议者，仍须以思议得之；不可了解者，仍须以了解了解之。以思议得之，然后知其是不可思议底；以了解了解之，然后知其是不可了解底。不可思议底，亦是不可言说底。然欲告人，亦必用言语言说之。不过言说以后，须又说其是不可言说底。有许多哲学底著作，皆是对于不可思议者底思议，对于不可言说者底言说。学者必须经过思议，然后可至不可思议底；经过了解，然后可至不可了解底。不可思议底，不可了解底，是思议了解的最高得获。哲学的神秘主义是思议了解的最后底成就，不是与思议了解对立底。（《新原人·天地》）

【简析】

在《新原人》中，冯友兰系统地阐述了"天地境界"，这个境界基本上还是以传统的"物我一体"为蓝本。可问题是，"新理学"的理、气、道体、大全等观念是如何过渡到"物我一体"境界的呢？说白了，"新理学"不过是一套宇宙论、形而上学，丝毫不涉及人生价值、情感等伦理学问题，跟后者之间存在鸿沟，冯氏跨越这条鸿沟的逻辑链条是缺失的。在该篇最后他说，不可思议者不须以思议得之，其实只是否定地知，即说天地境界不是什么，而积极地说则只能以"神秘主义"指之。

《新知言》节选[①]

【原文】

真正形上学的方法有两种：一种是正底方法；一种是负底方法。正底

---

① 冯友兰：《新知言》，《三松堂全集》第5卷，河南人民出版社，2001，第149—150、201页。

方法是以逻辑分析法讲形上学。负底方法是讲形上学不能讲，讲形上学不能讲，亦是一种讲形上学的方法。犹之乎不屑于教诲人，或不教诲人，亦是一种教诲人的方法。……讲形上学不能讲，即对于形上学的对象，有所表显。既有所表显，即是讲形上学。此种讲形上学的方法，可以说是"烘云托月"的方法。……

正底方法，以逻辑分析法讲形上学，就是对于经验作逻辑底释义。其方法就是以理智对于经验作分析，综合及解释。这就是说以理智义释经验。这就是形上学与科学的不同。科学的目的，是对于经验，作积极底释义。形上学的目的，是对于经验，作逻辑底释义。

我们所谓"逻辑底"，意思是说"形式底"。我们所谓"积极底"，意思是说"实质底"。（《新知言·论形上学的方法》）

新理学中的四组命题，提出四个观念。在其所提出底四个观念中，有三个与其所拟代表者，不完全相当，其中有三个所拟代表者，是不可思议，不可言说底。这就是说，是不可以观念代表底。气是不可思议，不可言说底。因为气不是甚么，如思议言说它，就要当它是甚么。是甚么者就不是气。道体是一切底流行，大全是一切底有。思议言说中底道体或大全，不包括这个思议言说，所以在思议言说中底道体或大全，不是道体或大全。气，道体，大全，是"拟议即乖"。

由此方面说，则形上学不能讲。从形上学不能讲讲起，就是以负底方法讲形上学。形上学的正底方法，从讲形上学讲起，到结尾亦需承认，形上学可以说是不能讲。负底方法，从讲形上学不能讲讲起，到结尾也讲了一些形上学。（《新知言·新理学的方法》）

【简析】

在《新知言》这部方法论著作中，冯友兰较为系统地阐释了他的形上学方法，即"正底方法"与"负底方法"。前者即逻辑分析法，其结果可以说就是他那套新理学观念系统；后者即以一种否定性的方式、烘托的方法展示形上学之对象，冯友兰给出的范例是佛老与诗。冯友兰从"正底方法"过渡到"负底方法"的方式有点令人费解，如他说气是不可言说、不可思议的，虽然气没有任何形式或理，可以说这个概念的内涵很贫乏，但是他又对它进行了规定，即没有任何形式的绝对质料，这不就是言说、思议了嘛。而且，这种所谓的"不可思议"与传统哲学中的"道可道，非常道"可以相提并论吗?!

牟宗三：《心体与性体》《现象与物自身》《历史哲学》

【导读】

牟宗三（1909—1995），字离中，山东栖霞人，现代新儒家的重要代表人物之一，被誉为近现代中国最具"原创性"的"智者型"哲学家。1928 年考入国立北京大学预科，两年后升哲学系，1933 年毕业。先后任教于华西大学、中央大学、金陵大学、浙江大学，以讲授逻辑与西方文化为主。20 世纪 30 年代，曾主编《历史与文化》《再生》杂志。1949 年，赴台北师范学院与东海大学任教。1960 年应聘至香港大学主讲中国哲学。1968 年转任香港中文大学新亚书院哲学系主任。1974 年自香港中文大学退休，任教于新亚研究所。其后又任教于台湾大学、台湾师范大学、东海大学等。

牟宗三生于东西方文化大碰撞的时代，又屡遭离乱，一生以反省中国文化、民主建国为职志。他以一己之力翻译完康德的"三大批判"，以康德哲学诠释儒家哲学，力图重建儒家"道德的形上学"；创立"良知坎陷论"来解决中国文化的现代转型问题；后期更是发展出"两层存有论"及"圆教"思想。牟宗三的思想受熊十力的影响很大，尤其是对宋明理学的把握，他不仅继承熊十力的哲学思想，而且以更加现代化的哲学术语与系统诠表了传统思想，厘清了熊十力哲学中的含糊之处，发展了他的"量论"。牟宗三著作等身，哲学史方面的代表作有《才性与玄理》《心体与性体》《佛性与般若》《中国哲学十九讲》，纯哲学性的代表作有《认识心之

批判》《智的直觉与中国哲学》《现象与物自身》《圆善论》等，历史文化
政治哲学方面的代表作有"新外王三书"——《道德的理想主义》《历史
哲学》《政道与治道》。

《心体与性体》（一）节选①

【原文】

由"成德之教"而来的"道德底哲学"既必含本体与工夫之两面，而
且在实践中有限即通无限，故其在本体一面所反省澈至之本体，即本心性
体，必须是绝对的普遍者，是所谓"体物而不可遗"之无外者，顿时即须
普而为"妙万物而为言"者，不但只是吾人道德实践之本体（根据），且
亦须是宇宙生化之本体，一切存在之本体（根据）。此是由仁心之无外而
说者，因而亦是"仁心无外"所必然函其是如此者。不但只是"仁心无
外"之理上如此，而且由"肫肫其仁，渊渊其渊，浩浩其天"之圣证之示
范亦可验其如此。由此一步澈至与验证，此一"道德底哲学"即函一"道
德的形上学"。此与"道德之（底）形上学"并不相同：此后者重点在道
德，即重在说明道德之先验本性；而前者重点则在形上学，乃涉及一切存
在而为言者，故应含有一些"本体论的陈述"与"宇宙论的陈述"，或综
曰"本体宇宙论的陈述（onto-cosmological statements），此是由道德实践中
之澈至与圣证而成者，非如西方希腊传统所传的空头的或纯知解的形上学
之纯为外在者然，故此曰"道德的形上学"，意即由道德的进路来接近形
上学，或形上学之由道德的进路而证成者，此是相应"道德的宗教"而
成者。

康德建立起一个"道德的神学"（moral theology），但并无"道德的形
上学"一词；但虽无此词，却并非无此学之实。他由意志之自由自律来接
近"物自身"（thing in itself），并由美学判断来沟通道德界与自然界（存
在界）。吾人以为此一套规划即是一"道德的形上学"之内容。但他只成
立一个"道德的神学"，却并未成立一个"道德的形上学"。当然名之有无

---

① 《心体与性体》（一），《牟宗三先生全集》（5），联经出版事业股份有限公司，2003，第
10—12、168—174页。

不算重要，如果真有此学之实而真能作得出，则即实有一"道德的形上学；但吾人以为他所规划的属于"道德的形上学"之一套却并未能充分作得成。意志之自由自律是道德实践所以可能之先天根据（本体），此不错；但此本体能达其"无外"之绝对普遍性否，此则康德并无明确之态度。"物自身"一概念是就一切存在而言，并不专限于人类或一切有理性的存在；但自由自律之意志能普遍地相应此概念否，此则康德亦无明确之态度。又，以美学判断来沟通道德界与自然界，此并非一康庄之大道，此只是一旁蹊曲径，作为一辅助的指点可，作为一担纲则不可。康德走上旁蹊曲径，故两界合一问题实未能得到充分之解决，此本是由依据道德实践中所证的绝对普遍之实体而来的称体起用之问题。康德不从此处着眼，却由辅助的指点处着眼，此其所以不能充分解决之故。此处走上旁蹊曲径之途，则其对于前两点无明确之态度盖亦甚显。此三点综起来即表示康德所规划的属于"道德的形上学"之一套并未能充分作得成，此亦是其所以不能积极地意识到一个"道德的形上学"之故。但只顺其宗教传统而意识到一个"道德的神学"，但却又有此一套属于"道德的形上学"之规划！
［《心体与性体》（一）第一章］

【简析】

上文第一段旨在说明"道德的形上学"（moral metaphysics）的特殊性，即它一方面不同于"道德底形上学"（metaphysics of morals）之"重在说明道德之先验本性"，而是"重点则在形上学，乃涉及一切存在而为言者"；另一方面则是不同于纯知解的或思辨的形上学（theoretical/speculative metaphysics），道德的形上学可以说是一种实践的形上学。第二段旨在说明，康德只有一套"道德的形上学"之规划，而无其实——其"实"在儒家，康德实际上只有一套"道德的神学"。当然，在"道德底形上学"方面，康德有比儒家更加完整的系统论述。道德的形上学，用儒家传统术语来说，是仁心无外、体物不遗；用康德的术语来说，是"由意志之自由自律来接近'物自身'（thing in itself）"，即由自由意志开启本体界。所谓道德界与存在界之合一，就是存在为道德的存在而非对象性的现象存在，这一点在后期牟宗三的"两层存有论"中体现得更加明确。

【原文】

"纯粹理性如何其自身就能是实践的"，这问题底关键正在道德法则何以能使吾人感兴趣，依孟子语而说，则是"理义何以能悦我心"。孟子已断然肯定说："理义之悦我心，犹刍豢之悦我口。"理义悦心，是定然的，本不须问如何可能。但问题是在"心"可以上下其讲。上提而为超越的本心，则是断然"理义悦心，心亦悦理义"。但是下落而为私欲之心、私欲之情，则理义不必悦心，而心亦不必悦理义，不但不悦，而且十分讨厌它，如是心与理义成了两隔，这时是可以问这问题的。因为理义悦心或心悦理义，就此语不加限制观之，并不是分析命题，乃是一个综和命题。故问这问题是有意义的。如是这问题底最后关键，是在"心"字，即康德所谓"道德感"、"道德情感"，而所谓"感兴趣"正是直接指这"道德情感"，最终是指这"心"字说，所以最后是"心"底问题。而这正是康德所未注意的。

依此，在康德步步分解建构的哲学中，自由只是在抽象地被预定中，因而亦只是在抽象的悬空中，只是一个理念，理想的概念。至于其真实的存在上的绝对必然性，则对于我们的理性完全隔绝，不可理解，这是属于康德所说的"物自身"式的睿智界，我们也可以说，对人类理性言，这是属于"存有底神秘"（mystery of being）的。说这是哲学底界限，本也是可以的。但若把自由完全归诸信仰，视作被预定的理念，不能落实，不能真实呈现，这等于说道德不能落实，不能真实呈现。如是，康德所佳构的道德真理完全是一套空理论。这似乎非理性之所能安，不，简直是悖理！

依是，"自由本身之客观存在上的绝对必然性如何可能"之问题就是"它的绝对必然性如何能真实地必然地呈现"之问题，这是不可以经验知识底尺度来衡量的，这是一个实践问题，不是一个知识问题。因此，它的绝对必然性如能在实践中真实地呈现，则我们的理性即能与它觌面相当而理解之。这种理解是不要通过"感性"的，因自主自律自由的意志是一实体，不是一对象一事件故。因此，这种理解只是与它"觌面相当"的亲证，是实践的亲证；理解之即是证实之，即是呈现之；这不是知"特定经验内容"的普通知识，而单是实践地知这"实体"之知。[《心体与性体》（一）第三章]

【简析】

这几段文字可以视作牟宗三对康德之所以未能而儒家能够建立一套真正的"道德的形上学"的原因之深入分析，简言之，康德只是纯理论地思辨了实践理性，而未能像儒家那样实践地知之、呈现之。对于这种实践地知与呈现，后期牟宗三则以康德的术语"智的直觉"（intellectual intuition）视之。我们以为，如果用一个更加当代性的哲学术语表达，"现象学直观"（phenomenological intuition）应该更好。康德情理截然二分，缺乏一个中肯的直观概念，导致其将道德情感、心完全视为经验的感性之物，而只能纯理论地思考实践理性、自由意志，从而只是将之视为一个设准（postulate），无法直观、证实、把握、肯认之。牟宗三的批判是中肯的，但因为此时的他还缺乏对那种引导他思考的直观或直觉概念的专题性思考，所以只能以孟子的说法来批判康德，而在论证方面稍显薄弱。

《现象与物自身》节选①

【原文】

同一物也，对有限心而言为现象，对无限心而言为物自身，这是很有意义的一个观念，可是康德不能充分证成之。我们如想稳住这有价值意味的物自身，我们必须在我们身上即可展露一主体，它自身即具有智的直觉，它能使有价值意味的物自身具体地朗现在吾人的眼前，吾人能清楚而明确地把这有价值意味的物自身之具体而真实的意义表象出来。我们不要把无限心只移置于上帝那里，即在我们人类身上即可展露出。如果这一步已作到，我们即须进而把我们的感性与知性加以封限，把它们一封封住，不只是把它们视为事实之定然，而且须予以价值上的决定。这个决定即是说明它们只是"识心之执"。如果，它们不只是在一定样式下的事实上的有限性，而且有其本质上的执着性。有限心即是执着心，亦就是识心，故云"识心之执"。作为认知心的知性亦就是这识心之执。感性的摄取外物亦只是识心之随顺感性行，故亦属于识心之执。由于这执着性，遂把感性

---

① 《现象与物自身》，《牟宗三先生全集》（21），联经出版事业股份有限公司，2003。

与知性封住了，即定住了（在康德，是敞开未决定的，只视为事实之定然而不可转）。由于这执着性之定住，它们所知的必然是现象。它们不但只知现象，而且同时即挑起或绉起现象，由于其执着性而挑起或绉起。它们就着什么而绉起或挑起现象呢？它们就着无限心处有价值意味的物自身而绉起或挑起现象。

执着性由于与不执着的主体（即无限心）相对反而被规定。同一心也，如何由不执着转而为执着，这需要说明。不执着者，我们名之曰无执的无限心，此在中国哲学中有种种名，如智心（佛家）、道心（道家）、良知之明觉（儒家）等皆是。执着者，我们名之曰有执的有限心，即认知心，此在西方哲学中，名曰感性、知性，在中国哲学中，名曰识心（佛家）、成心（道家）、见闻之知底知觉运动即气之灵之心（儒家）。执着性是一个价值性的决定，因此，也可以有，也可以无。当其有也，同时即必然地有现象，其所知的亦必然地是现象。当其化而为无也，则现象即无，而亦必然地复归于物自身。如是，我们的感性何以必须以时空为形式，我们的知性何以必须使用这样的概念，则有理由可说。

康德说："物自身与现象之分不是客观的，但只是主观的。物自身不是另一个对象，但只是就着同一对象而说的表象之另一面相。"这是不错的。但是在他的系统内，对于这同一对象底另一面相，即物自身一面相，并无表象；这一面底表象是虚的。如是，这超越的区分只是主观的，这主观义并未充分作到。说实了，主观只是执与不执的主体所显的主观：对执的主体而言为现象，对不执的主体而言为物自身。如是，主观义乃得极成。（《现象与物自身》第一章）

【简析】

在《现象与物自身》中，牟宗三系统阐述了其成熟的"两层存有论"，即无执的本体界存有论与执的现象界存有论。这一成熟的体系固然是受到了海德格尔的康德诠释之影响——具体细节见诸其《智的直觉与中国哲学》，但仍然可以说是对康德哲学体系，即现象与物自身之基本划分的系统之彻底完成。牟宗三首先肯定了康德在其《遗著》中关于现象与物自身之区分是主观的区分之看法，这就意味着物自身不是一个认识论领域的概念，而是一个具有高度价值意味的概念。而要使物自身概念明朗，必须直接显露之，而不是将其悬置于彼岸。这一要求呼唤着"智的直觉"。与康德哲学将"智的直觉"——既能直观自由意志，又能创造物自身——推给上帝的基本假定不同，牟宗三认为人类也具有这种直觉能力。这里涉及康德哲学中的几个重要概念即物自身、智的直觉之解释问题，在康德的著作中，这两个核心概念既有认识论的意义，亦有伦理学的意义，牟宗三的解释显然是伦理学式的。在人类可以具有"智的直觉"这一前提得到肯定的情况下，不但物自身概念的价值意义变得明朗，而且作为有限心的认识心之执着性也得到了彰显。从无限心到有限心则是种坎陷。

【原文】

知体明觉神感神应，亦即自由自律。吾何以能知此"知体"本身耶？即依此知体明觉在随时呈露中（如乍见孺子入井，人皆有怵惕恻隐之心），其自身之震动可以惊醒吾人，遂乃逆觉而知之。其震动之惊醒吾人，如海底涌红轮，并不是感性的。因此，此逆觉而知之之"逆觉"乃即是其自身之光之返照其自己，并不是以一个不同于其自身之识心感性地、被动地来认知其自己而又永不能及于其自己之本身也。因此，此逆觉而知之，是纯智的，不是感性之被动的。此种逆觉之知即是该知体明觉之光所发的智的直觉之自照。"见孺子入井"是一机缘，"见"是眼见，故是感性的，然在这见之机缘上，本心呈现，这却不是感性的识心在作直觉之摄取以摄取那孺子入井之事象，亦不是辨解的知性在作概念的思考以思考那事象，而乃是本心呈现自决一无条件的行动之方向。故此心之光之自照即是智的直觉也。所谓惊醒吾人者，这乃是虚说。其实是那"本心"一动而惊醒其自己，故即以其自身之光而逆觉其自己也。此谓本心之"自我震动"。震动而惊醒其自己者即自豁然而自肯认其自己，此谓本心之自肯；而吾人遂即随之当体即肯认此心以为吾人之本心，即神感神应自由自律之本心，此种肯认即吾所谓"逆觉体证"。即在此逆觉体证中，即含有智的直觉，如是，遂得谓吾人虽是一有限的存在，而亦可有"智的直觉"也。

本心之自我震动而返照其自己，此无能觉与所觉，乃只是其自己觉自己，"$a \subset a$"之方式：能觉即是其自己之光，是即能觉即所觉；所觉即是此能觉之光，是即所觉即能觉；结果，能觉融于所而无能，所觉融于能而无所，只是一本心之如如地朗现也。

吾人依此本心之自照而言智的直觉，依此智的直觉而知吾人之本心为自由自律，此种知不只是意识及，亦不只是由道德法则而必然地逼到之之逼到，乃是确然地直觉及之，即朗现之，此之谓"以智知"。虽是以智知，而不是以识识，然而仍是客观地确定的知识，此知识自不是识心之观解的知识，而乃是道德本心自照之实践的直觉知识也。（康德说实践的知识，只是"意识及"之虚说而已，他不能于此加"直觉"二字。）实践的知识既可加"直觉"二字，则自由不是一设准，而是一呈现，即有其客观的必然性，而吾人之肯断自由，这肯断亦是必是、定是的肯断，然而这却不是"观解的"（理论的），而是实践的。智知与识知根本不同也。智知非扩大识知也。康德只承认"识知"一种，故只于识知处可就对象说观解的确定性，即必然的确定性。"自由"非识知所及，而又无智知，故于自由不能就其为对象而说其观解的确定性即必然的确定性，亦即客观的必然性。然而吾人承认智知，则客观的必然与必然的确定不必定连属于观解，而亦可连属于实践的智知也。（《现象与物自身》第三章）

【简析】

这几段文字是牟宗三直面道德情感、本心而对"智的直觉"所做的论证，牟宗三关于"智的直觉"的概念也应该由此而得其确解。康德的"智的直觉"概念有两个规定：（1）其直觉只是自我活动，故亦只表象他自己、判断他自己；（2）其直觉的杂多是其自我活动所提供。由此，牟宗三认为孟子的恻隐之心包含"智的直觉"，因为恻隐之心之自觉并非直觉一感性的与料或思辨之，亦非纯理智的自我意识。恻隐之心的所觉是恻隐，而"恻隐"之"杂多"又是恻隐之心的自我活动所提供的。虽然康德哲学中也有"良心"概念，但未能将其视作本体论的，而仅视作感性的，即其所觉之杂多并非自我活动提供，这是其理性与感性截然二分的框架所限制的结果。

【原文】

于智的直觉中，物如如地呈现即是物以"在其自己"之身分而存在，此即是物之自在相。自在相是静态地说。其自在也，是源于知体明觉之呈现之即创生之，故其自在是内生的自在，不与知体明觉为对也。故此时之物无"对象"相，即不可以"对象"（object）说也。而是海德格所谓"Eject"，意即"内生的自在相"。康德于智的直觉处，亦方便说"对象"，实则此时之物无"对象"义也。对象只是现象，亦只于现象始可说对象。对象者置定于彼而对反于知性与感性也。亦只于知性与感性处始可说对象：知性与感性面对着对反于其自己者而客观地或观解地认知之或决定之，但并非创生之，故其所面对者为外来的对象也。于智的直觉处，物既是内生的自在相，则是摄物归心，不与心对，物只是知体之著见，即知体之显发而明通：物处即知体流行处，知体流行处即物处，故冥冥而为一也。因此之故，物无对象义。亦因此故，物是"在其自己"之自在相，亦即如相，非"现象"相也。如相无任何相也，只是在与知体流行冥冥为一中而如如地呈现：此即向、郭注《庄》所谓"自尔独化"，独化无化相也；亦即程明道所谓"万物静观皆自得"，自得即自在也；亦佛家所谓"实相"，实相一相，所谓无相，亦即如相也；言此"在其自己"之自在相之背景（教路）各不同，然皆为"在其自己"之自在相或如相则无异也。（《现象与物自身》第三章）

儒家立教本就是一个道德意识，无有如此明确而显豁者。儒家不像佛家那样从生灭流转向上翻，亦不像道家那样从"执、为"向上翻，而是直接由道德意识（慎独）呈露形而上的实体（本体）的。道德进路是不能由"把眼前不道德的活动加以否定即可显出道德"这一种程序而形成的。眼前不道德的活动，我们所以能判断它是不道德的，也是依一内在的标准而始可如此判断。而此内在的标准并不能由眼前不道德的活动之否定而直接被显示。徒否定人家，自己未见得是道德。因此，我们必须舍此否定之遮诠，直接由我们的道德意识呈露那内在的道德实体。这是四无傍依而直接觌体挺立的，不是来回旋转，驰骋妙谈，以求解脱或灭度的。在这样面对所呈露的实体而挺立自己中，这所呈露的实体直接是道德的，同时亦即是形上学的。因此，此实体所贯彻的万事万物（行为物与存在物）都直接能保住其道德价值的意义。在此，万事万物都是"在其自己"之万事万物。此"在其自己"是具有一显著的道德价值意义的。此如康德说视任何物，不但是人，其自身即为一目的，而不是一工具。视之为一目的，它就是"在其自己"之物。此"在其自己"显然有一丰富的道德意义。康德说吾人的实践理性（即自由）可以契接这个"在其自己"，显然这个"在其自己"是有道德价值意味的，而不只是认识论上的有条件与无条件底直接对翻。这个有道德价值意味的"在其自己"不是由条件底否定（如时空与范畴之泯寂）所可直接分析出的。时空与范畴当然不能应用于其上，即是说，它当然不能以识而被知。然而当吾人泯除了时空与范畴，即是说，泯除了识之执知，并不能直接达至这有道德意味的"在其自己"。这必须由泯除识之执知这一种遮显，再进至道德实体之挺立这一种表诠，始能显出道德意味的在其自己。依康德，这是"在其自己"之本义。而儒家正好能维持住这个本义，这是释、道两家所不能至的。不但能维持住这个本义，而且能朗现之，不像康德那样视"自由"为设准，只由这设准意义的自由来虚笼地接近之。（《现象与物自身》第七章）

【简析】

这两段文字是牟宗三谈"物自身"概念具有价值意味而比较明显的文本。牟宗三首先概论物自身的非对象性、自在相，并指出自在相又有不同的类别，即儒释道的不同自在相，儒家是"内生自在相"或"知体明觉之著见"，道家是"独化相"，而佛家则是灭度的"如相"。其中儒家的"内生自在相"，其道德意义是康德所说的"视任何物，不但是人，其自身即为一目的，而不是一工具"。这可以说是"物自身"概念具有价值意味的最好写照。

【原文】

知体明觉之自觉地自我坎陷即是其自觉地从无执转为执。自我坎陷就是执。坎陷者下落而陷于执也。不这样地坎陷，则永无执，亦不能成为知性（认知的主体）。它自觉地要坎陷其自己即是自觉地要这一执。这不是无始无明的执，而是自觉地要执，所以也就是"难得糊涂"的执，因而也就是明的执，是"莫逆于心相视而笑"的执。

这一执就是那知体明觉之停住而自持其自己。所谓"停住"就是从神感神应中而显停滞相。其神感神应原是无任何相的，故知无知相，意无意相，物无物相。但一停住则显停滞相，故是执也。执是停住而自持其自己即是执持其自己。但它并不能真执持其自己；它一执持，即不是它自己，乃是它的明觉之光之凝滞而偏限于一边，因此，乃是它自身之影子，而不是它自己，也就是说，它转成"认知主体"。故认知主体就是它自己之光经由一停滞，而投映过来而成者，它的明觉之光转成认知的了别活动，即思解活动。

经由这一执所成的认知主体（知性）是一个逻辑的我、形式的我、架构的我，即有"我相"的我，而不是那知体明觉之"真我"（无我相的我），同时它亦不是那由心理学意义的刹那生灭心态串系所虚构成的心理学的假我。它的本质作用是思，故亦曰"思的有"（thinking being），思维主体（thinking subject），思维我（thinking self）。它由知体明觉之停住而成。它一旦成了，它正恰如其性地而不舍其自性，因而也就自持其自己而为一"思的我"。此时，它的本质作用是思，也就是执的思，它的本质就是"执"，不必再说它是由知体明觉之自觉地要执而成者。此后一语是说它的来历，而前语则是说它本身。知体明觉之自觉地要这一执，这执即转而就是"思的我"之自己，故"思的我"之本质就是执，它以执为其自性。

以执思为自性的"思的我"空无内容，定常而为形式的我、形式的有（formal self, formal being）。它之所以为形式的，是因为它的"执的思"不能不是逻辑的；因为是逻辑的，它不能不使用概念（就基本而先在者说，或是逻辑概念，或是存有论的概念），因而亦是一架构的我。架构者因使用概念把它自己撑架起来而成为一客观的、形式的我之谓也。这不是说它本身是一个结构或构造（心理学的假我、虚构我，是一个结构或构造，见下），亦不是说它本身的形构作用或组构作用（formative or constitutive function），但只说它本身是因着使用概念而把自己撑架成一个形式的我。就其为"形式的我"而言，它是纯一的、定常的；它是一个常住不变的我（abiding self）。它是纯一的（one and the same, simple and unique），是因为它只是那明觉之光之停滞，而别无其他，故不是一个结构或构造。它是定常的（constant），因为它一旦形成，它即常住不变，它是自身同一者：它可被解消，归于无执即被解消；它亦可被形成，有执即形成；但一旦形成，其自身无生灭变化。这一切说法只在明它是一个"形式的有"，决不可把它误认为是那知体明觉之无我相的真我。这一切皆是由那一执而可先验地分析出者。（《现象与物自身》第四章）

【简析】

在这几段文字中，牟宗三明确所谓"坎陷"就是"执"。这坎陷、执是自觉地进行的，所以不是无始无明的执，而是明的执。之所以要执，是因为要开出知识来解决那属于人的特殊问题。因为是自觉地执，所以也可以返回自己而无执，来去自由。坎陷、执就是要从知体明觉的神感神应转为停滞、偏限，形成认知主体，而自在相的物也转为对象相的物。认知主体即知性与感性，其中知性即“我思”“逻辑我”“形式我”，此“我”不是那“智的直觉”中的“真我”，他不能神感神应，也不能生天生地，而只能凭借范畴来综合经验，形成科学知识。

《历史哲学》节选[①]

【原文】

盖中国所无之“个体性”（西人所特彰著者），只是国家、政治、法律与逻辑、数学、科学两系所表现之个体性。前一系由“政治的主体自由”表现个体性，后一系由“思想主体”（精神之知性形态）表现“个体性”。此两系之个体性皆不同于道德的与艺术的（中国所具者）。其所透露之普遍者皆是抽象的，有界限的，与个体性分离为二的。其背后之精神，吾将名之曰“分解的尽理之精神”。此种个体性（政治的主体自由与思想的主体自由所表现者），皆由集团地对外而显。自“政治的主体自由”方面言，其“集团地对外”为“阶级对立”，为各行业集团。自“思想的主体自由”方面言，其“集团地对外”为抽象地概念地思考对象，推置对象，而与主体对立，反显思想主体。（《历史哲学》第一部第三章）

何以说民主政治其背后的基本精神也是“分解的尽理之精神”？盖民主政治之成立，有两个基本观念作条件：一是自外限制，或外在地对立而成之“个性”。此与尽心、尽性、尽伦、尽制之内在地尽其在我所成之道德的圣贤人格不同。二是以阶级的或集团的对立方式争取公平正义，订定客观的制度法律以保障双方对自的权利与对他的义务。此与一无阶级对立之社会而其文化生命又以道德人格之个人活动为主者不同。在现实的历史

---

① 《历史哲学》，载《牟宗三先生全集》（9），联经出版事业股份有限公司，2003，第93、198—199页。

因缘上，西方有阶级的对立。其自外限制而成之"个性"，其最初之灵感源泉是来自基督教，即：在上帝面前人人平等。但这一个灵感须要落实，须要在现实上争取。一落到现实上，他们有阶级的对立。所以他们的自外限制而成之个性，其本质的关键胥系于由阶级地、集团地对外争取而显。他们的自外限制或外在的对立，并不是空头地个人与个人为外在的对立，而是有阶级的对立以冒之的。由阶级地、集团地对外争取而反显透出个性的尊重。所以他们的个性自始即不是散漫的、散沙的。这种个性以权利义务来规定，而权利义务之客观有效性胥系于制度法律之订定。所以这种个性可以说是外在的，是政治、法律的，与道德、艺术的人格个性之纯为内在的不同。但是这种内在的人格个性必靠那种外在的个性之有保障，始能游刃有余地、安心地去发展。这里我们可以看出，成立民主政治的两个基本观念，即外在的个性与集团地对外争取方式，其总归点是在一个政治、法律形态的"客观制度"之建立。一个政治、法律式的客观制度之建立是注目于人群的、抽象的、一般的客观关系之建立，此非单注目于所识、所亲的具体的伦常关系所能尽。我这里不能详述民主政治之内容。我只略说其成立之基本点，即可看出它背后的基本精神是分解的尽理之精神。分解的尽理必是：一、外向的，与物为对；二、使用概念，抽象地、概念地思考对象。这两个特征，在民主政治方面，第一特征就是阶级或集团对立。第二特征就是集团地对外争取，订定制度与法律。所谓尽理，在对立争取中，互相认为公平合于正义的权利义务即是理，订定一个政治、法律形态的客观制度以建立人群的伦常以外的客观关系，亦是理。（《历史哲学》第三部第二章）

【简析】

《历史哲学》是牟宗三"新外王三书"之一。此处分析以民主政治成立的基本条件须以"分解的尽理之精神"为前提来论证良知坎陷开民主。民主政治成立的基本条件是"外在的个性"与"集团地对外"争取方式，其结穴为注目于客观关系的法律制度之建立，而非注目于"伦常关系"的礼制之建立。这两个基本条件恰好相应于"分解的尽理之精神"——与物为对、主客互立，使用概念抽象地思考对象。

后　记

　　湖北大学哲学专业是国家级一流本科专业，为了加强本科专业教材建设，在湖北大学教务处和哲学学院大力支持下，中国哲学教研室的老师们共同编撰了本书。

　　本书中的《诗经》《尚书》《周易》《国语》《左传》《论语》《易传》《五行》《中庸》《大学》《孟子》《荀子》《道德经》《庄子》《管子》《墨子》《公孙龙子》《韩非子》《司马谈：〈论六家要旨〉》《王弼：〈周易略例〉》《裴頠：〈崇有论〉》《郭象：〈庄子注〉》《僧肇：〈不真空论〉》《龚自珍：〈壬癸之际胎观第一〉〈壬癸之际胎观第二〉》《张之洞：〈劝学篇〉》《何启胡礼垣：〈新政真诠〉》《康有为：〈大同书〉》《严复：〈论世变之亟〉》《王国维：〈释理〉》由周海春完成。

　　《周敦颐：〈太极图说〉》、《张载：〈正蒙〉》、《程颢：〈识仁篇〉〈定性书〉》、《程颐：〈易传序〉〈语录〉》、《朱熹：〈大学章句序〉〈朱子语类〉》、《陆九渊：〈与曾宅之〉〈语录〉》、《罗钦顺：〈困知记〉〈与王阳明书〉》、《王守仁：〈大学问〉〈传习录〉》中的《传习录》部分、《刘宗周：〈学言〉》、《黄宗羲：〈明夷待访录〉》、《顾炎武：〈日知录〉》、《颜元：〈四存编〉》、《戴震：〈孟子字义疏证〉》由姚才刚完成。

　　《慧能：〈坛经〉》、《王守仁：〈大学问〉〈传习录〉》中的《大学问》部分、《王艮：〈心斋语录〉》、《王夫之：〈周易外传〉》由刘元青完成。

　　《董仲舒：〈春秋繁露〉》《扬雄：〈法言〉》《王符：〈潜夫论〉》由阮航完成。

《梁漱溟：〈东西文化及其哲学〉》《熊十力：〈新唯识论〉》《冯友兰：〈新理学〉〈新原道〉〈新原人〉〈新知言〉》《牟宗三：〈心体与性体〉〈现象与物自身〉〈历史哲学〉》由肖雄完成。

《刘安：〈淮南子〉》与《王充：〈论衡〉》由曹元甲完成。

《韩愈：〈原道〉〈原性〉》《李翱：〈复性书〉》《聂豹与王畿：〈致知议辩〉》《许孚远与周汝登："九谛""九解"》由龚开喻完成。

本书所选取的原著，从先秦到现代，相比于现有的中国哲学原著选读或者导读类教材而言，还是比较全面的。由于编者水平所限，本书还有很多不足，欢迎读者批评指正。

本书是湖北大学 2023 年度立项教材项目的成果，出版得到了湖北大学教务处的支持，特别表示感谢！社会科学文献出版社马克思主义分社周琼副社长及编辑团队为本书的出版付出了艰辛的劳动，在此深表谢意。

周海春于武昌

2024 年 8 月 29 日

图书在版编目（CIP）数据

中国哲学原著导读／周海春，姚才刚主编.--北京：
社会科学文献出版社，2025.5.--ISBN 978-7-5228
-4955-3

Ⅰ.B211

中国国家版本馆 CIP 数据核字第 20255JC074 号

中国哲学原著导读

主　　编／周海春　姚才刚
副 主 编／肖　雄　曹元甲　龚开喻

出 版 人／冀祥德
责任编辑／周　琼
文稿编辑／梅怡萍　徐　花　李蓉蓉
责任印制／岳　阳

出　　版／社会科学文献出版社·马克思主义分社（010）59367126
　　　　　地址：北京市北三环中路甲 29 号院华龙大厦　邮编：100029
　　　　　网址：www.ssap.com.cn
发　　行／社会科学文献出版社（010）59367028
印　　装／三河市龙林印务有限公司

规　　格／开　本：787mm×1092mm　1/16
　　　　　印　张：27　字　数：438 千字
版　　次／2025 年 5 月第 1 版　2025 年 5 月第 1 次印刷
书　　号／ISBN 978-7-5228-4955-3
定　　价／128.00 元

读者服务电话：4008918866